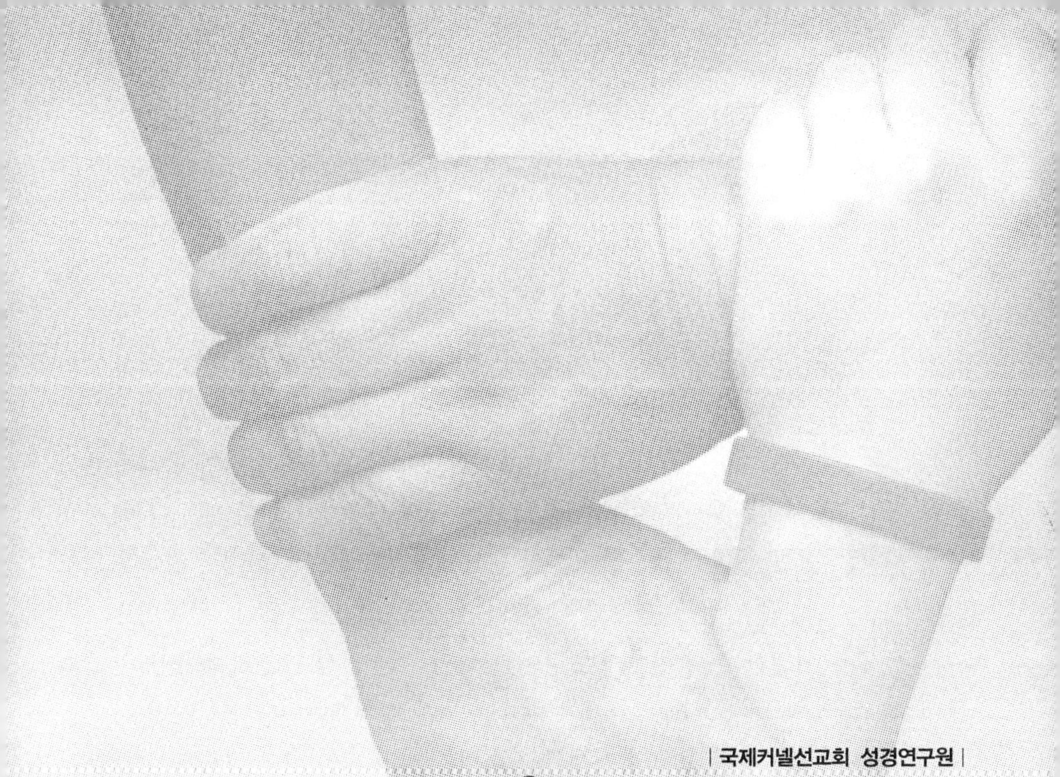

| 국제커넬선교회 성경연구원 |

keir

BIBLE STUDY(Ⅱ)

케이르 성경공부

| 박태문 지음 |

쿰란출판사

머리말

나는 오랫동안 신학교 교수와 목사로서 신학을 강의하고 성경을 가르치며 또한 설교를 해왔다. 그러나 실제로 말씀의 능력과 성령의 은혜를 온 몸으로 체험한 것은 서재에서 말씀 연구할 때나 강의실에서 열강할 때, 또는 교회에서 말씀을 선포할 때가 아닌 선교 현장에서였다. 선교지는 정말로 치열한 영적 전투의 현장이었다. 우리는 가서 단순히 복음을 전하고 작은 사랑을 나누었는데 사람들은 눈물로 회개하며 귀신들이 소리치며 떠나가고 병 고침의 은사와 기적의 역사가 나타났다. 그런가 하면 몇 시간 동안이라도 서서 그칠 줄 모르고 온 몸으로 뜨겁 게 찬양하는 원주민들의 모습을 보면서 스스로 놀라는 일이 한 두 번이 아니었다.

"믿는 자들에게는 이런 표적이 따르리니 저희가 내 이름으로 귀신을 쫓아내며 새 방언을 말하며 뱀을 집으며 무슨 독을 마실 지라도 해를 받지 아니하며 병든 자에게 손을 얹은즉 나으리라"(막 16:17-18)라는 예수님의 약속을 선교 현장에서 실제로 체험하였다. 그들에게 나 자신이 무엇을 해준 것이 아니고 그들의 순수한 신앙의 열정과 소박한 인간미를 통해 오히려 나 자신이 많은 은혜를 받고 돌아오기에 나는 영적 전투가 치열한 선교 현장을 좋아한다. 선교의 현장에서는 선교가 하나님의 일이요 성령의 역사라는 사실이 실증되곤 한다. 그곳에서 우리는 인종과 문화의 장벽을 뛰어 넘어 주 안에서 하나 되는 깊은 사랑을 나눌 수 있다. 이러한 감격과 기쁨은 선교하는 사람이라면 누구나 아는 일이다. 그러나 그 승리의 감동을 간직하고서 다음에 다시 그 선교 현장을 방문했을 때 놀라운 현상을 발견하고 허탈감에 빠지게 되었다. 사단은 자신의 포로와 점령지를 순순히 내어 놓고 철수한 것이 아니었다. 사단은 이단과 사이비 종교 집단들을 통해 새로운 모습으로 더 강력하게 그들을 지배하고 있었다. 뜨거운 열정은 있지만 지속적인 진리 말씀의 양육이 없기에 신비주의나 거짓 복음에 빠져들게 되는 그들을 교정하는 일은 참으로 힘든 일이었다.

이런 현상은 비단 선교지뿐만은 아니다. 미국 청소년 지도자 한 분은 청소년 수련회나 대 규모 집회를 통해 은혜받고 감격적으로 헌신을 결단하는 수많은 미국 청소년들이 지속적인 영적 교육의 부재로 신앙의 바른 기초 없이 가정과 사회에서 건전한 영적 열매를 거두지 못하고 연례적인 이벤트 행사 참여로 끝나게 되어 너무나 안타깝다고 고백했다. 그들의 뜨거운 열정은 금방 식게 되고 대학에 가거나 취업을 하게 되면 불신자들과 똑같이 거대한 인본주의 사회문화 속으로 휩쓸려 가고 만다. 그리고 교인들은 자신의 취향에 따라 수평적 이동을 하면서 교회들은 점차 종교화, 세속화, 인본주의화되어 간다. 그리하여 지속적이고도 체계적인 신앙 교육과 영적 지도자 양성의 필요성이 절감되었다. 그러나 문제는 선교지에서 지속적으로 신앙의 기본 진리를 훈련할 성서적인 교재뿐만 아니라 시간과 비용이 턱없이 부족하다는 것이었다. 그래서 신앙적 기본 진리를 머리로 쉽게 이해하고 가슴으로 뜨겁게 체험하여 그 믿음의 내용들을 자신의 손으로 실제 행동할 수 있는 "케이르 성경 공부" 교재를 만들어 가르치기 시작했다. 이 교재를 통해 소수의 원주민 영적 지도자들을 정기적으로 집중 교육하였고 그들의 지도력 아래 있는 수많은 사람들을 그들 자신이 직접 전달 교육하도록 훈련했다. 이런 영적 지도자 훈련 교육을 통해 그들이 외부의 큰 도움 없이도 자립하며 건전하게 성장해 나가는 바람직한 모습들을 볼 수 있었다.

예를 들어보자. 가까운 그리스도인들에게 하나님, 기독교, 복음, 믿음, 구원, 천국, 지옥 등 신앙의 기본 진리에 대해 다른 사람에게 자신 있게 설명해 줄 수 있는 지 물어 보라. 그들이 기독교 복음과 세상 종교의 차이점을 알고 있는가? 시대는 변해가도 사단이 가장 무서워 하는 강력한 무기는 하나님 말씀과 성령의 능력과 사랑의 인격, 그리고 선교 열정이라는 사실을 나는 확신한다. 우리는 신앙의 거품을 제거하고 착각에서 벗어나 겸손하게 신앙과 복음 진리의 기본으로 돌아갈 필요가 있다. 안주하려는 종교적 제도의 틀을 깨고서 심령 내부로부터 강한 변화가 일어나야만 한다. 스페인어, 일본어, 중국어 영어로 번역되어 선교지에서 사용되어 오던 "케이르 성경 공부" 교재가 한국어로 출판되어 각 개인이나 교회 그룹의 성경 공부 교재로 사용될 수 있게 되어 하나님께 감사드리며 매우 기쁘게 생각한다.

주님이 다시 오실 날은 임박한데 한 일도 없이 주님 앞에 서게 되면 어떻게 하나 생각할 때마다 하나님께 너무나 죄송하고 조급한 마음이 들곤 한다. 그러나 부족하고 연약한 나를 때를 따라 사용해 주시는 하나님 은혜에 오직 감사할 따름이다. 열악한 선교 현장에서 복음을 전하기 위해 온 몸으로 헌신하면서도 행복해 하는 현지의 신실한 선교사들이 정말 존경스럽다. 케이르 성경 공부 출판을 위해 원고를 정리해 준 아내와 많은 격려와 조언을 해준 선후배 동역자들, 사랑하는 원주민 영적 지도자들과 국제커넬선교회의 모든 회원들, 그리고 너무나 부족한 목사를 위해 항상 기도와 사랑으로 후원해 주는 필라델피아 서울 장로교회 성도들과 출판을 도와주신 쿰란출판사 모든 직원들과 이형규 장로님께 진심으로 감사드린다.

2006년 9월 20일

박 태 문

[케이르 성경공부 (I)]

KEIR BIBLE STUDY

[케이르 성경공부 (II)]

KAIR BIBLE STUDY

제14과 예배란 무엇인가?

학습목표 : 예배의 의미를 바로 알고 하나님께 올바른 예배를 드리며 예배의 5대 의미를 다른 사람에게 바르게 설명할 수 있다.

요절말씀 : 아버지께 참으로 예배하는 자들은 신령과 진정으로 예배할 때가 오나니 곧 이 때라 아버지께서는 이렇게 자기에게 예배하는 자들을 찾으시느니라 하나님은 영이시니 예배하는 자가 신령과 진정으로 예배할지니라(요 4:23-24).

성경에서 복을 받고 성공하고 또한 승리한 자들은 모두 예배에 성공한 사람들이다. 예배는 그리스도인의 기본적인 의무이다. 예배의 실패는 신앙의 실패에 직결된다. 예배는 사람을 만나는 것이 아니라 하나님을 만나고 하나님을 체험하는 거룩한 시간이다. 하나님과의 만남이 없다면 아무리 멋진 예배라도 예배일 수 없다. 그러나 오늘날 많은 교회들이 진정한 예배 방법을 잃어버리고 인본주의적 지혜로 연극 무대에서 청중을 즐겁게 하듯이 연극에서 빌려온 이상하고 서툰 프로그램들을 거룩한 공적 예배에 적용하고 있다. 그리스도인에게 하나님을 예배하는 것이 가장 중요한 명제라는 자명한 진리에도 불구하고 우리 세대에 예배라는 이름으로 드리는 많은 것들이 진정한 예배와는 전혀 상관없다는 서글픈 사실이 존재하고 있는 것이다. 오랫동안 무속신앙에 젖어 있거나 광대 문화적 배경이 의식화해서 흔히 그리스도인들도 "예배보러 간다"는 말을 무의식적으로 사용하고 있다. 그리고 예배드릴 때 굿이나 연극을 보는 것처럼 관객으로 앉아만 있는 것이다. 무대의 주인공은 목사님이고 강대상 뒤에 보이지 않는 하나님을 연출가로 착각하고 있다. 예배 연극을 보고 난 후 관객들은 "오늘 예배는 어땠어?" "오늘 설교는 짧아서 아주 좋았어." "오늘은 목사님이 아주 죽을 쑤고 있더구만. 은혜가 안 됐어." "목사님 말이 너무 빨랐지?" "목사님 양복과 그 빨간 넥타이가 아주 멋지던데?" "목사님이 '할렐루야' 할 때는 손을 좀 높이 쳐들고 또 '공의의 하나님이 죄인을 심판하십니다'라고 말할 때는 강대상을 오른손으로 한 번 꽝 쳤어야 했다구" "오늘 장로님 기도는 왜 그렇게 긴지 내가 몇 번이나 눈을 떴는지 몰라" 하고 나름대로 연극 예배를 평가한다.

그러나 예배는 연극이나 쇼를 관람하듯이 '보는 것'이 아니라 하나님께 '드리는 것'이다. 하나님의 자녀들이 하나님께 드리는 것이기 때문에 예배자는 관객이 아니라 참여자이며, 목사님은 집례자요, 하나님은 예배를 받으시는 주체이다. 예배를 구경하러 온 사람들은 자신의 기분에 따라 어떤 날은 은혜를 받았다가 또 어떤 날은 지루해서 신통치 않은 예배를 드린다. 교회의 여러 가지 일들에 관해 못마땅하게 생각하기도 하고 속이 편치 않거나 성도들 간에 불평 불만이 생기기도 한다. 경건하고 거룩하게 예배를 드리고 싶어하는 사람들조차 어떻게 예배를 드려야 할지 예배의 진정한 의미를 모른다는 것은 매우 놀라운 사실이다. 어떻게 참된 예배의 의미를 알고 바르게 하나님을 예배할 수 있을까? 다음 5가지 예배의 의미를 살펴보도록 하자.

1.(마 4:10): ______________________

예배(worship)란 죄인이 예수 그리스도의 보혈에 의지하여 은혜의 하나님 보좌 앞에 나아가 최고의 가치와 영광을 오직 하나님께 돌리는 것을 의미한다. 그러므로 이 단어는 어떤 인간이나 다른 신이나 그 어떤 피조물에게 사용할 수 없으며 예배의 대상으로 오직 하나님께만 사용되는 특별한 단어이다. 오직 예배의 대상은 성부(마 4:10), 성자(계 5:12; 마 2:11), 성령(요 4:24), 삼위일체 하나님뿐이시다(고후 13:13). 그리하여 하나님은 "나는 여호와니 이는 내 이름이라 나는 내 영광을 다른 자에게 내 찬송을 우상에게 주지 아니하리라"(사 42:8)고 말씀하셨다. 그리고 하나님만이 유일한 예배의 대상임을 다음과 같이 선포하였다.

> "나는 여호와라 나 외에 다른 이가 없나니 나밖에 신이 없느니라 너는 나를 알지 못하였을지라도 나는 네 띠를 동일 것이요 해 뜨는 곳에서든지 지는 곳에서든지 나밖에 다른 이가 없는 줄을 무리로 알게 하리라 나는 여호와라 다른 이가 없느니라"(사 45:5-6).

어떤 인간도(행 12:21-23, 14:11-15), 천사나(계 22:8-9; 골 2:18) 마귀도(마 4:8-9), 귀신도(고전 10:20; 계 9:20), 다른 신이나(신 32:16) 이름 모를 신들도(신 32:17; 행 17:22-23; 렘 44:3) 절대로 예배의 대상이 될 수 없다(시 106:35-41). 베니게 사람들의 여신 아스다롯(삿 2:13; 삼상 7:3), 가나안 족속의 신 바알(민 22:41; 렘 19:4-5), 모압 사람들의 신 다곤(삿 16:23), 에베소 사람들의 여신 아데미(행 19:24), 암몬 족속의 신 몰록(왕상 11:7; 왕하 23:10), 바벨론의 최고신인 므로닥(렘 50:2), 독수리 형상의 앗수르 최고신인 니스록(사 37:38), 아론의 금송아지(출 32:4; 왕하 10:29), 하늘의 일월성신(신 4:19; 왕하 17:16; 렘 8:2; 욥 31:26; 겔 8:16), 담무스(겔 8:14), 하늘 황후(세미라미스: 렘 7:18), 하늘 여신(렘 44:17-19)이나 마리아, 그리스 로마의 제우스 신(행 14:11-15), 가정의 수호신 드라빔(창 31:19; 삿 17:5; 삼상 19:13), 그 어느 것도 우상들로서 예배의 대상이 될 수가 없다(출 20:4; 신 7:25; 레 26:1; 사 45:20). 우상을 섬기는 이유는 무지하거나(사 45:20), 미혹을 받아서(신 11:16), 악령의 올무에 빠지기 때문이다(신 7:25). 하나님의 선택에서 제외되어 심판을 받게 하려 함이다(살후 2:10-12). 사도 바울은 우상을 섬겨 하나님의 진노를 사게 되는 자들에 대하여 경고했다.

> "하나님을 알되 하나님으로 영화롭게도 아니하며 감사치도 오히려 아니하고 그 생각이 허망하여지며 미련한 마음이 어두워졌나니 스스로 지혜 있다 하나 우준하게 되어 썩어지지 아니하는 하나님의 영광을 썩어질 사람과 금수와 버러지 형상의 우상으로 바꾸었느니라 그러므로 하나님께서 저희를 마음의 정욕대로 더러움에 내어 버려두사 저희 몸을 서로 욕되게 하셨으니 이는 저희가 하나님의 진리를 거짓 것으로 바꾸어 피조물을 조물주보다 더 경배하고 섬김이라 주는 곧 영원히 찬송할 이시로다 아멘"(롬 1:21-25).

하나님은 하나님의 형상으로 인간을 만드시고 경배와 찬양받기를 원하셨다(사 43:21). 하나님은 6일 동안 천지를 창조하시고 제 7일에 안식일을 두어(창 2:1-3) 완성의 날, 안식의 날, 거룩한 날, 복의 날로 구별하여 영원한 표징으로 하나님을 경배하게 하셨다(겔 20:12). 그리고 예수님은 구원을 완성하시고(요 19:30) 부활승천 하신 후 성령을 보내주심으로써 예배 일을 새롭게 회복하여 첫째 날, 주일에 하나님을 신령과 진정으로 경배하게 하셨다(요 4:24; 계 1:10). 그러나 예배라는 이름으로 드리기는 하지만 사마리아인들이나(요 4:22) 아덴 사람들처럼(행 17:22-23) 알지 못하는 신들에게까지 예배하는 경우가 있고 가인처럼 잘못된 예배를 드리는 자들도 있었다(창 4:5-7). 선민 이스라엘 백성의 타락한 예배에 대해 하나님은 탄식하셨다.

> "너희가 내 앞에 보이러 오니 그것을 누가 너희에게 요구하였느뇨 내 마당

만 밟을 뿐이니라 헛된 제물을 다시 가져오지 말라 분향은 나의 가증히 여기는 바요 월삭과 안식일과 대회로 모이는 것도 그러하니 성회와 아울러 악을 행하는 것을 내가 견디지 못하겠노라 내 마음이 너희의 월삭과 정한 절기를 싫어하나니 그것이 내게 무거운 짐이라 내가 지기에 곤비하였느니라"(사 1:12-14).

예배는 보고 즐기며 스스로 만족하는 연극도 아니고, 사람끼리 교제하는 동창회나 친선 모임도 아니다. 죄인이 하나님을 만나 은혜에 감사하며 하나님께 영광 돌리고 하나님을 섬기는 엄청난 일이다. 그래서 예수님은 예배관이 잘못된 사마리아 여인에게 **'하나님은 참된 예배를 드리는 자를 찾으신다'**(요 4:23)고 말씀하셨다. 참된 예배는 오직 하나님께 드리는 예배다.

1) **출애굽기 20:3-6** : 너는 나 외에는 다른 신들을 네게 있게 말지니라 너를 위하여 새긴 우상을 만들지 말고 또 위로 하늘에 있는 것이나 아래로 땅에 있는 것이나 땅 아래 물 속에 있는 것의 아무 형상이든지 만들지 말며 그것들에게 절하지 말며 그것들을 섬기지 말라 나 여호와 너희 하나님은 질투하는 하나님인즉 나를 미워하는 자의 죄를 갚되 아비로부터 아들에게로 삼사 대까지 이르게 하거니와 나를 사랑하고 내 계명을 지키는 자에게는 천 대까지 은혜를 베푸느니라.
2) **마태복음 4:10** : 사단아 물러가라 기록되었으되 주 너의 하나님께만 경배하고 다만 그를 섬기라 하였느니라.
3) **사무엘상 7:3** : 너희가 전심으로 여호와께 돌아오려거든 이방 신들과 아스다롯을 너희 중에서 제하고 너희 마음을 여호와께로 향하여 그만 섬기라.
4) **이사야 42:8** : 나는 여호와니 이는 내 이름이라 나는 내 영광을 다른 자에게, 내 찬송을 우상에게 주지 아니하리라.
5) **요한계시록 4:9-11** : 그 생물들이 영광과 존귀와 감사를 보좌에 앉으사 세

세토록 사시는 이에게 돌릴 때에 이십사 장로들이 보좌에 앉으신 이 앞에 엎드려 세세토록 사시는 이에게 경배하고 자기의 면류관을 보좌 앞에 던지며 가로되 우리 주 하나님이여 영광과 존귀와 능력을 받으시는 것이 합당하오니 주께서 만물을 지으신지라 만물이 주의 뜻대로 있었고 또 지으심을 받았나이다 하더라.

6) **역대상 16:29** : 여호와의 이름에 합당한 영광을 그에게 돌릴지어다 예물을 가지고 그 앞에 들어갈지어다 아름답고 거룩한 것으로 여호와께 경배할지어다.

7) **시편 95:6** : 오라 우리가 굽혀 경배하며 우리를 지으신 여호와 앞에 무릎을 꿇자.

8) **요한계시록 14:7** : 그가 큰 음성으로 가로되 하나님을 두려워하며 그에게 영광을 돌리라 이는 그의 심판하실 시간이 이르렀음이니 하늘과 땅과 바다와 물들의 근원을 만드신 이를 경배하라 하더라.

9) **요한계시록 22:9** : 저가 내게 말하기를 나는 너와 네 형제 선지자들과 또 이 책의 말을 지키는 자들과 함께 된 종이니 그러하지 말고 오직 하나님께 경배하라 하더라

10) **요한계시록 5:12** : 큰 음성으로 가로되 죽임을 당하신 어린양이 능력과 부와 지혜와 힘과 존귀와 영광과 찬송을 받으시기에 합당하도다 하더라.

11) **요한복음 4:24** : 하나님은 영이시니 예배하는 자가 신령과 진정으로 예배할지니라.

12) **마태복음 2:11** : 집에 들어가 아기와 그 모친 마리아의 함께 있는 것을 보고 엎드려 아기께 경배하고 보배합을 열어 황금과 유황과 몰약을 예물로 드리니라.

2.(벧전 2:5): ___________

참다운 예배의 모습과 올바른 예배의 방법은 성경에서 찾아야 한다. 예배란 죄인이 하나님을 만나 죄를 용서받고 교제하며 섬기고 영광과 감사 찬양을 하나님께 돌리는 것이다. 중요한 개념은 죄인이 하나님을 만난다는 사실이다. 그리하여 예배의 첫 의미는 "여호와 하나님이 아담과 그 아내를 위하여 가죽옷을 지어 입히시니라"(창 3:21)는 말씀과 같이 예수님의 대속을 상징하는 희생된 양의 가죽옷을 입고서야 하나님께 나아갈 수 있었던 사실에서 찾을 수 있다. 죄인이 하나님을 어떻게 만날 수 있는가? 그것은 하나님이 최초로 아담과 그 아내에게 양을 잡아 피를 흘리고 만드신 가죽옷을 입혀 수치를 가려 주셨듯이 피흘림의 사죄를 통해서만 가능하다. 그리하여 모세는 "육체의 생명은 피에 있음이라 내가 이 피를 너희에게 주어 단에 뿌려 너희의 생명을 위하여 속하게 하였나니 생명이 피에 있으므로 죄를 속하느니라"(레 17:11)고 말했다. 피흘림의 구속을 통한 하나님과의 만남이 하나님 방법의 예배였던 것이다.

창세기 4장에는 첫 예배의 성공자와 실패자가 나온다. 인본주의적인 자기 방법으로 피흘림 없이 드린 가인의 첫 예배는 실패하여 마음에 상처를 받았고, 아벨은 하나님의 방법인 피의 제사를 드려 첫 예배에 성공하여 영적 계보의 조상이 되었다. 이 사실을 성경은 다음과 같이 증언하고 있다.

> "가인은 땅의 소산으로 제물을 삼아 여호와께 드렸고 아벨은 자기도 양의 첫 새끼와 그 기름으로 드렸더니 여호와께서 아벨과 그 제물은 열납하셨으나 가인과 그 제물은 열납지 아니하신지라 가인이 심히 분하여 안색이 변하니 여호와께서 가인에게 이르시되 네가 분하여 함은 어찜이며 안색이 변함은 어찜이뇨"(창 4:3-6).

히브리서 기자는 아벨의 예배를 **"믿음으로 아벨은 가인보다 더 나은 제사를 하나님께 드림으로 의로운 자라 하시는 증거를 얻었으니 하나님이 그 예물에 대하여 증거하심이라 저가 죽었으나 그 믿음으로써 오히려 말하느니라"(히 11:4)**고 의로운 자의 예배 전통 계승에 대하여 말하고 있다(창 4:26). 오늘날의 예배는 자기 만족을 위해서, 자기 방법으로, 자기 편리한 대로 드리며 하나님의 방법을 무시하는 데 문제가 있다. 출애굽 때 예배는 하나님에 의하여 새로운 형태로 나타난다. 하나님은 세상의 오만 잡동사니 신들 중에 자신이 참신임을 증거하기 위하여 이스라엘 백성을 선택했고(사 43:10-12), 이스라엘 백성에게 예배 공동체로 참된 예배를 받기 위해서 그들을 출애굽시켰다(출 19:5-6). 그리고 이스라엘 백성들은 성막 중심의 예배를 통하여 광야생활에서 하나님의 보호와 인도를 받을 수 있었다. 마찬가지로 하나님께서 예배를 받으시기 위해 성도들을 지옥 같은 애굽에서 탈출시켰다는 사실을 알아야 한다.

영어로 예배는 '워쉽(worship)'인데 상대의 가치를 인정하고 존경을 표한다는 의미이다. 구약 성경에서 '예배(칼)'라는 단어는 하나님께 와서 존경을 표하고 엎드려 절한다는 의미였다. 신약 성경에서 '예배(프로스퀘네오)'라는 단어는 경외하는 마음으로 '섬긴다'라는 뜻이다. 주일날 예배를 드릴 때 하나님의 자녀들이 공동체로 모여서 하나님의 위대하심을 인정하고 섬기는 것이다. 그러므로 예배란 하나님을 만나서 용서받고 교제하며 섬기는 것을 말한다.

구약 시대 유대인의 예배 조건은 5가지 특징이 있었다. 구약 시대 유대인들은 ① 할례받은 유대인이 되어(백성: 고전 5:17) ② 반드시 성막이나 예루살렘 성전에서(성전: 히 9:24, 10:20) ③ 반드시 제물을 가지고(대속: 히 7:27, 8:12) ④ 반드시 제사장을 통해(중보: 히 7:20-25) ⑤ 율법에 따라(순종. 히 10:1), 이 다섯 가지의 엄격한 예배 조건을 갖추고 물질적이고 형식적이고 가시적인 예배를 드렸던 것이다. 그러나 이것은 신약 시대 예수 그리스도 안에서 성취되었다.

그러나 신약 시대의 예배는 짐승의 피제사를 드렸던 구약 시대와는 달리 예수 그리스도를 통해 신령과 진정으로 드리는 예배로 단순화되었다. 구약 시대의 5가지 예배 조건은 바로 예수 그리스도를 통한 하나님과의 교제 예표로 마지막 의식 예배자가 되어 예수 그리스도가 십자가에서 죽는 순간 성소와 지성소의 휘장이 갈라져 이 모든 예표를 성취하였다. 그러므로 예수님의 죽음은 죄인이 나라와 제사장이 되어 거룩하신 하나님에게로 접근하는 기초가 되었다(막 15:38-39).

그리스도 안에서 하나님께로 나아가는 길 외에는 다른 길로 하나님께로 나아가 예배할 수는 없다(요 14:6). 그러므로 신약 시대 참 예배 조건에 대하여 예수님 자신은 **"아버지께 참으로 예배하는 자들은(the true worshipers) 신령과 진정으로 예배할 때가 오나니 곧 이 때라 아버지께서는 이렇게 자기에게 예배하는 자들을 찾으시느니라 하나님은 영이시니 예배하는 자가 신령과 진정으로(in spirit and in truth) 예배할지니라"(요 4:23-24)**고 말했다. 그리하여 신약 시대에는 예수의 피로 구원받은 백성들이 말씀과 기도와 찬송, 그리고 감사 예물을 통해 영적으로 하나님을 예배하게 되었다.

구약 : 짐승 제물 피 → 하나님 예배 ← 예수 보혈 피 : 신약

1) **베드로전서 2:5** : 예수 그리스도로 말미암아 하나님이 기쁘게 받으실 신령한 제사를 드릴 거룩한 제사장이 될지니라.

2) **히브리서 10:19-25** : 형제들아 우리가 예수의 피를 힘입어 성소에 들어갈 담력을 얻었나니……또 하나님의 집 다스리는 큰 제사장이 계시매 우리가 마음에 뿌림을 받아 양심의 악을 깨닫고 몸을 맑은 물로 씻었으니 참 마음과 온전한 믿음으로 하나님께 나아가자 또 약속하신 이는 미쁘시니 우리가 믿는 도리의 소망을 움직이지 말고 굳게 잡아 서로 돌아보아 사랑과 선행을 격려하며 모이기를 폐하는 어떤 사람들의 습관과 같이 하지 말고 오직 권하

여 그 날이 가까움을 볼수록 더욱 그리하자.

3) **히브리서 13:15** : 이러므로 우리가 예수로 말미암아 항상 찬미의 제사를 하나님께 드리자 이는 그 이름을 증거하는 입술의 열매니라.

4) **요한복음 14:6** : 내가 곧 길이요 진리요 생명이니 나로 말미암지 않고는 아버지께로 올 자가 없느니라.

5) **베드로전서 2:9** : 오직 너희는 택하신 족속이요 왕 같은 제사장들이요 거룩한 나라요 그의 소유된 백성이니 이는 너희를 어두운 데서 불러 내어 그의 기이한 빛에 들어가게 하신 자의 아름다운 덕을 선전하게 하려 하심이라.

6) **요한계시록 1:6** : 그 아버지 하나님을 위하여 우리를 나라와 제사장으로 삼으신 그에게 영광과 능력이 세세토록 있기를 원하노라 아멘.

3.(요 4:20): ________________

예배는 은혜와 사랑을 베푸시는 하나님과, 구세주로서의 예수님과, 내재하시는 성령님을 인식하는 마음 중심에서 드린다. 어떻게 죽을 수밖에 없는 죄인이 하나님께 나아가 예배할 수 있을까? 오직 예수 그리스도의 십자가 보혈에 근거하여(히 10:19) 하나님을 아버지라고 부를 수 있는 자녀 관계가 회복되었기 때문이다(엡 1:5; 롬 8:15). 그러나 실제로 하나님과 예수 그리스도를 체험케 하고 신령과 진정으로 예배드릴 수 있도록 그리스도인을 참된 예배로 인도하시는 분이 성령님이시다(요 16:13). 성령님은 진실한 예배의 마음을 주시며 예배로 인도하시고 하나님을 체험케 하고 진리를 깨닫게 하신다. 성령의 인도하심과 도움 없이 진정한 예배를 드릴 수 없다. 그러므로 성령의 인도하심에 민감하고 순종해야 하며 성령을 근심되게 하거나 슬프게 해서는 안 된다.

1) **요한복음 4:24** : 하나님은 영이시니 예배하는 자가 신령과 진정으로 예배할

지니라.

2) **빌립보서** 3:3 : 하나님의 성령으로 봉사(예배)하며 그리스도 예수로 자랑하고 육체를 신뢰하지 아니하는 우리가 곧 할례당이라.

3) **히브리서** 10:15-16 : 성령이 우리에게 증거하시되 주께서 가라사대 그 날 후로는 저희와 세울 언약이 이것이라 하시고 내 법을 저희 마음에 두고 저희 생각에 기록하리라.

4) **요한복음** 16:13 : 그러하나 진리의 성령이 오시면 그가 너희를 모든 진리 가운데로 인도하시리니 그가 자의로 말하지 않고 오직 듣는 것을 말하시며 장래 일을 너희에게 알리시리라.

5) **고린도전서** 2:13 : 우리가 이것을 말하거니와 사람의 지혜의 가르친 말로 아니하고 오직 성령의 가르치신 것으로 하니 신령한 일은 신령한 것으로 분별하느니라.

6) **고린도후서** 13:13 : 주 예수 그리스도의 은혜와 하나님의 사랑과 성령의 교통하심이 너희 무리와 함께 있을지어다.

7) **요한복음** 14:20 : 그날에는 내가 아버지 안에, 너희가 내 안에, 내가 너희 안에 있는 것을 너희가 알리라.

8) **고린도전서** 6:19-20 : 너희 몸은 너희가 하나님께로부터 받은 바 너희 가운데 계신 성령의 전인 줄을 알지 못하느냐 너희는 너희의 것이 아니라 값으로 산 것이 되었으니 그런즉 너희 몸으로 하나님께 영광을 돌리라.

4.(히 13:16): ____________

정기적으로 드리는 공동체의 주일예배나 또는 가정예배만 예배가 아니다. 이것은 모이는 예배지만 흩어지는 예배로서 삶의 현장에서 개인적인 헌신, 봉사, 찬양, 전도, 구제 생활로 드리는 예배가 있으므로 그리스도인의 섬기는 삶 전체가 예배라는 사실을 알아야 한다. 그래서 그리스도인은 하나님의 임재의식 속에서 늘 거룩한 삶을 살아야 한다. 하나님은 우리 안에 우리와 함께하시고 우리 주위 어디에나 거하시는 우리의 환경이 되신다(시 139:1-8). 자신과 세상에 문제가 있는 것이 아니라 하나님과 단절된 환경 속에서 불편함과 불안과 소외감을 느끼는 것이 문제이다. 우리는 회개와 믿음으로 하나님과의 관계를 회복하고(요일 1:3) 예배를 통해 하나님과의 관계를 누리며 환경과의 조화와 평안을 누려야만 한다.

1) **로마서 12:1-2** : 그러므로 형제들아 내가 하나님의 모든 자비하심으로 너희를 권하노니 너희 몸을 하나님이 기뻐하시는 거룩한 산 제사로 드리라 이는 너희의 드릴 영적 예배니라 너희는 이 세대를 본받지 말고 오직 마음을 새롭게 함으로 변화를 받아 하나님의 선하시고 기뻐하시고 온전하신 뜻이 무엇인지 분별하도록 하라.
2) **히브리서 13:16** : 오직 선을 행함과 서로 나눠주기를 잊지 말라 이 같은 제사는 하나님이 기뻐하시느니라.
3) **로마서 15:16** : 이 은혜는 곧 나로 이방인을 위하여 그리스도 예수의 일꾼이 되어 하나님의 복음의 제사장 직무를 하게 하사 이방인을 제물로 드리는 그것이 성령 안에서 거룩하게 되어 받으심직하게 하려 하심이라.
4) **빌립보서 4:18** : 내게는 모든 것이 있고 또 풍부한지라 에바브로디도 편에 너희의 준 것을 받으므로 내가 풍족하니 이는 받으실 만한 향기로운 제물이요 하나님을 기쁘시게 한 것이라.

5.(대하 15:15):

예배는 인격을 가진 그리스도인들이 사모하는 마음을 가지고 인격적인 하나님을 만나 깊은 사랑의 교제를 나누는 것이다(삼상 2:30; 시

91:14). 그러므로 진정한 두 가지 결과가 따른다. 하나님은 예배를 통해 찬양과 영광을 받으시며 영화롭게 되신다. 하나님은 또한 기쁨으로 섬기며 예배하는 자들의 마음을 은혜와 능력으로 채우셔서 예배를 통해 그리스도인들은 복을 받는다. 그러므로 예배자의 중요한 태도는 하나님과의 만남인 예배를 사모하고 예배를 준비하는 마음 자세이다. 하나님을 만나지 않고는 예배라고 할 수 없다. **예배의 중요한 요소는 말씀, 기도, 찬송, 감사예물, 성도의 교제**이다. 하나님의 말씀을 듣고 기도를 통해 소원을 아뢰며 찬송을 통해 하나님께 합당한 영광을 돌리며 감사, 믿음, 헌신의 표현으로 예물을 통해 베풀어 주신 은혜에 감사하고, 성도의 교제를 통해 받은 사랑의 은혜를 함께 나누어 풍성하게 한다. 하나님은 성경을 통해, 성령님을 통해, 그리고 사람을 사용하셔서 말씀하신다. 그리하여 예배의 결과는 사람을 변화시키며 악한 세상을 이기는 능력을 준다. 그러나 가장 근본적인 것은 예수 그리스도 구속의 은총을 통해 하나님을 만날 수 있다는 사실임을 잊어서는 안 된다.

1) **요한복음 4:23** : 아버지께서는 이렇게 자기에게 예배하는 자들을 찾으시느니라(cf. 삼상 2:30; 시 91:14).
2) **역대하 15:15** : 여호와를 찾았으므로 여호와께서도 저희의 만난바가 되시고 그 사방에 평안을 주셨더라.
3) **역대하 16:9** : 여호와의 눈은 온 땅을 두루 감찰하사 전심으로 자기에게 향하는 자를 위하여 능력을 베푸시나니.
4) **베드로전서 2:2** : 갓난아이들같이 순전하고 신령한 젖을 사모하라 이는 이로 말미암아 너희로 구원에 이르도록 자라게 하려 함이라.
5) **시편 42:1** : 하나님이여 사슴이 시냇물을 찾기에 갈급함같이 내 영혼이 주를 찾기에 갈급하나이다.

참된 그리스도인이라면 하나님을 향한 예배에 최고의 영광스런 가치를 두어야 한다(고전 6:19-20). 그리스도인으로 분명한 예배관을 가지고 예배에 임하고 있는지 항상 점검해야 한다. ① 자신을 거룩하게 구별하여 하나님과 바른 관계를 가지고 있는가?(고전 3:16-17) ② 예배에 우선순위를 두고 성수주일하고 있는가?(히 4:9-11) ③ 모이기에 열심을 내고 있는가?(히 10:19-25) ④ 신령과 진정으로 예배드릴 준비를 갖추고 있는가?(요 4:24) ⑤ 몸을 산 제물로 드려 자기 자신을 헌신하고 있는가?(롬 12:1) ⑥ 성경책과 찬송가를 가지고 다니는가? ⑦ 감사의 예물을 미리 정성스럽게 준비하는가?(고후 9:5) ⑧ 성령의 인도하심에 순종하고 하나님의 임재를 경험하고 있는가? ⑨ 예배의 복을 믿는가?(창 12:7-9) ⑩ 은혜의 기쁨과 새 삶의 결단과 선교의 사명으로 예배를 마치는가?(행 1:8)

[공동 기도문 : 통성 기도]

하나님 아버지,
예수 그리스도의 십자가 공로를 의지하여 하나님께 영광스런 예배를 드릴 수 있도록 나라와 제사장을 삼아 주시오니 감사합니다. 영혼 깊은 곳에서 하나님을 사모하며 진정으로 예배드리지 못한 것을 용서하여 주옵소서. 주님의 보혈과 성령의 인도하심에 의해 신령과 진정으로 예배드리고 놀라운 하나님의 은혜를 체험하며 기쁨으로 사명 감당하게 하옵소서. 예수님 이름으로 기도드립니다. 아멘. (공예배 기도 훈련)

[질문] 예배의 손을 사용하여 예배의 5대 의미를 설명할 수 있는가?

1. 마태복음 4:10
2. 베드로전서 2:5

3. 요한복음 4:20
4. 히브리서 13:16
5. 시편 42:1

[나눔] 은혜를 체험한 예배의 경험을 서로 나누어라.

[토론] 토요 안식일과 주일 성수에 관해 토론하라.

[읽어보기 : 경건 시간(딤전 4:5-11)]

연애를 해봤는가? 사랑하는 애인이 있다면 시간가는 줄 모르고 함께 있고 싶고, 이야기를 나누며 교제하고 싶고, 아낌없이 주고 싶을 것이다. 주고도 좋아하는 것이 사랑이요, 미운 사람은 준 것도 뺏고 싶어지고 아깝기만 한 것이다. 마찬가지로 주님을 사랑하는 제자라면 주님과 교제하며 항상 가까이 하는 삶을 즐겨야 한다. **경건의 시간(Quiet Time)이란 말씀과 기도를 통하여 매일매일 하나님과 개인적이고 인격적인 교제를 하기 위해 따로 떼어놓은 은밀한 시간을 말한다.** 즉, 주님과의 개인적인 사랑과 인격적인 교제를 나누는 소중한 시간이기 때문에 모든 공예배와는 다르다. 이것은 주님과의 은밀하고 친밀한 영적 교제의 시간이므로 참된 그리스도인의 삶을 특징짓는 가장 귀한 시간이다. 주님과 정기적인 경건의 시간을 갖지 않는다면 하나님의 창조 목적과 그리스도의 구속적 은혜를 거절하는 행위일 뿐 아니라 삶의 모든 영역에서 하나님에 의해 결코 능력 있게 사용될 수 없는 연약하고 병든 제자로 전락하고 말 것이다. 그리스도인의 문제는 바로 이 소중한 경건의 시간을 경시하는 데 있다. 사람들의 사랑이 교제를 통해 계속 보완되지 않으면 약해져서 결국 아름다운 사랑의 관계를 상실하는 것처럼 주님과 깊은 사랑의 관계를 유지하기 위해서는 최대 특권이요, 의무인 경건의 시간을 매일 가져야만 하는 것이다. 그러나 사람들이 세상일에 너무도 바빠서 이 경건의 시간을 가질 수 없다는 것은 정말로 슬픈 일이다. 경건의 시간은 왜, 어떻게 가져야 하는가? 경건의 시간을 갖는 데 장애는 무엇인가?

(1) 경건의 시간을 가져야 하는 이유 :

첫째, 주님과의 교제시간이기 때문이다(고전 1:9). 이것은 창조 목적인 동시에 구속 목적이며 하나님의 소원이다.

둘째, 하나님의 명령이기 때문이다(딤전 4:7). 이것은 복과 은혜의 시간이므로 하나님이 명령하셨으며 참된 그리스도인의 특징이 된다.

셋째, 주님이 모범을 보여주셨기 때문이다(막 1:35). 그리스도인의 최선의 삶이란 그리스도의 모범을 따르는 것이다.

넷째, 하나님을 향한 헌신이며 개인적인 예배의 시간이기 때문이다(마 4:10).

다섯째, 거룩한 주님의 성품을 닮아가기 때문이다(딤전 4:5; 벧후 1:3-4). 오늘날 그리스도인의 문제는 주님을 닮지 않고 주님의 향내가 나지 않는 데 있다.

여섯째, 매일 주님의 인도함을 받는 시간이기 때문이다(시 119:105).

일곱째, 하루의 삶을 주님께 위탁하고 점검하는 시간이기 때문이다(잠 3:5).

여덟째, 온전한 하나님의 사람으로 온전한 행실을 하기 위함이다(딤후 3:17).

아홉째, 하나님의 뜻을 분별하여 성공적인 삶을 살기 위해서다(롬 12:2).

열째, 그리스도의 장성한 분량에까지 성장하기 위해서다(엡 4:12-13).

열한째, 열매 맺는 풍성한 삶을 살기 위해서이다(요 15:8).

(2) 효과적 경건의 시간을 갖는 방법 :

1단계－경건한 분위기에 젖어들 때까지 하나님의 임재를 느끼며 묵상하라(시 46:10).

2단계－조용한 찬송으로 하나님께 나아가라(시 100:4).

3단계－성령의 도우심을 위한 기도를 간단히 하라(시119:34, 139:23-24).

4단계－하나님이 내게 주시는 말씀으로 경청하며 성경을 체계적으로 읽어라. 순종할 명령, 주장할 약속, 피할 일, 따를 일, 믿을 진리를 생각하며 요약해 보라.

5단계－은혜로운 구절이나 요절 또는 본문 내용을 요약하며 기록해 보라.

6단계－본문의 적용을 한두 가지 결정하라. 이 때 적용의 원리는 ① 개인적인 것 ② 구체적인 것 ③ 실천 가능한 것 ④ 확인 가능한 것이어야 한다.

7단계－하루 삶의 우선순위를 3가지 정도 생각해 보라.

8단계－삶의 우선순위와 말씀의 적용을 위해 기도하라.

9단계－경건 일기를 기록하라.

10단계－체험한 은혜의 말씀을 다른 사람과 나누어라.

(3) 경건시간을 갖는 문제와 그 대책 :

여러분이 경건의 시간을 갖는 데 문제가 되는 것은 무엇인가? 그리고 경건의 시간을 계속하지 못하는 장애물은 무엇인가?

첫째, 아침에 일찍 일어나지 못하는 데 있다. 경건의 시간을 우선순위에 두고 결단을 새롭게 하라. 미리 준비해 놓고 알람시계를 맞춰 놓은 후 일찍 잠자리에 들어라. 경건의 시간을 위해 많은 절제가 필요하다. 아침에는 머뭇거리지 말고 벌떡 일어나라.

둘째, 의욕상실에 문제가 있다. 경건 시간은 기분에 따르는 것이 아니라 언약에 근거한다. 세상의 유혹, 육신의 욕구, 관심이 우선순위가 되기 때문이다. 경건의 시간을 습관들이는 데는 적어도 40일 이상이 걸린다는 사실을 기억하라.

셋째, 집중이 안 되는 것이 문제이다. 세수나 샤워를 하고 체조를 하는 것도 좋다. 경건 일기를 활용하라.

넷째, 깨달음이 없을 때도 있다. 불순종을 경계하고 육체의 피곤을 피하라. 계획과 방법의 변화를 주어라. 가능한 은혜를 나누어라. 너무 감정에 치우치지 말고 의지적으로 계속하라.

다섯째, 경건의 시간을 거르는 데 문제가 있다. 예외를 인정하지 말고 실패하더라도 포기하지 말고 바로 다시 계속하라. 경건의 시간은 훈련을 요한다.

효과적인 경건의 시간을 갖기 위하여 ① 반드시 삶의 우선순위에 두라(마 6:33). ② 미리 준비하라. ③ 데이트를 하는 기분으로 기대감을 가지고 겸손, 경외, 순종의 올바른 태도를 가져라. ④ 새벽과 저녁 중 적당한 시간을 정하되 새벽이 최상의 시간이다. 주님과 더불어 하루를 시작하라. ⑤ 적당한 장소를 선택하라(막 1:35). ⑥ 적당한 규칙을 따르라(삼상 16:7). ⑦ 매일 조화 있게 계속하라. ⑧ 절제하라. ⑨ 인내하라. ⑩ 하나님의 능력과 도움을 신뢰하라. 실패했어도 포기하지 말고 다시 도전하여 계속하는 것이 무엇보다도 중요하다.

경건의 시간은 하나님과 나의 개인적이고 인격적인 사랑의 교제를 나누는 시간이다. 하나님의 사람이 진정 하나님의 사람답게 사는 영적 삶의 모습이며, 하나님의 사람답게 살기 위한 매일의 훈련이다. 하나님의 사람이 되는 것은 하나님의 은혜와 사랑이요, 하나님의 사람답게 사는 것은 결단과 헌신에 의한 경건의 생활인 것이다. 경건의 시간을 갖지 않고 하나님의 사람답게 산다는 것은, 경건의 모양은 있으나 능력이 없는 위선인 것이다. 하루의 100분의 1인 15분이라도 매일 아침 경건의 시간을 가지는 데 어떤 대가를 치르더라도 자신을 헌신할 것을 결단하라. 그렇게 할 때에 여러분은 능력 있는 그리스도인의 삶을 살 수 있을 것이다.

[가정예배(시 128:1-6)]

가정과 교회는 밀접한 관계에 있다. 건전한 신앙은 가정과 교회 중심의 신앙이기 때문이다. 건전하고 아름다운 가정은 '교회를 가정처럼, 가정을 교회처럼' 만들어 가정예배와 가정제단이 살아 있는 가정이다. 아름다운 가정을 위한 가정예배 지침으로 말씀을 준비하는 요령이 필요하다. 왜 가족이 가정에서 하나님께 예배드려야 하는가? 이런 질문은 하나님께서 그것을 명령하셨다는 것 외에 다른 답변이 필요없다(신 6:6-9). 가정제단은 예수님이 가정의 참된 주인이심을 확인해 주고 가정적으로 주님의 인도를 경험하며 영적 자양분을 공급받는 영혼의 식탁이다. 가족간에 대화의 장이 열리고 가정 문제가 치유되는 곳이며 자녀 교육을 위한 최선의 마당이다. 오늘날 가정의 모든 위기와 문제는 가정제단의 부재에 있고 이것은 또한 사단의 작전이기도 하다. 가정예배를 통하여 충성스럽게 하나님을 경배한 가정들은 그 어떤 것보다 가정예배가 그들의 가정생활을 더 풍성하고 건전하게 한다는 사실을 입증해 왔다. 한 번도 가정예배를 드려본 적이 없거나 한두 번 시도하다가 실패를 경험했다고 할지라도 지금 시도하라. 지금까지 배운 성경공부를 기초로 가정예배를 인도할 수 있을 것이다.

(1) **인도자** : 가족 중에 가정예배의 필요성을 강하게 느끼고 있는 사람은 다른 가족을 설득하여 누구나 가정예배를 인도할 수 있게 하되 지도력과 권위가 있는 부모가 가정 제사장 역할을 하는 것이 좋다. 가정예배 인도자는 혼자만 예배를 담당하지 말고 가족

들을 참여시켜 함께 경험을 갖는 것도 좋다.

(2) 시간 : 가족들은 예배를 위해 정해진 시간을 갖는 훈련이 필요하다. 그러나 가정의 형편에 따라 아침 또는 저녁에 융통성 있게 할 수 있고, 매일 또는 주 1회 정해진 날에 가정의 날을 정하고 온 가족이 모여 예배드릴 수 있다. 시간은 적절하게 조절하되 짧게 하라.

(3) 장소 : 가능한 한 예배의 방해가 없는 곳이 좋으며 예배를 위한 경건하고 아늑한 분위기를 위해 준비가 필요하다.

(4) 예배 자료 : 성경, 찬송가 및 가정예배 지침서를 사용하라.

(5) 방법 : 정해진 성경말씀을 봉독하거나 가족이 윤독하고 말씀 내용과 주제를 질문하거나 말씀에 대한 소감과 개인적인 적용을 함께 나누는 것도 좋다. 때로는 찬양 예배를 드리기도 하고 다른 가족과 연합으로 드리기도 하며 예배를 창의적으로 드려라. 찬송을 부르고 기도로 끝을 맺되 특별 기도제목을 언급할 수도 있다. 가정예배 지침서를 활용하는 방법도 있으며 점차 예배에 익숙해져감에 따라 가족들의 필요와 관심을 채울 수 있도록 예배를 확대시켜 갈 수 있다. 효과적이고 적합한 예배가 될 수 있도록 융통성 있게 가족들에게 좋은 방법을 제시하도록 하여 가족들의 필요를 충족시켜 주는 것이 좋다. 가정예배가 무의미한 습관적 전통이나 자녀 훈계의 수단이 되지 않도록 하고 생활과 경건의 모범을 보이도록 하라. 어떤 고정된 틀에다가 가정예배를 묶어 놓기보다는 현재 가정의 형편과 가족의 연령, 시간과 환경을 고려하여 융통성 있게 드려라. 특별한 형식이 없더라도 온 가족이 함께 참여할 수 있고

가족의 영적 수준에 맞는 눈높이 가정예배가 되도록 하라.

세례(Baptism)

기독교의 두 예식 중 성찬 예식은 ① 예수님의 속죄 기념 ② 예수님과 영적 교제 ③ 사죄의 확신 ④ 복음증거 사명 ⑤ 천국 잔치의 소망과 관련이 있다(고전 11:23-26). 그러나 세례 예식은 다음과 같은 의미가 있다.

① 신약적 하나님의 백성 표시

골로새서 2:11-12 : 또 그 안에서 너희가 손으로 하지 아니한 할례를 받았으니 곧 육적 몸을 벗는 것이요 그리스도의 할례니라 너희가 세례로 그리스도와 함께 장사한 바 되고 또 죽은 자들 가운데서 그를 일으키신 하나님의 역사를 믿음으로 말미암아 그 안에서 함께 일으키심을 받았느니라.

② 예수 그리스도와의 영적인 연합

로마서 6:3-5 : 무릇 그리스도 예수와 합하여 세례를 받은 우리는 그의 죽으심과 합하여 세례 받은 줄을 알지 못하느뇨 그러므로 우리가 그의 죽으심과 합하여 세례를 받음으로 그와 함께 장사되었나니 이는 아버지의 영광으로 말미암아 그리스도를 죽은 자 가운데서 살리심과 같이 우리로 또한 새 생명 가운데서 행하게 하려 함이니라 만일 우리가 그의 죽으심을 본받아 연합한 자가 되었으면 또한 그의 부활을 본받아 연합한 자가 되리라.

갈라디아서 3:27 : 누구든지 그리스도와 합하여 세례를 받은 자는 그리스도로 옷 입었느니라.

③ 참 믿음의 공식 인준

사도행전 2:41 : 그 말을 받는 사람들은 세례를 받으매 이 날에 제자의 수가 삼천이나 더하더라(cf. 행 18:8).

사도행전 8:12 : 빌립이 하나님 나라와 및 예수 그리스도의 이름에 관하여 전도함을 저희가 믿고 남녀가 다 세례를 받으니.

④ 예수 그리스도의 본

마가복음 1:9 : 그때에 예수께서 갈릴리 나사렛으로부터 와서 요단 강에서 요한에게 세례를 받으시고.

⑤ 예수님의 세례 명령

마태복음 28:19 : 그러므로 너희는 가서 모든 족속으로 제자를 삼아 아버지와 아들과 성령의 이름으로 세례를 주고.

년 월 일 경건 일기(Q.T) 성경

오늘의 말씀:

나의 실천(용) :

기도 :

년 월 일 경건 일기(Q.T) 성경

오늘의 말씀:

나의 실천(용) :

기도 :

년 월 일 경건 일기(Q.T) 성경

오늘의 말씀:

나의 실천(용) :

기도 :

년 월 일 경건 일기(Q.T) 성경

오늘의 말씀:

나의 실천(용) :

기도 :

년 월 일 경건 일기(Q.T) 성경

오늘의 말씀:

나의 실천(용) :

기도 :

년 월 일 경건 일기(Q.T) 성경

오늘의 말씀:

나의 실천(용) :

기도 :

제15과 그리스도인의 사랑은 어떤 것인가?

학습목표 : 세상의 사랑과는 다른 5대 그리스도인의 특별한 사랑을 체험적으로 이해하고 사랑의 계명을 실천하며 그리스도인의 사랑에 관해 다른 사람에게 가르쳐 줄 수 있다.

요절말씀 : 새 계명을 너희에게 주노니 서로 사랑하라 내가 너희를 사랑한 것같이 너희도 서로 사랑하라 너희가 서로 사랑하면 이로써 모든 사람이 너희가 내 제자인 줄 알리라(요 13:34-35).

하나님은 어떤 분이신가? 왜 하나님은 인간을 만드셨는가? 왜 예수 그리스도는 이 땅에 오셔서 십자가를 지셨는가? 인간의 행복의 조건은 무엇인가? 세상 종말의 최대 징조는 무엇일까? 성경의 주제는 또한 무엇인가? 기독교의 최고 계명은 무엇인가? 왜 세상에 허무와 절망과 자살이 있는가? 사람들의 깊은 마음의 상처는 어떻게 근본적으로 치유할 수 있는가? 그리스도인의 표지는 무엇인가? 은사 중에서 최고 은사는 무엇인가? 이 모든 질문의 공통 대답은 사랑에서 찾을 수가 있다.

성경은 인간을 사랑하신 하나님의 감동적인 러브 스토리(love story)로, 사랑은 성경 전체에 흐르는 중심 주제이다(요 3:16). 사랑은 최대의 은사요(고전 12:31), 최고의 계명이며(약 2:8) 율법의 기본 정신이요(마 22:37-40; 막 12:29-31), 율법의 최종 완성인 것이다(롬 13:10; 갈 5:14). 예수님은 "새 계명을 너희에게 주노니 서로 사랑하라 내가 너희를 사랑한 것같이 너희도 서로 사랑하라 너희가 서로 사랑하면 이로써 모든 사람이 너희가 내 제자인 줄 알리라"(요 13:34-35)고 말씀하셨다. 이와 같이 사랑은 참된 그리스도인의 표지이다. 그리고 미래가 보장되는 가장 중요한 신앙의 요소이며(고전 13:12-13) 새 생명의 확실한 구원 증표이다(요일 3:14). 어떤 것의 중요성은 있어야 할 것이 없을 때면 알게 된다. 인간에게서 사랑을 뺀다면 무엇이 남겠는가? **최선의 삶－사랑＝허무(문제, 불행)**이다. 인간의 모든 문제와 상처는 사랑의 결핍에서 비롯되듯 사랑이 문제 해결과 상처 치유의 기본이 된다. 그리스도인과 교회에서 사랑을 빼버리면 무엇이 남겠는가? 사랑 없이 우리는 복음과 예언과 구제나 신학이나 신앙을 논할 수 없다(고전 12:1-3).

사랑의 노래, 사랑의 유람선, 사랑 카페, 사랑의 영화, 이 시대는 온통 사랑이라는 단어의 홍수 속에 살고 있다. 그러나 홍수 때에 먹을 생수가 귀한 것처럼 사랑의 홍수 시대에 살면서 얼마나 많은 사람들이 사랑의 갈증을 경험하고 있는가? 사랑해야 한다는 당연한 명제 앞에서 사랑하지 못한다든지, 사랑할 수 없다는 고민으로 얼마나 많은 사람들이 가슴앓이와 상처를 안고 있는가? 사랑에 대한 벙어리 냉가슴의 시대에 그리스도인들의 성경적인 사랑에 대한 올바른 이해는 무엇인지 살펴보도록 하자(아 7:10-13).

1.(요일 4:16): ________________

사랑에 대해 이야기할 때 인격적인 사랑의 하나님과 사랑의 존재로서 인간을 이해하는 것이 무엇보다 중요하다. 하나님은 사랑의 인격을 가지신 분이시며(요일 4:8), 영원 전부터 성부, 성자, 성령, 삼위일체 하나님은 사랑의 관계에 계셨다(요 16:24). 하나님의 사랑은 무궁하고(렘 31:3) 영원하여 그 넓이와 깊이와 높이와 크기가 어떠한지 헤아리기 어렵다(엡 3:19). 이 하나님의 사랑을 인간의 조건적인 사랑과 구별하여 무조건적이고 희생적인 사랑, **아가페**라고 부른다. 아가페의 사랑은 가장 강한 **영적인 언어**이며 가장 강력한 생명의 힘이다. 사랑의 하나님은 인격적인 사랑의 교제를 나눌 사랑의 대상을 원하셨다. 그리하여 다른 피조물과는 다르게 자신의 사랑과 정성을 쏟아 부어 창조의 최대 걸작품으로 사랑할 수 있는 인간을 만드셨던 것이다. 특별한 계획에 따라 흙을 가지고 사랑의 손길로 하나님의 형상을 만드신 후(창 1:27), 자신의 생기와 사랑을 불어넣어 인격적이고 영적인 사랑의 존재로 인간을 만드셨다(창 2:7). 그리하여 영적으로 하나님과 수직적인 사랑을 나누며 인격적으로 다른 사람과 수평적인 사랑의 교제를 나누게 하셨다(창 2:23-25). 이렇게 인간은 처음부터 하나님의 사랑의 대상으로 사랑받고 그 사랑을 다른 사람과 나눠야 하는 사랑의 존재로 창조되었다. 따라서 사랑 없는 인간의 삶은 허무할 수밖에 없다. 천사는 인간들보다 능력이 있으나 사랑의 복은 누릴 수 없다. 사단은 죽었다가 깨어나도 사랑할 수 없다. 사랑 때문에 인간은 하나님의 사랑과 관심의 대상이며 사랑함으로 인간은 행복하다. 사랑 때문에 천사보다도 우월하고 짐승과 구별되며 사단도 이길 수가 있다. 그러므로 인간 존재의 힘과 저력은 바로 사랑인 것이다. 인간은 사랑하지 않고는 견딜 수 없는 존재이므로, 사랑만이 인간을 인간 되게 하고 가치 있게 하고 행복하게 하고 보람 있게 하며 참된 그리스도인이 되게 한다. 사랑이 무엇인가를 이해한다면 왜 예수님께서 이 땅에 오셔서 십자가를 지셨는가라는 의문이 풀릴 것이다.

1) **요한1서 4:16** : 하나님이 우리를 사랑하시는 사랑을 우리가 알고 믿었노니 하나님은 사랑이시라 사랑 안에 거하는 자는 하나님 안에 거하고 하나님도 그 안에 거하시느니라.
2) **창세기 2:7** : 여호와 하나님이 흙으로 사람을 지으시고 생기를 그 코에 불어넣으시니 사람이 생령이 된지라.

3) **창세기** 2:23 : 아담이 가로되 이는 내 뼈 중의 뼈요 살 중의 살이라 이것을 남자에게서 취하였은즉 여자라 칭하리라 하니라.

4) **요한복음** 3:16 : 하나님이 세상을 이처럼 사랑하사 독생자를 주셨으니 이는 저를 믿는 자마다 멸망치 않고 영생을 얻게 하려 하심이니라(cf. 롬 5:8).

2.(롬 5:5):

왜 인간이 성실하게 최선의 삶을 살아도 허무한 것일까? 행복하게 살려고 노력하는데 왜 오히려 고독하고 피곤하기만 한가? 사랑해서는 안 되는 잘못된 사랑을 하기 때문이다. 인간은 사단의 미혹을 받아 하나님 대신 사랑의 대상을 바꿈으로 죄를 짓고 정상적인 사랑의 능력인 하나님의 형상을 상실해 버렸다. 사단은 타락한 인간의 마음속에 위조된 모조품 사랑을 심어 놓았다. 타락한 가짜 사랑은 문제를 일으키고 상처를 주고 눈물과 불행의 씨앗이 되어 버렸다. 인간은 사랑함으로 행복한 존재인데 이렇게 타락한 사랑을 해서 불행한 존재가 되었다. 가짜 사랑이 넘쳐나는 이 시대 속에서 참된 사랑의 생수를 찾을 수 없어서 사람들은 사랑의 가슴앓이로 몸부림치며 고독이라는 죽을 병에 걸려 있는 것이다. 20년 동안 함께 살았다고 당연히 사랑했다고 말할 수 있는가? 가족을 위해 수고했다고 당연히 사랑이 있다고 말할 수 있는가? 사랑이 없으면서 있다고 착각하고, 없는 줄 알면서도 있다고 끝까지 위장하고 사는 거짓된 사랑이 문제인 것이다. **대화가 없어서 문제가 아니라 사랑 없는 대화가 문제이다. 말이 없어서 대화가 안 되는 것이 아니라 근본적으로 사랑이 없어서 대화가 안 되는 것이다.**

이 세상은 복잡하고 문제가 많은 세상이다. 그러나 결국은 내 자신이 문제요, 나의 사랑 없음이 문제다. 요한은 “사랑하지 아니하는 자는 하나님을 알지 못하나니 이는 하나님은 사랑이심이라”(요일 4:8)고 문제의 원인을 지적하고 있다. 하나님을 체험적으로 아는 것이 영생이므로 (요 17:3) 사랑이 없으면 현재의 행복도, 미래의 영생과 소망도 없다는 말이다. 사랑은 사랑하는 대상에게 속하게 한다(아 2:16, 7:10). 예수님은 자기를 거부하는 불행한 자들에게 "다만 하나님을 사랑하는 것이 너희 속에 없음을 알았노라"(요 5:42)고 평가하셨다. 그리고 "불법이 성하므로 많은 사람의 사랑이 식어지리라"(마 24:12)고 종말의 징조를 경고하셨다. 세상의 유행 사랑(요일 2:15), 뇌물 사랑(벧후 2:15), 자식 사랑(마 10:37)은 눈물의 씨앗이 되는 사랑인 것이다. 사도 바울은 디모데후서 3장 1-4절에 말세 고통의 18가지 문제 중에 첫째, 이기심과 특권의식의 자기 사랑(딤후 3:2), 둘째, 황금만능주의의 돈과 물질 사랑(딤후 3:2), 그리고 마지막으로 인간 정욕의 쾌락 사랑(딤후 3:4)의 3대 종말적인 사랑을 지적했다. 사랑해서는 안 될 잘못된 인본주의 사랑 때문에 세상에는 사랑의 가슴앓이가 있고 정신병자가 있고 자살이 있고 불행이 있다.

그러나 사랑의 하나님은 인간이 오염된 사랑으로 몸부림을 치다가 죽도록 방치하지 않으셨다(엡 2:4; 요일 4:16). 하나님은 악인과 선인 모든 사람들에게 일반 은혜를 베푸셨다(눅 6:35). 그러나 특별히 예정된 자들에게는 사랑으로 선택하시고(엡 1:4; 살전 1:4) 독생자를 보내시고 (요일 4:9; 갈 2:20; 롬 5:8; 계 1:16) 죄를 용서해 주셨다(엡 4:32). 그들을 구원해 주시고(엡 2:4-5) 자녀로 삼아 주시고(요일 3:1) 동거하시고 (요일 4:12; 요 14:23) 승리를 주시며(롬 8:35-37) 때에 따라 징계도 하셨다(히 12:6). 또한 모든 일이 합력하여 선을 이루게 하시고(롬 8:28) 사랑의 모델이 되어 주셨으며(엡 5:25) 사랑의 능력도 주셨다(딤후 1:7). 그리고 마지막으로 천국을 예비해 주셨으며(고전 2:9) 사랑하시되 끝까지 사랑하셨다(요 13:1).

여러분은 때때로 온유한 성품과 사랑의 능력을 달라고 기도할 때가 있을 것이다. 그러나 사실 주님께서 그런 것들을 주실 필요가 없다. 거룩하신 주님이 여러분 안에 거할 때 그리스도 자신이 여러분에게 주어진 새로운 성품이기 때문이다. 이 모든 새로운 성품이신 주님이 여러분 안에 거하시기 때문에 이미 그 사랑의 성품이 여러분 안에 존재하고 있다. 그러므로 여러분의 삶을 하나님의 뜻과 주권에 맡기고 온전히 순종한다면 그 분의 새로운 성품이 여러분 안에 흐르고 있음을 확인할 수 있다.

예수 그리스도에 의하여 회복된 사랑은 주고 나눌수록 풍성해지고 강해진다. 하나님의 영적 언어를 인간의 육적 언어로 잘못 해석하고 받아들이면 제대로 깨달을 때까지 실패를 경험할 수밖에 없다. 그러므로 그리스도인들은 하나님의 영적 언어를 민감하게 분별해야만 한다. 바로 사랑이 하나님의 영적 언어인 것이다.

인간의 세계관

은혜 지배(롬 6:14; 요 1:16)	영의 세계(렘 1:5)	율법 지배(롬 2:12, 3:19)
성도 : 영적 존재		**불신자 : 육적 존재**
생명의 장(요 14:6)	믿음의 초월세계(시 139:13-16)	사망의 장(롬 5:12)
생명의 생산(갈 6:7-8)	감정세계(시 51:5; 눅 1:44)	사망 생산(갈 6:7-8)
생명 언어(잠 16:24)	인지의 세계(전 7:29)	사망 언어(잠 6:2)
생명의 일(사 58:11)	행동의 세계	사망의 일(잠 17:22)
생명의 법(롬 8:2)	습관의 세계	사망의 법(롬 8:2)

1) **로마서 5:5** : 소망이 부끄럽게 아니함은 우리에게 주신 성령으로 말미암아 하나님의 사랑이 우리 마음에 부은 바 됨이니.

2) **아가 7:10** : 나는 나의 사랑하는 자에게 속하였구나 그가 나를 사모하는구나.

3) **마태복음 24:12** : 불법이 성하므로 많은 사람의 사랑이 식어지리라.

4) **디모데전서 6:10** : 돈을 사랑함이 일만 악의 뿌리가 되나니 이것을 사모하는 자들이 미혹을 받아 믿음에서 떠나 많은 근심으로써 자기를 찔렀도다.

5) **에베소서 2:4-5** : 긍휼에 풍성하신 하나님이 우리를 사랑하신 그 큰 사랑을 인하여 허물로 죽은 우리를 그리스도와 함께 살리셨고 너희가 은혜로 구원을 얻은 것이라.

3.(고전 13:4-7):

아가페의 사랑은 영적 언어이며 인간의 한계를 초월하는 강력한 생명의 힘이 있다. 아가페 사랑은 정의내리기 어려운 신비한 단어이다. 사랑의 정의를 내리는 순간, 사랑은 빛을 잃고 제한되고 추상적이 되어 그 능력을 상실한다. 사랑은 당위성이나 정의가 문제가 아니라 어떻게 사랑하느냐 하는 방법이 문제이다. 그러나 신앙적 사랑은 세속적 사랑과 그 근원과 본질이 다르다. 세상적 사랑은 에로스의 이성적 사랑, 필레오의 우정, 스토르케의 친족애를 말한다. 이것은 자아의 영역, 자기 감정의 영역, 편견의 영역, 수단 방법의 영역, 욕망의 영역, 자기 이익의 보호 영역, 시간의 영역을 초월하지 못하기 때문에 자기 중심적이고 조건적이고 상황적이다. 이 인간적 사랑의 약점과 결함을 극복할 수 있는 새로운 성경적 원리는 아가페의 사랑으로, 하나님의 사랑을 의미한다(요일 4:8). 아가페는 사랑의 샘터로 사랑의 근원이요(요일 4:16), 먼저 하는 자원적인 사랑이요(요일 4:19), 무조건적인 사랑이요(살전 2:8), 아낌없이 주는 희생적인 사랑이다(요 3:16). 끝까지 불변하는 사랑이요(요 13:1), 허물을 덮어 주는 편견 없는 사랑이다(벧전 4:8). 이 아가페의 사랑은 바로 생명의 근원이요 행복의 요소이다. 고린도전서 13장 4-7절은 아가페 사랑의 15가지 특징을 보여주고 있다. 진짜 보약을 먹으면 효과가 나타나는 것처럼 참 사랑이 내 가슴에 불붙는 순간 이러한 특징들이 나타나는 것이다. 이 사랑의 특징은 예수님이 십자가에서 보여주신 참사랑으로 십자가를 통해서만 이해될 수 있다. 우리를 사랑하시는 이로 말미암아 모든 일에 넉넉히 이길 수 있다(롬 8:35-39).

1) **베드로전서 4:8** : 무엇보다도 열심으로 서로 사랑할지니 사랑은 허다한 죄를 덮느니라.
2) **고린도전서 13:4-7** : 사랑은 오래 참고 사랑은 온유하며 투기하는 자가 되지 아니하며 사랑은 자랑하지 아니하며 교만하지 아니하며 무례히 행치 아니하며 자기의 유익을 구치 아니하며 성내지 아니하며 악한 것을 생각지 아니하며 불의를 기뻐하지 아니하며 진리와 함께 기뻐하고 모든 것을 참으며 모든 것을 믿으며 모든 것을 바라며 모든 것을 견디느니라(cf. 롬 8:35-39).
3) **데살로니가전서 2:8** : 우리 목숨까지 너희에게 주기를 즐겨함은 너희가 우리의 사랑하는 자 됨이니라(cf. 요 15:13-14).
4) **아가 8:6** : 너는 나를 인같이 마음에 품고 도장같이 팔에 두라 사랑은 죽음같이 강하고 투기는 음부같이 잔혹하며 불같이 일어나니 그 기세가 여호와의 불과 같으니라.

4.(롬 5:8):

인간의 몸이 살아 있고 활동할 수 있는 것은 몸 속의 피가 순환되기 때문이다. 피는 몸을 구성하는 세포에 산소와 영양분을 공급하며 노폐물을 제거하여 새롭게 한다. 생명의 근원이 피의 순환에 있으며 피가 멈추면 그 부위가 썩고 결국에는 죽고 만다. **아가페의 사랑**도 생명으로 계속 순환하여 **첫 사랑처럼(계 2:4) 언제나 새롭고 현재적이고 신비하다.** 사랑은 정체되어 옛 사랑이 될 때 문제가 된다. 살아 있는 사랑은 성장하고 변화하며 앞으로 전진한다. 원수도 사랑할 수 있는 아가페 사랑은 결코 인간에게서는 나올 수 없으며 인간은 그런 사랑을 은사로 받기 전에는 할 수가 없다(마 5:44; 고전 12:31). 하나님은 아가페 사랑의 원천이시다(요일 4:7-8). 그러므로 사랑하지 않는 자는 하나님께 속하지 않았고 하나님을 알 수도 없다.

하나님의 넓고 깊고 높고 큰 이 아가페 사랑이 예수님을 통해 나타났다(롬 5:8; 요일 4:9). 예수님은 사랑의 새 계명을 주시고(요 13:34-35), 또 "사람이 친구를 위하여 자기 목숨을 버리면 이에서 더 큰 사랑이 없느니라"(요 15:13)고 제자들을 위한 자신의 희생적 죽음을 말씀하셨다. 그리고 십자가를 지시기 전 "나를 사랑하신 사랑이 저희 안에 있게 하옵소서"라고 기도하셨다(요 17:26). 사도 바울은 예수님이 참된 사랑의 모델이 되셨음을 "남편들아 아내 사랑하기를 그리스도께서 교회를 사랑하시고 위하여 자신을 주심같이 하라"(엡 5:25)고 말했다. 이 놀라운 아가페의 사랑이 성령으로 말미암아 거듭난 그리스도인의 마음 속에 부은 바 되었다(롬 5:5; 딤후 1:13; 갈 5:22).

성도는 자기 안에 내재해 있는 하나님의 성품인 아가페 사랑을 하나님께 돌려드려 하나님을 사랑할 수 있고 또한 사랑해야만 한다(마 22:37). 하나님께 속한 자는 하나님을 사랑하며 사모하도록 되어 있다(요일 4:7-8). 하나님께 받은 사랑을 형제사랑을 통해 되돌려드리면 우리는 더 큰 사랑의 은혜를 받게 된다(마 25:40).

현재적 새로움

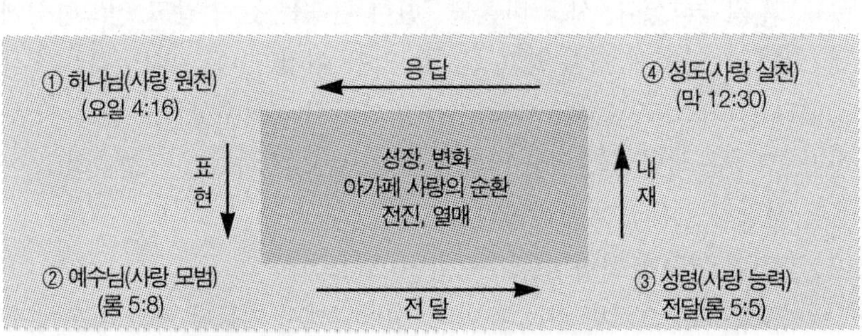

1) **요한1서 4:16** : 하나님이 우리를 사랑하시는 사랑을 우리가 알고 믿었노니 하나님은 사랑이시라 사랑 안에 거하는 자는 하나님 안에 거하고 하나님도 그 안에 거하시느니라.

2) **아가 2:16** : 나의 사랑하는 자는 내게 속하였고 나는 그에게 속하였구나.

3) **로마서 5:8** : 우리가 아직 죄인 되었을 때에 그리스도께서 우리를 위하여 죽으심으로 하나님께서 우리에게 대한 자기의 사랑을 확증하셨느니라(cf. 요일 4:9).

3) **로마서 5:5** : 소망이 부끄럽게 아니함은 우리에게 주신 성령으로 말미암아 하나님의 사랑이 우리 마음에 부은 바 됨이니(cf. 갈 5:22; 롬 15:30).

4) **마가복음 12:30-31** : 네 마음을 다하고 목숨을 다하고 뜻을 다하고 힘을 다하여 주 너희 하나님을 사랑하라 하신 것이요 둘째는 이것이니 네 이웃을 네 몸과 같이 사랑하라 하신 것이라 이에서 더 큰 계명이 없느니라.

5.(요 13:34-35):

아가페 사랑은 자원하여 기쁜 마음으로 베풀고 나누어야 한다. 촛불을 다른 초에 붙이면 나누어져서 더 작아지는 것이 아니라 빛이 더 커지고 밝아지는 것처럼 아가페 사랑은 나눌수록 더 풍성해진다. 예수님은 "너희 원수를 사랑하며 너희를 핍박하는 자를 위하여 기도하라"(마 5:44)고 말씀하셨다. 사도 바울도 "친히 원수를 갚지 말고 진노하심에 맡기라…… 악에게 지지 말고 선으로 악을 이기라"(롬 12:19, 21)고 강조했다. 그리스도인들은 미워하거나 비난하거나 복수할 의무를 갖지 못한다. 그것은 하나님의 권한이다(롬 12:19). 오직 하나님을 사랑하고 이웃을 사랑하는 특권만 부여받았다.

그러면 어떻게 하나님을 사랑할 수 있을까?

사랑은 사랑으로만 갚는 것이다. 성령님께서 거듭난 자의 마음에 하나님의 성품이신 사랑을 가지고 오셔서 사랑의 능력을 주시고(고후 5:14) 성령의 열매를 맺게 하신다(갈 5:22). 그러므로 이미 우리 안에 있는 무한한 사랑의 능력은 쓰면 쓸수록 커지고 새로워진다. 우리는 사랑함으로 또한 하나님의 사랑을 받게 된다. 이 아가페의 참 사랑은 청결한 마음과 선한 양심과 거짓 없는 믿음에서만 나오는 힘이다(딤전 1:5). 그러므로 말과 혀로만 사랑하지 말고 행함과 진실함으로 해야 한다(요일 3:18). 말과 생각만 하지 말고 사랑의 수고를 해야 하는 것이다(살전 1:3). 서로 사랑하고(요일 4:11), 서로 섬기고(갈 5:13), 소중하게 여기고(살전 1:13), 뜨겁게 사랑하고(벧전 1:22), 열심히 사랑하지 않으면(벧전 4:8), 사랑의 불은 식는다. 여러분의 가슴에 사랑이 불타오르게 하라.

하나님을 사랑하는 것은 첫째, 헌신적으로 하나님께 예배드리는 것이다(마 4:10).

둘째, 그리스도의 모범을 따라 이웃을 사랑하는 것이다(요 13:34-35). 주님이 나를 사랑하시듯 아내와 남편을 사랑하고(엡 5:25) 넘치는 사랑으로 이웃을 사랑하는 것이다(요일 3:14). 부부가 승부욕을 가지고 싸웠을 때 어느 한 쪽이 이겼다 해도 결국은 비참한 아내와 못난 남편으로 남게 될 것이다. 그러나 서로 사랑으로 이해하고 용납해 주면 언제나 서로 사랑하는 사람으로만 남게 된다. 형제 사랑은 구제와 용서를 포함하고(엡 4:2; 골 3:18), 하나님 사랑은 감사 예물을 포함한다(고후 8:8, 9:8, 13).

셋째, 하나님 사랑은 하나님의 계명을 지키는 것이다(요일 5:3; 요 14:15).

넷째, 예수님을 잘 믿고 사랑하는 것이다(요 16:27).

다섯째, 사명을 감당하여 헌신함으로 하나님을 사랑할 수 있다(요 21:16). 하나님을 사랑하면 사랑이 이해되고(요일 5:2) **하나님의 사랑이 확인되고**(요일 4:19) 사죄의 확신이 생긴다(눅 7:47). 하나님의 내주하심을 인식하게 되고(요일 4:12) 온전한 신앙이 된다(골 3:14). 하나님을 사랑하면 신앙이 성장하고(엡 4:15) 화평으로 하나가 되며(엡 4:2-3)

사랑의 흉배로 사단의 공격과 상처에서 보호받는다(골 3:14). 최후 심판 때에 담대하게 하나님 앞에 설 수 있으며(요일 4:17-18) 하나님을 사랑하는 자는 결국 생명의 면류관을 받게 된다(약 1:12). 바리새인들은 613가지 이상의 계명을 지켰으나 율법의 중심이 되는 사랑 계명, 한 가지를 지키지 못해서 주님의 책망을 들었던 것이다.

1) **디모데전서 1:5** : 경계의 목적은 청결한 마음과 선한 양심과 거짓이 없는 믿음으로 나는 사랑이거늘.
2) **데살로니가전서 1:3** : 너희의 믿음의 역사와 사랑의 수고와 우리 주 예수 그리스도에 대한 소망의 인내를 우리 하나님 아버지 앞에서 쉬지 않고 기억함이니.
3) **요한1서 4:12** : 어느 때나 하나님을 본 사람이 없으되 만일 우리가 서로 사랑하면 하나님이 우리 안에 거하시고 그의 사랑이 우리 안에 온전히 이루느니라.
4) **베드로전서 4:8** : 무엇보다도 열심으로 서로 사랑할지니 사랑은 허다한 죄를 덮느니라.
5) **베드로전서 1:22** : 너희가 진리를 순종함으로 너희 영혼을 깨끗하게 하여 거짓이 없이 형제를 사랑하기에 이르렀으니 마음으로 뜨겁게 피차 사랑하라.

예수님은 베드로에게 헌신과 봉사의 사명을 부여하시기 전, "시몬아 네가 이 사람들보다 나를 더 사랑하느냐"(요 21:15)고 물으셨다. 주님은 어떤 사역을 맡기시기 전에 먼저 사랑을 요구하신다. 신앙과 사역의 절대적인 기본은 바로 사랑인 것이다. 봉사와 헌신이 사랑의 정도에 달려 있기 때문이다. 충성과 진실함이 있는 곳에서는 결코 사랑의 의무가 회피되거나 남에게 전가되지 않는다. 의무적으로 하는 일과 자원적 사랑으로 하는 일에는 차이가 있다. 오순절 성령세례로 아가페 사랑이 베드로의 심령에 부어졌을 때 그는 사랑의 빚진 자가 되어 **"내가 너희를 사랑**

한 것같이 너희도 서로 사랑하라"(요 13:34)는 주님의 새 계명을 몸으로 실천했다. 평생 복음에 헌신했던 바울도 "그리스도의 사랑이 우리를 강권하시는도다"(고후 5:14)라고 사랑이 헌신의 강력한 동력이 됨을 고백했다. 옥합을 깨어 예수님의 발에 붓고 아낌없이 헌신한 여인에 대해 예수님은 "저의 많은 죄가 사하여졌도다 이는 저의 사랑함이 많음이라 사함을 받은 일이 적은 자는 적게 사랑하느니라"(눅 7:47)고 헌신의 동기를 지적하셨다.

사랑은 대가나 희생의 정도를 따지지 않는다. 사랑의 마음은 상대를 용서하며, 사랑의 눈은 상대의 좋은 점을 보고, 사랑의 입은 상대를 칭찬하며, 사랑의 손은 기쁨으로 상대를 돕는다. 사도 바울은 분열을 막고 하나 되는 사랑의 능력에 대해 "너희가 부르심을 입은 부름에 합당하게 행하여 모든 겸손과 온유로 하고 오래 참음으로 사랑 가운데서 서로 용납하고 평안의 매는 줄로 성령의 하나 되게 하신 것을 힘써 지키라"(엡 4:1-3)고 말했다. 신앙생활은 믿음의 역사와 사랑의 수고와 소망의 인내가 필요하다(살전 1:3; 고전 13:13). 사랑은 감정이 아니라 행함으로 확인되는 의지적인 힘이다. 그래서 사도 요한은 "말과 혀로만 사랑하지 말고 오직 행함과 진실함으로 하자"(요일 3:18)라고 말했다.

어떤 사람이 윌리엄 펜에게 사랑의 비결을 물었을 때 그는 "지금이 내 인생에 있어 사랑을 베풀 수 있는 마지막 기회라고 생각합니다. 내일은 아무도 알 수 없으니까요"라고 대답했다. 지금 이 시간이 사랑을 실천할 좋은 기회이다. 사단은 "당신은 할 만큼 했다. 이 불행은 당신의 책임이 아니다"라고 속삭인다. 증오하고 비난할 시간은 없고 사랑할 시간만 있다는 사실을 명심하라. 하나님의 사랑에 사로잡힌 그리스도인은 예수님을 따라 자기의 기준을 버리고 조건 없이 다른 사람을 사랑하기로 작정한 사람들이다. 그러므로 이제 사랑하는 사람에게 "당신이 무슨 짓을 해도 나는 변함없이 당신을 사랑할 거야"라고 속삭여라. "만일 누구든지 주를 사랑하지 아니하거든 저주를 받을지어다 주께서 임하시느라"

(고전 16:22)고 사도 바울은 경고했다. 기독교의 사랑은 하나님의 아가페 사랑이요, 예수님의 십자가 사랑이요, 성령님의 부어 주시는 사랑이요, 성도의 나누는 사랑으로서 생명의 순환인 것이다.

[공동 기도문 : 통성기도]

사랑과 은혜가 풍성하신 하나님 아버지,
우리가 이미 죄인 되었을 때 예수님을 보내주셔서 십자가에서 대속하심으로 우리를 향한 그 놀라우신 사랑을 보여주셨으니 참으로 감사합니다. 마땅히 사랑해야 할 사람을 사랑하지 못하고 미워했던 죄를 용서해 주시옵소서. 예수님이 달리셨던 십자가를 바라보며 사랑의 계명을 실천할 수 있도록 성령의 능력을 더하여 주시옵소서. 다른 사람을 사랑하고 용서하고 이해하여 행복한 마음이 되도록 인도해 주시옵소서. 예수님 이름으로 기도드립니다. 아멘. (중보기도 훈련)

[질문] 사랑의 손으로 5대 그리스도인의 사랑을 설명할 수 있는가?

1. 요한1서 4:16
2. 로마서 5:5
3. 고린도전서 13:4-7
4. 로마서 5:8
5. 요한복음 13:34-35

[나눔] 가장 최근에 어떤 일로 주님의 사랑을 체험했는지 그 때의 경험을 나누어라.

[토론] 그리스도의 사람과 세상 사람들의 사랑 개념은 어떻게 다르다고 생각하는가? 열왕기상 3장 16-28절을 읽고 솔로몬의 지혜로운 판단과 사랑에 관해 토론해 보라.

[읽어보기]

나는 내 마음 속에 사랑을 가지고 오늘을 맞이하리라. 내가 어떻게 이것을 할 것인가? 나는 모든 사물을 사랑으로 가지고 바라볼 것이며 다시 태어나리라. 나는 태양을 사랑하겠다. 왜냐하면 태양은 내 몸을 따뜻하게 해주기 때문이다. 그렇지만 나는 비도 사랑하리라. 비는 내 마음을 깨끗하게 해주니까. 나는 빛을 사랑하리라. 빛은 나에게 길을 보여주니까. 그렇지만 나는 어둠도 사랑하리라. 왜냐하면 그것은 나에게 별을 보여주니까. 나는 행복을 반겨 맞이하리라. 왜냐하면 그것은 내 마음을 넓게 해주니까. 그렇지만 나는 슬픔도 견뎌내리라. 그것은 내 영혼을 열어줄 것이니까. 나는 내 마음 속에 사랑을 가지고 오늘을 맞이하리라.

내가 어떻게 말을 할 것인가? 나는 나를 미워하는 사람들을 칭찬하리라. 그러면 그들은 나의 친구가 될 것이다. 나는 나의 친구들을 격려하리라. 그러면 그들은 나의 형제가 될 것이다. 나는 항상 칭찬할 구실을 찾으리라. 나는 결코 남을 험담할 구실을 찾지 않으리라. 남을 비난하고 싶은 마음이 생기면 나는 내 혀를 깨물리라. 남을 칭찬하고 싶은 마음이 생기면 나는 지붕 위에 올라가 소리치리라. 새, 바람, 바다, 그리고 모든 자연이 그들의 창조주를 찬미하는 노래를 부른다. 나는 그 창조물에게 똑같은 노래를 불러줄 수 없을까? 그렇게 되면 나는 그 비결을 기억할 것이고 그것은 내 인생을 바꾸어 놓을 것이다.

나는 마음 속에 사랑을 가지고 오늘을 맞이하리라. 나는 어떻게 행동할 것인가? 나는 모든 부류의 사람들을 사랑하리라. 왜냐하면 사람들은 제각기 겉에 드러나지 않을지라도 칭송받을 만한 자질을 갖추고 있으니까. 나는 사람들이 자기 마음 속에 쌓아올린 의혹과 증오의 벽을 사랑으로 허물리라. 그리고 그 자리에 내 사랑이 그들의 영혼 속으로 들어갈 수 있도록 다리를 놓으리라.

나는 마음 속에 사랑을 가지고 오늘을 맞이하리라. 그러나 나는 타인들의 행위에 대하여 어떻게 반응할 것인가? 사랑으로 행동해야지. 왜냐하면 사랑이 사람들의 마음을 여는 무기이듯 사랑은 또한 증오의 화살과 분노의 창을 막아주는 내 방패니까.

나는 마음 속에 사랑을 가지고 오늘을 맞이하리라. 내가 만나는 모든 사람을 어떻게 대할 것인가? 꼭 한 가지 방법으로 대해야지. 조용히 그를 불러서 "나는 너를 사랑해" 하고 말하리라. 조용히 말하기는 하지만 이 말은 내 눈동자 속에서 반짝일 것이고 이마의 주름살을 쫙 펴줄 것이며 내 입가에 미소를 머금게 하고 내 목소리 속에 울려퍼지리라. 그렇게 되면 그의 마음이 열리게 되리라. 그리고 그의 마음에 나의 사랑을 느끼게 될 때 누가 나의 호의를 거절하겠는가?

나는 마음 속에 사랑을 가지고 오늘을 맞이하리라. 나는 모든 사람을 사랑하리라. 이 순간부터 모든 증오가 내 마음에서 사라진다. 왜냐하면 나는 남을 증오할 시간이 없고 오직 사랑할 시간만 있기 때문이다. 비록 내게 다른 재능이 있다 하더라도 나는 사랑만으로 성공할 수 있으리라. 사랑이 없으면 이 세상의 모든 지식과 기술을 가지고 있다 할지라도 나는 실패할 것이다.

나는 마음 속에 사랑을 가지고 오늘을 맞이하리라. 그러면 나는 성공하리라!

제16과 왜 찬양의 삶이 중요한가?

학습목표 : 찬양 생활의 중요성을 알고 항상 찬양으로 하나님께 영광을 돌리게 된다. 다른 사람에게 찬양의 5대 중요성을 설명할 수 있다.

요절말씀 : 내 영혼아 여호와를 송축하라 내 속에 있는 것들아 다 그 성호를 송축하라 내 영혼아 여호와를 송축하며 그 모든 은택을 잊지 말지어다 저가 네 모든 죄악을 사하시며 네 모든 병을 고치시며 네 생명을 파멸에서 구속하시고 인자와 긍휼로 관을 씌우시며 좋은 것으로 네 소원을 만족케 하사 네 청춘으로 독수리같이 새롭게 하시는도다(시 103:1-5).

여러분은 스스로 소원을 이룰 수 있는 능력과 당면한 문제들을 스스로 해결할 수 있는 능력이 있는가? 우리는 그런 능력과 힘이 없기에 현실의 갈등과 고민이 있는 것이다. 그리스도인이 자신의 연약함을 고백하고 하나님의 도우심을 구하는 특권이 바로 기도이다. 인생의 갈증과 수많은 문제와 귀신의 역사가 번잡스런 이 세상에서 연약한 인간들에게 기도는 절대로 필요하다. 그러나 천국에는 소원할 일이 없고 문제도 없고 귀신과 사망도 없다. 오직 주님이 다스리는 영광의 나라이기 때문이다. 그러므로 모든 것이 만족스런 천국에서는 기도할 일이 없다. 오직 하나님을 향한 감사와 찬양의 생활만이 있을 뿐이다(계 5:9-14, 7:12, 14:3, 19:4-5).

그러므로 천국 생활은 찬양의 생활이다. 여러분이 복잡한 세상에서 승리를 선포하며 천국 생활을 앞당겨 누리는 비결이 바로 찬양 생활인 것이다. 시편 150편의 첫 시작은 "할렐루야"로 시작해서 마지막도 "할렐루야"로 마치는데 이 말은 '여호와를 찬양하라'는 뜻이다. 찬양으로 시작해서 찬양으로 끝나는 "할렐루야 아멘"의 새 생활이 천국의 영광스런 모습이다(계 19:3). 찬양할 때 귀신도, 모든 시험도, 불행도 물러간다(삼상 16:14-23; 대하 20:21-23; 행 16:25-26). 우리가 심령 깊은 곳에서 찬양을 드릴 때 하나님은 언제나 거기 계시며 성령이 임하여 기쁨과 은혜가 넘친다. 찬양할 때 승리가 있기에 사단은 찬양을 싫어한다. 그러므로 찬양이 식으면 시험에 든다는 사실을 항상 기억하라. 찬양은 예배이고, 곡조 있는 기도이며, 감사와 믿음의 표현이다. 왜 찬양이 신앙생활에서 그토록 중요한가?

1.(사 42:8): ____________________

하나님은 "나는 여호와니 이는 내 이름이라 나는 내 영광을 다른 자에게, 내 찬송을 우상에게 주지 아니하리라"(사 42:8)고 선포하셨다. 하나님의 임재와 통치가 미치는 곳에서는 반드시 찬양이 있어야 한다(계 19:5-8). **하나님은 찬양 중에 거하시며(시 22:3) 찬양 받으시기 위해 하늘의 천사를 창조하셨고(시 103:19-22) 찬양 받으시기 위해 이 땅에 인간을 창조하셨다**(시 148:1-5; 사 43:21). 에덴동산의 삶은 찬양의 삶이었으며(사 51:3) 하나님이 계시는 천국은 찬양으로 충만한 곳이다(계 14:3). 성부, 성자, 성령, 오직 삼위일체 하나님만이 찬양과 경배의 대상이 되신다(시 150:1; 계 5:12-14). 그러나 **인간이 사단의 미혹으로 범죄하여 하나님을 향한 찬양을 잃어버리고 가인의 자손 유발로부터 처음으로 하나님이 싫어하는 세속 노래를 발전시켜 인간과 세상 잡신과 우상에게 찬양하게 되었던 것이다**(창 4:21; 암 5:23). 그러나 예수님이 오셔서 십자가에서 대속하시고 구속함을 받은 무리의 새 노래

(시 149:1)로 하나님을 찬양할 수 있도록 회복시켜 주셨다(사 61:4; 엡 1:6, 12). 그리고 성령님이 중생한 그리스도인의 심령에 내재하시며 찬양할 수 있는 능력을 주셨다(엡 1:13-14, 5:18-19). 그러므로 찬양은 구원받은 정직한 의인의 특권이요 마땅한 사명이다(시 33:1). 찬양은 가장 선하고 아름답고 마땅한 일인 것이다(시 147:1). 청년, 남녀노소(시 148:12-13) 누구나, 새 생명의 호흡이 있는 자마다(시 150:6), 새 노래로 찬양해야 한다(시 149:1). 이제부터 영원까지 날마다(시 145:2), 평생 동안 찬양해야 한다(시 146:2). 사단과 죽은 자, 지옥 가는 자는 절대 찬양할 수 없다(시 115:17). 호흡이 있는 자마다 생명이 살아 있는 한 하나님을 찬양해야 한다. 찬양이 식을 때 영혼의 호흡은 가빠지고 생명의 열정이 식어지는 것이다. 여선지자 드보라 사사가 백성을 인도하여 가나안의 왕 야빈을 진멸한 후에 자신과 백성을 찬양하지 않고 오직 하나님을 찬양하며 영광돌린 것은 찬양의 대상이 하나님이심을 교훈하는 것이다(삿 5:1-3).

1) **이사야 42:8** : 나는 여호와니 이는 내 이름이라 나는 내 영광을 다른 자에게, 내 찬송을 우상에게 주지 아니하리라.
2) **시편 22:3** : 이스라엘의 찬송 중에 거하시는 주여 주는 거룩하시니이다.
3) **이사야 43:21** : 이 백성은 내가 나를 위하여 지었나니 나의 찬송을 부르게 하려 함이니라(cf. 사 148:1-5).
4) **이사야 51:3** : 대저 나 여호와가 시온을 위로하되 그 모든 황폐한 곳을 위로하여 그 광야로 에덴 같고 그 사막으로 여호와의 동산 같게 하였나니 그 가운데 기뻐함과 감사함과 창화하는 소리가 있으리라(cf. 사 65:17-19).
5) **시편 147:1** : 할렐루야 우리 하나님께 찬양함이 선함이며 찬송함이 아름답고 마땅하도다.
6) **창세기 4:21** : 그 아우의 이름은 유발이니 그는 수금과 퉁소를 잡는 모든 자의 조상이 되었으며,

아모스 5:23-24 : 네 노래 소리를 내 앞에서 그칠지어다 네 비파 소리도 내가 듣지 아니하리라 오직 공법을 물같이, 정의를 하수같이 흘릴지로다.

7) **이사야 61:3** : 희락의 기름으로 그 슬픔을 대신하며 찬송의 옷으로 그 근심을 대신하시고 그들로 의의 나무 곧 여호와의 심으신 바 그 영광을 나타낼 자라 일컬음을 얻게 하려 하심이니라.

이사야 61:11 : 땅이 싹을 내며 동산이 거기 뿌린 것을 움돋게 함같이 주 여호와께서 의와 찬송을 열방 앞에 발생하게 하시리라.

에베소서 1:5-6 : 그 기쁘신 뜻대로 우리를 예정하사 예수 그리스도로 말미암아 자기의 아들들이 되게 하셨으니 이는 그의 사랑하시는 자 안에서 우리에게 거저 주시는 바 그의 은혜의 영광을 찬미하게 하려는 것이라(cf. 마 21:9, 15-16).

8) **에베소서 1:13-14** : 그 안에서 너희도 진리의 말씀 곧 너희의 구원의 복음을 듣고 그 안에서 또한 믿어 약속의 성령으로 인치심을 받았으니 이는 우리의 기업에 보증이 되사 그 얻으신 것을 구속하시고 그의 영광을 찬미하게 하려 하심이라.

9) **시편 33:1** : 너희 의인들아 여호와를 즐거워하라 찬송은 정직한 자의 마땅히 할 바로다.

시편 135:1 : 할렐루야 여호와의 이름을 찬송하라 여호와의 종들아 찬송하라.

시편 150:6 : 호흡이 있는 자마다 여호와를 찬송할지어다 할렐루야.

시편 148:12-13 : 청년 남자와 처녀와 노인과 아이들아 다 여호와의 이름을 찬양할지어다.

시편 149:1 : 할렐루야 새 노래로 여호와께 노래하며 성도의 회중에서 찬양할지어다(cf. 계 14:3).

시편 150:4 : 소고 치며 춤추어 찬양하며 현악과 퉁소로 찬양할지어다.

시편 134:2 : 너희 손을 들고 여호와를 송축하라.

시편 145:2 : 내가 날마다 주를 송축하며 영영히 주의 이름을 송축하리이다.

시편 146:2 : 나의 생전에 여호와를 찬양하며 나의 평생에 내 하나님을 찬송하리이다.

10) **요한계시록 19:5** : 보좌에서 음성이 나서 가로되 하나님의 종들 곧 그를 경외하는 너희들아 무론대소하고 다 우리 하나님께 찬송하라 하더라(cf. 계 5:12-14).

11) **사사기 5:1-2** : 이 날에 드보라와 아비노암의 아들 바락이 노래하여 가로되 이스라엘의 두령이 그를 영솔하였고 백성이 즐거이 헌신하였으니 여호와를 찬송하라.

2.(히 13:15):

예배란 하나님을 만나 여호와의 이름에 합당한 영광을 돌리는 것이다(시 29:2, 96:8). 최고의 영광을 돌리는 예배란 오직 하나님께만 쓸 수 있는 단어이다. 예배 가운데 하나님의 임재와 은혜를 체험한다. 예배를 준비하기 위하여 찬양하는 것이 아니고 하나님을 찬양함이 바로 예배 자체이며 예배의 가장 중요한 요소이다.

1) **히브리서 13:15** : 이러므로 우리가 예수로 말미암아 항상 찬미의 제사를 하나님께 드리자 이는 그 이름을 증거하는 입술의 열매니라.

2) **시편 29:2** : 여호와의 이름에 합당한 영광을 돌리며 거룩한 옷을 입고 여호와께 경배할지어다(cf. 히 2:12).

3) **시편 100:1-2** : 온 땅이여 여호와께 즐거이 부를지어다 기쁨으로 여호와를 섬기며 노래하면서 그 앞에 나아갈지어다.

3.(시 72:19):

성경에 의하면 찬송은 곡조 있는 기도다. 한나의 기도는 찬양과 감사의 노래였다(삼상 2:1-10). 시편 72편 19절은 다윗의 찬양의 시들을 기도라고 했다. 그러므로 바울과 실라가 옥중에서 체험했던 것처럼 찬양은 깊은 영적 기도이며 기도 응답의 방편이 된다. 찬양은 하나님께서 이기실 것을 믿고 감사와 영광을 돌리는 믿음의 언어이다. 그러므로 여러분은 어떤 상황 속에서라도 하나님이 이기실 것을 믿고 다음과 같이 고백할 수 있다. "하나님이 이런 환경에서도 승리하실 것을 확신합니다. 하나님은 나의 주님이시며 나를 위해 싸워 주시는 분이십니다. 하나님은 나를 위해 예비하시는 분이십니다. 나의 구원주이시며 위로자시며 치료자이십니다. 하나님은 내 기도를 응답하시는 분입니다." 걱정을 멈추고 믿음의 기도 드리며 감사 찬송할 때에 모든 지각에 뛰어나신 하나님의 평강이 그리스도 예수 안에서 여러분의 마음과 생각을 지켜 주실 것이다(빌 4:7). 그러므로 걱정을 기도와 찬양으로 대치할 것을 결단하고 승리를 주시는 하나님을 찬양하라. 찬양할 때에 하나님은 문제를 해결해 주시고 부족함을 채워 주시며 승리를 주시고 응답하시기 위해 역사하신다.

1. **고린도전서 14:15** : 그러면 어떻게 할고 내가 영으로 기도하고 또 마음으로 기도하며 내가 영으로 찬미하고 또 마음으로 찬미하리라.
2. **사도행전 16:25-26** : 밤중쯤 되어 바울과 실라가 기도하고 하나님을 찬미하매 죄수들이 듣더라 이에 홀연히 큰 지진이 나서 옥터가 움직이고 문이 곧 다 열리며 모든 사람의 매인 것이 다 벗어진지라.
3. **사무엘상 2:1** : 한나가 기도하여 가로되 내 마음이 여호와를 인하여 즐거워하며 내 뿔이 여호와를 인하여 높아졌으며 내 입이 내 원수들을 향하여 크게 열렸으니 이는 내가 주의 구원을 인하여 기뻐함이니이다.

4. **빌립보서 4:6-7** : 아무것도 염려하지 말고 오직 모든 일에 기도와 간구로 너희 구할 것을 감사함으로 하나님께 아뢰라 그리하면 모든 지각에 뛰어나신 하나님의 평강이 그리스도 예수 안에서 너희 마음과 생각을 지키시리라.
5. **시편 72:19** : 그 영화로운 이름을 영원히 찬송할지어다 온 땅에 그 영광이 충만할 지어다 아멘 아멘 이새의 아들 다윗의 기도가 필하다.

4.(시 68:19):

하나님의 은혜 가운데 살면 그 은혜에 대한 감사 응답으로 자연히 따라오는 것이 감사 찬양이다. 구속함을 받은 새 사람만이 감사함으로 하늘의 찬양인 새 노래를 할 수 있다(시 149:1; 계 7:3). 그러므로 감사와 찬양은 하나님의 은혜에 대한 응답으로 하나님께 영광돌리는 것이다. 모세와 미리암은 하나님의 구원 은총을 노래했고(출 15:1-2), 드보라는 하나님이 주신 승리를 노래했으며(삿 5:1-30), 한나는 기도 응답을 찬미했다(삼상 2:1-10). 그리고 마리아는 메시아 임재의 도구로 쓰임 받은 은혜를 찬양했다(눅 1:46-55). 우리는 하나님의 크고 위대하심과 능하신 행동을 찬양해야 한다. 사죄와 구원과 치료와 사랑의 은혜를 감사 찬양해야 한다. 하나님이 베풀어 주신 그 많은 은혜를 망각하기 때문에 사람들에게 감사와 찬양이 없는 것이다.

1. **시편 100: 4** : 감사함으로 그 문에 들어가며 찬송함으로 그 궁정에 들어가서 그에게 감사하며 그 이름을 송축할지어다.
2. **시편 103:2-5** : 내 영혼아 여호와를 송축하며 그 모든 은택을 잊지 말지어다 저가 네 모든 죄악을 사하시며 네 모든 병을 고치시며 네 생명을 파멸에서 구속하시고 인자와 긍휼로 관을 씌우시며 좋은 것으로 네 소원을 만족케 하사 네 청춘으로 독수리같이 새롭게 하시는도다.

3. **골로새서 3:16** : 시와 찬미와 신령한 노래를 부르며 마음에 감사함으로 하나님을 찬양하고.
4. **시편 107:21-22** : 여호와의 인자하심과 인생에게 행하신 기이한 일을 인하여 그를 찬송할지로다 감사제를 드리여 노래하며 그 행사를 선포할지로다.
5. **시편 68:19** : 날마다 우리 짐을 지시는 주 곧 우리의 구원이신 하나님을 찬송할지로다(cf. 시 71:6).
6. **누가복음 2:13-14** : 홀연히 허다한 천군이 그 천사와 함께 있어 하나님을 찬송하여 가로되 지극히 높은 곳에서는 하나님께 영광이요 땅에서는 기뻐하심을 입은 사람들 중에 평화로다 하니라.

5.(시 118:14):

솔로몬이 성전을 건축하고 언약궤를 들여 놓으며 120명의 아삽 찬양대로 찬양할 때 성전에는 하나님의 영광이 가득 찼다(대하 5:13-14). 어떤 처지나 환경에서도 찬양할 때 하나님은 가까이 임재하시고 사단은 떠나간다. 그렇기에 사단은 찬양을 가장 무서워한다. 찬양은 하나님의 임재와 능력과 기적을 체험하는 그리스도인의 특권이다. 찬양은 영어로 '힘(hymn)'이라고 발음하는데 참으로 찬양은 삶의 능력과 힘(power)이 된다. 다윗이 찬양할 때 귀신이 떠나고 치료의 역사가 나타났다(삼상 16:23). 바울과 실라가 옥중에서 찬양할 때 옥문이 열리며 매인 것이 풀렸다(행 16:21-26). 욥은 찬양으로 시험을 이겼고(욥 1:21), 시편 기자는 찬양으로 우울증과 절망을 극복했다(시 42:5). 엘리사는 찬양 중에 능력을 받아 승리를 예언했다(왕하 3:15). 여호사밧은 찬양하며 전진함으로 승리했고(대하 20:20-23), 에베소 교인들은 찬양으로 성령 충만했다(엡 5:8-9). 이렇듯 찬양은 하나님을 기쁘시게 하며 우리를 하나님께 가까이 인도해 준다(시 100:4). 찬양은 위대한 영적 능력을 가져다 주기 때문에 악의 세력을 약화시키고 하나님이 영광받으실 길을 열어주는 영적 전투의 강력한 무기인 것이다.

1) **에베소서 5:18-21** : 술 취하지 말라 이는 방탕한 것이니 오직 성령의 충만을 받으라 시와 찬미와 신령한 노래들로 서로 화답하며 너희의 마음으로 주께 노래하며 찬송하며 범사에 우리 주 예수 그리스도의 이름으로 항상 아버지 하나님께 감사하며 그리스도를 경외함으로 피차 복종하라.
2) **시편 118:14** : 여호와는 나의 능력과 찬송이시요 또 나의 구원이 되셨도다.
3) **시편 42:5** : 내 영혼아 네가 어찌하여 낙망하며 어찌하여 내 속에서 불안하여 하는고 너는 하나님을 바라라 그 얼굴의 도우심을 인하여 내가 오히려 찬송하리로다.
4) **사무엘상 16:23** : 하나님의 부리신 악신이 사울에게 이를 때에 다윗이 수금을 취하여 손으로 탄즉 사울이 상쾌하여 낫고 악신은 그에게서 떠나더라.
5) **사도행전 16:25-26** : 밤중쯤 되어 바울과 실라가 기도하고 하나님을 찬미하매 죄수들이 듣더라 이에 홀연히 큰 지진이 나서 옥터가 움직이고 문이 곧 다 열리며 모든 사람의 매인 것이 다 벗어진지라.
6) **욥기 1:20-22** : 욥이 일어나 겉옷을 찢고 머리털을 밀고 땅에 엎드려 경배하며 가로되 내가 모태에서 적신이 나왔사온즉 또한 적신이 그리로 돌아가올지라 주신 자도 여호와시요 취하신 자도 여호와시오니 여호와의 이름이 찬송을 받으실지니이다 하고 이 모든 일에 욥이 범죄하지 아니하고 하나님을 향하여 어리석게 원망하지 아니하니라.
7) **역대하 20:21-22** : 백성으로 더불어 의논하고 노래하는 자를 택하여 거룩한 예복을 입히고 군대 앞에서 행하며 여호와를 찬송하여 이르기를 여호와께 감사하세 그 자비하심이 영원하도다 하게 하였더니 그 노래와 찬송이 시작될 때에 여호와께서 복병을 두어 유다를 치러 온 암몬 자손과 모압과 세일 산 사람을 치게 하시므로 저희가 패하였으니.
8) **역대하 5:13-14** : 나팔 부는 자와 노래하는 자가 일제히 소리를 발하여 여

호와를 찬송하며 감사하는데 나팔 불고 제금 치고 모든 악기를 울리며 소리를 높여 여호와를 찬송하여 가로되 선하시도다 그 자비하심이 영원히 있도다 하매 그 때에 여호와의 전에 구름이 가득한지라 제사장이 그 구름으로 인하여 능히 서서 섬기지 못하였으니 이는 여호와의 영광이 하나님의 전에 가득함이었더라.

찬양은 하나님의 창조 목적이요, 예배 행위이며, 곡조 있는 기도이다. 은혜 감사의 표현으로 하나님의 능력을 체험하는 방편이다. 찬양할 때 하늘 문이 열리며 성령이 임하고 악령은 떠나간다. 시험과 절망도 극복되고 승리가 임한다. 또한 주님이 다스리시는 심령천국, 가정천국이 이루어진다. 찬양은 얼마나 위대한 능력인가? 그리하여 "하나님이여 내 마음을 정하였사오니 내가 노래하며 내 심령으로 찬양하리로다"(시 108:1)라는 시편 기자의 찬양생활 결단이 바로 나의 결단이 되어야 한다. 예수님은 찬양을 비난하는 자들에게 말씀하셨다. "만일 이 사람들이 잠잠하면 돌들이 소리지르리라"(눅 19:40).

[공동 기도문 : 통성기도]

찬양과 영광을 받으시기에 합당하신 하나님 아버지,
우리의 입을 열어 하나님을 찬양하게 하심을 감사합니다. 주님의 귀하신 이름과 놀라우신 영광을 찬양합니다. 그 많은 은혜와 사랑을 받으면서도 깨닫지 못하여 하나님을 찬양하고 감사하지 못한 것을 용서하여 주옵소서. 심령 깊은 곳에서 여호와 하나님을 기뻐하며 구원의 은혜를 항상 찬송하게 하옵소서. 찬양 가운데 하나님의 임재와 성령의 능력을 체험하며 주님의 이름으로 승리하게 하옵소서.
예수님의 이름으로 기도드립니다. 아멘. (찬송기도 훈련)

[질문] 찬양의 손으로 찬양하는 삶의 5대 중요성을 설명할 수 있는가?

1. 이사야 42:8
2. 히브리서 13:15
3. 고린도전서 14:15
4. 시편 68:19
5. 시편 118:14

[나눔] 나는 어떤 찬송으로 어떻게 은혜를 체험했는가?

[토론] 최근에 찬송보다는 복음송을 더 많이 부르는 경향이 있다. 열린 예배의 복음송을 어떻게 생각하는지 서로 의견을 나누고 토론하라.

[읽어보기]

다음의 찬양 시들을 읽고 느낌을 말해 보라.

비전

우리 보좌 앞에 모였네 함께 주를 찬양하며
하나님의 사랑 그 아들 주셨네 그의 피로 우린 구원받았네
십자가에서 쏟으신 그 사랑 강같이 온 땅에 흘러
각 나라와 족속 백성 방언에서 구원받고 주 경배드리네

구원하심이 보좌에 앉으신 우리 하나님과 어린양께 있도다

구원하심이 보좌에 앉으신 우리 하나님과 어린양께 있도다

나의 힘이 되신 여호와여

나의 힘이 되신 여호와여 내가 주님을 사랑합니다
주는 나의 반석이시며 나의 요새시라
주는 나를 건지시는 나의 주 나의 하나님
나의 피할 바위시요 나의 방패시라
나의 하나님 나의 하나님 구원의 뿔이시요 나의 산성이라
나의 하나님 나의 하나님 그는 나의 여호와 나의 구세주

하나님의 사랑을 사모하는 자

하나님의 사랑을 사모하는 자 하나님의 평안을 바라보는 자
너의 모든 것 창조하신 우리 주님이 너를 얼마나 사랑하시는지
하나님께 찬양과 경배하는 자 하나님의 선하심을 닮아가는 자
너의 모든 것 창조하신 우리 주님이 너를 자녀 삼으셨네
하나님 사랑의 눈으로 너를 어느 때나 바라보시고
하나님 인자한 귀로써 언제나 너에게 기울이시니
어두움에 밝은 빛을 비춰 주시고 너의 작은 신음에도 응답하시니
너는 어느 곳에 있든지 주를 향하고 주만 바라볼지라

여기에 모인 우리

여기에 모인 우리 주의 은총 받은 자여라
주께서 이 자리에 함께 계심을 아노라
언제나 주님만을 찬양하며 따라가리니

시험을 당할 때도 함께 계심을 믿노라
이 믿음 더욱 굳세라 주가 지켜 주신다
어둔 밤에도 주의 밝은 빛 인도하여 주신다

주님이 뜻하신 일 헤아리기 어렵더라도
언제나 주 뜻 안에 내가 있음을 아노라
사랑의 말씀들이 나를 더욱 새롭게 하니
때로는 넘어져도 최후 승리를 믿노라
이 믿음 더욱 굳세라 주가 지켜 주신다
어둔 밤에도 주의 밝은 빛 인도하여 주신다

또 하나의 열매를 바라시며

감사해요 깨닫지 못했었는데 내가 얼마나 소중한 존재라는 걸
태초부터 지금까지 하나님의 사랑은 항상 날 향하고 있었다는 걸
고마워요 그 사랑을 가르쳐 준 당신께 주께서 허락하신 당신께
그리스도의 사랑으로 더욱 섬기며 이제 나도 세상에 전하리라
당신은 사랑받기 위해 그리고 그 사랑 전하기 위해
주께서 택하시고 이 땅에 심으셨네
또 하나의 열매를 바라시며

우리 주의 성령이

우리 주의 성령이 내게 임하여 주를 찬양합니다
우리 주의 성령이 내게 임하여 주를 찬양합니다
찬양합니다 찬양합니다 주를 찬양합니다
찬양합니다 찬양합니다 주를 찬양합니다

제17과 기독교의 믿음은 무엇인가?

학습목표 : 본과를 학습한 후 기독교에서 가장 중요한 용어인 믿음을 바르게 이해하고 깊은 믿음의 생활을 하며 다른 사람에게 믿음에 관하여 5가지 요점을 간단하게 설명할 수 있다.

요절말씀 : 내가 복음을 부끄러워하지 아니하노니 이 복음은 모든 믿는 자에게 구원을 주시는 하나님의 능력이 됨이라 첫째는 유대인에게요 또한 헬라인에게로다 복음에는 하나님의 의가 나타나서 믿음으로 믿음에 이르게 하나니 기록된바 오직 의인은 믿음으로 말미암아 살리라 함과 같으니라(롬 1:16-17).

참된 믿음의 재발견으로 1517년 10월 31일, 16세기 유럽의 종교개혁에 불을 당긴 마틴 루터에게서 보듯이 믿음은 놀라운 생명력과 변화의 능력이 있다. 믿음으로 칭의를 얻고(롬 5:1) 구원받아(엡 2:8) 하나님 자녀가 된다(갈 3:26). 믿음으로 하나님을 기쁘게 하며(히 11:6) 하나님께 보호받고(벧전 1:5) 승리하고(요일 5:5) 부활하여(요 6:40) 영생한다(요 5:24). 기독교는 인간의 행위 종교가 아니라 예수님을 믿음으로 구원받는 은혜의 복음인 것이다(롬 1:16). 예수님을 믿어 복음을 받아들인 자를 그리스도인 또는 성도나 교회라고 하며, 행동으로 진실한 믿음을 보이는 주님의 종들을 제자라고 한다(행 2:41). 그러므로 믿음을 빼버리면 기독교 복음도, 그리스도인도, 교회도, 제자도 존재할 수가 없다. 믿음 없이는 하나님께 나아갈 수 없고 하나님을 기쁘게 할 수도 없다(히 11:6). 그럼에도 "믿음이 무엇인가?"라고 묻는다면 대부분의 그리스도인들이 믿음의 본질을 모르거나 오해하고 있다는 데 심각한 문제가 있다. 믿음을 혼동시킴으로 참된 믿음을 가지지 못하게 하는 것이 바로 사단의 전략이다(고후 4:4). 일시적 믿음(눅 8:13), 헛된 믿음(고전 15:17), 광신적 믿음(갈 1:14), 행함 없는 믿음(약 2:26), 연약한 믿음(롬 14:1), 적은 믿음(마 14:31), 거짓 믿음(렘 28:15), 허망한 믿음(욥 15:31), 자기 믿음(잠 14:16), 귀신의 믿음(약 2:19)은 성경적인 참된 믿음이 아니다. 믿는 것도 중요하지만 기독교의 정통 믿음을 소유하는 것이 더욱 중요하다. 성경적인 정통 믿음은 구원받는 믿음이요(행 14:9), 큰 믿음(마 15:28), 거짓 없는 믿음(딤전 1:5), 견고한 믿음(롬 4:20), 온전한 믿음(히 10:22), 거룩한 믿음(유 1:20), 충만한 믿음(행 6:5), 그리고 보배로운 믿음이다(벧후 1:1). 성경적인 기독교의 정통 믿음을 다음 다섯 가지 요소로 설명할 수 있다.

1.(요 12:44): ______________

믿음은 관계적인 용어로 분명한 믿음의 대상이 있다. 그러므로 추상적인 신념이나 막연한 도박이나 자기 신념이 아니다. 믿음의 대상은 오직 하나님뿐이요(요 14:1), 그 믿음의 내용은 하나님의 약속과 말씀이다(창 3:15). 하나님의 약속은 예수 그리스도를 통한 구원이므로 믿음의 대상과 내용은 바로 예수 그리스도인 것이다. 많은 열쇠가 달려 있는 열쇠 꾸러미 중에서 방문을 열 수 있는 열쇠는 오직 하나뿐이다. 확신, 신뢰, 적극적 사고 등 믿음과 비슷한 많은 용어들이 있다. 그러나 천국 문을 열 수 있는 믿음은 구원의 문을 열기 위해 예수님을 의지하는 오직 예수 믿음의 열쇠 하나뿐이다. 믿음은 생명 되신 예수님을 나의 마음에 계시하여 영혼이 소생하고 하나님 자녀가 되게 하는 초월적인 구원의 능력이 있다(엡 2:10). 믿음은 구원자요 창조자이신 예수님을 내 마음에 계시게 하는 엄청난 능력이 있다(엡 3:17). 그러므로 믿음은 예수 그리스도를 마음에 모셔 자기의 운명을 초월하는 능력이다.

1) **로마서 4:20-25** : 믿음이 없어 하나님의 약속을 의심치 않고 믿음에 견고하여져서 하나님께 영광을 돌리며 약속하신 그것을 또한 능히 이루실 줄을 확신하였으니 그러므로 이것을 저에게 의로 여기셨느니라 저에게 의로 여기셨다 기록된 것은 아브라함만 위한 것이 아니요 의로 여기심을 받을 우리도 위함이니 곧 예수 우리 주를 죽은 자 가운데서 살리신 이를 믿는 자니라 예수는 우리 범죄함을 위하여 내어줌이 되고 또 한 우리를 의롭다 하심을 위하여 살아나셨느니라(cf. 갈 3:7-9).
2) **요한복음 3:16** : 하나님이 세상을 이처럼 사랑하사 독생자를 주셨으니 이는 저를 믿는 자마다 멸망치 않고 영생을 얻게 하려 하심이니라(cf. 롬 7:23; 엡 3:12).
3) **요한복음 6:29** : 예수께서 대답하여 가라사대 하나님의 보내신 자를 믿는 것이 하나님의 일이니라 하시니.
4) **요한복음 12:44-45** : 나를 믿는 자는 나를 믿는 것이 아니요 나를 보내신 이를 믿는 것이며 나를 보는 자는 나를 보내신 이를 보는 것이니라.
5) **히브리서 11:1-2** : 믿음은 바라는 것들의 실상이요 보지 못하는 것들의 증거니 선진들이 이로써 증거를 얻었느니라.
6) **사도행전 20:21** : 유대인과 헬라인들에게 하나님께 대한 회개와 우리 주 예수 그리스도께 대한 믿음을 증거한 것이라(cf. 엡 4:13; 롬 3:22).
7) **에베소서 3:17** : 믿음으로 말미암아 그리스도께서 너희 마음에 계시게 하옵시고 너희가 사랑 가운데서 뿌리가 박히고 터가 굳어져서.
8) **갈라디아서 2:16** : 사람이 의롭게 되는 것은 율법의 행위에서 난 것이 아니요 오직 예수 그리스도를 믿음으로 말미암은 줄 아는 고로 우리도 그리스도 예수를 믿나니 이는 우리가 율법의 행위에서 아니고 그리스도를 믿음으로서 의롭다 함을 얻으려 함이라 율법의 행위로서는 의롭다 함을 얻을 육체가 없느니라.

2.(엡 2:8):

믿음은 인간 자신에게서 나오는 자기 결단, 확신, 신념과 적극적 사고와 같은 추상적인 명사가 아니다. 믿음의 대상이요 원천이며 주체는 오직 삼위일체 하나님이시기 때문에 하나님이 값 없이 주시는 은혜의 선물일 뿐이다. 구원의 믿음은 하나님과 말씀에서 나오는 은혜의 선물이다. 그러므로 하나님의 은혜인 믿음에는 인간의 조건이나 공로가 인정되지 않는다. 믿음은 하나님의 신실하신(피스터스) 약속과 부르심에 대한 인간의 신실한 수동적 응답으로 관계 회복의 교제 개념인 것이다. 이렇게 믿음은 내가 주체가 되어 믿는 것이 아니라, 하나님이 주체가 되시므로 거부할 수 없이 믿어지는 수용성인 것이다. 그러므로 믿는 것이 아니라 은혜로 믿어지는 것이다. 내가 은혜받고 구원받았다는 가장 확실한 증거는 예수 그리스도가 확실히 믿어진다는 것이다.

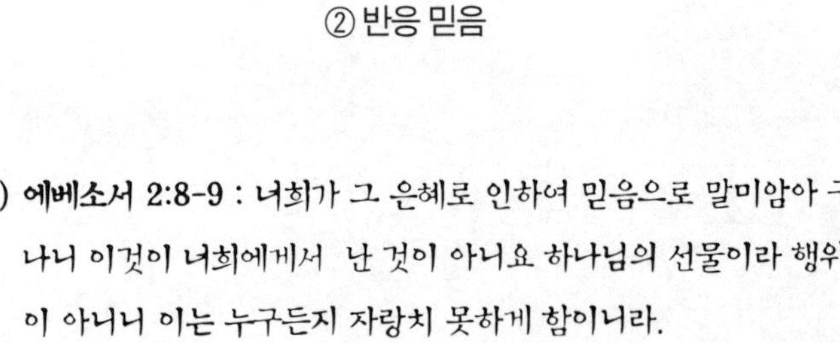

1) **에베소서 2:8-9** : 너희가 그 은혜로 인하여 믿음으로 말미암아 구원을 얻었나니 이것이 너희에게서 난 것이 아니요 하나님의 선물이라 행위에서 난 것이 아니니 이는 누구든지 자랑치 못하게 함이니라.

2) **히브리서 12:2** : 믿음의 주요 또 온전케 하시는 이인 예수를 바라보자.

3) **갈라디아서 5:5** : 우리가 성령으로 믿음을 좇아 의의 소망을 기다리노니 그리스도 예수 안에서는 할례나 무할례가 효력이 없되 사랑으로써 역사하는

믿음뿐이니라(cf. 고전 12:9).

4) **빌립보서 1:29** : 그리스도를 위하여 너희에게 은혜를 주신 것은 다만 그를 믿을 뿐 아니라 또한 그를 위하여 고난도 받게 하심이라.

5) **로마서 10:17** : 그러므로 믿음은 들음에서 나며 들음은 그리스도의 말씀으로 말미암았느니라.

6) **디모데후서 1:13** : 너는 그리스도 예수 안에 있는 믿음과 사랑으로써 내게 들은바 바른 말을 본받아 지키고.

7) **디모데후서 3:15** : 또 네가 어려서부터 성경을 알았나니 성경은 능히 너로 하여금 그리스도 예수 안에 있는 믿음으로 말미암아 구원에 이르는 지혜가 있게 하느니라.

8) **히브리서 4:2** : 저희와 같이 우리도 복음 전함을 받은 자이나 그러나 그 들은 바 말씀이 저희에게 유익되지 못한 것은 듣는 자가 믿음을 화합지 아니함이라.

9) **요한복음 20:31** : 오직 이것을 기록함은 너희로 예수께서 하나님의 아들 그리스도이심을 믿게 하려 함이요 또 너희로 믿고 그 이름을 힘입어 생명을 얻게 하려 함이니라.

3.(고전 1:21; 행 16:31):

기독교의 필수 요건 믿음(롬 1:16-17; 히 11:6; 딤전 1:5)

구원 믿음(엡 2:8-9)	생활 믿음(엡 2:10)
마음(롬 10:9-10)	생활(약 2:22)
영접(요 1:12)	신뢰(히 10:38)
구원(요 3:16)	승리(요일 5:4)
탄생(요 3:6-7; 딛 3:5)	성숙(엡 4:13; 벧후 1:5-11)
이미(요 5:24)	아직(빌 2:12)
은혜(엡 2:8-9)	노력(약 2:24; 엡 2:10)
하나님 원천(엡 2:8; 히 12:2; 고전 12:3)	인간 원천(약 2:23; 딤전 1:5)
바울 : 초신자 강조(롬 1:16-17)	야고보 : 기존 신자 강조(약 2:26)
유무(고후 13:5)	강약(마 17:20)
하나님 오심 :수동(엡 3:17)	하나님께 나아감 :능동(히 10:22)
일회적 내적(롬 10:9; 요 5:24)	반복적 외적(고후 5:7; 빌 2:12)
개인적(요 3:5; 겔 18:20)	사회적(마 5:16)
영혼(벧전 1:9)	육체(롬 8:23; 고전 5:1-7)
신분(요 1:12)	능력(막 9:23)
나무(마 7:18; 시 1:3)	열매(마 7:19-20)
성령세례(마 3:11)	성령충만(엡 5:18)
확신(고후 13:5)	순종(갈 2:20)
생명책(계 3:5, 21:27)	행위책(계 20:12)
믿음에서 : from(롬 1:17)	믿음으로 : to(롬 1:17)

16세기 한 사람, 루터가 믿음을 재발견함으로 개인의 삶뿐만 아니라 정치, 경제, 사회에 놀라운 변화가 일어났다. 생명에서 생명이, 부활에서 부활이, 영광에서 영광이 나오고 구원 믿음에서 생활 믿음이 나온다(엡 2:10; 롬 1:16-17). 믿음은 하나님의 구원의 능력이요(고전 2:4; 벧전 1:5), 하나님의 의요(롬 3:22), 법이기 때문에(롬 3:27) 믿지 않는 것이 최고의 죄요(롬 14:23), 최대의 악이요(히 3:12), 하나님을 대적하는 것이다(딤후 3:8). **믿음이 있는 자는 죄인이 의인되고 죽은 자가 살게 된**

다(롬 1:17; 합 2:4; 갈 3:11; 히 10:38). **그러므로 믿음이 없는 자는 죄인이요, 죽은 자이다**(엡 2:1). 오직 믿음만이 구원의 조건이요, 그 믿음의 결과가 구원인 것이다(벧전 1:9). 그런데 이 구원의 믿음은 믿는 것이 아니고 믿어지는 것이기 때문에 결코 부인할 수 없다는 것이다. 구약 사람들은 오실 예수를 믿고 구원받았으며 신약의 사람들은 오신 예수를 믿고 구원받았기 때문에 신 · 구약 모든 사람들이 오직 예수를 믿고 구원받는 것이다(행 4:12). 믿음은 선교 능력, 담대한 능력, 구원 능력, 의의 능력, 생명의 능력이 있다(롬 1:15-17).

1) **고린도전서 2:5** : 너희 믿음이 사람의 지혜에 있지 아니하고 다만 하나님의 능력에 있게 하려 하였노라.
2) **고린도전서 1:21** : 하나님께서 전도의 미련한 것으로 믿는 자들을 구원하시기를 기뻐하셨도다(cf. 행 16:31).
3) **히브리서 10:39** : 우리는 뒤로 물러가 침륜에 빠질 자가 아니요 오직 영혼을 구원함에 이르는 믿음을 가진 자니라.
4) **로마서 10:9-10** : 네가 만일 네 입으로 예수를 주라 시인하며 또 하나님께서 그를 죽은 자 가운데서 살리신 것을 네 마음에 믿으면 구원을 얻으리니 사람이 마음으로 믿어 의에 이르고 입으로 시인하여 구원에 이르느니라.
5) **요한복음 3:36** : 아들을 믿는 자는 영생이 있고 아들을 순종치 아니하는 자는 영생을 보지 못하고 도리어 하나님의 진노가 그 위에 머물러 있느니라.
6) **골로새서 2:12** : 너희가 세례로 그리스도와 함께 장사한 바 되고 또 죽은 자들 가운데서 그를 일으키신 하나님의 역사를 믿음으로 말미암아 그 안에서 함께 일으키심을 받았느니라.

4.(살후 2:13):

기독교 믿음의 특징은 믿는 것이 아니라 삼위일체, 성령 잉태, 십자가 사건, 예수 그리스도의 부활, 하나님의 선택과 예정 등 인간의 합리적인 생각으로는 불합리하게 여겨지는 기독교 기본 진리들이 자연스럽게 믿어진다는 것이다. 그리고 그 믿음은 당연히 확신과 지속성이 있다(히 11:1). 성령은 그리스도 안에 있는 하나님의 믿음을 선택된 자 안에 전달하여 하나님의 약속을 믿게 하고 증거하며 보증하신다. 그리하여 성령의 감동으로 예수님의 십자가 사건이 나의 사건으로 믿어져 회개가 나오고 성령으로 거듭난 자만 참된 믿음을 가지게 되는데 이것을 성령세례 받았다고 말한다. 성령세례란 성령 안에서 예수님과 연합 관계를 맺었다는 말이다(엡 3:17). 결론적으로 믿음이란 예수님을 통해 하나님과 자녀의 사랑 관계를 회복하는 것이다. 믿음이 깊어지면 주님과의 신뢰 관계가 깊어지고 그 관계를 누리게 된다. 귀신도 예수님이 누구신지 잘 알고 있지만 절대로 믿음의 관계는 맺을 수 없다(마 8:29; 약2:19). 하나님이 구원받는 믿음을 주시지 않았기 때문이다. 믿음은 그리스도인만이 하나님과 사랑의 관계를 누릴 수 있는 최대의 특권이다. 이 믿음 관계가 깊어질수록 현실 문제보다 하나님의 능력이 확대되어 체험되기 때문에 만족과 기쁨이 있다.

1) **에베소서 1:13-14** : 그 안에서 너희도 진리의 말씀 곧 너희의 구원의 복음을 듣고 그 안에서 또한 믿어 약속의 성령으로 인치심을 받았으니 이는 우리의 기업에 보증이 되사 그 얻으신 것을 구속하시고 그의 영광을 찬미하게 하려 하심이라.
2) **갈라디아서 3:5** : 너희에게 성령을 주시고 너희 가운데서 능력을 행하시는 이의 일이 율법의 행위에서냐 듣고 믿음에서냐.
3) **로마서 8:16** : 성령이 친히 우리 영으로 더불어 우리가 하나님의 자녀인 것을 증거하시나니(cf. 요일 5:8-9).
4) **데살로니가후서 2:13** : 하나님이 처음부터 너희를 택하사 성령의 거룩하게

하심과 진리를 믿음으로 구원을 얻게 하심이니(cf. 갈 3:14; 고전 2:4-5).

5) **고린도후서 13:13** : 주 예수 그리스도의 은혜와 하나님의 사랑과 성령의 교통하심이 너희 무리와 함께 있을지어다.

5.(약 2:22):

행함으로 구원받는 것은 아니지만 좋은 나무가 좋은 열매를 맺듯 참 믿음의 결과로 선한 행위가 따라오는 것이기 때문에 참 믿음은 삶의 변화로 증거된다. 믿음은 살아 있는 생명이고 생명은 성장하고 발전하며 변하여 열매를 맺는다. 그러므로 믿음이 있다고 말하면서 여전히 죄악 가운데 있는 것은 그 믿음의 진실성을 보장받을 수 없다(벧후 2:20-22; 히 6:4-6, 12:26-29). 수동적인 은혜의 믿음으로 구원받았으나 자발적인 믿음의 행위로 성화를 이루어간다. 믿음은 삶의 원동력이다. 믿음은 추상적인 명사가 아니라 생명이기 때문에 반드시 성장하고 발전하여 놀라운 변화를 가져온다. 믿음과 행위는 근원에서는 우선순위가 있으나 서로 순환관계에 있다. 따라서 바울의 칭의 믿음과 야고보의 행위 믿음은 서로 모순되는 것이 아니라 초신자와 기존 신자에 대한 대상을 달리하기 때문에 강조점이 다른 것뿐이다. 믿음은 오직 순종으로만 평가되는 것이다.

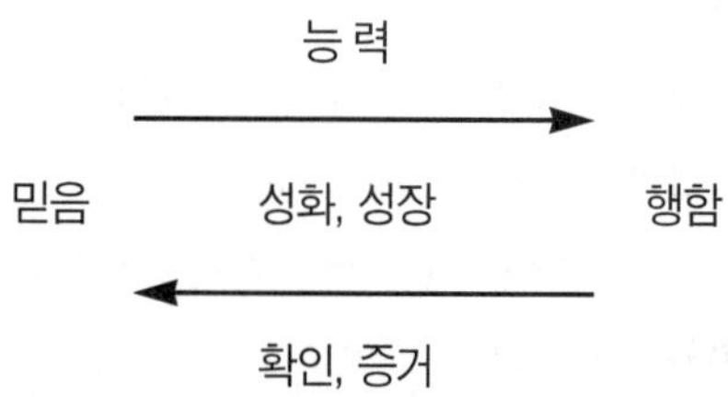

1) **로마서** 1:17 : 복음에는 하나님의 의가 나타나서 믿음으로(from) 믿음에(to) 이르게 하나니 기록된 바 오직 의인은 믿음으로 말미암아 살리라 함과 같으니라.

2) **야고보서** 2:22 : 네가 보거니와 믿음이 그의 행함과 함께 일하고 행함으로 믿음이 온전케 되었느니라.

3) **고린도후서** 13:5 : 너희가 믿음에 있는가 너희 자신을 시험하고 너희 자신을 확증하라 예수 그리스도께서 너희 안에 계신 줄을 너희가 스스로 알지 못하느냐 그렇지 않으면 너희가 버리운 자니라(cf. 갈 2:20).

4) **요한1서** 5:4 : 대저 하나님께로서 난 자마다 세상을 이기느니라 세상을 이긴 이김은 이것이니 우리의 믿음이니라.

5) **히브리서** 10:38 : 오직 나의 의인은 믿음으로 말미암아 살리라 또한 뒤로 물러가면 내 마음이 저를 기뻐하지 아니하리라 하셨느니라.

6) **베드로후서** 1:5-7 : 이러므로 너희가 더욱 힘써 너희 믿음에 덕을, 덕에 지식을, 지식에 절제를, 절제에 인내를, 인내에 경건을, 경건에 형제 우애를, 형제 우애에 사랑을 공급하라.

7) **히브리서** 10:22 : 우리가 마음에 뿌림을 받아 양심의 악을 깨닫고 몸을 맑은 물로 씻었으니 참 마음과 온전한 믿음으로 하나님께 나아가자(cf. 11:6).

8) **에베소서** 4:13-15 : 우리가 다 하나님의 아들을 믿는 것과 아는 일에 하나가 되어 온전한 사람을 이루어 그리스도의 장성한 분량이 충만한 데까지 이르리니 이는 우리가 이제부터 어린 아이가 되지 아니하여 사람의 궤술과 간사한 유혹에 빠져 모든 교훈의 풍조에 밀려 요동치 않게 하려 함이라 오직 사랑 안에서 참된 것을 하여 범사에 그에게까지 자랄지라 그는 머리니 곧 그리스도라.

9) **야고보서** 1:3-4 : 이는 너희 믿음의 시련이 인내를 만들어 내는 줄 너희가 앎이라 인내를 온전히 이루라 이는 너희로 온전하고 구비하여 조금도 부족함이 없게 하려 함이라.

사람들이 예수 그리스도의 복음을 믿지 못하는 이유는 복음을 듣지 못했거나(롬 10:14) 세상 영광을 더 추구하기 때문이다(요 5:44). 또는 마음이 완고하거나(요 12:39-40; 롬 2:5) 어둠과 불의를 더 선호하기 때문이다. 그러나 영적으로 볼 때 사실 이 세상 신이 믿지 못하도록 마음을 혼미케 하기 때문이다(고후 4:3-4). 더 근본적으로는 믿지 않는 자는 하나님이 선택한 자가 아니요(살후 2:11-12) 예수님의 양도 아니므로(요 10:26) 하나님이 믿을 수 있도록 허락지 않으셨기 때문이다(요 6:36-37). 어떤 사람들이 결국 믿음에서 떠나는 이유는 돈(딤전 6:10)과 정욕(딤전 6:11-12)을 사랑하고 거짓 교리에 빠지기 때문이다(딤전 6:20-21). 착한 양심을 상실하고(딤전 1:19) 교만하기 때문이다(롬 11:20). 말씀에 거하지 못하고(요 5:38) 기도가 부족하여(눅 22:32) 악령을 따르기 때문이다(딤전 4:1). 사실 믿음에서 떠난 이들은 애당초 가룟 유다처럼 선택받은 사람이 아니었다(요 6:70; 행 1:25; 요일 2:19; 벧후 2:20-22; 히 6:4-6, 10:26-27). 바울은 "저희가 하나님을 시인하나 행위로는 부인하니 가증한 자요 복종치 아니하는 자요 모든 선한 일을 버리는 자니라"(딛 1:16), "하나님의 이름이 너희로 인하여 이방인 중에서 모독을 받는도다"(롬 2:24)라고 행함 없는 거짓 믿음의 허상을 고발하고 있다. 주 예수를 믿으라. 믿음을 보여라. 믿음을 지키라. 믿음의 선한 싸움을 싸우라(딤전 6:11-12). 우리는 주님께 "내가 믿나이다 나의 믿음 없는 것을 도와주소서"(막 9:24)라고 기도해야만 한다. 믿음의 용장 사도 바울이 남긴 다음과 같은 최후 유언을 깊이 생각해 보라. 여러분은 인생의 마지막에 무슨 말을 남기고 이 세상을 떠날 것인가?

> "내가 선한 싸움을 싸우고 나의 달려갈 길을 마치고 믿음을 지켰으니 이제 후로는 나를 위하여 의의 면류관이 예비되었으므로 주 곧 의로우신 재판장이 그 날에 내게 주실 것이니 내게만 아니라 주의 나타나심을 사모하는 모든 자에게니라"(딤후 4:7-8).

"오직 나의 의인은 믿음으로 말미암아 살리라 또한 뒤로 물러가면 내 마음이 저를 기뻐하지 아니하리라 하셨느니라"(히 10:38).

[공동 기도문 : 통성기도]

하나님 아버지,

예수 그리스도 안에 있는 믿음으로 말미암아 하나님의 자녀로 삼아 주시고 믿음 가운데서 성령으로 인도하여 주심을 감사합니다. 나의 믿음 없음을 용서하여 주옵소서. 주님을 믿고 주 예수 그리스도를 증거할 수 있도록 성령의 능력을 더하여 주옵소서. 믿음이 성장하며 믿음으로 승리할 수 있도록 도와주옵소서. 예수님 이름으로 기도드립니다. 아멘.

[질문] 믿음의 손을 사용해서 기독교의 믿음을 5가지로 설명할 수 있는가?

1. 요한복음 12:44
2. 에베소서 2:8
3. 고린도전서 1:21, 사도행전 16:31
4. 데살로니가후서 2:13
5. 야고보서 1:22

[나눔] 사람들이 예수 그리스도를 믿지 못하는 이유가 무엇이라고 생각하는가?

[토론] 1517년 10월 31일, 성자들의 유품이 신통력을 발휘한다는 만성절(All Saint' s Day) 전날에 믿음을 재발견하고 참된 믿음

을 새롭게 정립한 마틴 루터는 가톨릭의 교리 체계에 항의하는(protest) 95개 조항을 독일 북부 비텐베르크 대학 예배당 출입구에 붙임으로 16세기 유럽의 종교개혁이 시작되었다. 루터는 가톨릭 교회에서 파문을 당하고 프레드릭 영주의 보호를 받아 새로운 신앙 형태를 시작하면서 유럽 역사에 놀랄 만한 변화를 일으켰다.

1536년 영국의 헨리 8세에 의해 성공회가 탄생되었고 그보다 더 선명하고 순결한 교회를 건설하려는 청교도 운동이 일어났다. 청교도 정신을 위해 신대륙으로 이주한 뉴잉글랜드 청교도들은 16세기 유럽 종교개혁자들을 스승으로 삼아 신대륙 미국을 민주주의 국가로 건설하는 신앙적인 기초를 이룩했다.

루터의 종교개혁으로 16세기 유럽의 정치, 경제, 사회, 윤리, 도덕에 미친 엄청난 변화와 갱신의 영향이 무엇인지 토론하라.

패러다임 전환

전통 패러다임	패러다임 전환	새 패러다임
전통 과학 태양이 지구를 돈다	과학 혁명 태양이 지구를 도는 것이 아니다	정상 과학 지구가 태양을 돈다
인간은 원숭이가 진화된 것이다.	인간은 원숭이가 진화된 것이 아니다	인간은 신의 창조물이다
삶의 패러다임 내가 삶의 주인이다 (나)	신앙 혁명 내가 삶의 주인이 아니다 (나 주님)	새 삶의 패러다임 주님이 내 삶의 주인이다 (주님 / 나)

** 패러다임(paradigm)은 사고방식, 행동, 습관의 공유 틀을 의미하며 토마스 쿤(1922-1995)이 그의 철학적 기초로 사용한 말이다. 이 패러다임은 믿음의 사고방식에도 적용된다. 믿음으로 생각하고 믿음으로 행동하는 거룩한 믿음의 습관을 가져라.

믿음생활 점검표 (1)

믿음을 뺀 제자의 삶은 아무런 의미가 없다. 제자의 인격 변화는 믿음에서 시작된다. 그러므로 믿음의 의미를 알고 이 믿음을 삶 속에 생활화하는 것이 중요한 일이다. 신·구약을 통해서 본 믿음은 ① 하나님의 존재(히 11:6; 시 14:1, 53:1) ② 하나님의 창조(창 1:1; 롬 1:20) ③ 하나님의 목적과 인도(대상 28:9; 시 9:10; 렘 29:13; 행 17:24-27; 마 7:7-8)라는 3가지 전제에 확신을 가지고 하나님을 경외, 신뢰, 순종, 용납, 의탁하는 행위인 것이다. 히브리서 11장은 아브라함과 믿음의 선진들의 삶에 관해 중요한 교훈을 제시하는 가운데 "믿음은 바라는 것들의 실상이요 보지 못하는 것들의 증거니"(히 11:1)라고 정의를 내리고 있다.

히브리서 11장을 한 번 이상 읽고서 다음 당신의 믿음생활을 점검하는 질문에 예(O), 아니오(X)라고 대답하고 자신의 믿음을 평가해 보라.

1. 믿음이란 하나님께 대한 신뢰와 순종이라고 생각하는가?(　　)
2. 오직 믿음으로만 구원받고 오직 그리스도인은 믿음으로 산다는 확신이 있는가?(　　)
3. 믿음은 나의 신념, 또는 구원의 공로가 아니라 하나님의 은혜 선물임을 아는가?(　　)
4. 하나님은 말씀으로 모든 세계를 창조하셨다고 믿는가?(히 1:3; 창 1:1)(　　)
5. 성령의 인도하심과 성경 말씀이 믿음과 생활의 표준임을 믿는가?(　　)
6. 내 방법과 계획보다는 그리스도를 통한 하나님의 방법이 최선임

을 알고 순종하는가?(히 11:4; 잠 14:12; 요 14:16; 골 2:6)(　　　)

7. 믿음으로 영생 얻는 것을 확신하는가?(히 11:5-6)(　　　)
8. 하나님의 경고를 믿고 장래 심판을 예비하며 믿음의 본이 되는 삶을 사는가?(히 11:7; 마 24:37-39; 벧후 3:10-16; 고후 3:10)(　　　)
9. 하나님의 인도하심만 믿고 시종을 알지 못한다 해도 지시에 무조건 순종할 수 있는가?(히 11:8; 롬 8:28, 12:2)(　　　)
10. 인간의 한계성과 불가능한 환경 조건의 상황 속에서도 하나님은 약속을 실현할 수 있는 능력이 있으시며 신실한 분이라고 믿는가?(히 11:11-12)(　　　)
11. 구약의 족장들같이 우리는 영원한 본향에 시민권이 있음을 알고 사모하는가? 그리고 세상 안에 살고 있으나 세상에 속해 있지 않는 하나님의 사절로 자신을 성별하고 있는가?(히 4:13; 빌 3:20; 요 15:18; 요일 2:15-17; 히 11:15; 눅 20:20)(　　　)
12. 우리가 살고 있는 이 세상의 목적과 최우선적 이상은 인본주의적이고 하나님께 대항하는 불경건한 것들로써, 세상으로 되돌아가는 것은 실패의 길이라는 것을 확신하는가?(눅 9:62; 히 11:15; 딤후 4:10; 마 13:22; 창 19:26)(　　　)
13. 아브라함처럼 100살까지 기다려 얻은 독생자를 바치라는 명령을 받았을 때 당신은 순종할 수 있는가?(히 11:19; 창 22:2)(　　　)
14. 현재의 명예, 권력, 쾌락, 재물보다는 모세처럼 미래에 상 주심을 바라보고 고난을 이겨낼 수 있는가?(히 11:23-28)(　　　)
15. 당신은 하나님의 실존을 믿으며 하나님을 찾는 자에게 응답하는 분이심을 확신하는가?(히 11:6)(　　　)
16. 현재의 아무 조건 없이 미래의 소망만 가지고 하나님을 섬기며 사랑할 수 있는가?(욥 1:11, 21-22)(　　　)
17. 믿음으로 예수 그리스도께서 내 속에 계시다고 확신하는가?(엡 3:17)(　　　)

18. 내 안에 계신 주님이 악령보다 강하다고 확신하는가?(요일 4:4)
( )
19. 주님께서 나와 함께 계심을 확신하는가?(사 41:10)( )
20. 기도 응답을 확신하고 기도하고 있는가?(렘 33:2-3)( )

O 항목 수 X 5점 = 총점( )

야고보식 믿음생활 점검표 (2)

야고보는 구원받는 조건으로 선행하는 것은 아니지만 믿음의 은혜로 구원받은 성도는 반드시 열매 맺는 삶의 행위에 의해 참 믿음이 증명된다고 가르쳐 준다(약 1:18, 2:22; 마 6:15-16). 당신은 말이 아닌 행위로 참 믿음을 증명할 수 있는가? 다른 사람들이 당신의 삶을 보고 당신 안에 믿음이 있음을 인정할 수 있겠는가?

당신은 야고보서를 정독하고 야고보의 참 믿음 진단 질문에 예(O), 또는 아니오(X)로 대답해 보라.

1. 당신은 시험에 대한 하나님의 뜻을 바르게 이해하고 그 결과를 바라보며 기쁨으로 극복하고 있는가?(약 1:2-4)( )
2. 당신은 시험을 인내하며 견디고 있는가?(약 1:12)( )
3. 경건한 삶으로 자기를 지켜 세속에 물들지 않게 하는가?(약 1:27)( )
4. 사람을 외모로 판단하지 않는가?(약 2:1)( )
5. 최고의 법, 이웃 사랑을 실천하고 있는가?(약 2:8)( )
6. 행함으로 믿음을 보이고 있는가?( )
7. 자기의 혀를 절제할 수 있는가?( )
8. 하나님이 주시는 성결, 화평, 사랑의 지혜를 갖추고 있는가?(약 3:13-18)( )

9. 하나님께 순복하며 마귀를 대적하고 있는가?(약 4:4-8)(　　　)
10. 믿음의 형제를 비방하지 않는가?(약 4:11-12)(　　　)
11. 하나님의 뜻을 구하고 인도함을 받는가?(약 4:13-17)(　　　)
12. 주님의 재림을 사모하며 참고 기다리는가?(약 5:1-11)(　　　)
13. 당신의 언어생활은 정직하여 신뢰성이 있는가?(약 5:12)(　　　)
14. 응답을 확신하고 이웃과 자신을 위해 기도하고 있는가?(약 5:13-18)(　　　)
15. 당신은 믿음에서 떠난 자들이 돌아오도록 노력하고 있는가?(약 5:19-20)(　　　)

*** 야고보서는 행위로 나타나는 믿음을 소유하고 있는지 묻고 있다. 참 믿음에서 떠나 있다면 이를 위해 무엇을 개선해야 한다고 생각하는가?

*** 다음 그림에서 당신은 몇 개의 네모꼴을 발견할 수 있는가? (　　　개)

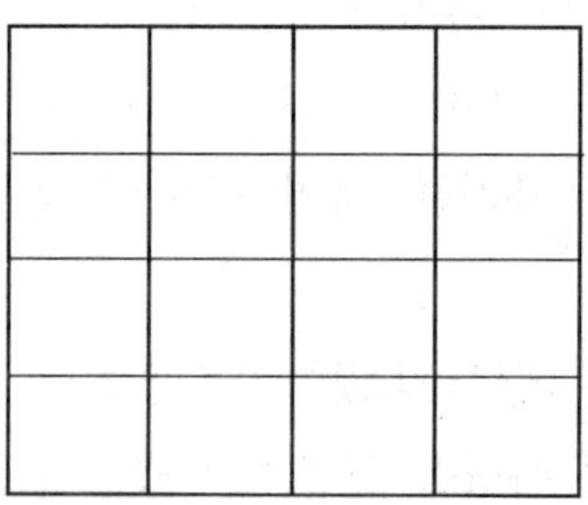

속을 자세히 들여다보면 더 많은 네모꼴을 발견할 수 있다. 세계에서 가장 무서운 고질병은 소극적인 정신 자세, 소극적인 행동, 소극적인 반응, 소극적인 사고방식이다. 나 자신 안에 계신 하나님의 형상을 발견하여 승리하는 그리스도인은 인류사회에 영향력을 미칠 수 있는 유능한 사람이 될 수 있다. 믿음은 예수님을 내 마음에 계시게 하는 능력이요, 자신을 초월하는 힘이다.

창조적 자아를 위한 신조

*** 다음 사항을 크게 3번 외친다.

1. 하나님은 나를 사랑하신다.
2. 나는 하나님의 형상으로 창조되었다
3. 예수 그리스도는 나를 위해 십자가에서 돌아가셨다.
4. 나는 실패하기 위해서 창조되지 않았다.
5. 전능하신 하나님이 나를 항상 도우신다.
6. 나는 매사에 자신이 넘친다.
7. 나는 세상에서 두려울 것이 없다.
8. 나는 모든 일에 태연하고 담대하다.
9. 내 마음은 항상 밝고 즐겁다.
10. 나는 목표를 향해 힘차게 전진한다.
11. 나는 언제나 긍정적인 믿음의 사람이다.
12. 나에게는 어떤 난관도 뚫고 나갈 수 있는 강력한 힘이 솟는다.

[읽어보기]

다음 글은 브루스 라르슨의 '신앙의 원리' 라는 글이다. 읽고 믿음에 대해 발견한 것을 간단히 기록해 보라.

아말고사 사막 한복판 메마를 대로 메마른 곳에 펌프가 하나 서 있었다. 그런데 그 펌프는 손잡이에 깡통이 하나 매달려 있었고 그 속에 다음과 같은 내용의 편지가 들어 있었다. 이 편지는 그 메마른 사막 한복판을 헤맬 목마른 나그네에게 시원한 물을 항상 공급해 주기 위한 것이었다.

이 펌프는 1932년 6월 현재로 물을 퍼낼 수 있는 완전품입니다. 지하의 물도 충분합니다. 나는 금후 5년간 충분히 사용할 수 있도록 완전히 수리해 놓았습니다. 그러나 누구나 사용하려 할 때는 이것이 바싹 말라 있기 때문에 먼저 펌프를 적셔야만 물을 빨아 올릴 수 있습니다. 그래서 내가 여기에 펌프를 가동할 수 있을 만큼의 물을 준비해 놓았습니다. 펌프 곁 흰 바위 돌을 들추면 물이 들어 있는 병이 있을 것입니다. 물이 증발하지 않도록 마개를 잘 닫아 놓았습니다. 그 물은 겨우 이 펌프를 적실 수 있을 정도의 양입니다. 그러니 먼저 4분의 1을 부어 넣어 안에 있는 가죽을 적시도록 하십시오.

그 후에 나머지 물을 조금씩 다 부어 넣으며 힘차게 펌프질을 하십시오. 내 말을 믿고 그대로만 하면 당신이 필요한 만큼 물을 얻을 수 있습니다. 물을 다 길은 후에는 내가 했던 대로 다시 물병에 물을 넣고 잘 봉한 뒤 처음 놓여 있던 바위 밑에 놓아 주시고 편지와 깡통도 있던 제자리의 손잡이에 달아 놓아 주십시오. - 디 피이트 -

추신 : 만일 목이 마르다고 병의 물을 먼저 마셔 버리면 펌프는 도저히 다시 사용할 수 없게 됩니다.

이 편지만큼 신앙의 원리에 관해 잘 가르쳐 주고 있는 글도 없을 것이다. 만일 어떤 나그네가 그 메마른 사막길을 허덕이며 목말라 죽어 가는 상태에서 그 곳에 당도하여 그 편지를 보았다면 과연 어떻게 할 것인가? 그 장면에서 우리는 신앙의 모습을 현실적으로 상상해 볼 수 있다.

신앙은 이해하기 어려운 신학도 아니고 복잡한 토론도 아니다. 신앙이란 현실적이고 실제생활과 밀착되어 있다. 신앙에는 세 가지 기본 요소가 포함되어 있다.

첫째, 신앙에는 믿는 대상이 있어야 한다. 무턱대고 믿는다는 것은 잘못이다. 믿는 대상이 반드시 있어야 한다. 만일 당신이 외로운 나그네길을 걸으며 아말고사 사막 한복판 펌프 있는 곳에 와서 그 편지를 읽었다면 어떻게 할 것인가? 바윗돌 밑에 있는 물병의 물을 정신 없이 마셔 버리지는 않겠는가? 목말라 죽어가는 사람이 누군지도 모르는 사람이 쓴 그 편지를 믿고서 물을 보면서도 마셔 버리지 않고 펌프 속에 부어 넣기란 결코 쉬운 일이 아니다. 디 피이트가 사실을 말하고 있더라도 그가 정신이 온전한 사람이라는 증거나, 그 편지의 내용이 허위가 아니라는 절대적인 보장이 아무것도 없다. 그 편지를 읽는 사람은 디 피이트를 먼저 믿어야만 한다. 신앙도 누군가를 믿어야 하는 것이다. 확실한 보증도, 믿을 만한 증거가 없어도 디 피이트를 믿어야 하는 것과 마찬가지이다.

둘째, 신앙에는 모험이 따른다. 신앙은 항상 값비싼 대가가 요구된다. 당신이 만일 물 없는 사막길을 걸어 목말라 허덕일 때 그 물병을 손에 넣는다면 그 물은 다이아몬드보다도 더 값진 물이라고 생각할 것이다. 아무리 병에 든 물을 마셔 버리지 말라고 부탁했더라도 그대로 믿고 마시지 않고 펌프에 부어 넣는다는 것은 무척 힘이 드는 모험이다. 이와 같이 신앙에는 먼저 모험이 따르는 법이다. 신앙은 반드시 고귀한 대가를 지불해야만 한다.

셋째, 신앙은 행동해야 하는 요소가 있다. 디 피이트를 믿고 물을 부어 넣고 힘있게 펌프질을 해야 하는 것처럼 신앙에도 행동이 필요하다. 행동을 신앙의 요소로 삼는 것은 잘못된 것이 아니다. 신앙은 게으름을 정당화하지 않는다. 누구나 일상생활에서 그 신앙을 행동으로 나타내고 있는 것이다. 결혼한 부부는 서로 믿고 생활한다. 사업에 있어서는 동업자를 믿고 사업을 한다. 때때로 믿지 못함으로 사업을 망치고 경제적인 손해를 보며 위신을 잃고 마는 경우도 있다. 믿지 못하는 결혼생활로 인해 일생을 망치고 마는 경우도 있다. 사업이나 결혼생활에 있어서 서로가 믿고 신뢰하는 것이 절대로 필요한 요건이다. 믿는다는 것이 일상생활에 그토록 필요한 것이라면 신앙생활에 있어서는 더욱더 믿음과 행동이 필요한 것이다. 믿고 그 믿음을 행동화하는 것이 참된 신앙이다.

기독교 신앙에 있어서도 첫째로 하나님을 믿어야 하며 그 하나님을 우리에게 나타내 주시는 예수 그리스도를 믿어야 한다. 신앙의 대상은 신앙의 원리가 아니라 예수 그리스도라는 인격인 것이다.

둘째로 모험적인 헌신이 필요하다. 전적 헌신은 그만큼 희생이 따르는 법이다. 먼저 마셔 버리고 싶은 생명 같은 그 물을 마시지 않고 펌프 속에 부어 넣어야 하듯이 모든 것을 포기하는 희생이 따른다. 그러나 디피이트의 말을 믿고 그대로 희생하면 물이 쏟아지듯 믿고 순종하면 복을 받는다. 서로 용서하고 남을 존중히 여기고 재물도 바치게 되고 때때로 신앙을 위해 생업마저도 포기해야 할 경우도 있는 것이다. 우리가 하나님을 전적으로 믿고 헌신하면 하나님을 더 분명하게 알게 되며 우리를 향하신 하나님의 뜻이 무엇인지도 정확하게 분별할 수 있다.

셋째로 신앙을 힘써 행동화해야 한다. 펌프에 물을 송두리째 붓고서 힘써 펌프질을 해야 물이 쏟아져 나온다. 예수 그리스도를 믿는다면 전 생애를 주님을 위해 헌신하고 충성해야 한다. 그러나 헌신적인 생활만이 기독교 신앙의 전부라고 생각하면 안 된다. 일과 행동만 강요하는 것은 일반 종교에서 요구하는 것이고 기독교에 있어서는 신앙 그 자체가 더 중요하다. 그리스도에 대한 신앙, 주님 나라에 대한 믿음은 기독교의 절대적 요건이다. 구원은 행위로써가 아니라 오직 믿음으로써만 얻을 수 있는 것이다. 결코 행위로 말미암아 구원을 얻을 수 있는 것이 아니다. 그러나 영적으로 게으른 자는 결코 복을 받을 수 없다.

그렇다면 어떻게 우리의 신앙을 행동화할 수 있을까? 첫째, 하나님이 어떤 분이신가를 확실히 알고 믿어야 한다. 그 후에는 하나님께 절대적으로 순종해야 한다. 하나님께서 우리에게 명령하실 때 그 명령에 따라 힘을 다해 순종해야 한다. 우리가 전적으로 하나님을 믿으면 우리가 할 수 없는 많은 것들을 할 수 있도록 하나님께서 도와주신다. 그러므로 우리가 마땅히 해야 할 일을 하지 않으면 우리 스스로 해결하도록 하나님께서 방치해 두시는 것이다. 우리가 해야 할 일을 하지 않으면 영적으로 게으른 사람이고 받을 복도 받을 수가 없다. 하나님의 뜻을 어떻게 알 수 있는지 염려하는 사람도 있다. 하나님께서는 우리에게 말씀하시기를 원하고 있기 때문에 우리가 하나님의 뜻을 알려고만 한다면 먼저 그 뜻대로 순종하려는 마음을 갖추면 된다. 그러면 하나님께서 우리에게 당신의 뜻이 무엇인지 분명히 알려 주신다.

모 회사의 한 젊은 사원이 있었는데 그는 네 자녀의 아버지로서 그 회사의 생산 과장이었다. 그는 근래에 와서 회사 제품이 규격 미달인데도 불구하고 계속 같다고 선전하며 판매하고 있는 것이 양심에 걸렸다. 하나님을 믿는 신앙인으로서 도저히 그대로 묵인할 수가 없었다. 사업도 신앙과 일치하지 않으면 안 되겠다는 생각으로 고민 끝에 목사님을 찾아가서 그리스도인으로서 규격 미달의 제품을 계속 속이고 판매할 수가 없다고 고백했다. 회사 운영자에게 그 사실을 진언한다면 분명히 파면될 것이라고 말했다. 그는 하나님의 뜻이라면 어떤 어려움도 극복하고 순종하겠다고 기도했다. 며칠 후 그는 용기를 내어 회사 지배인에게 더 이상 그 제품을 판매해서는 안 된다고 말했다. 그러나 지배인은 다른 상품 회사와 경쟁하고 있기 때문에 규격대로 제조하여 판매하면 수지타산에 맞지 않아 경쟁에서 이길 수 없다는 것이었다. 그러나 그 사람은 신앙 양심에 위배되기 때문에 시정하지 않으면 더 이상 생산과장으로서 일할 수 없다고 말했다. 그러고는 당연히 파면될 것이라고 생각하고 사표를 내고서 회사에 출근도 하지 않았다. 그 결과 놀랍게도 그 상품의 생산이 중

단되었다는 소식이 들려왔다. 그리고 그의 양심적인 결단이 회사 중역에게 인정되어 파면 대신에 오히려 칭찬과 격려를 받았다. 그는 신앙인으로서 승리했던 것이다. 하지만 결단력 있는 신앙생활이라 해도 좋은 일만 있는 것이 아니다. 신앙의 결과가 그 신앙인에게 현실적으로 유리하게만 보장되는 것은 아니다. 단지 진정한 신앙인은 모든 것을 하나님께 맡기고 그 분의 뜻에 순종하는 믿음으로만 살아가야 한다.

믿는 자들은 그 믿음에 부합되게 살아가며 모든 일을 모범적으로 실천해 가야 한다. 현대는 기독교 신앙을 실생활에서 실천해 가는 사람을 절실히 요구하고 있다. 오직 하나님께 절대적으로 맡기고 하나님의 뜻을 따라 힘차게 믿음과 의를 위해 실천해 나갈 사람들을 이 순간에도 하나님은 찾고 계신다.

제18과 하나님의 은혜란 무엇인가?

학습목표 : 은혜의 깊은 의미를 깨닫고 항상 감사하며 겸손하게 사명을 감당할 뿐 아니라 은혜의 의미를 다른 사람에게 가르칠 수 있다.

요절말씀 : 너희가 그 은혜를 인하여 믿음으로 말미암아 구원을 얻었나니 이것이 너희에게서 난 것이 아니요 하나님의 선물이라 행위에서 난 것이 아니니 이는 누구든지 자랑치 못하게 함이니라(엡 2:8-9).

사도 바울은 그리스도의 복음을 전파할 때 당한 고난을 다음과 같이 간증한다. "저희가 히브리인이냐 나도 그러하며 저희가 이스라엘인이냐 나도 그러하며 저희가 아브라함의 씨냐 나도 그러하며 저희가 그리스도의 일꾼이냐 정신 없는 말을 하거니와 나도 더욱 그러하도다 내가 수고를 넘치도록 하고 옥에 갇히기도 더 많이 하고 매도 수없이 맞고 여러 번 죽을 뻔하였으니 유대인들에게 사십에 하나 감한 매를 다섯 번 맞았으며 세 번 태장으로 맞고 한 번 돌로 맞고 세 번 파선하는데 일주야를 깊음에서 지냈으며 여러 번 여행에 강의 위험과 강도의 위험과 동족의 위험과 이방인의 위험과 시내의 위험과 광야의 위험과 바다의 위험과 거짓 형제 중의 위험을 당하고 또 수고하며 애쓰고 여러 번 자지 못하고 주리며 목마르고 여러 번 굶고 춥고 헐벗었노라"(고후 11:22-27). 그의 사역 중 이렇게 수많은 고난과 위기를 겪고 모함과 핍박을 받았는데 그는 좌절하거나 마음에 깊은 상처도 받지 않았으며 원망과 불평도 없었다. 이 놀라운 저력은 어디서 나왔을까? 그는 하나님의 은혜에 대한 놀라운 진리를 깨달았기 때문이었다. 그리하여 그는 이렇게 고백한다. "나의 나 된 것은 하나님의 은혜로 된 것이니 내게 주신 그의 은혜가 헛되지 아니하여 내가 모든 사도보다 더 많이 수고하였으나 내가 아니요 오직 나와 함께하신 하나님의 은혜로라"(고전 15:10).

요셉은 5번이나 인생의 모진 시련을 겪고 엄청난 마음의 상처를 받았다. 첫째, 어려서 어머니를 잃고 3명의 계모와 10명의 이복형제 사이에서 자라야 했다. 둘째, 10명의 이복형제들이 그를 웅덩이에 집어넣어 죽이려고 했다. 셋째, 피를 나눈 형제들이 그를 아라비아 상인에게 팔아버려 죄 없는 노예로 억울하게 애굽 군대 장관의 집에서 젊은 날을 보내야 했다. 넷째, 충성을 다 바쳐 섬긴 주인에 의하여 거짓 증거를 당해 강간 미수범으로 억울하게 감옥살이를 해야 했다. 다섯째, 감옥에서 그가 믿고 도와준 사람에게 배신을 당해 2년 동안 잊혀진 상태로 감옥에 있었다. 이렇게 수많은 상처를 받고 시련을 겪었음에도 요셉은 마음에 상처를 받아 독기를 품거나 누구를 원망하거나 좌절하지 않았다. 오히려 주어진 환경에 충실하고 다른 사람을 위로하고 도와 나중에는 성공의 꿈을 실현했다. 어떻게 이런 일이 가능했을까? 그 해답으로 성경은 창세기 39장 21절에 "여호와께서 요셉과 함께하시고 그에게 인자를 더하사 전옥에게 은혜를 받게 하시매"라고 기록하고 있다. 그는 모든 것이 하나님의 은혜라는 사실을 굳게 믿고 있었던 것이다.

하나님의 은혜를 깨달으면 상처받을 일도 없고 깊은 마음의 상처도 치유함을 받는다. 하나님의 은혜를 깨닫지 못하면 죄책감, 낮은 자존감(low self-esteem)의 열등의식, 마음의 상처, 두려움과 스트레스, 자기 위선이나 인간관계의 실패로 고통을 당할 수밖에 없다. 기독교와 세상 종교들을 가장 잘 구별하는 중요한 단어는 바로 '은혜' 라는 말이다. 그리하여 히브리서 기자는 "너희는 돌아보아 하나님의 은혜에 이르지 못하는 자가 있는가 두려워하고 또 쓴 뿌리가 나서 괴롭게 하고 많은 사람이 이로 말미암아 더러움을 입을까 두려워하고"(히 12:15)라고 경고했다. 그러나 오늘날 그리스도인들조차 하나님의 은혜에 대한 체험과 지식이 없기에 마음에 깊은 상처를 그대로 간직하고 있다. 하나님의 은혜는 인간관계 속에서 진정으로 용서하는 것과 은혜를 베푸는 것과 사랑하는 것을 가능케 한다. 그러나 그리스도인들의 진정한 문제는 하나님의 무조건적인 은혜와 사랑과 용서를 받아들이지 못하고 생활에 적용시키지도 못한다는 것이다. 그것을 다른 사람들에게 나눠 주지도 못한다. 기독교의 은혜에 대하여 성경적으로 5가지를 살펴보도록 하자.

1.(엡 1:6):

세상의 모든 것은 조건과 대가가 있어 돈을 주고 사야만 한다. 세상에 돈 주고 사지 못할 것은 거의 없다. 진주나 다이아몬드가 아무리 귀하고 비싸다 해도 돈만 주면 살 수 있는 것이다. 그러나 하나님에게서 오는 모든 것은 돈 주고 사는 것이 아니다. 값 없이 받는 은혜의 선물이다. 생명, 자녀, 햇빛과 공기, 물은 돈 주고 사는 것이 아니라 하나님의 값 없는 은혜다.

은혜란 무엇인가? 은혜(카리스)는 성경에서 기쁨(카라), 은사(카리스마), 감사(유카리즈티아)와 같은 뿌리를 가지고 있는 말이다. 은혜란 대가, 행위, 공로 또는 율법의 반대되는 말로 받을 자격이 없는 자에게 값 없이 베푸시는 하나님의 사랑이다. 노력으로 얻어지는 것도 아니요, 갚을 수 있는 것도 아니며, 인간의 내적 감정과 삶과도 관계가 없는 말이다. 은혜는 하나님의 속성으로(출 33:19) 창조사역에 나타났고 십자가에서 구체화하고(갈 2:21) 복음으로 선포되었다(행 20:24). 은혜의 근원은 하나님이시다. 은혜는 성부, 성자, 성령 하나님에게서 나오는 하나님의 선물이다. 하나님만이 인간의 부족한 모든 것을 은혜로 채워 주실 수 있다(약 1:17). 창세 전부터 은혜의 주도권은 언제나 하나님이 가지고 계신다(엡 1:4). 그러나 인간의 최초의 불행은 사단의 미혹을 받아 하나님의 은혜를 의심하는 것에서 시작되었다. 그리하여 은혜를 받아들이는 데에 가장 큰 장애물은 의심과 자기 의의 교만이요, 용서하지 않는 마음이다.

1) **에베소서 1:6** : 이는 그의 사랑하시는 자 안에서 우리에게 거저 주시는 바 그의 은혜의 영광을 찬미하게 하려는 것이라(cf. 갈 5:4).
2) **출애굽기 33:19** : 나는 은혜 줄 자에게 은혜를 주고 긍휼히 여길 자에게 긍휼을 베푸느니라.
3) **에베소서 1:2** : 하나님 우리 아버지와 주 예수 그리스도로 좇아 은혜와 평강이 너희에게 있을지어다.
4) **요한복음 1:16-17** : 우리가 다 그의 충만한 데서 받으니 은혜 위에 은혜러라 율법은 모세로 말미암아 주신 것이요 은혜와 진리는 예수 그리스도로 말미암아 온 것이라(cf. 고후 13:13; 딤전 1:14).
5) **시편 145:8-9** : 여호와는 은혜로우시며 자비하시며 노하기를 더디하시며 인자하심이 크시도다 여호와께서는 만유를 선대하시며 그 지으신 모든 것에 긍휼을 베푸시는도다.

2.(엡 2:8): ____________

하나님의 은혜 없이 인간은 한순간도 살 수 없다(눅 6:35). 생명(욥

31:15, 33:4), 이성(벧후 2:12), 가정(시 127:1), 자녀(시 127:3-5), 식물(시 145:15), 국가의 법과 제도(롬 13:1-7; 벧전 1:13-14), 자연의 햇빛과 비(마 5:45)는 악인이나 선인 모두에게 내리시는 하나님의 일반 은총이다. 그러나 인간의 허물을 용서하여 구원하시고 하나님의 자녀 삼아 천국의 주인공으로 세우시는 것은 은혜 중의 은혜로 하나님의 특별 은혜인 것이다. 지상 삶의 일반 은총은 지상의 모든 사람에게 해당되지만, 예수 그리스도의 구원 은혜를 통한 하나님의 특별 은혜는 그렇지 않다. 하나님의 특별 은혜는 ① **선택된 자(롬 11:5)** ② **믿는 자(요 3:16; 엡 2:8)** ③ **겸손한 자(약 4:6)** ④ **순종하는 자(전 12:13; 히 5:8-10)** ⑤ **변함없이 주를 사랑하는 자에게 주시는 하나님의 주권적 사랑**이다(엡 6:24). 오직 하나님의 특별 은혜를 받은 자만 구원받고 천국의 주인공이 될 수 있다. 왜 하나님은 은혜를 베푸시는가? 하나님의 은혜의 근거는 하나님의 속성이며 무엇보다도 인간을 사랑하시기 때문이다(엡 2:4). 우리가 하나님을 찾고 추구하는 것은 하나님이 먼저 우리를 사랑하시고 찾으시고 우리의 마음을 움직여 주시기 때문이다(요일 4:19; 시 139:7-8). 그리하여 사랑과 은혜가 풍성하신 하나님은 인간의 최악을 십자가에서 최선으로 갚으셨다. 은혜의 내용은 사랑이며, 사랑의 내용이 곧 용서였다. 하나님의 은혜와 사랑의 결과로 죄 용서와 구원과 치유와 은사(카리스마)와 신앙 성장의 복을 받았다는 사실을 명심해야 한다. 이것이 그 사람의 인격과 신앙과 삶의 질을 결정하기 때문이다. 믿는 자는 언제나 주님의 은혜 안에 거한다(롬 6:14). 은혜에 의한 구원은 회복이 아니라 그리스도 안에서 최고 자리의 영광을 누리는 구원과 회복 그 이상의 것이다(롬 5:20).

1) **에베소서 2:8** : 너희가 그 은혜를 인하여 믿음으로 말미암아 구원을 얻었나니 이는 너희에게서 난 것이 아니요 하나님의 선물이라.

2) **누가복음 1:28** : 그에게 들어가 가로되 은혜를 받은 자여 평안할지어다 주

께서 너와 함께하시도다 하니.

3) **로마서 6:14** : 죄가 너희를 주관치 못하리니 이는 너희가 법 아래 있지 아니하고 은혜 아래 있음이니라.

4) **베드로후서 3:18** : 오직 우리 주 곧 구주 예수 그리스도의 은혜와 저를 아는 지식에서 자라가라 영광이 이제와 영원한 날까지 저에게 있을지어다.

5) **야고보서 4:6** : 그러나 더욱 큰 은혜를 주시나니 그러므로 일렀으되 하나님이 교만한 자를 물리치시고 겸손한 자에게 은혜를 주신다 하였느니라.

6) **에베소서 6:24** : 우리 주 예수 그리스도를 변함 없이 사랑하는 모든 자에게 은혜가 있을지어다.

7) **로마서 11:5** : 그런즉 이와 같이 이제도 은혜로 택하심을 따라 남은 자가 있느니라.

8) **에베소서 2:4-5** : 긍휼에 풍성하신 하나님이 우리를 사랑하신 그 큰 사랑을 인하여 허물로 죽은 우리를 그리스도와 함께 살리셨고 너희가 은혜로 구원을 얻은 것이라(cf. 롬 5:8).

3.(고전 2:12):

놀라운 사실은 불신자는 하나님의 일반 은혜와 예수 그리스도의 특별 은혜를 깨닫지 못한다는 것이다. 그러나 그리스도인들의 특징은 하나님의 은혜와 예수 그리스도의 구원 은혜를 체험하고 깨닫고 감사함으로 반응한다. 어떻게 이런 일이 일어날 수 있을까? 영이 죽어 있는 불신자들은 성령의 은혜를 받지 못했고(엡 2:1-3), 그리스도인들은 깨닫게 하시는 성령으로 거듭나 영이 살았으므로 하나님의 은혜를 깨닫고 반응하기 때문이다(고전 2:12). 하나님의 큰 은혜를 현실적으로 보여주신 분이 예수님이시요(요 1:16-18; 롬 5:8), 그것을 우리에게 적용시켜 깨닫게 하시고 체험케 하시는 분이 바로 성령님이시다. 그러므로 성령을 훼방하거나(막 3:29) 소멸하거나(살전 5:19) 욕되게 하거나(히 10:29) 근심하게 해서는 안 된다(엡 4:30). 우리는 하나님의 은혜 안에 머물기 위하여 성령을 사모하여 기도하고(눅 11:13) 성령 충만해야 한다(엡 5:18). 또한 육체의 욕심을 따라 성령을 거역해서도 안 된다(갈 5:16-21). 그리스도인들도 성령의 은혜가 떨어지면 믿음이 약해져 속사람이 약해지고 사랑이 식어져서 추한 인격과 삶이 드러난다. 그러므로 성령의 은혜 안에 강한 자가 되어야 한다(엡 3:16).

1) **고린도후서 13:13** : 주 예수 그리스도의 은혜와 하나님의 사랑과 성령의 교통하심이 너희 무리와 함께 있을지어다.
2) **고린도전서 2:14** : 육에 속한 사람은 하나님의 성령의 일을 받지 아니하나니 저희에게는 미련하게 보임이요 또 깨닫지도 못하나니 이런 일은 영적으로라야 분변함이니라.
3) **고린도전서 2:9-11** : 기록된바 하나님이 자기를 사랑하는 자들을 위하여 예비하신 모든 것은 눈으로 보지 못하고 귀로도 듣지 못하고 사람의 마음으로도 생각지 못하였다 함과 같으니라 오직 하나님이 성령으로 이것을 우리에게 보이셨으니 성령은 모든 것 곧 하나님의 깊은 것이라도 통달하시느니라 사람의 사정을 사람의 속에 있는 영 외에는 누가 알리요 이와 같이 하나님의 사정도 하나님의 영 외에는 아무도 알지 못하느니라.
4) **고린도전서 2:12** : 우리가 세상의 영을 받지 아니하고 오직 하나님께로 온 영을 받았으니 이는 우리로 하여금 하나님께서 우리에게 은혜로 주신 것들을 알게 하려 하심이라.
5) **디모데후서 2:1-4** : 내 아들아 그러므로 네가 그리스도 예수 안에 있는 은혜 속에서 강하고 또 네가 많은 증인 앞에서 내게 들은 바를 충성된 사람들에게 부탁하라 저희가 또 다른 사람들을 가르칠 수 있으리라 네가 그리스도 예수의 좋은 군사로 나와 함께 고난을 받을지니 군사로 다니는 자는 자기 생활에 얽매이는 자가 하나도 없나니 이는 군사로 모집한 자를 기쁘게 하려 함

이라.

6) **에베소서 3:16-19** : 그 영광의 풍성을 따라 그의 성령으로 말미암아 너희 속 사람을 능력으로 강건하게 하옵시며 믿음으로 말미암아 그리스도께서 너희 마음에 계시게 하옵시고 너희가 사랑 가운데서 뿌리가 박히고 터가 굳어져서 능히 모든 성도와 함께 지식에 넘치는 그리스도의 사랑을 알아 그 넓이와 길이와 높이와 깊이가 어떠함을 깨달아 하나님의 모든 충만하신 것으로 너희에게 충만하게 하시기를 구하노라.

7) **히브리서 10:29** : 은혜의 성령을 욕되게 하는 자의 당연히 받을 형벌이 얼마나 더 중하겠느냐(cf. 막 3:29; 살전 5:19; 엡 4:30; 갈 5:16-21).

4.(빌 1:29):

인간은 하나님의 은혜 없이 살 수 없기 때문에 모든 것이 하나님의 은혜이다. 그러므로 그리스도인들에게 은혜의 내용은 믿음에 의한 구원(엡 2:8)과 고난에 의한 성화(빌 1:29)로 그리스도인들의 신앙과 삶에 필요한 모든 것이라는 사실을 알아야 한다. 그리하여 시편 기자는 "고난당한 것이 내게 유익이라 이로 인하여 내가 주의 율례를 배우게 되었나이다"(시 119:71)라고 말했다. 그리스도인들은 언제나 **"모든 것이 하나님의 은혜일 뿐입니다. 내가 나 된 것은 하나님의 은혜입니다"** 라고 고백할 줄 알아야 한다(고전 15:10). 그러므로 고난과 시련조차 하나님의 특별하신 은혜라는 사실을 믿는 사람들은 성숙한 그리스도인이 된다. 시험을 이기려면 시험이 시험되지 않아야만 하는데 시험이 시험 되지 않으려면 고난을 오히려 하나님의 은혜로 받아들여 기뻐하고 감사해야 한다. 욥은 "나의 가는 길을 오직 그가 아시나니 그가 나를 단련하신 후에는 내가 정금같이 나오리라"(욥 23:10)고 하나님의 은혜인 고난의 의미를 깨달았다. 그리고 야고보 사도는 "시험을 참는 자는 복이 있도다 이것에 옳다 인정하심을 받은 후에 주께서 자기를 사랑하는 자들에게 약속하신 생명의 면류관을 얻을 것임이니라"(약 1:12)고 고백했다. 그러나 **질병과 환난과 실패의 고난조차 하나님의 은혜라는 사실을 아는 사람은 많지 않다. 하나님의 은혜를 깨닫지 못하여 죄악 중에 성공하고 형통하고 하나님 없는 편안함이 오히려 큰 시험이요 하나님의 심판의 한 방법**이라는 사실을 아는 사람도 많지 않다. 하나님의 은혜 없이도 자신의 힘만으로 잘 살아갈 수 있다고 생각하면서 바르게 신앙생활할 수 있을까?

1) **빌립보서 1:29** : 그리스도를 위하여 너희에게 은혜로 주신 것은 다만 그를 믿을 뿐 아니라 또한 그를 위하여 고난도 받게 하심이라.
2) **고린도후서 1:8-9** : 형제들아 우리가 아시아에서 당한 환난을 너희가 알지 못하기를 원치 아니하노니 힘에 지나도록 심한 고생을 받아 살 소망까지 끊어지고 우리 마음에 사형 선고를 받은 줄 알았으니 이는 우리로 자기를 의뢰하지 말고 오직 죽은 자를 다시 살리시는 하나님만 의뢰하게 하심이라.
3) **고린도후서 12:7-10** : 여러 계시를 받은 것이 지극히 크므로 너무 자고하지 않게 하시려고 내 육체에 가시 곧 사단의 사자를 주셨으니 이는 나를 쳐서 너무 자고하지 않게 하려 하심이니라 이것이 내게서 떠나기 위하여 내가 세 번 주께 간구하였더니 내게 이르시기를 내 은혜가 네게 족하도다 이는 내 능력이 약한 데서 온전하여짐이라 하신 지라 이러므로 도리어 크게 기뻐함으로 나의 여러 약한 것들에 대하여 자랑하리니 이는 그리스도의 능력으로 내게 머물게 하려 함이라 그러므로 내가 그리스도를 위하여 약한 것들과 능욕과 궁핍과 핍박과 곤란을 기뻐하노니 이는 내가 약할 그 때에 곧 강함이니라.
4) **시편 119:67** : 고난 당하기 전에는 내가 그릇 행하였더니 이제는 주의 말씀을 지키나이다.

5.(행 20:24): ____________

왜 하나님은 그리스도인들에게 은혜를 베푸시는가? 하나님이 은혜를 베푸시는 목적은 은혜를 베푸시는 하나님을 알고 영광과 감사와 찬송을 돌리게 하려는 것이다(엡 1:6). 은혜를 함께 나누며 은혜의 하나님을 증거하는 사명을 감당하게 하시려는 데 있다(엡 2:7). 그러나 이것은 강제적이고 의무적인 것이 아니다. 자원적이며 자발적인 것으로 은혜를 깨달은 사람에게서 자연적으로 나오는 은혜의 결과이다. 인격적인 하나님은 그리스도인들이 은혜 안에 머물고 더 큰 은혜를 받기 위해 사모하기를 원하신다. 은혜가 더욱 넘쳐서 받은 은혜를 나누며 사랑하며 용서할 수 있는 방법은 첫째가 하나님의 은혜에 감사함으로 응답하는 것이다(고후 4:15; 고전 1:4). 둘째는 은혜를 사모하며 기도하는 것이다(고후 12:8-9). 셋째는 말씀을 통해 주시는 은혜를 추구해야 한다(시 119:13). 넷째는 예배의 은혜를 사모해야 한다(히 4:16). 무엇보다 주신 은혜를 나누며 봉사하면 더 큰 은혜를 누리게 된다(벧전 4:10). 그러나 어린아이들은 부모의 신앙을 통해 은혜를 주신다.

1) **에베소서 1:6** : 이는 그의 사랑하시는 자 안에서 우리에게 거저 주시는 바 그의 은혜의 영광을 찬미하게 하려는 것이라.
2) **에베소서 2:7** : 이는 그리스도 예수 안에서 우리에게 자비하심으로써 그 은혜의 지극히 풍성함을 오는 여러 세대에 나타내려 하심이니라.
3) **고린도후서 4:15** : 모든 것을 너희를 위하여 하는 것은 은혜가 많은 사람의 감사함으로 말미암아 더하여 넘쳐서 하나님께 영광을 돌리게 하려 함이라.
4) **고린도전서 1:4** : 그리스도 예수 안에서 너희에게 주신 하나님의 은혜를 인하여 내가 너희를 위하여 항상 하나님께 감사하노니.
5) **고린도후서 12:8-9** : 이것이 내게서 떠나가기 위하여 내가 세 번 주께 간구하였더니 내게 이르시기를 내 은혜가 네게 족하도다 이는 내 능력이 약한 데

서 온전하여짐이라 하신지라 이러므로 도리어 크게 기뻐함으로 나의 여러 약한 것들에 대하여 자랑하리니 이는 그리스도의 능력으로 내게 머물게 하려 함이라.

6) **골로새서 1:6** : 이 복음이 이미 너희에게 이르매 너희가 듣고 참으로 하나님의 은혜를 깨달은 날부터 너희 중에서와 같이 또한 온 천하에서도 열매를 맺어 자라는도다(cf. 행 14:3, 20, 32).
7) **히브리서 4:16** : 그러므로 우리가 긍휼하심을 받고 때를 따라 돕는 은혜를 얻기 위하여 은혜의 보좌 앞에 담대히 나아갈 것이니라.
8) **베드로전서 4:10** : 각각 은사를 받은 대로 하나님의 각양 은혜를 맡은 선한 청지기 같이 서로 봉사하라.
9) **누가복음 2:40** : 아기가 자라며 강하여지고 지혜가 충족하며 하나님의 은혜가 그 위에 있더라(cf. 눅 2:51-52).
10) **고린도후서 9:8** : 하나님이 능히 모든 은혜를 너희에게 넘치게 하시나니 이는 너희로 모든 일에 항상 것이 넉넉하여 모든 착한 일을 넘치게 하게 하려 하심이라.

내 가슴을 열고 하나님의 은혜를 받아들이면 마음의 상처는 치료되고 하나님이 나를 보시듯 나의 밝은 자아상이 형성되어 높은 자존감(self-esteem)이 회복된다. 그리하여 강력하고(딤후 2:1) 풍성하고 건강하고 여유 있는 삶을 살 수 있고 대인관계에도 성공할 수 있다. 주님의 큰 사랑을 깨달으면 자기 자신을 사랑하고 다른 사람도 용서하고 사랑할 수 있다(요 13:34-35). 은혜가 떨어지면 우울증에 빠져 자신감을 상실하고 마음이 강퍅하게 되어 마음에 상처를 받는다. 그러므로 여러분이 하나님의 은혜 안에 있는지 스스로 알 수 있게 된다. 인간의 연약함과 잘못된 완전주의에 의한 상한 감정은 하나님의 은혜로만 치료받을 수 있다. "주 예수의 은혜가 모든 자들에게 있을지어다 아멘"(계 22:21), "죄가 너희를 주관치 못하리니 이는 너희가 법 아래 있지 아니하고 은혜 아래 있음이니라"(롬 6:14).

[공동 기도문 : 통성기도]

은혜와 사랑이 풍성하신 하나님 아버지,

모든 것이 하나님의 은혜일 뿐입니다. 베풀어 주신 은혜를 감사드립니다. 그 많은 은혜를 받으면서도 원망 불평을 하고 주신 것을 헤아려 감사하지 못했던 죄악을 용서하여 주옵소서. 하나님의 은혜를 항상 감사하고 누리며 나눔으로 더욱 풍성하게 하옵소서. 그리고 주신 은혜로 하나님께 영광돌리며 사명 감당하게 하옵소서. 예수님의 이름으로 기도드립니다. 아멘.

[질문] 은혜의 손을 사용하여 하나님 은혜의 특징 5가지를 설명할 수 있는가?

1. 에베소서 1:6
2. 에베소서 2:8
3. 고린도전서 2:12
4. 빌립보서 1:29
5. 사도행전 20:24

[나눔] 최근 어떤 상황 속에서 어떤 은혜를 체험했으며 무엇을 깨달았는지 서로 나누어 보라.

[토론] 은혜를 받는 방법에 대해 서로 토론하라.

신실하신 하나님

하나님 한 번도 나를 실망시킨 적 없으시고 언제나 공평과 은혜로
나를 지키셨네
오 신실하신 주 오 신실하신 주 내 너를 떠나지도 않으리라 내 너를
버리지도 않으리라
약속하셨던 주님 그 약속을 지키사 이후로도 영원토록 나를 지키시
리라 확신하네

지나온 모든 세월들 돌아보아도 그 어느 것 하나 주의 손길 안 미친
것 전혀 없네
오 신실하신 주 오 신실하신 주 내 너를 떠나지도 않으리라 내 너를
버리지도 않으리라
약속하셨던 주님 그 약속을 지키사 이후로도 영원토록 나를 지키시
리라 확신하네

제19과 고난의 의미는 무엇인가?

학습목표 : 고난의 의미를 알고 대처하여 성숙한 신앙생활을 하며 고난의 5대 의미를 다른 사람들에게 설명하고 가르칠 수 있다.

요절말씀 : 너희가 말세에 나타내기로 예비하신 구원을 얻기 위하여 믿음으로 말미암아 하나님의 능력으로 보호하심을 입었나니 그러므로 너희가 이제 여러 가지 시험을 인하여 잠깐 근심하게 되지 않을 수 없었으나 오히려 크게 기뻐하도다 너희 믿음의 시련이 불로 연단하여도 없어질 금보다 더 귀하여 예수 그리스도의 나타나실 때에 칭찬과 영광과 존귀를 얻게 하려 함이라(벧전 1:5-7).

복을 좋아할 사람은 많지만 고난을 좋아할 사람은 아무도 없을 것이다. 모든 그리스도인들이 예기치 않은 고난이 닥쳐오면 당황하고 충격을 받는다. 더욱이 "너희가 여러 가지 시험을 만나거든 온전히 기쁘게 여기라"(약 1:2), "고난을 받되 부끄러워 말라"(딤후 1:12), "복음과 함께 고난을 받으라"(딤후 1:8)는 믿음의 권면은 받아들이기 어렵다. 왜냐하면 고난의 의미를 배우지 못했기 때문이다. 고난은 성경과 신앙생활의 중요 주제 중 하나이다. 아담 이후 공중 권세 잡은 사단이 다스리는 이 세상 속에서 구원받은 백성으로서 하나님의 뜻을 따라서 살아야 하기 때문에 고난은 필연적이다. **하나님은 고난을 허용하심으로 그리스도인들이 이 땅에 속해 있지 않고 하나님의 백성이라는 자부심과 천국의 소망으로 살아가는 천국 백성답도록 성화해 가시는 것이다.** 그래서 고난이 없었으면 좋겠지만 우리의 생각과는 다르게 성경에서 고난은 그리스도인들에게 꼭 필요한 하나님의 은혜요 사랑이라고 주장한다. 그래서 바울 사도는 "그리스도를 위하여 너희에게 은혜를 주신 것은 다만 그를 믿을 뿐 아니라 또한 그를 위하여 고난도 받게 하심이라"(빌 1:29)고 말했다. 모세 또한 "다 너를 낮추시며 너를 시험하사 마침내 네게 복을 주려 하심이었느니라"(신 8:16)고 복이 고난의 보자기에 싸인 하나님의 선물임을 주장했다. 하나님은 출애굽한 이스라엘 백성을 광야 학교에서 고난을 통해 하나님만 섬기는 신앙 정화훈련과 순종훈련, 기도훈련, 하나님만 의지하는 훈련, 신앙 강화훈련을 시키기 원하셨다. 왜냐하면 그들을 사랑하셨기 때문이었다(신 8:2-10, 8:16). 그렇다면 진정한 고난의 의미는 무엇이며 어떻게 고난에 대한 바른 관점을 가지고 대처해야 하는가? 성경에는 5가지 종류의 고난이 있고 7가지 대처 방법이 있다.

1.(신 8:2): ________________

시험적 고난(testing)은 가짜 그리스도인을 구별하여 택자와 불택자를 걸러내는 하나님의 섭리이다. 하나님은 사단(살후 2:9-12), 이단(신 13:2-3), 자기 정욕(약 1:13-15), 미혹(살후 2:11-12), 고난(벧전 1:5-7)의 5대 도구를 사용하신다. 하나님은 고난을 통해 알곡과 쭉정이를 구별하여 남은 자만 구원하시고 복 주신다(사 10:22; 롬 9:27, 11:5). **하나님은 필요를 채우시며 만족케 하시되(사 58:11) 인간의 무분별한 욕망까지 채워 주시는 것은 아니다** (약 1:14-15). 이 시험적 고난에 아브라함은 부활 신앙으로 승리했고(히 11:17-19), 설익은 예수님의 제자였던 가룟 유다는 배신하여 실패했다(행 1:25). 이 시험에 가짜 그리스도인들은 원망, 좌절, 배신, 대적의 반응을 보인다.

시험은 본래 두 가지가 있다. 하나님이 믿음을 평가하시고 연단하고 성장시키기 위해 허용하시는 시험(신 13:3)은 연단(페이라스모스 : testing, training)이라고 한다. 이것은 하나님의 선하신 목적으로 주어진 것이기에, 결과는 믿음에 유익하며 복이 되고 사명으로 연결되기 때문에 기쁨으로 환영할 일이다. 하나님께서 아브라함에게 그의 아들 이삭을 바치라고 내린 지시가 바로 이러한 시험이다. 사단이 그리스도인들을 미혹하여 죄를 짓고 믿음에서 떠나 넘어지게 하는 악한 목적의 시험이 있는데 이것을 미혹(도키마시아 : temptation)이라고 한다. 이것은 결과가 무익하며 신앙과 사명을 망각하고 포기하게 한다. 예를 들면 사단이 하와에게 선악과를 따먹으면 하나님같이 될 수 있다고 미혹한 사건이 바로 그것이다. 이러한 시험은 단호히 물리쳐야 한다(약 4:7). 문제는 우리가 시험과 연단을 구분하지 못하고 시험의 근원, 의미, 목적, 결과에 대해 무지하다는 데 있다.

성경은 고난과 질병의 시험뿐만 아니라 형통과 성공의 시험도 있음을 경고한다. 일이 잘되고 평안할 때, 인생의 즐거움이 있을 때에 무방비한 상태로 시험에 들고 악에 빠지기 쉽다. 이 때는 하나님에게서 멀어지고 신앙생활이 게을러진다. 기도의 열정이 상실되고 교회에서 멀어지며 향락과 교만에 빠지기 쉽다. 고난 중에 하나님만 의지했던 다윗이 문제가 해결되고 왕이 되자 남의 아내를 범하고 그녀의 남편을 전사시키는 죄를 범하여 평생의 가시가 되지 않았는가?(삼하 11:2-5) 그러나 그가 사방의 대적을 물리치고 왕궁에 편히 거할 때, "나는 백향목 궁에 거하거늘 하나님의 궤는 휘장 가운데 있도다"(삼하 7:2)라며 편안할 때 하나님과 성전에 관심을 가짐으로 하나님의 더 큰 은혜와 복을 받았다. 하나님은 "네 집과 네 나라가 내 앞에서 영원히 보전되고 네 위가 영원히 견고하리라"(삼하 7:16)고 말씀하셨다. 하나님 없는 기쁨, 예수 없는 성공 추구, 이것이 바로 문제요, 죄인 것이다. 기쁠 때 찬송하면 기쁨이 배가 되고 은혜와 감격이 넘친다. 그러나 기쁠 때 하나님을 잊어버리면 기쁨이 변해 슬픔과 눈물이 된다(약 5:13).

죄로 떨어지는 3대 근원은 영적으로 마귀의 미혹(계 12:9)과, 육신적으로 마음의 정욕(엡 4:22)과, 신앙적으로 말씀의 불순종이다(요일 2:5). 죄로 떨어지는 시험을 극복하기 위해서 ① 늘 시험을 경계하고 있는가?(고전 16:13; 벧전 5:8) ② 문제를 빨리 해결하는가?(약 1:14-15) ③ 말씀의 지혜를 사용하는가?(시 119:110; 딤후 2:22; 약 4:7) ④ 믿음으로 순종하는가?(골 2:6) ⑤ 항상 기도하고 있는가?(마 26:41) ⑥ 무엇보다 적극적으로 성령 충만한가?(엡 5:18), 이렇게 늘 자신을 점검하면서 적극적인 자세로 시험을 대비해야만 한다.

1) **신명기 8:2** : 네 하나님 여호와께서 이 사십 년 동안 너로 광야의 길을 걷게 하신 것을 기억하라 이는 너를 낮추시며 너를 시험하사 네 마음이 어떠한지 그 명령을 지키는지 아니 지키는지 알려 하심이라.
2) **고린도전서 10:5-12** : 그러나 저희의 다수를 하나님이 기뻐하지 아니하신 고로 저희가 광야에서 멸망을 받았느니라……저희 중에 어떤 이들이 원망하다가 멸망시키는 자들에게 멸망하였나니 너희는 저희와 같이 원망하지 말라 저희에게 당한 이런 일이 거울이 되고 또한 말세를 만난 우리의 경계로 기록하였느니라.
3) **야고보서 1:13-15** : 사람이 시험을 받을 때에 내가 하나님께 시험을 받는다 하지 말지니 하나님은 악에게 시험을 받지도 아니하시고 친히 아무도 시험하지 아니하시느니라 오직 각 사람이 시험을 받는 것은 자기 욕심에 끌려 미혹됨이니 욕심이 잉태한즉 죄를 낳고 죄가 장성한 즉 사망을 낳느니라.
4) **데살로니가후서 2:11-12** : 이러므로 하나님이 유혹을 저의 가운데 역사하게 하사 거짓 것을 믿게 하심은 진리를 믿지 않고 불의를 좋아하는 모든 자로 심판을 받게 하려 하심이니라.
5) **디모데전서 6:9-10** : 부하려 하는 자들은 시험과 올무와 여러 가지 어리석고 해로운 정욕에 떨어지나니 곧 사람으로 침륜과 멸망에 빠지게 하는 것이라 돈을 사랑함이 일만 악의 뿌리가 되나니 이것을 사모하는 자들이 미혹을

받아 믿음에서 떠나 많은 근심으로써 자기를 찔렀도다.

6) **요한계시록 3:10-11** : 네가 나의 인내의 말씀을 지켰은즉 내가 또한 너를 지키어 시험의 때를 면하게 하리니 이는 장차 온 세상에 임하여 땅에 거하는 자들을 시험할 때라 내가 속히 임하리니 네가 가진 것을 굳게 잡아 아무나 네 면류관을 빼앗지 못하게 하라.

2.(히 12:6-8):

징계적 고난(discipline)은 그리스도인들이 죄를 지을 때 책망하시고 교정하시는 사랑의 채찍이다(엡 6:4). 불신자에게는 죄에 대한 정죄(punishment)의 심판과 환난이 있으나, 성도들에게는 형벌 고난은 없으며 잘못을 깨닫고 돌아와 성별의 삶을 살도록 교정하고 죄악을 경고하는 징계의 환난이 있다(벧전 2:20, 4:1-3). 하나님의 자녀에게 내리는 징계와 형벌은 이미 십자가에서 다 해결하셨으며, 죄를 지을 때 죄의 세력에 끌려다니지 않도록 교정하고 경고하시고 훈계하신다. 정죄는 과거의 행동에 초점을 맞추고 있으나, 훈계는 미래의 바람직한 행동에 초점이 맞춰져 있다. 정죄의 목표는 과거 행동을 처벌하는 것이며, 훈계의 목표는 미래를 향한 교정과 성숙이다. 정죄의 태도는 좌절과 분노지만, 훈계의 태도는 사랑과 관심인 것이다. 그리하여 정죄의 결과는 죄의식과 거리감이며, 훈계의 결과는 예의 바름과 친밀감이다. 이 고난은 거룩이 목적이고 회개함으로 끝이 난다(히 12:9-13). 범죄한 다윗의 회개가 그 좋은 예이다(시 51:17). 권선징악적 죄와 벌의 고난을 신명기적 고난이라고도 한다(신 28:15, 58-59; 욥 4:7).

1) **욥기 4:7** : 생각하여 보라 죄 없이 망한 자가 누구인가.

2) **시편 51:9-11** : 주의 얼굴을 내 죄에서 돌이키시고 내 모든 죄악을 도말하소

서 하나님이여 내 속에 정한 마음을 창조하시고 내 안에 정직한 영을 새롭게 하소서 나를 주 앞에서 쫓아내지 마시며 주의 성신을 내게서 거두지 마소서.

2) **히브리서 12:6-8** : 주께서 그 사랑하시는 자를 징계하시고 그의 받으시는 아들마다 채찍질하심이니라 하였으니 너희가 참음은 징계를 받기 위함이라 하나님이 아들과 같이 너희를 대우하시나니 어찌 아비가 징계하지 않는 아들이 있으리요 징계는 다 받는 것이거늘 너희에게 없으면 사생자요 참 아들이 아니니라.
3) **시편 119:67** : 고난당하기 전에는 내가 그릇 행하였더니 이제는 주의 말씀을 지키나이다.
4) **욥기 5:17-21** : 볼지어다 하나님께 징계받는 자에게는 복이 있나니 그런즉 너는 전능자의 경책을 업신여기지 말지니라 하나님은 아프게 하시다가 싸매시며 상하게 하시다가 그 손으로 고치시나니 여섯 가지 환난에서 너를 구원하시며 일곱 가지 환난이라도 그 재앙이 네게 미치지 않게 하시며 기근 때에 죽음에서, 전쟁 때에 칼 권세에서 너를 구속하실 터인즉 네가 혀의 채찍을 피하여 숨을 수가 있고 멸망이 올 때에도 두려워 아니할 것이라.
5) **요한1서 5:16-18** : 누구든지 형제가 사망에 이르지 아니한 죄 범하는 것을 보거든 구하라 그러면 사망이 이르지 아니하는 범죄자들을 위하여 저에게 생명을 주시리라 사망에 이르는 죄가 있으니 이에 대하여 나는 구하라 하지 않노라 모든 불의가 죄로되 사망에 이르지 아니하는 죄도 있도다 하나님께로서 난 자마다 범죄치 아니하는 줄을 우리가 아노라 하나님께로서 나신 자가 저를 지키시매 악한 자가 저를 만 지지도 못하느니라.

3.(욥 23:10):

쓰고 싶은 대로 다 쓰고, 먹고 싶은 대로 다 먹고, 가고 싶은 대로 다 가며, 하고 싶은 대로 다 하다 보면 자아의식두 없고, 세계의식도 없는 가장 나약하고도 쓸모 없는 멍청한 인간이 되고 만다. 고통에는 정신적으로 자아의식에 직접 가해지는 괴로움(suffering)과 주체의식과 아무 상관이 없는 육체적인 고통(pain)이 있다. 육체적 아픔과 정신적 자아의식의 고통을 구별하지 못하기 때문에 더 큰 고통에 시달리는 것이다. 배고픔은 육체적인 고통이며, 비참한 자기의식과 슬픔이 느껴지는 것은 의식 작용의 고통인 것이다. 고통이 부정적일 수만은 없다. 왜냐하면 살아있다는 증거이기 때문이다. 육체적 아픔과 경제적인 고통이 우리 내적 존재를 각성하게도 하고 인격을 성숙하게 단련시키기도 한다. 영혼을 순수하게 만들기도 하고 고통 때문에 진실하게 되기도 하며 실패를 통해 더욱더 겸손해지기도 한다. 고난을 통해 의심 많던 사람이 믿음을 가지게 되며 외적인 고통 때문에 내적 건강이 회복될 수도 있다면, 굳이 고통을 고통이라고, 슬픔을 슬픔이라고 원망하고 한탄할 수만은 없다. 환난이 있다고 하나님 사랑을 의심하고 낙담하면 안 된다(빌 1:29).

진정 예수 믿는 사람이라면 고난받을 때 적어도 두 가지 걱정은 하지 않는다. 첫째, 내가 죽을까 하는 염려이다. 그리스도인의 죽음은 단순한 육체적 죽음이 아니라 성화의 마지막 단계인 것이다(고후 5:1-10). 둘째, 내가 저주를 받았나 하는 염려이다. 예수 그리스도께서 모든 저주를 이미 십자가에서 도말하시고 승리하셨다(골 2:14-15). 어떤 환난과 고통을 당해도 이것 역시 나를 향하신 하나님의 사랑과 은혜로 받아들일 때에만 그 고난을 극복할 수 있는 것이다. 연단적 고난(educational training)은 하나님이 자기 백성을 온전한 믿음으로 교육하고 훈련시켜 복을 주시려는 고난이다(신 8:2-3, 16-17; 벧전 5:10). **이 연단의 고난은 인간의 내면적 교만과 죄성을 정화시켜 겸손과 순종의 인격을 형성하여 그리스도를 닮아가게 하는 성화에 목적이 있다.** 원인 모를 욥의 고난이 바로 이것이다. 정도의 차이는 있으나 모든 그리스도인이 다 겪게 되는 고난이기에 그리스도인의 고난에는 반드시 하나님의 깊은 주권적인 뜻이 있다(약 5:13; 마 26:41). 이 고난은 결국 믿음(요일 5:4-5)과 인내(약

1:4)와 기도로 승리한다. 고난의 비책인 인내(휴퍼모네)는 시험과 환난의 안전지대인 주님 아래 자신을 두는 것이다. 온전한 인내는 달걀이 어미 닭의 품속에서 병아리가 될 때까지 참고 기다리듯 끝까지 참고 기다리는 것이다. 그러므로 무엇보다 고난 중에 인내하며 하나님의 뜻을 분별하는 것이 매우 중요하며(롬 12:2) '모든 것이 합력하여 선을 이룬다' (롬 8:28)는 시험 결과의 공식을 명심해야만 한다.

야고보 사도는 하나님이 허락하신 연단적 시험의 목적과 의도에 대하여 "너희로 온전하고 구비하여 조금도 부족함이 없게 하려 함이라" (약 1:3)고 밝히고 있다. 시험을 통해 인내를 배우고 인내를 통해 믿음이 완전해지고 부족함이 없이 구비하여 하나님의 뜻을 이루시려는 데 그 목표가 있다. 그러기에 이해할 수 없는 시험과 고통이 다가왔을 때 "왜, 나입니까?" 라고 질문하고 원망하지 말고 나를 다듬어 가시는 하나님의 손길을 바라보며 "이 시험을 통해 내가 무엇을 배우기 원하십니까?" 라고 겸손하게 물어봐야 한다. 위로를 구하기보다는 주님을 더욱 닮아 강하고 담대한 그리스도인이 되게 해달라고 적극적으로 기도해야만 한다. 온전하다(텔레이오스)라는 말은 '목적에 도달한 완성(perfect)' 을 가리키며 '구비하다(호로클레토스)' 라는 말은 '기능이 완전하다' 는 뜻이다. 이것은 의학적으로 치료 회복의 상태를 말하고, 군사적 용어로는 훈련이 끝나고 완전 무장한 군인의 상태를 의미한다.

믿음의 연단을 통하여 마침내 신앙 인격이 갖추어져 어떤 환경에서도 사랑의 사람, 자유의 사람, 웃음의 사람, 긍휼의 사람, 능력과 권세의 사람이 된다. 그리하여 고난 중에도 낙심치 않고, 칭찬을 받아도 교만하지 않고, 원수까지도 사랑하게 된다. 가난해도 원망하지 않고 끝까지 믿음을 지키며 사명을 감당하는 그리스도의 좋은 일꾼이 될 수 있다. 이렇게 모든 시험의 초점이 믿음에 있으며 시험 든다고 말하는 것은 바로 믿음에 문제가 있다는 뜻이다. 시험받을 때 나의 돈, 나의 건강, 나의 명예와 지위, 나의 기분과 자존심까지도 중요한 원인이 될 수 있고 정의와 선행도 원인이 된다. 그러나 근본적으로 가장 중요한 것은 믿음이라는 사실을 잊지 말아야 한다. 시험 들어서 모든 것을 잃어버린다 해도 가장 소중한 믿음은 잃지 말아야 한다. 따라서 시험은 그 사람의 가치 기준이 어디 있는지 평가하는 기회가 된다. 시험에 대한 하나님의 의도는 믿음보다 덜 중요한 쓸데없는 것을 제거하시고 더 중요한 것을 주시려고 하신다는 사실을 기억해야 한다. 하나님은 정금같이 소중한 믿음을 갖게 하시고 그 믿음을 순수하게 하시고 고상하게 하시고 자라게 하신다. 믿음을 강하고 지혜롭게 하기 위해 금속을 불 속에서 제련하고 망치로 치고 물에 담가서 연단하듯 믿음을 연단하시는 것이다. 그리하여 연단을 통해 하나님은 그리스도인들이 모든 것을 믿음으로 보고, 믿음으로 생각하고, 믿음으로 말하고, 믿음으로 행동하기를 원하신다.

삶의 모든 영역이 시험이고 시험에 의해 믿음과 사랑의 인격이 계발되고 다듬어진다. 그러므로 매순간이 인격을 계발하고 사랑을 실천하며 하나님께 의지할 수 있는 성장의 기회인 것이다. 하나님은 상급을 예비하시고 우리로 하여금 시험을 이기길 기대하고 계신다(약 1:12). 고난의 유익 10가지는 ① 천국의 조건(계 1:9; 행 14:22) ② 영광의 조건(롬 8:17; 벧전 4:13) ③ 제자 됨의 조건(마 16:24) ④ 위로 조건(고후 1:7) ⑤ 경건한 삶의 조건(딤후 3:12) ⑥ 인내 연단의 과정(롬 5:3-4) ⑦ 그리스도의 유산(골 1:24) ⑧ 온전한 신앙 조건(벧전 5:10) ⑨ 말씀 이해의 조건(시 119:71) ⑩ 말씀 순종의 교육 조건(시 119:67; 히 5:8)이다. 그러므로 고난에는 반드시 하나님의 오묘한 뜻과 주권적인 섭리가 있다.

1) **욥기 23:10** : 나의 가는 길을 오직 그가 아시나니 그가 나를 단련하신 후에는 내가 정금같이 나오리라.
2) **야고보서 1:2-4** : 내 형제들아 너희가 여러 가지 시험을 만나거든 온전히 기쁘게 여기라 이는 너희 믿음의 시련이 인내를 만들어 내는 줄 너희가 앎이라 인내를 온전히 이루라 이는 너희로 온전하고 구비하여 조금도 부족함이

없게 하려 함이라.

3) **야고보서 1:12** : 시험을 참는 자는 복이 있도다 이것에 옳다 인정함을 받은 후에 주께서 자기를 사랑하는 자들에게 약속하신 생명의 면류관을 얻을 것임이니라.

4) **베드로전서 1:5-7** : 너희가 말세에 나타내기로 예비하신 구원을 얻기 위하여 믿음으로 말미암아 하나님의 능력으로 보호하심을 입었나니 그러므로 너희가 이제 여러 가지 시험을 인하여 잠깐 근심하게 되지 않을 수 없었으나 오히려 크게 기뻐하도다 너희 믿음의 시련이 불로 연단하여도 없어질 금보다 더 귀하여 예수 그리스도의 나타나실 때에 칭찬과 영광과 존귀를 얻게 하려 함이라.

5) **고린도전서 10:13** : 사람에게 감당할 시험밖에는 너희에게 당한 것이 없나니 오직 하나님은 미쁘사 너희가 감당치 못할 시험 당함을 허락지 아니하시고 시험을 당할 즈음에 또한 피할 길을 내사 능히 감당하게 하시느니라 .

6) **로마서 8:17-18** : 자녀이면 또한 후사 곧 하나님의 후사요 그리스도와 함께 한 후사니 우리가 그와 함께 영광을 받기 위하여 고난도 함께 받아야 할 것이니라 생각건대 현재의 고난은 장차 우리에게 나타날 영광과 족히 비교할 수 없도다.

7) **욥기 1:20-22** : 욥이 일어나 겉옷을 찢고 머리털을 밀고 땅에 엎드려 경배하며 가로되 내가 모태에서 적신이 나왔사온즉 또한 적신이 그리로 돌아가올지라 주신 자도 여호와시요 취하신 자도 여호와시오니 여호와의 이름이 찬송을 받으실지니이다 하고 이 모든 일에 욥이 범죄하지 아니하고 하나님을 향하여 어리석게 원망하지 아니하니라.

8) **시편 119:71** : 고난당한 것이 내게 유익이라 이로 인하여 내가 주의 율례를 배우게 되었나이다(cf. 히 5:8).

9) **로마서 5:3-4** : 다만 이뿐 아니라 우리가 환난 중에도 즐거워하나니 이는 환난은 인내를, 인내는 연단을, 연단은 소망을 이루는 줄 앎이로다.

10) **로마서 8:35-37** : 누가 우리를 그리스도의 사랑에서 끊으리요 환난이나

곤고나 핍박이나 기근이나 적신이나 위험이나 칼이랴 기록된바 우리가 종일 주를 위하여 죽임을 당케 되며 도살할 양같이 여김을 받았나이다 함과 같으니라 그러나 이 모든 일에 우리를 사랑하시는 이로 말미암아 우리가 넉넉히 이기느니라.

11) **고린도후서 4:17** : 우리의 잠시 받는 환난의 경한 것이 지극히 크고 영원한 영광의 중한 것을 우리에게 이루게 함이니.

4.(빌 2:8):

사명적 고난(mission)은 예수 그리스도의 지상 생애의 고난과 대속적 십자가 고난 그리고 사도 바울의 복음 증거를 위한 고난처럼 악한 세상에서 하나님께서 맡겨주신 사명을 감당하기 위해 당해야 하는 고난이다(벧전 2:20-24). 죽도록 충성하는 것이 고난의 목표로 사랑과 순종을 요구하며 이 사명적 고난은 그리스도의 고난에 동참하는 것이다(벧전 4:12-13). 선지자와 같은 충성된 종들에게 고난은 삶의 일부였다. 의인들이 죄악 된 세상에서 의인으로 바르고 거룩하게 살아가는 삶 자체가 고난이며 이것을 하박국적 고난이라고 한다(합 1:13). 사명을 부정하거나 회피한다면 결국 요나처럼 쓸데없는 고통을 더 경험하게 될 뿐이다.

1) **빌립보서 2:8** : 사람의 모양으로 나타나셨으며 자기를 낮추시고 죽기까지 복종하셨으니 곧 십자가에 죽으심이라(cf. 사 53:5).
2) **골로새서 1:24** : 내가 이제 너희를 위하여 받는 괴로움을 기뻐하고 그리스도의 남은 고난을 그의 몸 된 교회를 위하여 내 육체에 채우노라(빌 3:10; 계 1:9).
3) **디모데후서 2:3** : 네가 그리스도 예수의 좋은 군사로 나와 함께 고난을 받을지니(cf. 딤후 1:8).

4) **베드로전서** 2:20 : 오직 선을 행함으로 고난을 받고 참으면 이는 하나님 앞에 아름다우니라.

5) **로마서** 8:17-18 : 자녀이면 또한 후사 곧 하나님의 후사요 그리스도와 함께 한 후사니 우리가 그와 함께 영광을 받기 위하여 고난도 함께 받아야 될 것이니라 생각건대 현재의 고난은 장차 우리에게 나타날 영광과 족히 비교할 수 없도다.

6) **마태복음** 5:10-12 : 의를 위하여 핍박을 받는 자는 복이 있나니 천국이 저희 것임이라 나를 인하여 너희를 욕하고 핍박하고 거짓으로 너희를 거스려 모든 악한 말을 할 때에는 너희에게 복이 있나니 기뻐하고 즐거워하라 하늘에서 너희의 상이 큼이라 너희 전에 있던 선지자들을 이같이 핍박하였느니라.

7) **고린도후서** 1:4-5 : 우리의 모든 환난 중에서 우리를 위로하사 우리로 하여금 하나님께 받는 위로로써 모든 환난 중에 있는 자들을 능히 위로하게 하시는 이시로다 그리스도의 고난이 우리에게 넘친 것같이 우리의 위로도 그리스도로 말미암아 넘치는도다.

8) **디모데후서** 1:8 : 그러므로 네가 우리 주의 증거와 또는 주를 위하여 갇힌 자 된 나를 부끄러워 말고 오직 하나님의 능력을 좇아 복음과 함께 고난을 받으라.

9) **디모데후서** 1:11-12 : 내가 이 복음을 위하여 반포자와 사도와 교사로 세우심을 입었노라 이를 인하여 내가 또 이 고난을 받되 부끄러워하지 아니함은 나의 의뢰한 자를 내가 알고 또 나의 의탁한 것을 그 날까지 저가 능히 지키실 줄을 확신함이라.

10) **디모데후서** 3:12 : 무릇 그리스도 예수 안에서 경건하게 살고자 하는 자는 핍박을 받으리라.

5.(요 11:3-4):

영광(glory)의 고난은 하나님의 영광을 목적으로 하나님의 능력과 계시를 나타내기 위한 고난이다. 요한복음 9장에 나오는 눈먼 자와 11장의 주인공인 나사로의 질병과 죽음이 그 좋은 예이다. 우리가 겪는 큰 아픔과 상처를 통해 하나님의 위대한 사역을 이루게 된다. 다른 사람들을 위한 사역이 우리를 준비시키기 위한 아픈 경험이 되기도 한다(고후 1:4). 그러므로 우리의 약점과 실패를 다른 사람을 위해 사용하시도록 기꺼이 다른 사람들과 나눌 필요가 있다. 우리의 약점이나 상처는 하나님이 원하시는 방법대로 사용하실 수 있도록 숨김 없이 내놓아야 한다(고후 12:9). 하나님께서 완벽한 자만 쓰셨다면 모든 사람이 다 약점과 실수가 있기 때문에 아무도 쓰임 받지 못했을 것이다.

1) **요한복음** 9:2-3 : 제자들이 물어 가로되 랍비여 이 사람이 소경으로 난 것이 뉘 죄로 인함이오니이까 자기오니이까 그 부모이니이까 예수께서 대답하시되 이 사람이나 그 부모가 죄를 범한 것이 아니라 그에게 하나님의 하시는 일을 나타내고자 하심이니라.
2) **요한복음** 11:3-4 : 이에 그 누이들이 예수께 사람을 보내어 가로되 주여 보시옵소서 사랑하시는 자가 병들었나이다 하니 예수께서 들으시고 가라사대 이 병은 죽을 병이 아니라 하나님의 영광을 위함이요 하나님의 아들로 이를 인하여 영광을 얻게 하려 함이라 하시더라.
3) **마태복음** 14:33 : 배에 있는 사람들이 예수께 절하며 가로되 진실로 하나님의 아들이로소이다 하더라.

주님은 우리에게 고난 없는 세상을 약속한 것이 아니라 주님과 함께 고난에 승리할 것을 가르치셨다(요 16:33). 고난의 의미를 생각해 보라. ① 하나님의 복은 고난의 보자기에 싸여 있다. 고난은 하나님이 주시는 필연적 은혜와 사랑의 선물이다(빌 1:29; 롬 8:35-37; 고전 2:12; 고후 12:7-12). ② 고난은 기간이 있다(벧전 1:5-7; 고후 4:17-18). ③ 고난은 결과가 유익하다(벧전 1:7; 약 1:12; 신 8:16). ④ **고난은 불신자들에게는 심판의 방편이며 믿는 자들에게는 연단과 성화를 위한 훈련이다**(욥 23:10). 고난을 통해 더 중요한 것이 무엇인지 깨닫고 버릴 것을 버리고 단순한 믿음을 갖게 된다. ⑤ 그리스도인의 고난은 주님이 함께하시는 고난이다(롬 8:17-18; 시 23:4; 사 43:10). ⑥ 주님이 모델이 되어 주신 고난이다(벧전 2:21; 빌 2:5-8; 히 5:7-9). ⑦ 하나님이 능히 지켜 주시는 고난이다(딤후 1:12; 고후 1:4-5; 롬 8:35-37; 고전 10:13). 이것이 바로 고난 극복의 7대 원리이다. 그렇다면 이제 여러분의 고난 극복 자세를 점검해 보자.

1. 고난에 대한 하나님의 주권을 인정하고 있는가?(욥 1:22)
2. 고난도 하나님의 은혜와 사랑임을 알고 감사할 수 있는가?(살전 5:18; 빌 2:29)
3. 고난의 결과는 하나님의 복임을 알고 기쁨으로 받아들일 수 있는가?(벧전 4:13; 약 1:2)
4. 고난의 교훈이 무엇인지 생각해 보았는가?(시 119:67, 71)
5. 고난의 승리를 확신하고 있는가?(롬 8:37)
6. 고난 중에도 끝까지 믿음을 지키고 있는가?(딤후 4:7)
7. 고난을 인내하고 있는가?(롬 5:34)
8. 고난 중에 기도하고 있는가?(빌 4:6)
9. 고난 중에도 하나님을 찬양하며 예배하고 있는가?(욥 1:21)
10. 지금 성령 충만한가?(엡 5:18)

고난에는 반드시 하나님의 깊으신 뜻이 있다. 어떻게 시험을 당하느냐가 문제가 아니고 어떻게 승리하는가 하는 것이 문제이다. 고난을 극복하고 오뚜기처럼 일어나 승리하는 전천후 그리스도의 용사가 돼라. 다음의 고난에서 승리를 보장하는 약속된 말씀들을 명심하라(요 16:33; 롬 8:31; 고전 10:13; 사 41:10).

"누가 우리를 그리스도의 사랑에서 끊으리요 환난이나 곤고나 핍박이나 기근이나 적신이나 위험이나 칼이랴 기록된 바 우리가 종일 주를 위하여 죽임을 당케 되며 도살할 양같이 여김을 받았나이다 함과 같으니라 그러나 이 모든 일에 우리를 사랑하시는 이로 말미암아 우리가 넉넉히 이기느니라"(롬 8:35-37).

"이를 위하여 너희가 부르심을 입었으니 그리스도도 너희를 위하여 고난을 받으사 너희에게 본을 끼쳐 그 자취를 따라오게 하셨느니라"(벧전 2:21).

"사람이 감당할 시험밖에는 너희에게 당한 것이 없나니 오직 하나님은 미쁘사 너희가 감당치 못할 시험 당함을 허락지 아니하시고 시험 당할 즈음에 또한 피할 길을 내사 너희로 능히 감당하게 하시느니라"(고전 10:13).

"두려워 말라 내가 너와 함께함이니라 놀라지 말라 나는 네 하나님이 됨이니라 내가 너를 굳세게 하리라 참으로 너를 도와주리라 참으로 나의 의로운 오른손으로 너를 붙들리라"(사 41:10).

"이것을 너희에게 이름은 너희에게 평안을 누리게 하려 함이라 세상에서는 너희가 환난을 당하나 담대하라 내가 세상을 이기었노라 하시니라"(요 16:33).

[공동 기도문 : 통성기도]

은혜와 사랑이 풍성하신 하나님 아버지,

예수 그리스도의 십자가 고난을 통하여 우리를 하나님의 자녀로 삼아 주시니 감사합니다. 하나님의 뜻을 헤아려 알지 못하기 때문에 고난을 당할 때 원망 불평하고 믿음으로 승리하지 못했음을 고백하오니 용서하여 주옵소서. 고난의 의미를 바로 알고 그리스도의 고난에 동참하며 영광에도 동참하게 하옵소서. 고난을 통해 나의 신앙을 정화시켜 주시며 하나님을 더욱 의지하고 성장하게 하옵소서.

주님, 고난 중에서도 배우고 전진하여 하나님의 주권적인 뜻에 겸손하게 순종할 수 있도록 도와주옵소서. 허락하신 고난의 복을 잃지 않게 하옵소서. 고난당하는 다른 사람들을 격려하며 위로하게 하옵소서. 예수님의 이름으로 기도드립니다. 아멘. (금식기도 훈련)

[질문] 고난의 손을 사용하여 고난의 5대 의미를 설명할 수 있는가?

1. 신명기 8:2
2. 히브리서 12:6-8
3. 욥기 23:10
4. 빌립보서 2:8
5. 요한복음 11:3-4

[나눔] 최근 당면한 고난과 환난을 어떻게 극복했는가?

[토론] 왜 고난뿐만 아니라 형통과 성공까지도 시험이 될 수 있는가?

제20과 어떻게 전도할 것인가?

학습목표 : 전도와 선교의 중요성을 이해하고 전도 방법 5단계를 훈련한다. 삶의 현장을 전도 현장화하여 그리스도의 좋은 군사로 "땅 끝까지 이르러 내 증인이 되리라"(행 1:8)는 주님의 최후 언약을 따라 전도와 선교의 사명을 역동적으로 수행한다.

요절말씀 : 바울이 밀레도에서 사람을 에베소로 보내어 교회 장로들을 청하니 오매 저희에게 말하되 아시아에 들어온 첫날부터 지금까지 내가 항상 너희 가운데서 어떻게 행한 것을 너희도 아는 바니 곧 모든 겸손과 눈물이며 유대인의 간계를 인하여 당한 시험을 참고 주를 섬긴 것과 유익한 것은 무엇이든지 공중 앞에서나 각 집에서나 꺼림이 없이 너희에게 전하여 가르치고 유대인과 헬라인들에게 하나님께 대한 회개와 우리 주 예수 그리스도께 대한 믿음을 증거한 것이라 보라 이제 나는 심령에 매임을 받아 예루살렘으로 가는데 저기서 무슨 일을 만날는지 알지 못하노라 오직 성령이 각 성에서 내게 증거하여 결박과 환난이 나를 기다린다 하시나 나의 달려갈 길과 주 예수께 받은 사명 곧 하나님의 은혜의 복음 증거하는 일을 마치려 함에는 나의 생명을 조금도 귀한 것으로 여기지 아니하노라 (행 20:17-24).

여러분의 생애에 가장 기쁜 일은 무엇이었는가? 여러분이 참된 그리스도인이라면 "내 생애에 가장 기뻤던 최대의 사건은 예수 그리스도를 나의 구주로 영접하게 된 일입니다"라고 자신 있게 대답할 것이다(눅 2:10). 생각해 보라. 저주받아 죽을 수밖에 없던 죄인이 예수 그리스도를 만나 구원받고 하나님의 자녀로 운명이 바뀌었다는 사실은 얼마나 기쁜 소식이며 복된 일인가? 그렇다면 여러분이 그리스도인으로 다른 사람에게 전해 줄 수 있는 최대의 기쁜 소식과 복된 일도 '예수 그리스도를 알도록 전해 주는 일'이 될 것이다. 이것이 바로 전도(evangelism)이다. 전도는 헬라어로 '유앙겔리온'이라고 하는데 '기쁜 소식', 즉 '복음'

이라는 뜻이다. 여러분이 전도할 때 이 세상 많은 사람들에게 최상, 최대, 최고의 진정한 행복을 전해 주는 천사(angel)가 되는 것이다. 예수 그리스도가 없는 모든 사람의 마음은 선교지이고, 예수 그리스도를 가슴에 품고 있는 사람은 누구나 하나님의 사역자로 모두가 선교사인 것이다. 전도는 최대의 봉사인 동시에 사랑의 표현이고 사망권세에 억눌린 생명을 구출하는 **최대의 영적 전쟁**이기도 하다(마 12:28-29). 마귀는 장악하고 있는 자기 영토와 요새를 자진해서 내놓지 않기 때문에 공격하고 결박해서 내쫓아야 한다(행 26:18). 그리스도의 좋은 군사로 전도의 영적 전쟁에서 승리하기 위해서는 전도 전략과 집중 훈련이 요구된다. 복음을 위해 예비된 훈련과 준비 없이 그리스도의 좋은 군사가 될 수 없기 때문이다(엡 6:10-20; 딤후 2:3-4).

예수님은 천국 복음을 전파하며 세상을 구원하려는 위대한 역사를 펴실 때 무엇보다도 사람을 귀하게 알고 함께 일할 동역자, 사역의 계승자를 먼저 선택하셨다. 예수님은 **세계 복음화의 비전(vision)**을 가지고 특별히 12제자를 ① **선택하여** ② **교육하고** ③ **훈련하여(마 16:24)** ④ **파송하셨던** 것이다(요 20:21).

예수께서 제자들에게 하신 첫 번째 명령은 "나를 따라오너라 내가 너희로 사람을 낚는 어부가 되게 하리라"(마 4:19)는 말씀이었다. 그리고 마지막 명령은 "너희는 온 천하에 다니며 만민에게 복음을 전파하라"(막 16:15)는 전도 명령이었다. 이렇게 예수님은 선교 명령으로 사역을 시작하시고 선교의 모범을 보이시며 선교 명령으로 지상 사역을 마무리 하셨다. 이 선교의 명령과 더불어 예수님은 다섯 번이나 엄청난 약속을 하셨다.

"볼지어다 내가 세상 끝날까지 너희와 항상 함께 있으리라"(마 28:20)

"믿는 자들에게는 이런 표적이 따르리니 곧 저희가 내 이름으로 귀신을 쫓아내며 새 방언을 말하며 뱀을 집으며 무슨 독을 마실지라도 해를 받지 아니하며 병든 사람에게 손을 얹은즉 나으리라 하시더라"(막 16:17-18).

"볼지어다 내 아버지의 약속하신 것을 너희에게 보내리니 너희는 위로부터 능력이 입히울 때까지 이 성에 유하라"(눅 24:49).

"너희에게 평강이 있을지어다 아버지께서 나를 보내신 것같이 나도 너희를 보내노라……성령을 받으라 너희가 뉘 죄든지 사하면 사하여질 것이요 뉘 죄든지 그대로 두면 그대로 있으리라 하시니라"(요 20:21-23).

"오직 성령이 너희에게 임하시면 너희가 권능을 받고 예루살렘과 온 유대와 사마리아와 땅 끝까지 이르러 내 증인이 되리라 하시니라"(행 1:8).

그리하여 열두 제자 훈련의 목적과 추진력은 온 세상에 나가 만민에게 복음을 전파하라는 지상 명령과 성령님이 함께하신다는 언약 속에 요약되어 있다. 그러므로 교회는 온 세계에 복음을 전파하기 위해 예수 그리스도에 의하여 지배되는 하나의 몸인 것이다. 전도와 선교는 성직자나 모든 성도, 예수 믿는 모든 사람들이 역동적으로 수행해야 하는 최고의 과제이다. 의식 부족, 훈련 부족, 기도 부족, 양육 부족, 실천 부족이 바로 전도와 선교의 문제이다. 그리하여 「전도폭발」의 저자 제임스 케네디 목사는 다음과 같이 평신도 전도훈련의 중요성을 강조하고 있다.

"초대교회는 사도들뿐만 아니라 모든 평신도들이 이교도들뿐인 세계의 중심지, 로마 제국을 그리스도 복음의 능력으로 변화시켰다. 그들은 바다와 사막을 가로질렀고 흑암의 밀림지대를 헤쳐 나갔으며 모든 마을과 도시에 들어가 마침내 원로원과 황실까지 복음화시켰다. 주후 300년까지 교회는 이 같은 놀라운 위력과 용맹을 떨쳐 왔고 주후 500년대에 개화된 온 세계가 거의 복음화될 것 같은 기세로 파급되었다. 그러나 콘스탄틴 대제가 전 로마 제국이 기독교 국가가 될 것을 법령으로 공포하자 일이 벌어졌다. 수백만의 미개인들이 그들의 이교와 미신과 이단을 그대로 가지고 홍수처럼 교회에 밀려 들어왔다. 그들은 복음을 알지도 못했을 뿐만 아니라 복음의 변화시키는 능력을 경험하지도 못했다. 더구나 복음을 들고 나아가 다른 사람들에게 전할 수도 없는 그런 사람들이었다. 이 때문에 평신도 전도의 막강한 군대는 파괴되었고 점차적으로 성직자와 평신도 사이에 분리의식이 싹트기 시작했다. 그리하여 전도는 전문적으로 훈련받은 사람들의 직업이 되어 끝내 성직자가 이 일을 전담하게 되었다. 그러므로 선교의 암흑시대가 닥쳐오게 되었다. 성직자나 평신도 모든 그리스도인들이 예수 그리스도의 증인이 되어야 한다. 전도는 성직자들에게나 맡기라는 말은 그 동안 성공적으로 수행해 온 사단의 고등 전략이다. 교회 구성원의 99%가 되는 평신도를 깨워 세계 복음화의 막강한 군대로 무장시켜야 한다. 이것이 바로 종교개혁의 연장이다. 장군들만 전쟁터에 나간다면 어떻게 승리할 수 있겠는가?"

하나님이 그토록 기뻐하시는 복음 전도를 누가 할 것인가? 영계의 혼탁, 정치계의 혼란, 경제계의 불안, 사회 도덕의 타락, 인간성 상실과 비인간화의 종말적 삶의 현장에서 주님의 지상 명령을 효과적으로 수행하기 위해 여러분은 복음 전도의 좋은 군사로 선택되는 영광을 갖게 되었다(마 24:4-12). 사망 권세에 억눌린 하나님의 백성을 구원하기 위하여 여러분은 예수 그리스도의 좋은 군사로 5단계 전도 훈련을 변명 없이 잘 이수하게 될 것이다.

1. 제1단계 : 전도의 준비 단계

전도 훈련의 단계는 ① **예비 전도(pre-evangelism)** ② **복음 전도(presentation of evangelism)** ③ **양육 전도(post-evangelism)**의 3단계이다.

이 중 복음 전도 단계를 ① 접촉 단계 ② 복음 제시 단계 ③ 결신 단계로 세분했을 때 전도 훈련의 단계는 전체적으로 ① **전도 준비 단계** ② **전도 접촉 단계** ③ **복음 제시 단계** ④ **초청 결신 단계** ⑤ **결신자 양육 단계**의 5단계로 구분한다. 여기에서는 예비 전도로 전도의 1단계인 전도 준비 단계를 다루게 된다. 전도 실패의 첫 번째 원인은 준비와 훈련이 제대로 되지 않은 데 있다. 예수 그리스도의 좋은 군사로(딤후 2:3) 전도자는 준비와 훈련이 철저히 되어 있어야 한다(엡 4:11-12). 모세는 자기 민족을 구원하기 위해 80년을 준비하고 40년 간 일했다. 예수님 또한 30년 간 준비하시고 3년의 공생애 구원 사역을 완수하셨다. 모든 일은 잘 준비된 만큼만 성공할 수 있는 것이다. **전도 준비 단계는** ① **전도 훈련 개관** ② **전도의 정의와 중요성** ③ **전도자의 자격** ④ **전도의 종류** ⑤ **전도의 대상 결정**이라는 5단계를 갖춰야 한다. 그러므로 여러분은 전도의 준비 단계에서 첫째, 전도 훈련 5단계를 전체적으로 개관해 보아야 한다. 둘째, 전도와 선교가 무엇인지 왜 그렇게 중요한지 그 중요성을 알아야 한다. 셋째, 전도자의 기본적 자격이 무엇인지 점검해야 한다. 넷째, 전도의 종류는 무엇이며 어떤 전도가 가장 효과적인지 분별해야 한다. 다섯째, 전도 목표를 결정하여 전도 대상자를 마음에 품어야 한다. 태신자를 위해 뜨겁게 기도하고좋은 관계를 맺으며 창조적으로 기회를 포착하는 것이 중요하다. 그러나 무엇보다 중요한 것은 한 영혼을 사랑하는 마음과 간절한 기도의 자세가 필요하다(골 4:3). 전도는 기술이 아니다. 하나님을 정말로 사랑하게 되면 전도는 하는 것이 아니고 자연스럽게 되는 것이다.

(1) 5단계 전도훈련 개관

성경공부의 원리 중 가장 중요한 것은 전체를 먼저 개관해 보고 부분을 세부적으로 살펴보는 것이다. 먼저 전체적으로 전도 훈련의 5단계를 개관해 보라.

1) 예비 전도	1단계(그리스도의 좋은 군사) ① 전도 훈련 개관 ② 전도의 정의와 중요성 ③ 전도자의 자격 ④ 전도의 종류 ⑤ 전도 대상(잃은 양을 찾는 목자)
2) 복음 전도	2단계(사람 낚는 어부) ① 인사와 대화의 양해 ② 관심 있는 세상적 대화 ③ 신앙적 대화 ④ 간증 활용 ⑤ 영적 질문과 진단 3단계(씨 뿌리는 농부) ① 하나님의 사랑 ② 범죄 사실 ③ 인간의 노력 ④ 하나님의 방법 ⑤ 인간의 선택 4단계(추수하는 자) ① 확인 질문 ② 결신 초청 질문 ③ 결신 기도 ④ 교회 초청 ⑤ 반대 의견 대처

3) 양육 전도	5단계(양친 부모) ① 양육 목표 ② 양육 요소 ③ 영육 이유 ④ 양육 태도 ⑤ 양육 12주 내용과 학습세례

(2) 전도의 정의와 중요성

어떤 일을 성공적으로 수행하기 위해서는 그 일의 명백한 정의와 그 일의 중요한 가치를 먼저 알아야 한다. 전도와 선교는 무엇이며 그것은 왜 그렇게 중요한가? 모든 그리스도인은 세상에서 부름받은 성도요(고전 1:2), 주님을 따르는 제자요(마 16:24), 이 세상에 주님의 일꾼으로 파송된 선교사이다(요 20:21). 선교사는 파송받은 현장 선교사(행 13:2-3), 후원 선교사(빌 2:27), 그리고 기도로 중보하는 최전방의 기도 선교사(골 4:3)가 있다. 선교란 '보낸다' 라는 파송의 의미이며 선교사는 특정 목적을 가지고 선교 기관에 의해 공식적으로 파송받은 자를 말한다. 같은 문화권의 자기 나라에서 자기 민족에게 개인적으로 복음을 전하는 것을 좁은 의미로 전도라 하고, 타 문화권의 다른 민족에게 복음을 전할 때 넓은 의미에서 선교라고 한다. 그러나 전도나 선교나 영혼 구원의 복음 증거 목표는 같다. 선교는 성경 내용과 교회와 그리스도인의 사명에 있어서 그 중심 주제가 된다.

전도는 사단의 권세에서 하나님의 백성을 구원하여 하나님께로 돌아오게 하는 최대의 영적인 전투이다(행 26:18). 특히 전도란 하나님의 구원 방법이라고 사도 바울은 정의를 내린다(고전 1:21). 그러나 요한복음 3장 16절에 근거하여 좀더 전도의 중요성과 그 의미를 다음과 같이 구체적으로 살펴볼 수 있다.

1) 전도 주체 :

2) 전도 동기 :

3) 전도 방법 :

4) 전도 의미 :

5) 전도 결과 :

선교와 전도의 주체는 인간이 아닌 하나님이시며 전도는 하나님의 계획이요 하나님의 간절한 소원이다. 그러기에 전도는 하는 것이 아니라 되는 것으로 선교사와 전도자는 하나님이 하시는 일에 도구로만 쓰임받을 뿐이다. 전도는 한 영혼을 사랑하시는 하나님의 사랑에서 출발하므로 사랑의 강권이 바로 전도의 동기가 된다. 전도는 하나님이 자기 독생자 예수 그리스도를 우리에게 주신 것처럼 자신의 가장 소중한 것을 주고 섬기는 적극적인 사랑의 실천으로 이루어진다.

베드로가 성전 미문에 앉아 구걸하는 거지에게 자기 가슴속에 있는 가장 소중한 것, 예수 이름을 주며 약한 자의 손을 잡아 일으켜 주었을 때 그는 변화받고 새 사람이 되었다(행 3:1-10). **전도는 하나님이 예수 그리스도 안에서 예정된 자를 찾아서 믿게 하는 것으로, 전도가 된다는 사실을 알아야 한다**(눅 18:27; 요 6:37, 44, 65, 17:2; 행 2:47, 13:48).

전도의 결과로 영원히 죽을 사람이 영원히 살게 되므로 전도는 인간 구원의 운동이요, 인간성 회복 운동이요, 하나님 영광 운동이며 하나님 나라를 확장하는 길이다. 다음 성경 본문에 근거하여 왜 복음을 전하는 전도와 선교가 그토록 중요한지, 왜 사명감을 가지고 열심히 전도해야 하는지 그 중요성 5가지를 생각해 보자.

① 고린도전서 1:21 :

② 디모데전서 2:4 :

③ 마가복음 16:15 :

④ 사도행전 1:8 :

⑤ 사도행전 20:24 :

① 지상명령(마 28:18-20)	⑥ 최고의 사랑(요 3:16)
② 예수님과 제자의 삶(눅 19:10)	⑦ 영적 건강(롬 10:15)
③ 성령강권(행 1:8)	⑧ 임박한 종말(벧후 3:9)
④ no 예수 no 구원(행 4:12)	⑨ 복음의 기회(롬 10:13)
⑤ 들음의 믿음(롬 10:17)	⑩ 사회 변화 교회 부흥(행 6:7)

⑤ 성도의 사명

② 하나님사역

① 구원의 방편

④ 성령사역

③ 예수님 명령

전도는 특히 ① 구원의 방편이요(고전 1:21) ② 하나님의 소원이며(딤전 2:4) ③ 예수님의 명령이고(막 16:15) ④ 성령의 사역인 동시에 (행 1:8) ⑤ 그리스도인의 사명이다(행 20:24; 고전 9:16; 딛 1:3). 그리하여 전도와 선교는 너무나 중요한 것이다. 전도는 하나님께 최고로 영광을 돌리는 일이다(요 15:8; 눅 15:7). 전도는 예수 그리스도의 동역자와 대리자로서 그리스도인의 놀라운 특권인 것이다(고후 5:18-19). 전도는 최대의 기쁜 소식을 전하는 일이요(롬 10:15), 나의 영적 성장운동이다(요 4:34). 사랑의 빚을 갚으며(롬 1:14) 교회 성장과 하나님 나라 확장을 이루는 일이다(행 2:47). 또한 그것은 종말을 준비하는 일이다(마 24:14). 그러나 불행하게도 전도를 한 번도 못 해 본 그리스도인들이 너무나 많다는 것은 놀라운 사실이다.

하나님의 계획

1) **고린도전서 1:21** : 하나님의 지혜에 있어서는 이 세상이 자기 지혜로 하나님을 알지 못하는고로 하나님께서는 전도의 미련한 것으로 믿는 자들을 구원하시기를 기뻐하셨도다.
2) **로마서 10:13-15** : 누구든지 주의 이름을 부르는 자는 구원을 얻으리라 그런즉 저희가 믿지 아니하는 이를 어찌 부르리요 듣지도 못한 이를 어찌 믿으리요 전파하는 자가 없이 어찌 들으리요 보내심을 받지 아니하였으면 어찌 전파하리요 기록된바 아름답도다 좋은 소식을 전하는자들의 발이여 함과 같으니라.
3) **디모데전서 2:4** : 하나님은 모든 사람이 구원을 받으며 진리를 아는 데 이르기를 원하시느니라.
4) **요한복음 3:16** : 하나님이 세상을 이처럼 사랑하사 독생자를 주셨으니 이는 저를 믿는 자마다 멸망치 않고 영생을 얻게 하려 하심이니라.
5) **누가복음 18:26-27** : 듣는 자들이 가로되 그런즉 누가 구원을 얻을 수 있나이까 가라사대 무릇 사람의 할 수 없는 것을 하나님은 하실 수 있느니라.
6) **마태복음 11:27** : 내 아버지께서 모든 것을 내게 주셨으니 아버지 외에는 아들을 아는 자가 없고 아들과 또 아들의 소원대로 계시를 받는 자 외에는 아버지를 아는 자가 없느니라.
7) **요한복음 6:29** : 하나님의 보내신 자를 믿는 것이 하나님의 일이니라.
8) **요한복음 6:40** : 내 아버지의 뜻은 아들을 보고 믿는 자마다 영생을 얻는 이것이니 마지막 날에 내가 이를 다시 살리리라.
9) **요한복음 6:37** : 아버지께서 내게 주시는 자는 다 내게로 올 것이요 내게 오는 자는 내가 결코 내어 쫓지 아니하리라.
10) **요한복음 6:44** : 나를 보내신 아버지께서 이끌지 아니하면 아무라도 내게 올 수 없으니 오는 그를 내가 마지막 날에 다시 살리리라.
11) **요한복음 6:65** : 이러므로 전에 너희에게 말하기를 내 아버지께서 오게 하

여 아니하시면 누구든지 내게 올 수 없다 하였노라.

12) **사도행전 2:47** : 하나님을 찬미하며 또 온 백성에게 칭송을 받으니 주께서 구원받는 사람을 날마다 더하게 하시니라.

13) **사도행전 13:48** : 이방인들이 듣고 기뻐하여 하나님의 말씀을 찬송하며 영생을 주시기로 작정된 자는 다 믿더라.

14) **로마서 11:5** : 그런즉 이와 같이 이제도 은혜로 택하심을 따라 남은 자가 있으니라.

15) **로마서 11:8** : 기록된바 하나님이 오늘날까지 저희에게 혼미한 심령과 보지 못할 눈과 듣지 못할 귀를 주셨다 함과 같으니라.

16) **로마서 14:4** : 남의 하인을 판단하는 너는 누구뇨 그 섰는 것이나 넘어지는 것이 제 주인에게 있으매 저가 세움을 받으리니 이는 저를 세우시는 권능이 주께 있음이니라.

17) **에베소서 1:4-5** : 곧 창세 전에 그리스도 안에서 우리를 택하사 우리로 사랑 안에서 그 앞에 거룩하고 흠이 없게 하시려고 그 기쁘신 뜻대로 우리를 예정하사 예수 그리스도로 말미암아 자기의 아들들이 되게 하셨으니.

18) **마가복음 1:38** : 우리가 다른 가까운 마을들로 가자 거기서도 전도하리니 내가 이를 위하여 왔노라.

19) **요한복음 20:21** : 너희에게 평강이 있을지어다 아버지께서 나를 보내신 것 같이 나도 너희를 보내노라.

20) **마태복음 28:19-20** : 그러므로 너희는 가서 모든 족속으로 제자를 삼아 아버지와 아들과 성령의 이름으로 세례를 주고 내가 너희에게 분부한 모든 것을 가르쳐 지키게 하라.

21) **마가복음 16:15** : 너희는 온 천하에 다니며 만민에게 복음을 전파하라.

성령 역사

22) **사도행전 1:8** : 오직 성령이 너희에게 임하시면 너희가 권능을 받고 예루

살렘과 온 유대와 사마리아와 땅 끝까지 이르러 내 증인이 되리라 하시니라.

23) **요한복음** 15:26 : 내가 아버지께로서 너희에게 보낼 보혜사 곧 아버지께로서 나오시는 진리의 성령이 오실 때에 그가 나를 증거하실 것이요.

24) **마가복음** 16:20 : 제자들이 나가 두루 전파할새 주께서 함께 역사하사 그 따르는 표적으로 말씀을 확실히 증거하시니라.

25) **고린도전서** 2:4-5 : 내 말과 내 전도함이 지혜의 권하는 말로 하지 아니하고 다만 성령의 나타남과 능력으로 하여 너희 믿음이 사람의 지혜에 있지 아니하고 하나님의 능력에 있게 하려 하였노라.

성도의 사명

26) **고린도전서** 9:16 : 내가 복음을 전할지라도 자랑할 것이 없음은 내가 부득불 할 일임이라 만일 복음을 전하지 아니하면 내게 화가 있을 것임이로다.

27) **예레미야** 20:9 : 내가 다시는 여호와를 선포하지 아니하며 그 이름으로 말하지 아니하리라 하면 나의 중심이 불붙는 것 같아서 골수에 사무치니 답답하여 견딜 수 없나이다.

28) **사도행전** 20:24 : 나의 달려갈 길과 주 예수께 받은 사명 곧 하나님의 은혜의 복음 증거 하는 일을 마치려 함에는 나의 생명을 조금도 귀한 것으로 여기지 아니하노라.

29) **요한복음** 15:8 : 너희가 과실을 많이 맺으면 내 아버지께서 영광을 받으실 것이요 너희가 내 제자가 되리라.

30) **마태복음** 6:33 : 너희는 먼저 그의 의나라와 그 를 구하라 그리하면 이 모든 것을 너희에게 더하시리라.

31) **고린도후서** 6:1 : 우리가 하나님과 함께 일하는 자로서 너희를 권하노니 하나님의 은혜를 헛되이 받지 말라.

32) **디모데후서** 4:17 : 주께서 내 곁에 서서 나를 강건케 하심은 나로 말미암

아 전도의 말씀이 온전히 전파되어 이방인으로 듣게 하려 하심이니 내가 사자의 입에서 건지웠느니라.

33) **디도서 1:3** : 자기 때에 자기의 말씀을 전도로 나타내셨으니 이 전도는 우리 구주 하나님의 명대로 내게 맡기신 것이라.

34) **베드로전서 3:15** : 너희 마음에 그리스도를 주로 삼아 거룩하게 하고 너희 속에 있는 소망에 관한 이유를 묻는 자에게는 대답할 것을 항상 예비하되 온유와 두려움으로 하고.

35) **다니엘 12:3** : 지혜 있는 자는 궁창의 빛과 같이 빛날 것이요 많은 사람을 옳은 데로 돌아오게 한 자는 별과 같이 영원토록 비취리라.

36) **디모데후서 4:2** : 너는 말씀을 전파하라 때를 얻든지 못 얻든지 항상 힘쓰라 범사에 오래 참음과 가르침으로 경책하며 경계하며 권하라.

37) **여호수아 1:3** : 무릇 너희 발바닥으로 밟는 곳을 내가 다 너희에게 주었노니.

(3) 전도자의 자격

전도는 전도자가 기본적 자격을 갖추어야 한다. 다음 전도자의 자기 점검 질문에 O(그렇다: 10점), △(잘 모르겠다: 5점), X(아니다: 0점)로 표시해 보라.

1) 중생체험(엡 2:8-10)의 구원 확신이 있는가?(살전 1:5; 고후 13:5) ……………………………………………………………………( )

2) 불타는 전도의 사명감을 가지고 있는가?(고전 9:16; 행 20:24) ……………………………………………………………………( )

3) 목자의 심정으로 한 영혼을 뜨겁게 사랑하고 있는가?(눅 15:17; 롬 9:3) ………………………………………………………( )

4) 전도 대상을 가슴에 품고 늘 기도하고 있는가?(골 4:3; 빌 4:6-7; 마 7:7-8) ……………………………………………………( )

5) 복음을 제시할 수 있는 성경 지식이 있는가?(딤후 2:15, 3:17) ……………………………………………………………( )

6) 성령 충만한가?(행 1:8; 고전 2:4) ……………………( )

7) 복음 제시의 준비와 훈련이 되어 있는가?(벧전 3:15; 잠 11:30) ……………………………………………………………( )

8) 복음에 합당한 모범적인 삶을 살고 있는가?(빌 1:27, 행 2:47) ……………………………………………………………( )

9) 선교의 중요성을(살전 5:24; 빌 1:13) 이해하고 있는가?(약 5:20) ……………………………………………………………( )

10) 열정적으로 복음을 현장화하며(딤후 4:2) 결실을 인내하고 있는가?(갈 6:9) …………………………………………………( )

총점 : ( )

초대 교인들은 우리가 지금 생각하고 있는 것처럼 믿음의 영웅이나 초인들이 아니었다. 전도에 특별한 소질을 가진 것도 아니었고 우리와 똑같이 평범한 사람들이었다. 그러나 그들은 담대하게 복음을 전하여 복음의 능력을 체험한 사람들이었다. 복음에 대한 바른 지식과 확신을 가지고(행 13:46-47) 예수님과 깊은 인격적 관계를 유지하면서(행 4:13, 9:27) 기도에 항상 힘씀으로써 성령 충만을 체험했기 때문이다(행 4:31). 초대 교인들은 예수로 인생의 해답을 찾은 자들이었다. 초대 교회의 **선교 전략은 지도자들의 헌신(행 5:41-42)과 평신도 군단(행 11:19-26)의 선교 열정** 두 가지였다. 평신도들이 선교의 열정으로 개척한 안디옥 교회는 세계 선교의 사명을 감당하여 교회사에 빛나는 교회가 되었다.

"때에 스데반의 일로 일어난 환난을 인하여 흩어진 자들이 베니게와 구브로와 안디옥까지 이르러 도를 유대인에게만 전하는데 그 중에 구브로와 구레네 몇 사람이 안디옥에 이르러 헬라인에게도 말하여 주 예수를 전파하니 주의 손이 그들과 함께하시매 수다한 사람이 믿고 주께 돌아오더라 예루살렘 교회가 이 사람들의 소문을 듣고 바나바를 안디옥까지 보내니 저가 이르러 하나님의 은혜를 보고 기뻐하여 모든 사람에게 굳은 마음으로 주께 붙어 있으라 권하니 바나바는 착한 사람이요 성령과 믿음이 충만한 자라 이에 큰 무리가 주께 더하더라 바나바가 사울을 찾으러 다소에 가서 만나매 안디옥에 데리고 와서 둘이 교회에 일 년 간 모여 있어 큰 무리를 가르쳤고 제자들이 안디옥에서 비로소 그리스도인이라 일컬음을 받게 되었더라"(행 11:19-26).

현대 그리스도인들이 전도를 하지 못하는 이유가 무엇이라고 생각하는가? 첫째는 복음의 확신성 여부이다. 중생의 체험 없이 복음의 확신이 있을 수 없고 복음의 근본 문제를 다룰 수 없는데 어떻게 전도할 수 있단 말인가? 육체적으로 성숙하지 못했다거나 결혼하지 않았다거나, 건강이 좋지 않다거나, 남편과 함께할 시간이 없을 정도로 바쁜 여인은 출산하기가 어려운 것처럼 영적 출산도 마찬가지이다. 둘째로 전도와 선교의 중요성과 긴박성에 대한 의식 부족이다. 셋째는 효과적으로 전도하는 방법에 대해 교육과 훈련을 받지 못했기 때문이고, 넷째는 성령 충만하지 못한 무기력한 삶이 문제가 된다. 선교의 열정과 사명감이 없어 가슴이 뜨겁지 못하고 힘도 없으니 어떻게 전도와 선교를 할 수 있겠는가? 다섯째, 변화 없는 신앙생활 때문에 남에게 전도할 체면이 서지 않기 때문이다. 여섯째, 용기가 없어서 전도를 시도했다가 거부당할지 모른다는 두려운 생각과 부정적인 이미지 때문이다. 복음적인 구원과 상관이 없는 신학적인 논쟁으로 시간과 정력을 낭비하면서도 전도는 한 번도 하지 않는 사람들이 너무나 많다는 것은 재미있는 현상이다. 전도하지 못하는 이유는 현대 교회들이 안고 있는 문제들이기도 하다. 교리적인 혼란과 목회자의 자질 문제, 교회의 세속화, 교회의 순수성 상실과 명목뿐인 성도들, 무력한 성도가 바로 그런 문제들이다. 현대의 교회들이 하나님 중심보다는 인간 중심이 되어가고 하나님의 요구에 관심을 기울이지 못하고 인간들의 욕구와 필요에 더 많은 관심을 두고 있기에 교회는 늘 문제 투성이인 것이다.

그러나 나의 문제나 교회 문제가 하나님의 문제가 될 수는 없다. 전도는 인간 자신이나 교회가 하는 것이 아니고 하나님이 하시는 일이기 때문이다. 복음 자체에 능력이 있으며(롬 1:16-17) 전도는 우리 스스로가 하는 것이 아니고 하나님께서 우리를 사용하여서 전도가 되게 하는 것이라는 사실을 깨달아야 한다. 수영을 할 수 있기 전에는 물 속에 들어가지 않겠다는 사람이 있는가? 물 속에 들어가야 수영을 배우듯이 전도 역시 그냥 시도하면 되는 것이므로 전도의 가장 큰 장애 요소는 시도하지 않는 것이다. 그러나 무엇보다도 더 중요한 것은 한 영혼에 대한 사랑이 부족하기 때문이다.

한 부인이 스위팅 목사에게 말했다. "저는 전도 훈련도 많이 받았고 성경 암송도 잘하는데 지금까지 한 사람도 전도하지 못했어요. 오늘도 이웃 자매에게 전도해 보았지만 별 성과가 없었어요. 아마 저는 전도의 은사를 받지 못한 모양이에요." 스위팅 목사는 "그것은 아마 부인의 눈에 사랑의 눈물이 메말랐기 때문일 겁니다. 시편 126편 6절 말씀에 울며 씨를 뿌리는 자는 기쁨으로 단을 거둔다고 하나님께서 약속하셨거든요" 라고 말해 주었다. 그 부인은 집으로 돌아가 사랑의 부족으로 인한 안타까움을 눈물로 회개하고 사랑을 구하며 기도하였다. 그리고 그 날이 다 지나가기 전에 그녀의 이웃을 주님께 인도했던 것이다.

(4) 전도의 종류

개인 전도에는 다음과 같은 네 가지 기본 형태가 있는데 이 중에 관계 중심 전도가 가장 효과적인 전도방법이다.

1) 관계 중심 전도 : 가족, 친지, 친구 등 자신이 영향력을 끼칠 수 있는 가장 가까운 사람들을 중심으로 전도하는 방법이다.
2) 생활 전도 : 매일의 삶 속에서 만나는 사람들을 전도하는 방법이다.
3) 방문 전도 : 그리스도를 소개할 목적으로 가정이나 사람들을 방문하여 전도하는 방법이다.
4) 노방 전도 : 길에 지나가는 사람들에게 복음을 선포하고 전도하는 방법이다.

복음 전도에 대한 비유 중에 6가지 중요한 비유가 있다. 첫째, 그리스도의 좋은 군사로서의 비유이다(딤후 2:3; 엡 4:11-12, 6:10-20). 이것은 영적 전투에 임하는 전도자의 준비 훈련과 무장, 그리고 담대한 용기에 대한 비유이다. 둘째, 잃은 양을 찾는 목자의 비유(마 18:12-14)로, 한 영혼에 대한 뜨거운 사랑이 전도의 동기가 되어야 함을 비유한다. 물량주의에 눈이 어두워 한 영혼의 가치나 가능성을 잘 보지 못해서는 안 된다. 하나님의 계산법보다 인간 중심의 계산법을 따라 인간의 숫자가 공로로 부각되어 하나님의 영광을 가리는 것을 하나님께서 기뻐하지 않으신다(대상 21:1; 고전 10:5). 셋째, 사람 낚는 어부(마 4:18)는 전도 접촉에 관한 비유로 어부처럼 전도자에게는 준비와 좋은 미끼, 인내심과 용기가 필요함을 암시해 준다. 넷째, 씨 뿌리는 비유(마 13:3-9)는 복음 제시에 관련된 비유로 옥토 같은 마음밭에 뿌려진 씨앗이 겨자씨처럼 자라서 결실할 것을 의미한다. 다섯째, 추수하는 자의 비유(마 9:37-38)는 결신의 비유로 때의 긴박성과 기회의 중요성, 전도의 마무리 정리가 중요한 것을 의미한다. 여섯째, 양친 부모의 비유(고전 4:15; 갈 4:19)는 영적 양친의 양육에 관한 비유이다. 빌립이나 안드레식 전도와는 달리 바울식 전도는 양육을 포함한다. 이 영적 양육의 목적은 보존(약 1:27), 성장(엡 4:15), 번식(딤후 2:2), 그리고 계승(마 28:19-20), 즉 후손들 복음화의 계속성이다.

특히 관계 중심 전도의 중요성에 대하여 마태복음 10장 1-23절에 나오는 예수님의 제자 파송 기사를 살펴볼 필요가 있다. 예수님은 인류 구원의 위대한 역사를 펴실 때 세계 복음화의 비전을 가지고 소수의 열두 명 제자를 선택하시고 양육하시고 파송하시며 전도 전략을 말씀하셨다.

① 철저히 훈련 받아라(소수, 불러 능력 주고, 내어 보냄. 1-5절).
② 가까운 자부터 전도하라(잃어버린 양에게로 가라. 6절).
③ 복음의 핵심을 이해하라(천국이 가까웠다. 7절).
④ 대가를 기대하지 말고 희생 봉사하라(거저 주어라. 8절).
⑤ 하나님만 의지하라(전대를 가지지 말라. 9-10절).
⑥ 지원 동역자를 찾아내라(합당한 자를 찾아내어. 11절).
⑦ 먼저 축복하고 칭찬하라(평안하기를 빌라. 12절).
⑧ 불신자를 의지하지 말라(발의 먼지를 떨어버리라. 14-15절).
⑨ 삶에서 지혜롭고 순결하라(뱀같이 지혜롭고 비둘기같이 순결하라. 16절).
⑩ 고난을 감수하라(채찍질 하리라. 17-18절).
⑪ 성령의 인도에 민감하라(너희 아버지의 성령이시니라. 19-20절).
⑫ 인내하라(나중까지 견디는 자는. 21-22절).
⑬ 대적하지 말고 피하라(저 동네로 피하라. 23절).
⑭ 종말 신앙의 긴박감을 가져라(인자가 오리라. 23절).

주님께서는 여러분을 통해 풍성한 전도의 열매를 맺기 원하신다. 전도를 처음 시작하는 대부분의 사람들은 노방 전도, 방문 전도를 먼저 하려고 한다. 그러나 여러분이 용기를 가지고 열심히 전도한다고 할지라도 결과에 대해서는 흔히 실망하게 될 것이다. 관계 중심 전도를 중심으로 여러분의 영향력 안에 있는 사람들을 먼저 전도 목표로 결정하라. 이것이 가장 효과적인 전도 방법이다.

① 여러분의 영향력 안에 있는 사람들을 위해 규칙적으로 기도하라. 그들을 위해 다른 사람들에게도 기도를 부탁하라. 기도는 성령님의 도움과 인도를 받는 역동적인 방법이다. 기도는 나중에 복음의 씨앗을 심을 수 있도록 그 사람의 마음 토양을 갈아두는 역할을 한다.

② 전도 목표를 정한 대상들과 대화를 나누는 데 방해가 되었던 것들을 제거하도록 대화의 문을 열어둠으로써 그들과 좋은 관계를 맺도록 하라. 더 좋은 관계를 맺을 수 있다면 쉽게 전도할 수 있다. 그들이 여러분을 좋아하게 된다면 여러분이 믿는 예수도 좋아하게 될 것이다.

③ 그들의 육체적, 사회적, 정신적, 정서적 필요를 발견하고 그리스도의 종으로 그들의 필요를 도와주어라. 진정으로 그들의 필요를 충족시킬 수 있기를 원해야 하며 그들에게서 무엇인가 충족받으려고 해서는 안 된다. 현대인들은 고독, 절망, 무목적, 공허의 문제뿐만 아니라 남이 알지 못하는 상처를 가지고 생존을 위해 몸부림치는 사람들이 많다. 특히 에이브러햄 매슬로우(Abraham Maslow)가 인간에게는 신체적 욕구, 안전 욕구, 소속 욕구, 존경 욕구, 자기 실현 욕구라는 5가지의 인간 욕구가 있다고 말한 것을 염두에 두면 좋을 것이다.

④ 그리스도께서 그들의 필요를 공급하시는 것과 관계시켜라. 여러분이 기도하고 대화의 문을 열 때 여러분 속에 계신 그리스도께서 여러분으로 하여금 주님을 필요로 하는 사람들과 이야기할 수 있는 기회를 마련해 주실 것이다. 전도 대상이 정해졌으면 적절한 기회를 포착하고 또한 기회를 창출해야 한다. 삶의 현장을 전

도화해야 한다.

⑤ 유명한 선교사 리빙스턴이 죽은 지 3년 후에 아프리카 대륙을 방문하게 된 설교가 헨리 드러 몬드는 그가 만나는 원주민들, 특히 리빙스턴을 가까이 했던 사람들에게 리빙스턴의 평소 인상을 물었다. 여러 사람의 입에서 "그는 우리를 사랑했습니다"라는 한 가지 일치된 대답이 나왔다. 그는 리빙스턴이 검은 대륙을 복음화할 수 있었던 비밀을 쉽게 알 수 있었다. 그리스도인의 모든 행위가 사랑의 동기여야 하듯이 전도 또한 한 영혼을 뜨겁게 사랑하는 사랑의 동기가 필요하다. 형식적, 웅변적, 기교적인 대화는 상대방을 감동시킬 수 없고 성령님이 역사할 틈이 없다. 정말 하나님을 사랑하고 한 영혼을 뜨겁게 사랑하면 전도는 자연히 된다.

⑥ **"나는 포도나무요 너희는 가지니 저가 내 안에, 내가 저 안에 있으면 이 사람은 과실을 많이 맺나니 나를 떠나서는 너희가 아무것도 할 수 없음이라"(요 15:5)라는 포도나무 전도 원리를 기억하라. 전도자인 가지는 언제나 나무이신 예수님과 생명의 관계를 가지는 동시에 전도 대상인 열매와의 긴밀한 관계를 가지고 있어야 한다. 사단의 전략은 이 두 관계 중 하나를 끊으려는 것이다. 나무에서 떨어지면 영적 생명과 능력을 상실할 것이며 열매와 관계가 끊어지면 전도 대상을 잃게 될 것이다.**

(5) 전도 대상

전도 성공의 가장 중요한 핵심은 전도 목표를 정하고 자신의 영향권 아래 있는 가까운 자들부터 가능한 전도 대상을 결정하는 일이다. 키가 없는 배는 떠돌아다닐 뿐 목표점에 도달할 수는 없다. 목표로 행동 방향이 결정되고 또한 목표가 정해지면 문제 극복의 힘도 생기기 때문에 목표 결정이 바로 성공적인 전도의 동기이다.

여러분의 영향권에 속한 가까운 사람들 중에 구원받지 못했거나 구원이 확실치 않은 사람들의 전도 명단을 작성해 보라.

영 향 권	명 단
1. 가족	
2. 친척	
3. 친구	
4. 이웃	
5. 직장동료	
6. 사업상 아는 사람	
7. 기타 전도 대상	

예비 전도의 준비로 ① **전도의 중요성을 인식하라.** ② **기본 자격을 점검하라.** ③ **사랑의 동기를 가져라.** ④ **전투적인 기도로 시작하라.** ⑤ **삶의 현장을 전도 현장화하여 예비된 전도 대상을 찾아라.** ⑥ **목표를 정하고 기회를 포착하라.** ⑦ **태신자를 가슴에 품고 기도하며 좋은 관계를 발전시켜 가라.** 그러나 전도의 가장 어려운 장벽은 확신을 가지고 도전하지 못한다는 것이다. 일단 자신을 가지고 실제로 시작을 하면 성공이다. 전도는 하나님의 일로서 하나님이 직접 하시며 여러분은 도구일 뿐이다. 하나님이 함께하시고 책임져 주시기 때문에 조금도 염려할 필요가 없다. 전도는 하는 것이 아니라 되어지는 것이다.

2.(마 10:6):

대부분의 그리스도인들이 전도에 실패하는 큰 이유 가운데 하나는 복음을 논리적이고 재미있게 그리고 능력 있게 제시하는 방법을 모른다는 데 있다. 복음 제시의 확신이 없을 때 대화에 용기와 자신이 없으며 실패한다. 그러므로 전도 훈련의 2단계는 복음 제시(a presentation of gospel) 단계이다. 1단계에서 준비가 되었으면 2단계는 접촉하고 공격하는 단계라고 할 수 있다. 여기서 중요한 것은 접촉점에 성공해야 하며 복음의 핵심을 단순하고 재미있고 능력 있게 제시해야 한다는 것이다. **복음 전도는 접촉 단계, 복음 제시 단계, 결신 단계, 3단계로 구성되어 있고 각 단계는 5가지 요소를 포함한다.** 여기에서는 전도 훈련의 제2단계로 전도 접촉 단계를 다룬다.

실제 전도의 가장 큰 실패 원인은 접촉점의 실패에 있다. 일방적으로 도전하면 준비가 안 된 상대에게 거부 반응이나 이질감을 준다. 오히려 혐오감을 느낄 수 있으므로 전도의 불발탄이 되기 쉽다. 친절하고 자연스런 접촉점과 공감대를 찾아 호기심과 기대를 가지게 해야 한다. 판매 전략의 구매력 촉진 5대 요령이 있는데 **주의(attention), 관심(interest), 욕망(desire), 각성(conviction), 결정(conclusion)**이다. 예수님께서도 사마리아 여인을 전도하실 때 이 접근 방법이 효과적임을 보여주셨다(요 4:3-26). 우리도 사람들이 처한 상태에서부터 대화를 시작해야만 한다. 처음엔 일반 세속 생활에 연관된 질문을 하라. 그날의 주요 관심사를 비롯해서 상대의 관심거리를 찾아내라. 대화를 하면서 상대방이 말할 때는 진지하게 들어주어라. 상대의 이야기를 귀담아 듣고 진심으로 공감을 표하며 칭찬을 아끼지 말아야 한다. 그들의 가정, 사업, 직장, 날씨, 시사 이야기 등 세속적인 이야기를 나누고 여러분이 그리스도인을 분명하게 밝히면서 본인의 생활에 큰 감명을 준 신앙 이야기를 나누고 싶다고 신앙적인 분위기로 유도해야 한다. 나의 교회나 그들의 교회 생활, 경험, 또는 개인 간증이나 교회 간증을 통해 신앙적 분위기로 전환할 수도 있다.

제임스 케네디 목사는 「전도 폭발」에서 이에 대한 탁월한 2가지 질문을 제시하고 있다.

"만일 당신이 오늘 죽는다면 천국에 갈 수 있다고 확신할 수 있습니까?" 상대방의 구원 확신 여부를 묻는 질문이다. 또는 "만일 당신이 오늘밤에 죽어서 하나님 앞에 갔다고 생각하고 하나님께서 당신에게 무슨 이유로 내가 너를 천국에 들여 보내줘야 하느냐고 묻는다면 무엇이라고 답하시겠습니까?" 이는 상대방의 구원 방법이 어디에 기초를 두고 있는지를 진단하는 질문이다.

상대방의 마음밭이 길가밭인지, 돌짝밭인지, 가시밭인지, 아니면 옥토인지 복음의 토양을 지혜롭게 점검하여 적절히 대처하고 옥토에 씨를 뿌리도록 해야 한다. 친절하고 자연스러우면서도 품위 있는 언어의 사용과 예의 바르고 교양 있는 모습은 전도의 효과를 더할 수 있다. 미소와 친절은 돈 안 들이고 베푸는 소중한 선물인 것이다. 전도 대상을 초대하거나 전도 상황을 잘 이용하고 또 전도 기회를 창조하여 상대와의 관계를 성숙시켜라. 전도의 중요한 장벽은 실제로 시작하지 못한다는 것이다. 일단 시작하면 반 이상 전도가 된 것이다. 이상의 것들을 요약 정리한다면 접촉 단계의 요소는 ① **인사와 대화의 양해** ② **세상적인 대화** ③ **신앙적 대화** ④ **간증 활용** ⑤ **신앙의 영적 진단**이 된다. 최초의 전도 접촉이 변증적, 공격적, 부정적 또는 웅변적이나 설교적이 되어서는 안 되며 기대와 공감을 형성하는 대화여야만 적절하다. 하나님이 사랑하시는 전도 대상의 단점에는 우선적으로 눈을 감아라. 그리고 그 사람의 장점만을 확대시켜 칭찬해 주면 마음 문이 열리고 대화의 접촉점이 이루어진다. 이때 신앙생활의 복과 교회 자랑, 성도들 자랑을 하면서 마음 문을 더욱 넓히고 넓혀진 옥토 같은 마음밭에 복음의 씨를 뿌려 보라.

단계	줄거리요소	실 습
접촉단계	1.	안녕하세요? 잠시 기쁜 소식을 전하고 싶습니다. 시간 좀 허락해 주시겠어요?
	2.	최근에 한국에서 오셨기 때문에 한국 형편을 잘 아시겠군요. 요즘 한국 경제는 어떻습니까?
	3.	혹시 한국에서 신앙생활 하셨나요? 어느 교회에 나가셨어요? 저는 지금 ○○교회에 다니고 있는데 목사님 말씀이 너무 은혜스럽고요, 신앙생활이 아주 재미있답니다.
	4.	저는 지난 여름 갑자기 어머님이 세상을 떠나면서부터 신앙생활을 시작했거든요. 짧은 시간이었지만 지금은 제 모든 생활에 큰 힘이 되고 신앙을 통해 용기를 얻게 되어서 얼마나 감사한지 몰라요.
	5.	어떤 목사님이 저에게 "자매님은 오늘 잠자리에 들었다가 내일 아침에 일어나지 못한다면 천국에서 깨리라고 확신하시나요?"라고 물었어요. 자매님은 이 질문을 어떻게 생각하세요?

복음 전달 요소

다음 전도 접촉의 실례를 읽어 보면서 구성 요소를 지적해 보라.

1. 안녕하세요? 자매님, 우리 동네로 이사오셔서 참 반갑습니다. 진심으로 환영합니다. 조금 전에 전화 드린 ○○교회의 집사 ○○○입니다. 앞으로 좋은 이웃이 되면 좋겠습니다.

2. 참 아담한 집이네요. 아주 살림을 잘하시나 봐요. 너무 예쁘게 꾸미셨어요. 여기 좀 앉아도 될까요? 어머, 저 트로피는 무슨 트로피예요? 애들 아빠가 운동을 좋아하시는군요. 저희 주변에 운동 좋아하시는 바깥 분들이 참 많아요. 언제 소개해 드려야겠네요. 외국 생활이 한국에서 생각하는 것과는 많이 차이가 있지요? 처음에는 당황도 되고 불편한 점이 한 둘이 아닐 거예요. 하지만 누구나 처음엔 다 겪는 일이니까 시간이 지나면 차차 적응이 되실 거예요. 혹시 도움이 될 만한 일이 있으면 언제든지 말씀하세요. 최선을 다해서 도와드리겠습니다. 이웃 사촌끼리 돕고 살아야지요.
3. 한국에서 교회에 나가셨다면서요? 그러면 새로운 성도들이 회심하고 영적으로 성장하여 교회생활에 잘 적응하도록 돕는 기쁨을 아시겠군요. 저는 몇 년 전부터 신앙생활 하기 시작했어요. 저희 어머님이 노환으로 병원에서 돌아가셨는데 그때 어머님이 나가시던 교회 목사님이 임종 예배를 인도하셨지요. 그런데 목사님이 저희 어머님께 "할머니, 그동안 신앙생활 잘 하시다가 이제 죽음의 잠을 주무시게 되실 텐데 천국의 하나님 품에서 다시 깨어나실 준비가 되셨나요? 만일 하나님이 무엇 때문에 내가 너를 천국에 들여 보내주어야 되는가 물으신다면 어떻게 대답하시겠습니까?" 라고 두 가지 질문을 하셨지요. 그때 그 질문들이 저에게는 너무나 충격적이었답니다. 그래서 어머님의 임종을 계기로 신앙생활을 시작하게 되었지요.
4. 자매님, 그때 우리 목사님께서 저희 어머님께 하셨던 두 가지 질문을 자매님은 어떻게 생각하시는지 궁금하네요. 너무 어렵게 생각하지는 마세요. 지금 마음 속에 생각나시는 대로 한번 얘기해 보시겠어요? 아, 네. 그렇게 생각하시는군요. 좋은 말씀입니다. 자매님 말씀을 들으면서 자매님께 꼭 필요한 좋은 소식에 대해 잠시 말씀을 나누었으면 좋겠다는 생각이 드는군요. 저도 얼마 전까

지 자매님과 똑같이 그렇게 생각하고 살아왔는데 사실 천국은 하나님께서 어떤 공로나 대가가 아니고 그냥 주시는 은혜의 선물이라는 사실을 비로소 알게 되었습니다.

신앙 간증문

전도 간증용으로 그리스도를 영접하고 새로운 삶을 살게 된 과정을 간략하고 재미있게 감동적으로 간증해 보라.

1. 예수 믿기 전 과거의 삶 :

2. 예수 믿게 된 동기 :

3. 예수 믿고 난 후 변화된 생활 :

4. 앞으로 나의 삶에 대한 결단 :

5. 다른 사람에게 그리스도 소개 :

3.(행 1:8):

대부분의 그리스도인들이 복음을 쉽고 재미있게 핵심적으로 전달할 준비가 되어 있지 않기 때문에 망설이거나 당황하거나 전도를 포기하는 경우가 많다. 체계적으로 복음 제시 방법을 숙달할 뿐만 아니라 복음이 완전히 자기 것이 되도록 하는 것이 중요하다. 그리하여 자신 있고 자유롭고 권위 있게 복음 제시를 해야 한다. 간증적, 체험적으로 다양한 환경에서 다양한 사람들에게 복음을 제시할 수 있어야 한다. 복음 제시의 연장을 날카롭게 갈아두라. **"너희 속에 있는 소망에 관한 이유를 묻는 자들에게는 대답할 것을 항상 예비하되"(벧전 3:15)**라는 베드로 사도의 권면을 명심하라. 다음은 ① **하나님의 사랑** ② **인간의 죄** ③ **인간의 노력** ④ **예수 그리스도의 구속** ⑤ **믿음의 선택 등 복음의 핵심 5요소**를 사용한 복음 제시 문장이다.

(1) 하나님의 사랑 (요 3:16)

1) 하나님은 당신을 사랑하십니다.

2) 그러므로 당신이 멸망받지 않고 영생을 얻기를 소원하십니다.

(2) 인간의 죄 (롬 5:12)

1) 모든 사람들이 죄인입니다. 나도 죄인이요, 당신도 죄인입니다.

2) 그러므로 당신은 죄와 사망과 심판과 저주의 운명 아래 있습니다(히 9:27).

(3) 인간의 노력 (잠 14:12)

1) 인간 스스로 죄와 사망과 심판과 저주의 문제를 절대로 해결할 수 없습니다.

2) 그러므로 당신의 노력으로 죄와 사망과 심판과 저주를 어찌할 수

없습니다.

(4) 예수 그리스도의 구속 (요일 4:10)

1) 하나님은 죄와 심판의 화목제로 아들을 이 땅에 보내셨습니다.
2) 그러므로 오직 예수님이 당신을 위해 죽었고 당신을 위해 다시 사심으로 모든 것을 해결하셨습니다(마 1:21).

(5) 믿음의 선택 (막 1:15)

1) 회개하고 예수 그리스도를 구세주로 믿기만 하면 구원을 받습니다.
2) 그러므로 당신이 회개하고 예수님을 믿기만 하면 은혜로 구원을 받습니다.

먼저 골격과도 같은 복음의 줄거리를 숙달하라. 그리고 그 골격에 간단한 설명과 성경 구절을 붙여나가라. 그 다음에 복음의 줄거리를 분명하고 쉽게 이해하도록 예화를 활용하면 된다. 설명 자체를 암기하지 말고 줄거리를 확실히 이해한 다음 조금씩 설명을 붙여야 한다. 이 확대 축소의 원리에 따라 5분에서 1시간까지 형편에 따라 복음을 제시할 수 있도록 전달의 훈련을 해야 한다. 복음의 핵심을 진지하게 설명하기 위해 말을 맺고 끊으면서 차근차근 요점을 분명히 설명하라. 복음의 기본적 줄거리에 전도자가 자신의 설명을 붙일 수 있도록 자료를 잘 사용하라. 설명을 자신의 것으로 삼아 다른 사람에게 자신 있고 자유롭게 권위를 가지고 복음을 제시할 수 있도록 숙달하라. 복음의 5대 핵심을 자유롭게 응용하여 적용하라. 다음 도표에 복음 제시 5대 요소를 기록하고 간단히 설명해 보라.

단계	줄거리요소	실습
제시단계	1. 요한복음 3:16	하나님은 지금 이 시간 자매님을 사랑하고 있으며 멸망 받지 않고 영생의 축복을 받으시길 간절히 소원하고 계십니다.
	2. 로마서 5:12	그러나 성경은 죄로 인해 사망과 심판의 운명이 하나님의 사랑과 간절한 소원을 막고 있다고 말합니다.
	3. 잠언 14:21	성경은 자매님의 선행이나 종교활동, 철학, 지식, 재물, 학문과 혈통이 사망과 심판의 운명을 해결할 수 없음을 분명히 말하고 있습니다.
	4. 요한1서 4:10	그러므로 하나님은 독생자 예수를 이 땅에 보내셔서 자매님을 위해 죽으시고 영생의 부활을 주시기 위해 다시 부활하셨습니다.
	5. 마가복음 1:15	자매님이 지난 삶을 회개하고 예수를 구세주와 주님으로 믿으시면 놀라운 하나님의 은혜로 구원을 받으실 수 있습니다.

다음 복음 제시 실제 예문을 읽고 5대 요소를 찾아 제목을 붙여 보라.

① 자매님, 내일 아침 제가 잠에서 깨어나지 못한다면 하나님과 함께 천국에서 깨리라는 확신을 가지고 밤마다 잠자리에 눕는다는 것이 얼마나 행복하고 신기한 일인지 상상이 가십니까? 그것은 제게 정말 놀라운 발견이었습니다. "이것을 쓴 것은 너희로 하여금 너희에게 영생이 있음을 알게 하려 함이라"는 성경의 말씀처럼 이 놀라운 발견과 확신이 바로 성경이 기록된 이유였습니다.

그러면 제가 어떻게 영생을 소유했고 또 제가 죽으면 천국에 가서 주님과 함께 살 것이라는 확신을 어떻게 갖게 됐는지 자매님과 함께 이야기를 나누어도 될까요? 좋습니다. 기꺼이 해드리죠. 왜냐하면 지금까지 제 일생을 통해서 이것보다 더 크고 복된 발견은 다시 없었으니까요. 제 전생애를 바꾸어 놓은 이 놀라운 발견을 다른 사람들과 나누는 기쁨을 누리고 싶습니다. 자매님은 생애 가운데 그 전에는 듣지 못했던 가장 위대하고 복된 소식을 듣게 된 것입니다. 굉장한 사건이 아니겠어요?

② 성경의 요한복음 3장 16절에 "하나님이 세상을 이처럼 사랑하사 독생자를 주셨으니 이는 저를 믿는 자마다 멸망치 않고 영생을 얻게 하려 하심이니라"는 말씀이 있습니다. 이 말씀을 통해 하나님은 저를 사랑하시며 멸망치 않고 영생을 얻게 하는 것이 하나님의 소원이라는 사실을 알았습니다. 하나님은 태초부터 저를 사랑하셨습니다. 그 하나님이 오늘 이 시간에 자매님을 사랑하셔서 멸망치 않고 영생을 주시길 소원하고 계신다는 사실입니다. 하나님은 자매님을 사랑하셔서 이 세상에서 최고, 최대, 최상의 복인 영생을 선물 하고 싶어하십니다.

③ 그런데 저에게 엄청난 문제가 있음을 발견했습니다. 로마서 5장 12절에 "이러므로 한 사람으로 말미암아 죄가 세상에 들어오고 죄로 말미암아 사망이 왔나니 이와 같이 모든 사람이 죄를 지었으므로 사망이 모든 사람에게 이르렀느니라"고 기록되어 있습니다. 이 말씀처럼 제가 하나님의 사랑의 선물인 영생을 받지 못하는 죄와 사망의 운명에 있다는 사실을 깨달은 것입니다. 자매님, 거울이 몇 개의 금이 가야 깨진 거울로 인정되나요? 저는 죄인으로 태어나 사랑의 선물인 영생의 복을 받지 못하고 사망과 심판

의 운명에 있다는 것을 알았을 때 엄청난 충격을 받았습니다. 거룩하신 공의의 하나님은 죄를 꼭 처벌하고 만다는 사실입니다. 단 한 번의 범죄라도 경찰이 수사하기에 충분하면 그 단 하나의 범죄가 죄인으로 낙인찍는다는 사실입니다. 자매님도, 저도 같은 운명입니다. 시기, 분쟁, 질투 등 모든 죄가 불신죄, 불법죄, 불선죄, 불의의 죄의 뿌리에서 나온답니다. 자매님이 죄인이 아니라는 증거를 하나라도 대보십시오. 죄와 사망의 운명을 벗어날 사람은 이 세상에 한 사람도 없습니다. 그러므로 히브리서 9장 27절에 "한 번 죽는 것은 사람에게 정하신 것이요 그 후에는 심판이 있으리니"라고 영원한 지옥 심판이 예비되어 있음을 말하고 있답니다.

④ 이 문제를 어떻게 해결할 수 있을까요? 고민해 보셨나요? 돈으로 해결될까요? 아니면 권력으로, 학식으로, 그 어떤 종교나 철학으로, 나의 선행으로 해결될까요? 법 없이도 산다고 하는 사람들처럼 저도 선하게 살았다는 자부심을 가지고 살았답니다. 그러나 잠언 14장 12절의 "어떤 길은 사람의 보기에 바르나 필경은 사망의 길이니라"는 말씀처럼 죄와 사망을 나의 노력으로 어찌 할 수 없는 것을 알았습니다. 낙타가 바늘귀로 들어갈 수 없으며 사다리로 천국에 갈 수 없고 아무리 긴 장대라도 하늘의 별을 딸 수 없는 것처럼 말입니다. 죄와 사망과 지옥 심판을 해결할 수 있는 묘수라도 있습니까? 우리가 물건을 살 때 항상 정가표를 보아왔듯이 어떤 대가와 보상으로 되는 것이 아니기 때문에 제 자신에 대해 완전히 포기할 수밖에 없었습니다.

⑤ 그러나 실로 제 생애 최고, 최대의 놀라운 사실을 발견했습니다. 요한1서 4장 10절에 "사랑은 여기 있으니 우리가 하나님을 사랑

한 것이 아니요 오직 하나님이 우리를 사랑하사 우리 죄를 위하여 화목제로 그 아들을 보내셨음이니라"는 말씀같이 하나님께서 나를 사랑하사 나의 문제를 보상 없이 은혜로 해결해 주셨다는 것입니다. 그것은 예수 그리스도가 나의 죄를 대신하여 죽으시고 나에게 영생을 선물하시기 위해 부활하셨다는 사실입니다. 그래서 예수님은 "내가 곧 길이요 진리요 생명이니 나로 말미암지 않고는 아버지께로 올 자가 없느니라"(요 14:6)고 말씀하셨습니다. 예수님이 바로 이 문제를 해결해 줄 유일한 해답임을 깨달았을 때 저의 기쁨은 형용할 수 없는 큰 감격이었습니다. 자매님, 예수님이 자매님을 위해 죽으시고 영생을 선물로 주시기 위해 다시 사셨다는 이 엄청난 사실을 아십니까? 예수 그리스도께서 이미 나 대신 십자가에서 죄의 대가를 지불하셨기 때문에 나는 대가를 지불할 필요없이 영생을 선물로 받을 수 있습니다. 로마서 6장 23절에 "죄의 삯은 사망이요 하나님의 은사는 그리스도 예수 우리 주 안에 있는 영생이니라"는 말씀처럼 하나님은 예수님을 통해 은혜의 선물로 천국과 영생을 우리에게 주시기로 작정하신 것입니다. 이것이 복음이요, 기독교의 가장 기쁜 소식입니다.

⑥ 자매님, 마지막으로 알아야 할 중요한 사실은 그러면 누가 예수님의 죽음과 부활을 통해 주시는 영생을 얻을 수 있느냐 하는 것입니다. 성경은 말하기를 생명의 길을 찾는 사람은 적고, 멸망의 길로 들어서는 자들이 많다고 말하고 있습니다. 요한계시록 3장 20절에 "볼지어다 내가 문밖에 서서 두드리노니 누구든지 내 음성을 듣고 문을 열면 내가 그에게로 들어가 그로 더불어 먹고 그는 나로 더불어 먹으리라"고 말씀하십니다. 나의 마음 문을 열고 생명과 천국 되시는 예수님을 모시면 되는 것입니다. 어떻게 나의 마음 문을 열 수 있을까요? 마가복음 1장 15절에 "때가 찼고

하나님의 나라가 가까웠으니 회개하고 복음을 믿으라"는 말씀 가운데 비밀이 있습니다. 그것은 오직 **회개와 믿음의 열쇠**로만 가능한 것입니다. 그러나 하나님의 약속을 전인격적으로 동의하는 참된 믿음은 "네가 하나님은 한 분이신 줄을 믿느냐 잘하는도다 귀신들도 믿고 떠느니라"(약 2:19)는 말씀처럼 단순한 지식적 믿음이 아닙니다. 또 경제적 안정을 위해 주님을 의지했다면 그것은 경제적인 신앙일 뿐입니다. 이런 현세적이고 순간적인 신앙은 구원의 믿음이 아닙니다. 이것 좀 보십시오. 저는 이렇게 비슷한 열쇠가 많이 달려 있는 열쇠 꾸러미가 하나 있습니다. 그런데 제 아파트 현관을 열 수 있는 열쇠는 오직 하나뿐이랍니다. 마찬가지로 천국 문, 나의 마음 문을 열 수 있는 열쇠는 죄를 등에 업고서 늘 하나님을 등지고 살았던 과거의 삶을 뉘우치고 돌아서는 회개와 믿음뿐입니다. 구원의 믿음은 세속적인 믿음이 아니라 영생을 위해 예수를 믿고 신뢰하여 따라가는 것을 말합니다. 즉 나를 위해 죽으시고 나를 위해 다시 사신 그리스도를 마음의 주인으로 모시어 영접하는 것입니다. 에베소서 2장 8-9절에 "너희가 그 은혜를 인하여 믿음으로 말미암아 구원을 얻었나니 이것이 너희에게서 난 것이 아니요 하나님의 선물이라"고 하셨습니다. 믿음은 천국 문을 여는 열쇠요, 이것은 구원에 대한 나의 모든 것을 포기하는 회개의 대가로서 값 없이 주시는 하나님의 선물이기에 그 믿음조차도 우리의 공로가 될 수는 없습니다. 믿음은 내가 천국에 들어갈 수 있는 어떤 일을 했는가 하는 것이 문제가 아니라 주님께서 나를 위해 행하신 일을 믿느냐 하는 것입니다. 그러므로 저는 회개하고 마음 문을 열고 영생의 주인이신 예수님을 제 마음 중심에 영접했습니다. 그동안 저는 불면과 외로움, 그리고 소화불량으로 잠 못 이루는 짜증난 삶을 살았습니다. 그러나 예수님을 만나서 영접한 후 내 마음 속에는 말로 표현할 수 없는 평화와 기쁨이 넘치게 되었습니다. 그러다 보니 항상 생활의 여유와 감사하는 마음이 생기게 되더군요.

4.(눅 14:23):

구슬을 꿰어 놓고서 끝매듭을 하지 않으면 다 쏟아져 버리는 것처럼 복음을 제시하고서 마무리를 하지 못하면 이와 마찬가지가 된다. 복음 제시의 셋째 단계로 전도훈련 제4단계인 초청 결신 단계는 대단히 중요하다. 복음을 전하고 마무리 정리를 하지 못하면 저항력이 생겨서 전도를 어렵게 만든다. 복음 제시에 긍정적 반응이 나오면 즉시 구원 초청을 해야 한다. 이 결신의 단계는 ① **확인 질문** ② **결신 질문** ③ **결신 기도** ④ **교회 초청** ⑤ **반대 의견 처리**의 5가지 구성 요소로 되어 있다. 확인 질문을 할 때 반응이 긍정적이면 결신을 요구할 수 있으나 불확실하면 핵심적 복음의 내용을 다시 한 번 상기시켜 주며 "이 점은 이해가 되십니까?"라고 확인 질문을 한다. 마지막으로 결신 초청을 꺼려해서는 안 된다. 가능한 한 단순하고 유쾌하게 결신을 할 질문을 할 수 있도록 훈련이 필요하다. 또한 복음의 철저한 이해 없이, 영적 분위기 성숙 이전에 결신을 강조하지 않아야 한다. 결신 기도를 요청받을 때 당황하지 말고 효과적으로 기도할 수 있도록 내용을 미리 준비해야 한다. 복음 전달에 있어 상대방을 맥 빠지게 같은 속도, 같은 목소리로 지루하게 해서는 안 되며, 다양한 변화도 주고, 때로 충격을 주는 것도 좋다. 다음의 초청 결신 단계 훈련의 요소를 기록해 보라.

단계	줄거리요소	실 습
	1.	자매님, 방금 제가 드린 말씀이 이해가 되십니까?
	2.	예수님께서 주시는 영생의 선물을 받으시겠습니까?
	3.	그러면 제가 자매님을 위해 기도로 도와드리겠습니다. 하나님, 이 자매님의 심령에 오셔서 죄를 사하시고 구원의 복을 주옵소서.
	4.	요한복음 5장 24절은 예수님을 영접한 자매님에게 주시는 하나님의 약속입니다. 이제 자매님은 영적 어린아이이므로 어머니 품인 교회를 통해 성장하셔야 합니다. 저희 교회가 신앙생활하기에 참 좋습니다. 주일 몇 시에 모시러 올까요?
	5.	참 재미있는 질문입니다. 저도 예전에는 그렇게 생각했어요. 그래도 예수님을 믿어야 합니다. 오늘 좋은 말씀 감사드립니다. 다음에 또 찾아뵙겠습니다.

특히 복음 제시에 거부 반응이 있을 때 복음 저지를 위한 악령의 획책임을 명심하고 당황하거나 논쟁하지 말아야 한다(고후 4:3-4). 반대를 미리 예견하고 상대를 부드럽게 수용하며 피해가야 한다. 화제가 다른 방향으로 벗어나지 않도록 화제를 바꾸어 원점으로 돌아와라. 일단 후퇴했다가 재공격하라. 유도 선수처럼 상대방이 공격하는 힘에 자신이 스스로 넘어지도록 유연한 기술을 인내로 습득해야 한다. 상대방의 거부 반응과 의심에도 불구하고 그래도 믿어야 한다는 사실을 강조해야 한다.

다음에 있는 초청 결신의 실제 예문을 읽고 초청 결신의 5대 요소를 찾아 제목을 붙여 보라.

(1) 자매님, 지금까지 제가 말씀드린 다섯 가지 기쁜 소식이 이해가 되시나요? 만약 이해가 되지 않으시면 다시 한 번 요약해서 설명해 드리겠습니다.

(2) 그렇게 물어봐 주시고 관심을 가져 주시니 제게 큰 격려가 됩니다. 말씀이 참 재미있군요. 자매님의 의견에도 일리가 있어요. 사실 저도 예전에는 자매님처럼 그렇게 생각했어요. 그래도 믿으셔야 합니다. 이제 우리 대화를 자매님의 영원한 운명에 대해 하나님이 어떤 계획을 가지고 계신지에 대하여 국한하기로 하지요.

(3) 자매님은 방금 이 땅에서 가장 위대한 이야기인 예수 그리스도의 복음을 들으셨어요. 이제 하나님은 자매님에게 "너는 저주를 버리고 이 영생의 복을 선물로 받기 원하는가?" 라고 물으십니다. 자매님의 죄를 대신해 죽으시고 영생을 주시기 위해 다시 사신 예수님을 자매님의 생의 구주로 영접하시겠습니까? 예수님이 이루어 놓으신 구원의 선물을 받으시겠어요?

(4) 자매님이 예수님을 믿고 마음에 모셔 들이기 원하신다면 제가 기도로 도와드리겠습니다. 1) 하나님께서 자매님을 사랑하셔서 복 주시기 원하신다는 것을 믿으십니까? 2) 모든 사람이 죄인이며 저도 죄인이고 자매님도 죄인이라는 것을 인정하십니까? 3) 자매님의 노력으로 사단과 죄와 고통과 사망과 심판의 저주를 어찌할 수 없다는 사실을 인정하십니까? 4) 그래서 예수 그리스도가 자매님의 죄를 대신해서 죽으시고 영생을 주시기 위해 부활했다는 사실을 믿으십니까? 5) 자매님은 지난 죄를 뉘우치며

이 예수님을 마음 속에 구세주와 주님으로 믿고 영접하시겠습니까? 참 잘하셨습니다. 이제 제가 기도하겠습니다. "사랑과 은혜가 풍성하신 하나님, 기도하옵기는 이 시간 자매님이 하나님의 사랑의 음성을 듣기 원합니다. 예수님이 저희 죄를 위해 죽으시고 영생을 주시기 위해 다시 부활하신 그 약속대로 오늘 이 자매님에게 영생의 복을 허락해 주시옵소서. 성령님의 도우심으로 약속을 신뢰하게 하시고 지난날의 삶을 돌이켜 주님을 의지할 수 있도록 복 주옵소서. 주님을 자신의 마음에 구세주로 영접한 이 결단과 의지가 평생 변하지 않도록 확신과 구원의 감격을 주시옵소서. 예수님 이름으로 기도합니다. 아멘."

(5) 자매님, 이제 저를 따라 기도하시기 바랍니다. **"전능하신 하나님, 저는 그동안 예수님을 모르고 내 마음대로 살아온 죄인입니다. 지난날의 죄를 고백합니다. 믿음으로 마음 문을 열고 예수님을 나의 구세주와 주님으로 모셔 들입니다. 예수님이 나의 죄를 대신해서 죽으시고 영생을 주시려고 부활하셨음을 굳게 믿습니다. 지금 이 시간, 내 마음 속에 들어오셔서 나를 용서하옵시고 구원하여 주시옵소서. 이제 내 삶을 지배하는 주인이 되시옵소서. 저는 아무 자격도 없지만 예수님을 통해서 주시는 구원의 은혜를 감사히 받겠습니다. 나를 새 사람으로 변화시켜 주시고 일평생 믿음이 변치 않고 주님만 따라 살도록 도와주옵소서. 예수님 이름으로 기도드립니다. 아멘."**

(6) 자매님, 이제 하나님은 자매님이 예수 그리스도를 영접하기로 결단하는 기도를 들으셨습니다. 하나님이 자매님에게 약속하신 다섯 가지 사실을 성경에서 확인해 드리겠습니다. 첫째, 골로새서 1장 14절에 "그 아들 안에서 우리가 구속 곧 죄 사함을 얻었도다"

라고 하나님은 말씀하셨습니다. 예수님을 믿음으로 자매님의 과거 죄를 모두 용서하셨다는 사실을 항상 기억하십시오. 둘째, 요한1서 5장 13절에 "내가 하나님의 아들의 이름을 믿는 너희에게 이것을 쓴 것은 너희로 하여금 너희에게 영생이 있음을 알게 하려 함이라"고 말씀하셨습니다. 이제 예수님을 소유한 자매님은 사망에서 생명으로 옮겨져 영생을 소유하고 있다는 사실을 명심하십시오. 셋째, 요한복음 1장 12절에 "영접하는 자 곧 그 이름을 믿는 자들에게는 하나님의 자녀가 되는 권세를 주셨으니"라고 약속하셨습니다. 이제 자매님은 저와 똑같이 하나님의 자녀가 되었습니다. 넷째, 요한복음 16장 24절에 "지금까지는 너희가 내 이름으로 아무것도 구하지 아니하였으나 구하라 그리하면 받으리니 너희 기쁨이 충만하리라"고 기도 응답의 복을 약속하셨습니다. 자매님의 소원이 있고 문제가 있을 때마다 하나님께 기도하면 응답해 주신다는 사실은 얼마나 놀라운 일인가요. 마지막 다섯째, 고린도전서 3장 16절에 "너희가 하나님의 성전인 것과 하나님의 성령이 너희 안에 거하시는 것을 알지 못하느뇨"라고 성령 하나님이 자매님 안에 내주하신다고 말씀하십니다. 이제부터 자매님 안에 계시는 성령 하나님이 자매님의 신앙과 삶을 도와주실 것입니다. 자매님이 예수 믿고 받은 **① 사죄의 복, ② 영생의 복, ③ 자녀 됨의 복, ④ 기도 응답의 복, ⑤ 성령 내주의 복, 이 다섯 가지의 영적 복을 확신하시기 바랍니다.** 기도 중에 자매님은 하나님의 음성을 듣지 못했고 하늘 문이 열리는 것을 보지 못하셨습니다. 그러나 구원을 위해 오직 예수 그리스도만을 의지한 단순한 믿음으로 값 없이 주시는 이 은혜의 선물을 받은 것입니다. 그럴 리는 없겠지만 만약 자매님이 내일 아침 잠자리에서 깨어나지 못한다면 영화로운 하나님 나라에서 깨어날 수 있다는 사실을 확신하십시오. 자매님께 오늘 구원의 은혜를 베풀어 주신 하나님께 영광과 감사를 돌리십시오.

(7) 자매님이 저와 더불어 하나님의 한 가족이 된 것을 진심으로 축하드립니다. 요한3서 1장 2절에 "사랑하는 자여 네 영혼이 잘 됨 같이 네가 범사에 잘되고 강건하기를 내가 간구하노라"는 말씀대로 이제부터 하나님이 자매님을 위하여 예비하신 풍성한 복을 누리시기 바랍니다. 이제 자매님은 하나님의 사랑을 받는 자녀로 다시 태어나셨습니다. 아기는 반드시 어머님의 품 안에서 양육을 받아야 합니다. 교회는 하나님의 가정으로, 영적 아이가 정상적으로 보호받으며 양육받아 건강하게 자라게 하는 어머니의 품과 같은 곳입니다. 처음이기 때문에 제가 좋은 교회를 안내해 드리고 싶습니다. 저희 교회 목사님 말씀이 아주 은혜스럽습니다. 저희 교회는 사랑이 넘치고 성도들도 아주 친절합니다. 일단 저희 교회에 나오시면 마음에 드실 거예요. 저도 자매님을 섬길 수 있는 기회를 갖게 되면 더욱 좋겠습니다. 저희 교회 주일 예배는 매주일 오전 11시에 있습니다. 몇 시까지 제가 모시러 오면 될까요? 예, 감사합니다. 오늘 이렇게 귀한 시간을 내주셔서 다시 한 번 감사드립니다. 그럼 주일 오전 10시에 다시 뵙겠습니다. 안녕히 계세요.

결신 기도문

사랑과 은혜가 풍성하신 하나님, 지금까지 저는 자신만 의지하고 내 뜻대로만 살았던 죄인입니다. 나를 구원하시기 위해 찾아오신 하나님을 진심으로 환영합니다. 예수 그리스도를 이 땅에 보내시어 내 죄를 위해 죽으시고 또 영원한 생명을 주시기 위해 다시 살게 하심을 감사드립니다. 이제 나는 지난날의 죄를 진심으로 회개합니다. 내 마음을 열고 예수 그리스도를 나의 구세주로 믿고 나의 주님으로 마음 중심에 영접합니다. 나의 죄를 용서하사 예수 그리스도께서 십자가에서 흘리신 고귀한 보혈로 정결하게 씻어 주옵소서. 내 삶의 중심에 오셔서 나를 다스려 주옵시고 하나님의 뜻대로 인도해 주옵소서. 성령의 도우심으로 나의 믿음이 일평생 변치 말게 하시옵고 이제 주님의 말씀을 따라 새로운 삶을 살게 하시옵소서. 예수님을 통해 하나님의 자녀로 삼아 주시고 놀라운 구원의 복을 주신 하나님의 사랑과 은혜에 진심으로 감사를 드립니다. 예수 그리스도의 이름으로 기도합니다. 아멘.

효과적인 복음 제시 점검 사항

1) 나는 복음의 핵심을 이해하는가?
2) 복음 제시에 필요한 핵심 성경 구절을 암송하였는가?
3) 내 자신의 말로 간결하고 체계적으로 복음 제시문을 정리해 보았는가?
4) 먼저 가족이나 다른 그리스도인인 친구에게 그것을 적용 실습해 보았는가?
5) 나는 비그리스도인에게 복음을 제시할 준비가 되어 있는가?
6) 나는 실제로 복음을 전달해 보았는가?

5.(요 21:15): ____________

교회 성장의 3대 비결은 첫째, 바울식 전도요(고전 4:14-16), 둘째, 에스라식 성경공부요(스 7:10), 셋째가 다니엘식 기도(단 6:10)이다. 안드레식 개인 전도나 베드로식 대중 전도와는 달리 바울식 전도는 양육의 개념을 포함한다. 전도해서 교회에 한 번 데리고 나온 후 무관심해 버린 경우, 그 새신자를 무서운 영적 사생아로 만들 수 있는 위험성이 있다. 예수님은 "화 있을진저 외식하는 서기관들과 바리새인들이여 너희는 교인 하나를 얻기 위하여 바다와 육지를 두루 다니다가 생기면 너희보다 배나 더 지옥 자식이 되게 하는도다"(마 23:15)라고 경고하셨다. 전도란 새신자가 자립적으로 성숙한 신자가 될 때까지 영적 자녀로 보호 관리, 훈련 육성하는 과정을 포함한다. 그러므로 전도 전략의 마지막 단계는 셋째, 양육 전도(post-evangelism)이다. 양육 전도는 **① 양육 목표 ② 양육 요소 ③ 양육 이유 ④ 양육 태도 ⑤ 12주 양육 내용의 5가지 요소**를 포함한다. 우리가 전도를 할 때 전도자는 영적 양친이 되고 새신자는 하나님의 영적 어린아이 관계가 된다(갈 4:19; 고전 4:14-15; 벧전 2:2). 아이를 낳으면 부모는 그가 성장하여 자랄 때까지 자녀를 양육할 책임이 있다. 사실 새신자에 대한 처음의 기초 양육이 그 사람의 평생 신앙을 결정한다. 그러므로 양육 전도 훈련은 신생아를 위한 영적 보육에 대해 책임지는 구령자가 되도록 계획되었다. 다음의 예화는 양육 전도의 중요성을 심각하게 말해 주는 예화이다.

어떤 어머니가 해산 후 무정하게 그 아이를 밖에 내다 버렸다. 태어나서 축복을 받아야 할 그 아이는 홀트 아동복지에서 보호를 받다가 프랑스 어느 가정에 양녀로 입양이 되었다. 그 집에서 그 아이는 부모 없는 자녀로 서럽게 구박을 받으며 자라났다. 구박에 못 이겨 그 집을 뛰쳐나온 아이는 거리를 방황하면서 살다가 다행히 어느 음식점의 종업원이 되었다. TV 방송국에서 해외 입양아에 대한 특별 방송의 심층 취재 중 한 아나운서가 처녀로 성장한 그녀를 만나 인터뷰 하게 되었다. "나를 낳아서 사생아로 길거리에 내다 버린 나의 부모, 그리고 이억만리 이국 땅에 핏덩이를 내동댕이친 나의 조국을 한없이 증오하며 살아왔다"고 눈물을 머금고 말하는 그녀의 두 눈은 증오로 불타오르고 있었다. 태어나자마자 사생아로 버려진 이 처녀의 분노를 이해할 수 있는가?

영적 미숙아에 대한 하나님의 고통을 생각해 보았는가? 양육이란 어린 신자를 그리스도의 성숙한 제자로 성장하게 하며 모든 선한 일에 예비함이 되도록 돕는 일이다(골 1:28). 이것은 또한 전도한 열매의 보존을 말하며(요 15:16) 자신의 삶을 어린 신자와 함께 주 안에서 나누는 일이요(살전 2:7-8), 또한 작은 목자로서 사랑의 목양인 것이다(벧전 5:2-4). 그리고 개인적 새신자 양육이란 성숙한 신자가 새로운 그리스도인의 성장을 돕는 것을 목적으로 그 새신자와 관계를 발전시키면서 양육의 목적을 따라 활동하는 것이다.

(1) 양육 목표

모든 그리스도인의 성장 목표는 그리스도의 형상을 본받아(갈 4:19; 롬 8:29) 온전한 그리스도인이 되고(엡 4:13; 골 1:28; 딤후 3:16-17) 하나님께 합당한 행동자로 성장하는 것이다(살전 12:11-12).

1) **갈라디아서 4:19** : 나의 자녀들아 너희 속에 그리스도의 형상이 이루기까지 다시 너희를 위하여 해산하는 수고를 하노니.
2) **로마서 8:29** : 하나님이 미리 아신 자들로 또한 그 아들의 형상을 본받게 하기 위하여 미리 정하셨으니 이는 그로 많은 형제 중에서 맏아들이 되게 하려 하심이니라.
3) **골로새서 1:28** : 우리가 그를 전파하여 각 사람을 권하고 모든 지혜로 각 사람을 가르침은 각 사람을 그리스도 안에서 완전한 자로 세우려 함이니.
4) **디모데후서 3:17** : 이는 하나님의 사람으로 온전케 하며 선한 일을 행하기에 온전케 하려 함이니라.
5) **데살로니가전서 2:11-12** : 너희도 아는 바와 같이 우리가 너희 각 사람에게 아비가 자기 자녀에게 하듯 권면하고 위로하고 경계하노니 이는 너희를 부

르사 자기 나라와 영광에 이르게 하시는 하나님께 합당히 행하게 하려 함이니라.

(2) 양육 요소

양육의 목표를 위한 기본 요소는 첫째가 사랑(요일 3:18)이고, 둘째가 영양(벧전 2:2)이요, 셋째가 보호(벧전 5:8)이며, 넷째가 훈련(신 8:2)이요, 다섯째가 성장(엡 4:13)이다.

1) **에베소서 4:15** : 오직 사랑 안에서 참된 것을 하여 범사에 그에게까지 자랄지라 그는 머리니 곧 그리스도라(cf. 요일 3:18).
2) **베드로전서 2:2** : 갓난아이들같이 순전하고 신령한 젖을 사모하라 이는 이로 말미암아 너희로 구원에 이르도록 자라게 하려 함이라.
3) **에베소서 6:11** : 마귀의 궤계를 능히 대적하기 위하여 하나님의 전신갑주를 입으라(cf. 벧전 5:8).
4) **신명기 8:2-3** : 네 하나님 여호와께서 이 사십 년 동안에 너로 광야의 길을 걷게 하신 것을 기억하라 이는 너를 낮추시며 너를 시험하사 네 마음이 어떠한지 그 명령을 지키는지 아니 지키는지 알려 하심이라.
5) **에베소서 4:13-14** : 우리가 다 하나님의 아들을 믿는 것과 아는 일에 하나가 되어 온전한 사람을 이루어 그리스도의 장성한 분량이 충만한 데까지 이르리니 이는 우리가 이제부터 어린아이가 되지 아니하여 사람의 궤술과 간사한 유혹에 빠져 모든 교훈의 풍조에 밀려 요동치 않게 하려 함이라.

(3) 양육 이유

양육을 해야 하는 이유는 1) 하나님 경외의 바른 신앙 정립, 2) 그리스도인이 행할 바른 생활의 원리 교육, 3) 자신의 복, 4) 후손 복음화의 계속성, 5) 하나님의 명령이라는 사실이다(신 6:1-3). 무엇보다 새신자는 결신에 대한 회의가 있고 사단의 시험에 대해 무방비 상태인 취약성이 있기에 보호를 받아야 한다. 지속적인 새로운 변화에 대한 도움을 제공하고 영적 번식을 가속화하기 위한 최선의 방법이 양육이다. 그러므로 양육의 중요한 목적과 이유는 보존(엡 4:14; 약 1:27), 성장(엡 4:15), 그리고 번식(딤후 2:2)이다.

새신자 양육 과정

확신 → 견고함 → 안전함 → 그리스도 닮음 → 자립 → 재생산

1) **에베소서 4:14** : 이는 우리가 이제부터 어린아이가 되지 아니하여 사람의 궤술과 간사한 유혹에 빠져 모든 교훈의 풍조에 밀려 요동치 않게 하려 함이라.
2) **에베소서 4:15**: 오직 사랑 안에서 참된 것을 하여 범사에 그에게까지 자랄지라 그는 머리니 곧 그리스도라.
3) **디모데후서 2:1-2** : 내 아들아 그러므로 네가 그리스도 예수 안에 있는 은혜 속에서 강하고 또 네가 많은 증인 앞에서 내게 들은 바를 충성된 사람들에게 부탁하라 저희가 또 다른 사람들을 가르칠 수 있으리라.

(4) 양육자의 태도

양육자가 새신자를 양육할 때 가장 중요한 세 가지 원리가 있다. 첫째는 자신이 새신자의 신앙 모델이 되고 본이 되는 것이다. 이보다 더 강력한 교육 방법은 없다(고전 11:1). 둘째, 예수님의 모델을 따라 살게 하는 목표를 세우는 것이다. 예수님은 우리의 신앙과 삶의 모델이 되어 따라오게 하셨다(벧전 2:21). 예수님은 영접하고(고후 13:5), 따르고(마 16:24), 닮고(갈 4:19), 깊이 생각하고(히 3:1, 12:3), 언제나 바라보아야 할 분이시다(히 12:2). 셋째, 신앙과 삶의 기준인 성경 말씀을 따라 살게 하는 것이다(딤후 3:16-17).

다음에 있는 사도 바울의 양육 기도문을 깊이 생각해 보라.

"이러하므로 내가 하늘과 땅에 있는 각 족속에게 이름을 주신 아버지 앞에 무릎을 꿇고 비노니 그 영광의 풍성을 따라 그의 성령으로 말미암아 너희 속 사람을 능력으로 강건하게 하옵시며 믿음으로 말미암아 그리스도께서 너희 마음에 계시게 하옵시고 너희가 사랑 가운데서 뿌리가 박히고 터가 굳어져서 능히 모든 성도와 함께 지식에 넘치는 그리스도의 사랑을 알아 그 넓이와 길이와 높이와 깊이가 어떠함을 깨달아 하나님의 모든 충만하신 것으로 너희에게 충만하게 하시기를 구하노라 우리 가운데서 역사하시는 능력대로 우리의 온갖 구하는 것이나 생각하는 것에 더 넘치도록 능히 하실 이에게 교회 안에서와 그리스도 예수 안에서 영광이 대대로 영원 무궁하기를 원하노라 아멘"(엡 3:14-21).

1) 구원 확신 : "또 증거는 이것이니 하나님이 우리에게 영생을 주신 것과 이 생명이 그의 아들 안에 있는 그것이니라 아들이 있는 자에게는 생명이 있고 하나님의 아들이 없는 자에게는 생명이 없느니라"(요일 5:11-12).
2) 목표 : "나의 자녀들아 너희 속에 그리스도의 형상이 이루기까지 다시 너희를 위하여 해산하는 수고를 하노니"(갈 4:19).
3) 헌신 : "오직 우리가 너희 가운데서 유순한 자 되어 유모가 자기 자녀를 기름과 같이 하였으니 우리가 이같이 너희를 사모하여 하나님의 복음으로만 아니라 우리 목숨까지 너희에게 주기를 즐겨 함은 너희가 우리의 사랑하는 자 됨이니라"(살전 2:7-8).
4) 모범 : "내가 그리스도를 본받는 자 된 것같이 너희는 나를 본받는 자 되라"(고전 11:1).
5) 기도 : "주야로 심히 간구함은 너희 얼굴을 보고 너희 믿음의 부족함을 온전케 하려 함이라"(살전 3:10).

6) 이해 : "형제들아 내가 신령한 자들을 대함과 같이 너희에게 말할 수 없어서 육신에 속한 자 곧 그리스도 안에서 어린아이들을 대함과 같이 하노라 내가 너희를 젖으로 먹이고 밥으로 아니하였노니 이는 너희가 감당치 못하였음이거니와 지금도 못하리라"(고전 3:1-2).
7) 사랑 : "주께서 세 번째 네가 나를 사랑하느냐 하시므로 베드로가 근심하여 가로되 주여 모든 것을 아시오매 내가 주를 사랑하는 줄을 주께서 아시나이다 예수께서 가라사대 내 양을 먹이라"(요 21:17).
8) 지식 : "모든 성경은 하나님의 감동으로 된 것으로 교훈과 책망과 바르게 함과 의로 교육하기에 유익하니 이는 하나님의 사람으로 온전케 하며 모든 선한 일을 행하기에 온전케 하려 함이라"(딤후 3:16-17).
9) 열심 : "네가 진리의 말씀을 옳게 분변하며 부끄러울 것이 없는 일꾼으로 인정된 자로 자신을 하나님 앞에 드리기를 힘쓰라"(딤후 2:15).
10) 자기 계발 : "이 모든 일에 전심전력하여 너의 진보를 모든 사람에게 나타나게 하라"(딤전 4:15).
11) 협력 : "나는 심었고 아볼로는 물을 주었으되 오직 하나님은 자라나게 하셨나니 그런즉 심는 이나 물 주는 이는 아무것도 아니로되 오직 자라나게 하시는 하나님뿐이니라 심는 이와 물 주는 이가 일반이나 각각 자기의 일하는 대로 자기의 상을 받으리라 우리는 하나님의 동역자들이요 너희는 하나님의 밭이요 하나님의 집이니라"(고전 3:6-9).
12) 양친 심령 : "그리스도 안에서 일만 스승이 있으되 아비는 많지 아니하니 그리스도 예수 안에서 복음으로써 내가 너희를 낳았음이라"(고전 4:15).

(5) 12주 양육 계획

새신자 양육 효과는 새신자와의 관계 향상에 밀접하게 관계되어 있다. 관계 향상을 확실하게 하려면 양육자의 관심과 진실한 사랑의 분위기가 조성되어야 한다. 그럴 때 영적인 대화가 어색하지 않고 자연스럽게 되는 것이다. 이 관계를 유지하고 향상시키는 데는 인내력이 필요하다(전 4:10). 개인적 새신자 양육의 분명한 목표 중 하나는 생활에 성령의 열매를 향상시키는 것이다. 새신자의 생활에서 점진적으로 그리스도를 볼 수 있도록 만들어야 한다. 사도 바울은 "나의 자녀들아 너희 속에 그리스도의 형상이 이루기까지 다시 너희를 위해 해산하는 수고를 하노라"고 양육의 목표와 태도를 고백했다. 이것이 바로 양육자로 쓰임받기 원하는 우리의 고백이어야 한다. 새신자 양육 기간은 12주, 약 3개월 정도가 적절하고 기본 양육을 마칠 때 교회에서는 대대적인 축하 행사를 하는 것이 좋다. 양육자는 12주 양육 계획을 철저히 자기 것으로 소화하여 자연스럽게 가르치는 것이 중요하다. 양육자에게는 다음과 같은 간절한 기도가 필요하다.

"하나님 아버지, 부족한 저를 하나님의 자녀로 삼아 주신 그 크신 은혜와 놀라운 사랑을 감사드립니다. 그동안 증인된 삶뿐만 아니라 영적 자녀에 무관심했던 저를 용서하여 주옵소서. 이제 작은 목자로서 귀한 직분을 바로 알고 주님의 심장으로 양육의 사명을 잘 감당하게 하옵소서. 내 영이 깨어 주님의 음성을 듣게 하옵소서. 내 몸을 쳐서 순종함으로 그리스도의 장성한 분량에까지 자라도록 나를 먼저 훈련하여 주옵소서. 하나님의 어린 양무리를 겸손하게 잘 양육할 수 있도록 지혜와 능력과 사랑을 주시옵소서. 예수님의 이름으로 기도합니다. 아멘."

12주 양육 계획

다음의 12주 양육 계획 내용을 활용하여 단순하면서 쉽고 재미있게 가르쳐라. 특히 양육 교안이나 영육 편지를 만들어서 사용하면 더욱 효과적이다.

제1주 무엇을 믿는가(눅 2:10)? : What do you believe?

① 삼위일체 하나님은 나를 사랑하신다(롬 5:8). Triune God loves me.

② 그러나 나는 죄인이다(롬 5:12). But I' m a sinner.

③ 나의 노력으로 마귀와 죄와 사망과 심판을 어찌할 수가 없다(눅 18:27). With my own effort, I can' t defeat Satan, sin, death and judgement.

④ 오직 예수님이 나를 위해 죽고 나를 위해 사셔서 모든 것을 다 해결하셨다(요 14:6; 행 4:12). Therefore, only Jesus died and rose again for me.

⑤ 나는 회개하고 예수님을 구세주로 믿어 구원을 받았다(엡 2:8). I repented all my sins and received Jesus Christ as my savior & Lord to gain the eternal life.

**사도신경(믿을 내용) 암송 : 여호와 하나님(이름), 삼위일체 하나님(존재), 창조자 하나님 5대 신관 교육(능력), 사랑의 하나님(인격), 아버지 하나님(관계)

제2주 예수님을 믿고 어떤 복을 받았는가? (골 2:2-3) :
What are the blessings of believing in Jesus Christ?

① 죄사함을 받았다(골 1:14). Forgiveness of sin

② 영생을 얻었다(요 5:24). Eternal life
③ 하나님의 자녀가 되었다(요 1:12). God' s children
④ 기도 응답을 받는다(요 16:24). Answer of prayer
⑤ 성령이 내주하신다(갈 4:6). Indwelling of Holy Spirit.

제3주 어떻게 구원을 확신할 수 있는가? (고후 13:5):
What is assurance of salvation?
① 말씀의 증거(요일 5:13; 행 20:32). Evidence of the words
② 성령의 증거(롬 8:16; 요일 5:8). Evidence of the Holy Spirit
③ 사랑의 증거(롬 8:39; 요일 4:16). Evidence of love
④ 생활의 변화(고후 5:17; 약 2:22). Evidence of the changed life style
⑤ 믿음의 확신(히 11:1; 엡 3:17). Evidence of assurance in faith

제4주 그리스도인으로 어떻게 살 것인가? (약 2:22) :
How should a christian live?
① 하나님 예배의 영광 목적(고전 10:31). Glorify God through worship
② 섬기는 삶(막 10:45). Serve others
③ 증거의 삶(딤후 4:2). Witness gospel
④ 기도의 삶(빌 4:6-7). Pray daily
⑤ 감사의 삶(살전 5:18). Be thankful

**10계명(삶의 원리) 해설

제5주 어떻게 기도할 것인가? (요일 3:22) : How should we pray?

① 교제 기도 : 하나님의 이름을 부르라(약 1:5). Call God's name
② 감사 기도 : 감사 찬양하라(빌 4:6; 엡 5:19-20). Praise the Lord
③ 고백 기도 : 죄를 고백하라(요일 1:9-10). Confess your faults
④ 소원 기도 : 소원과 문제를 고하라(렘 33:2-3). Lift up wishes and problems
⑤ 믿음 기도 : 응답을 확신하며 "예수님의 이름으로 기도합니다 아멘"으로 끝내라(요 16:24; 마 7:11). End in the name of Jesus Christ with assurance of the prayer answer.

***주기도문(기도 방법) 암송 과제

제6주 성경 말씀은 어떤 책인가? (딤후 3:16-17) :
What kind of book is the Bible?
① 하나님 말씀(벧후 1:21; 고후 1:20). The word of God
② 구원의 말씀(딤후 3:15; 벧전 1:23). The word of salvation
③ 예수님에 관한 말씀(요 5:39; 계 19:13; 눅 24:44). The word about Jesus
④ 신앙과 삶의 기준(딤후 3:17; 고전 4:6). The word of faith and life
⑤ 영혼의 양식(신 8:3; 벧전 2:2). The word of Spiritual food

제7주 성령님은 어떤 분인가? (요 14:16-17) : Who is the Holy Spirit?
① 삼위일체 하나님(고후 13:13). Triune God
② 영이신 하나님(고후 3:17; 고전 2:12). Spiritual God
③ 인격적인 하나님(엡 4:30). Personal God
④ 내재하시는 하나님(요 14:16-17; 고전 6:19). Indwelling God

⑤ 도우시는 하나님(롬 8:26; 빌 1:6). Helping God

제8주 교회는 무엇인가? (엡 1:22-23) : What is the church?

① 믿음의 공동체(고전 1:2-3). Community of believers

② 예배의 공동체(요 4:23-24). Community of worship

③ 섬김의 공동체(요 13:34-35). Community of service

④ 선교의 공동체(고전 1:21; 행 1:8). Community of mission

⑤ 교육의 공동체(딤전 4:6). Community of educational training

제9주 어떻게 전도할 것인가? (고전 1:21, 9:16) :

How should christians evangelize?

① 삼위일체 하나님은 당신을 사랑하신다(요 3:16; 롬 5:8). God loves you.

② 그러나 모든 사람이 죄인이고 당신도 죄인이다(롬 5:12). But everybody is sinner and you are a sinner.

③ 당신의 노력으로 마귀와 죄와 사망과 심판을 어찌할 수가 없다(눅 18:27). With your own effort, you can' t defeat satan, sin, death, and judgement.

④ 오직 예수님이 당신을 위해 죽고 당신을 위해 사셔서 모든 것을 다 해결하셨다(요 14:6; 행 4:12). Therefore, only Jesus died and rose again for you.

⑤ 당신이 회개하고 예수님을 구세주로 믿으면 구원의 복을 받을 수 있다(엡 2:8). If you repent all your sins and receive Jesus Christ as your savior & Lord , You' ll gain the blessing of salvation.

제10주 이단은 어떻게 구별하는가? (고후 11:3-4) :

How can we distinguish heretics?

① 잘못된 종말관(살후 2:1-4). Wrong view of the last day

② 잘못된 말씀관(계 22:18-19). Wrong view of God' s word

③ 잘못된 생활관(마 7:17-20). Wrong life style

④ 잘못된 구원관(요 14:6). Wrong view of salvation

⑤ 잘못된 신관(고후 13:13). Wrong view of God

제11주 기독교 십자가의 의미는 무엇인가? (갈 2:20) :

What meaning does the cross of christianity have?

① 하나님의 의(롬 4:25). God' s righteousness

② 하나님의 사랑(롬 5:8). God' s love

③ 하나님의 구속(벧전 2:24). God' s redemption

④ 하나님의 화평(골 1:20). God' s peace

⑤ 하나님의 승리(골 2:15; 고전 1:18). God' s victory

*** 가상 7언과 십자가 정신 교육

제12주 예배는 무엇인가? : What is the worship?

① 하나님을 위한 예배(마 4:10). The worship for God

② 예수님을 통한 예배(벧전 2:5). The worship through Jesus

③ 성령님에 의한 예배(빌 3:3; 요 4:24). The worship by Holy Spirit

④ 은혜의 예배(히 4:16). The worship of grace

⑤ 헌신의 예배(롬 12:1). The worship of devotion

***학습세례 준비, 교회 조직 소개

양육자는 몇 가지 지도자 지침을 유의하도록 하라. 첫째, 이해할 수 있는 말로 쉽고 단순하게 가르쳐라. 둘째, 재미있게 가르쳐라. 셋째, 체계적으로 가르쳐라. 넷째, 사랑하는 마음으로 가르쳐라. 다섯째, 겸손한 자세로 가르쳐라. 여섯째, 생활의 모범을 보이며 가르쳐라. 특별히 12주 양육 계획의 내용을 충분히 이해하고 미리 철저하게 준비해서 자연스럽게 가르쳐라. 양육의 지혜를 주시도록 성령님의 도움을 구하라. 특별히 시간이 부족한 경우 12주 과정의 양육 내용을 양육 편지로 보내서 읽도록 하고 주일날 내용을 확인하도록 하면 좋을 것이다.

새신자 양육 요소

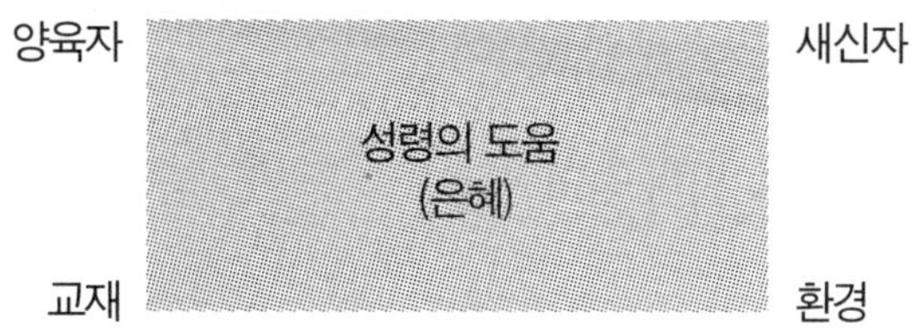

양육시 주의사항

1. 약속한 시간을 엄수한다.
2. 양육 계획과 내용을 철저히 준비하라.
3. 복장은 단정하게, 용모는 깨끗이 하고 예의를 지켜라.
4. 경제적 부담을 주거나 또는 반대로 양육자가 너무 많은 비용을 써서 상대방에게 미안한 마음을 갖게 해서는 안 된다.
5. 어색하지 않도록 때때로 유머나 품위 있는 농담을 사용하여 친숙하고 은혜로운 분위기를 조성하라.

6. 새신자와의 인격적인 관계를 너무 친숙하게 갖지 말라.
7. 너무 빨리 가르치지 말고, 너무 많은 것을 가르치지 말라.
8. 논쟁을 피하라.
9. 친구인 동시에 지도자가 되어라.
10. 교육 목표를 분명히 하고 주제에서 이탈하지 않도록 하라.
11. 구원의 확신과 학습자의 영적 성숙도를 진단하라.
12. 할 수 있는 과제를 내주라.
13. 시간을 투자하라.
14. 부정적인 말과 비난을 삼가라.
15. 쓸데없이 말을 많이 하지 말라.
16. 성경 읽고 기도하는 일과 교회의 중요성을 강조하라.
17. 모든 공예배에 참석하게 하라.
18. 성도의 교제에 적극적으로 참여케 하고 충성된 증인으로 적극적인 신앙생활을 하게 하라.
19. 교회에 양육 보고를 하라.
20. 새신자의 영적 생활 이상의 것에 관심을 가지라.

양육 편지

귀하가 하나님의 자녀가 되고 교회 공동체의 일원이 된 것을 축하드립니다. 성경은 귀하가 살아 계신 그리스도를 믿고 신뢰하면 성령께서 영적으로 거듭나게 하신다고 약속하셨습니다. 구원을 위해 오직 예수 그리스도를 신뢰하기로 결정하셨기에 이제 귀하는 하나님의 말씀을 깊이 깨닫고 하나님 가족의 일원이 되신 것입니다. 영적으로 새로 태어난 사실은 귀하의 일생에 가장 중요한 사건입니다. 귀하의 영적 생일을 기념하기 위해 귀하의 귀중한 결정을 분명히 기록해두시면 좋습니다.

"내가 진실로 진실로 너희에게 이르노니 내 말을 듣고 또 나 보내신 이를 믿는 자는 영생을 얻었고 심판에 이르지 아니하나니 사망에서 생명으로 옮겼느니라"는 요한복음 5장 24절 말씀처럼 귀하가 예수님을 영접함으로 얻은 영생의 특권을 귀하에게서 아무도 빼앗을 수 없음을 기억하시기 바랍니다. 요한복음에 보면 예수님께서 "내가 온 것은 양으로 생명을 얻게 하고 더 풍성히 얻게 하려는 것이라"(요 10:10)고 말씀하고 계십니다. 하나님은 귀하가 충만하고 활기찬 신앙생활을 누리기 원하시며 풍성한 삶을 위해 그 대책도 마련해 놓으셨습니다.

귀하는 어머니 품과 같은 교회생활에 적극 참여하여 보호와 공급을 받으며 하나님의 가족들과 교제의 기쁨을 나누셔야 합니다. 성경 말씀을 읽고 듣고 실천함으로써 영혼의 영양분을 섭취하시고, 매일매일 하나님께 기도하심으로 생명의 호흡을 해야만 합니다. 뿐만 아니라 운동을 통해 건강을 유지하듯 이제 귀하가 유지해야 할 영적 운동은 귀하를 구하신 예수님을 감격적으로 증거하는 증인된 삶입니다. 때를 얻든지 못 얻든지 증인된 삶으로 하나님께 영광을 돌리시기 바랍니다.

앞으로 12주 동안 귀하는 저와 더불어 중요한 신앙의 기초적인 진리들을 차근차근 배우게 될 것입니다. 귀하의 풍성한 영적 성장을 위하여 적극적으로 참여하시길 바랍니다. 영적 조력자로 귀하를 섬기며 은혜의 시간을 나누게 되어 정말로 기쁩니다. 주님 은혜 가운데 날마다 승리하는 기쁨을 누리시기 바랍니다.

년 월 일
올림

지금까지 우리는 전도 훈련의 5단계, 즉 ① 준비 단계 ② 접촉 단계 ③ 복음제시 단계 ④ 결신 초청 단계 ⑤ 양육 단계를 구체적으로 학습했다. 이 5단계를 이해하고 자기 것으로 숙지하는 것이 무엇보다도 중요하다. 전도하는 방법을 다 배우고 완전히 숙달한 다음 전달하는 것이 아니라 먼저 전도하면서 배운다는 사실이 중요하다. 하나님은 지금도 이 세상에서 일하고 계시며 또한 우리와 함께 일하시기를 소원하고 계신다. 그리스도의 몸 안에 있는 믿음의 형제들을 사랑으로 섬기는 것과 그리스도의 몸 밖에 있는 불신자를 사랑으로 섬겨 전도하는 것이 하나님의 뜻이요, 우리의 특권이요, 우리가 마땅히 감당해야 할 사명이다(요 20:21). 주님과 함께 일하고 주님을 대신하여 일한다는 것이 얼마나 놀라운 복이요, 특권인가(고후 5:20, 6:1).

수영을 함으로써 수영을 배우듯이, 전도를 함으로써 전도를 배울 수 있는 것이다. 수영을 잘하는 사람은 물이 두렵지 않고 즐겁고 재미있다. 전도의 5대 장벽은 ① 미루고 시작하지 않는 것이다. ② 인간 관계의 실패다. ③ 자신있게 복음 제시를 못하는 것이다. ④ 전도하고서도 마무리를 하지 못하는 것이다. ⑤ 양육에 실패하는 것이다. 그러나 무엇보다도 중요한 것은 전도하다가 실망하고 쉽게 포기해 버리는 것이다. 공격이 최선의 방어이다. 하나님의 최대 관심인 전도를 할 때 구원의 확신이 생기고 기도가 응답되며 문제가 해결된다. 치료의 기적이 체험되며 성령 충만한 은혜와 신앙생활의 능력을 체험한다. 문제가 많은가? 구원의 확신이 없는가? 영육간에 어려운 삶을 살고 있는가? 성령의 능력을 체험하지 못했는가? 그렇다면 전도자 사명을 피해 달아난 요나와 같이 그리스도인으로서 마땅히 해야 할 전도를 하지 않고 있기 때문이다. 불순종한 요나 때문에 자신은 물론이요 많은 사람들이 고통을 당했다(욘 1:4-5). 불순종은 지난날로 족하다. '유라굴로' 라는 태풍의 위기와 문제 속에서도 사명 완수를 위해 살아남은 사도 바울처럼 해야 할 일을 바르게 한다면 문제가 없을 것이다(행 27:23-25). 전도는 인간 구원 운동, 하나님 영광 운동, 인간성 회복 운동, 진정한 평화 운동, 하나님 나라 확장 운동이다. 전도는 복을 여는 열쇠요(마 16:18-19), 하나님의 비밀에 대한 해답이다. 초대 교인들은 지도자나 평신도 모두 견딜 수 없는 구원의 뜨거운 감격으로 복음의 폭탄을 들고 세상 한복판으로 뛰어 들어간 말릴 수 없는 사람들이었다(행 24:5; 히 11:38). 우리가 하나님의 일을 하면 하나님은 우리의 일을 하신다. 다음의 사도 바울의 고백은 전도의 사명이 무엇인지를 말해 주고 있다.

> "내가 복음을 전할지라도 자랑할 것이 없음은 내가 부득불 할 일임이라 만일 복음을 전하지 아니하면 내게 화가 있을 것임이로라 내가 내 임의로 이것을 행하면 상을 얻으려니와 임의로 아니한다 할지라도 나는 직분을 맡았노라 그런즉 내 상이 무엇이냐 내가 복음을 전할 때에 값 없이 전하고 복음으로 인하여 내게 있는 권을 다 쓰지 아니하는 이것이로라 내가 모든 사람에게 자유하였으나 스스로 모든 사람에게 종이 된 것은 더 많은 사람을 얻고자 함이라"(고전 9:16-19).

[공동 기도문 : 통성기도]

전능하신 하나님 아버지,

하나님의 자녀로 삼아 주시고 영광스런 전도의 일꾼으로 불러 주셔서 감사합니다. 그동안 전도의 사명감과 지혜가 부족하여 열매 맺는 삶을 살지 못했던 것을 용서하여 주옵소서. 성령 충만한 능력을 주셔서 땅 끝까지 복음을 전하라고 하신 주님의 지상 명령에 동참하게 하옵소서. 전도의 지혜와 용기를 주셔서 열매 맺는 삶을 살게 하옵소서. 저를 말씀으로 훈련하사 복음 전도에 예비된 자가 되게 하시고, 하나님께서 구원하기로 예비된 자들을 만나 전도하게 하옵소서. 혹시 저에게 복음 전도에 장애가 되는 요소가 있으면 과감히 제하여 버리도록 변화받게 하옵소서. 예수님의 이름으로 기도드립니다. 아멘.

[질문] 전도 훈련의 5단계 개관을 설명할 수 있는가?

1. 베드로전서 3:15
2. 마태복음 16:6
3. 사도행전 1:8
4. 누가복음 14:23
5. 요한복음 21:15

[나눔] 최근에 전도한 경험을 함께 나누어라.

[토론] 다음 포도나무 전도에 관한 글을 읽고 전도 관계에서 실패하는 이유를 말해 보라.

1. "그는 근본 하나님의 본체시나 하나님과 동등 됨을 취할 것으로 여기지 아니하시고 오히려 자기를 비어 종의 형체를 가져 사람들과 같이 되었고 자기를 낮추시고 죽기까지 복종하셨으니 곧 십자가에 죽으심이라"(빌 2:6-8).
2. "아버지께서 나를 보내신 것같이 나도 너희를 보내노라"(요 20:21).
3. "나는 포도나무요 너희는 가지니 저가 내 안에, 내가 저 안에 있으면 이 사람은 과실을 많이 맺나니 나를 떠나서는 너희가 아무것도 할 수 없음이라"(요 15:5).
4. "내가 모든 사람에게 자유하였으나 스스로 모든 사람에게 종이 된 것은 더 많은 사람을 얻고자 함이라"(고전 9:19).
5. 세상에 거하지 않고 그리스도 안에 거하는 것은 세상이 파멸하도

록 내버려두는 것이며, 그리스도 안에 거하지 않고 세상에 거하는 것은 자신에게 파멸을 가져오는 것이다. 우리가 그리스도 안에 거하지 않으면 증거할 내용이 없게 되고, 세상에 거하지 않으면 내용을 증거할 대상이 없다 그러므로 사단의 전략은 이 둘 중에 한 관계를 끊도록 유혹하는 것이다.(존 스토트)

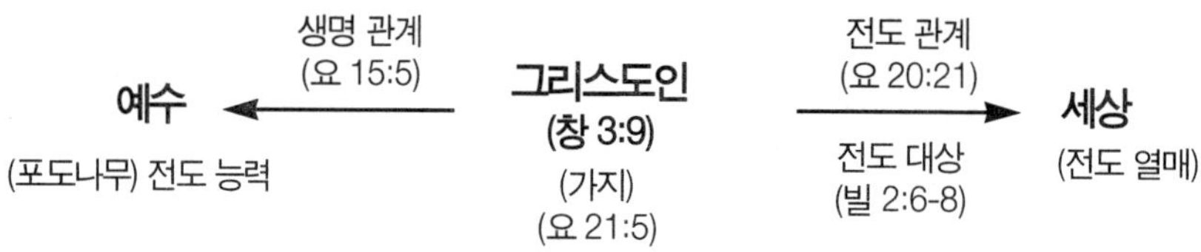

① 잘못된 경건의식(　　) ② 시간, 물질, 희생, 원치 않는 이기심(　　)
③ 안전거리 두고 자신 노출 원치 않음(　　) ④ 세상 교제의 타락, 오염, 두려움(　　)
⑤ 영적 체험 빈곤(　　) ⑥ 낮은 그리스도인의 삶(　　) ⑦ 성령 능력 빈곤(　　)
⑧ 실패의 두려움(　　) ⑨ 신앙지식 결핍(　　) ⑩ 전도 중요성 인식 부족(　　)

- 예수 그리스도가 하나님이시고 나를 위해 죽으셨다면 내가 주님 위해 못할 일이 어디 있는가?
- 그리스도 예수에 대해 침묵하면서 그리스도를 위해 산다는 것은 헛된 경건이다.
- 그리스도를 위해 살지 않으면서 그리스도를 위해 말하는 것은 위선이다.
- 그리스도인은 그리스도를 위해 살고 그리스도에 대하여 말하는 사람이다.
- 성령충만의 목적은 복음선포이다(행 1:8).

전도자의 신앙고백

1. 나는 예수 그리스도를 나의 구주와 주님으로 믿으며 이것을 나의 최대 사건으로 받아들일 뿐만 아니라 예수 그리스도가 내 안에 계심을 확신함으로 늘 감사하며 살겠습니다(요 5:24).
2. 나는 내가 발견한 풍성하고 놀라운 하나님의 사랑과 구원을 다른 사람에게 전해야 할 사명이 있음을 깨닫고 늘 빚진 자의 심정으로

살겠습니다(롬 1:14).

3. 나는 "땅 끝까지 내 증인이 되라"는 예수 그리스도의 위대한 지상 명령이 나를 향한 주님의 최후 명령이며 약속인 것을 믿습니다(행 1:8).
4. 나는 복음이 모든 믿는 자에게 구원을 주시는 하나님의 능력이 됨을 믿고 복음 전하는 일을 부끄러워하지 않겠습니다(롬 1:16).
5. 나는 복음을 전할지라도 그것이 내게 자랑이 될 수 없으며 전하지 않으면 오 히려 내게 화가 되는 부득불 내가 할 일임을 확신하고 복음 전하는 일에 충성을 다하겠습니다(고전 9:16).
6. 나는 할 수만 있다면 하나님의 교회에서나 가정에서나 어디에서든지 거치는 자가 되지 않고 모든 일에 모든 사람을 기쁘게 하겠습니다. 나의 유익을 구하지 않고 많은 사람의 유익을 구하며 저희로 구원을 얻게 하는 데 최선을 다하겠습니다(고전 10:33).
7. 나는 나의 삶을 통해 예수 그리스도가 전파되는 것을 기뻐하며 이를 위해 받는 어떠한 고난도 기꺼이 받겠습니다(빌 1:18; 딤후 1:8).
8. 나는 전도가 하나님의 지상 명령이요, 주님이 이 세상에 오신 목적이며 인간 구원의 방편이라는 사실을 믿습니다. 이러한 하나님의 일을 위해 내가 부름 받았다는 소명감을 가지고 복음 전도에 나 자신을 드리기로 헌신합니다(딛 1:3; 막 1:38).
9. 나는 복음 전도가 그리스도를 영화롭게 하는 길임을 믿습니다. 때를 얻든지 못 얻든지 말씀을 전파하여 많은 열매를 맺음으로 증인된 삶을 사는 데 삶의 최우선순위를 두겠습니다(딤후 4:2; 요 15:8).
10. 나는 성공적인 전도는 성령의 능력을 힘입는 것이라고 믿습니다. 성령께서 전도의 능력을 주시며 또한 전도의 문을 열어 주시도록 항상 기도하며 성령을 따라 성령 충만한 삶을 살겠습니다(골 1:29, 4:2).

년 월 일

서명 :

전도 결신서

나는 아래에 있는 분들을 전도하려고 기도중에 있습니다. 이 분들을 위해 함께 기도로 동역해 주시고 전도 지원을 부탁드립니다.

년 월 일 성명 :

<table>
<tr><td rowspan="6">전도대상</td><td colspan="5">이름 : (남, 여) 생년월일 :
주소 :
전화 : 직장 :</td></tr>
<tr><td rowspan="5">가
족
사
항</td><td>이 름</td><td>관 계</td><td>생년월일</td><td>기타사항</td></tr>
<tr><td></td><td></td><td></td><td></td></tr>
<tr><td></td><td></td><td></td><td></td></tr>
<tr><td></td><td></td><td></td><td></td></tr>
<tr><td></td><td></td><td></td><td></td></tr>
</table>

<table>
<tr><td rowspan="6">전도대상</td><td colspan="5">이름 : (남, 여) 생년월일 :
주소 :
전화 : 직장 :</td></tr>
<tr><td rowspan="5">가
족
사
항</td><td>이 름</td><td>관 계</td><td>생년월일</td><td>기타사항</td></tr>
<tr><td></td><td></td><td></td><td></td></tr>
<tr><td></td><td></td><td></td><td></td></tr>
<tr><td></td><td></td><td></td><td></td></tr>
<tr><td></td><td></td><td></td><td></td></tr>
</table>

전도 결과 보고서

전도대상자 이름 :　　　　　전화 :　　　　　만난 곳 :

주 소 :

단 계	내　　　용
1단계 접촉 단계	
2단계 하나님 사랑	
3단계 인간의 문제	
4단계 인간의 노력	
5단계 하나님 해결	
6단계 우리의 반응	
7단계 초청 결단	
처리 결과	

년　　월　　일 전도자 :

새신자 양육 결과 보고서

새신자 이름: 전화 :

주 소 :

진 행	날짜	과정 내용	장 소	편지/교육방법	확인
1주		5대 믿을 진리			
2주		5대 영적 축복			
3주		5대 구원 확신			
4주		5대 행할 진리			
5주		5대 기도 요령			
6주		5대 성령 특징			
7주		5대 성경 지식			
8주		5대 교회 의미			
9주		5대 전도 요령			
10주		5대 이단 특징			
11주		5대 십자가 도			
12주		5대 예배 의미			
종합					

하나님의 은혜 가운데 상기의 새 성도는 개별 교육과 양육 서신을 통해 12주 동안 전 교육과정을 수료하였기에 그 결과를 보고 드립니다.

년 월 일 양육자 :

제21과 십자가의 도는 무엇인가?

학습목표 : 십자가의 의미를 바로 알고 십자가의 정신을 가지고 십자가를 증거하는 삶을 살며 십자가의 의미를 다른 사람에게 설명할 수 있다.

요절말씀 : 십자가의 도가 멸망하는 자들에게는 미련한 것이요 구원을 얻는 우리에게는 하나님의 능력이라(고전 1:18).

기독교의 상징은 십자가이다. 십자가를 이해하면 성경이 보이고 기독교의 영성을 이해하게 된다. 이것이 바로 복음이기 때문이다(롬 1:16). 기독교는 십자가의 도를 따르는 것이다(고전 1:18). 십자가는 초대 교회부터 기독교의 표시로서 목에 걸고 다녔다. 십자가는 기독교의 상징이요, 성경의 핵심이요, 복음의 내용이기 때문에 기독교와 성경에서 십자가와 보혈을 빼면 남는 것이 없다. 그렇다고 십자가 그 자체에 무슨 능력이 있다는 것이 아니고 십자가의 의미가 그렇다는 말이다.

오늘날 기독교의 문제는 십자가의 정신이 상실되고 있다는 점이다. 십자가는 반란을 일으킨 노예나 도적, 그리고 살인자를 처형하는 고대 로마의 잔인한 사형 도구였다. 십자가 처형 방법은 동양의 페르시아에서 기원하였고 알렉산더 대왕을 통해 그리스와 로마에 전해져 예수님 당시에는 노예에 대한 일반적인 처형 방법이었다. 예수님이 십자가에 달린 후 로마의 황제들은 초대 그리스도인들을 박해하였고, 십자가 처형은 대부분 그리스도인들을 처형하는 방법이 되었다. 그러다가 콘스탄틴 대제가 이 십자가의 처형법을 폐지하였다. 로마인들은 이 처형 도구의 명칭인 십자가의 이름을 들으면 재수 없는 일로 매우 싫어했으며, 유대인들도 십자가 처형은 하나님의 저주를 상징하는 것으로서 그 이름 듣기를 혐오하며 아주 싫어했다(고전 1:23; 갈 3:13; 신 21:22-23).

십자가 처형수로 판결되면 죄인은 바로 쇠가 붙어 있는 가죽 채찍으로 심한 매질을 당하여 십자가에 처형되기 전에 이미 빈사 상태에 이르렀다. 그 다음 사형수는 자기 십자가 횡대를 어깨에 메고 처형 장소까지 운반해야 했다. 사형수의 목에 죄명의 명패를 걸고 처형지에서는 옷을 전부 벗겼다. 그리고 십자가에 양손과 양발을 못 박고 고통을 당하며 서서히 죽어가게 했다. 예수님은 하나님으로서 인간 앞에 재판을 받고(요 19:16) 골고다 언덕에서 두 명의 죄수와 함께 마침내 십자가에 못 박히셨다(눅 23:33). 로마 병정들은 마취제로 쓰이는 몰약을 탄 포도주를 예수님께 주었으나 이를 거절하셨다(막 15:23). 예수님은 오전 9시경에 십자가에 못 박혀(막 15:25) 6시간 동안 십자가에서 고통을 당하시고 오후 3시경에 사망하셨다(막 15:37; 눅 4:37). 예수님의 죄패에는 '나사렛 예수 유대인의 왕' 이라고 쓰여 있었다(요 19:19). 로마 병사들은 죽음을 재촉하기 위해 사형수의 다리를 꺾는 일이 있었으나 예수님의 다리는 관례대로 꺾이지 않았다. 다리를 꺾기 전에 이미 죽은 것으로 판명되었기 때문이었다(요 19:32-33). 유대인들은 예수님의 죽음이 속히 진행되도록 요청하였다. 예수님이 안식일이나 오순절의 예비일인 그 다음날까지 살아 있을 것 같기 때문이었다(눅 23:54). 로마 병정들은 예수님의 죽음을 확인하기 위해 예수님의 옆구리를 창으로 찔렀다(요 19:34). 유대인들은 주로 돌로 쳐서 처형하여 나무에 걸었고 십자가의 처형을 하나님의 저주를 받은 것으로 생각하였다(신 21:23).

그러므로 예수의 십자가 처형은 유대인에게 있어서 예수님을 메시아로 인정하지 못하게 한 최대의 장애물이었다(고전 1:23). 이 잔인한 사형 집행 도구인 십자가의 도를 지금은 모든 그리스도인들이 복음의 진리로 믿고 찬양한다. 십자가는 기독교가 시작될 무렵부터 복음의 핵심으로 인정되었으며(갈 6:14) 보편적으로 용인된 기독교의 상징이었다. 십자가의 의미는 세상 사람들에게는 미련한 것으로 가려져 있으나 믿는 자들에게는 하나님의 지혜와 능력으로 그 의미가 알려져 있다(고전 1:17-24). 골고다 언덕에 서 있었던 세 개의 십자가 중에서(눅 23:33) 가운데 서 있던 예수님의 십자가가 오늘날 우리에게 주는 복음의 의미는 무엇인가?

1.(롬 4:25): ____________________

하나님은 결코 죄를 용납하지 아니하시는 거룩하신 하나님, 공의의 하나님, 심판의 하나님이시다. 십자가는 바로 죄를 용납하지 아니하시는 하나님의 공의와 무서운 심판을 보여주고 있다. 예수님은 인간이 받을 죄의 심판을 받아 십자가상에서 처절하게 "엘리 엘리 라마 사박다니, 나의 하나님, 나의 하나님, 어찌하여 나를 버리셨나이까" 라고 외치셨다(마 27:46).

1) **로마서 4:25** : 예수는 우리 범죄함을 위하여 내어줌이 되고 또한 우리를 의롭다 하심을 위하여 살아나셨느니라.
2) **시편 145:17** : 여호와께서는 그 모든 행위에 의로우시며 그 모든 행사에 은혜로우시도다.
3) **베드로전서 1:16** : 기록하였으되 내가 거룩하니 너희도 거룩할지어다 하셨느니라.

2.(롬 5:8):

십자가는 죄를 용납하지 아니하시는 하나님의 공의뿐만 아니라 죄인에 대한 하나님의 깊이와 높이와 넓이와 크기를 형용할 수 없는 놀라운 아가페의 큰사랑을 보여준다. 하나님은 죄인을 사랑하셨기 때문에 인간들의 죄에 대한 책임을 하나님 자신이 대신 지시고 십자가에 달려 죽으셨다. 십자가는 사랑의 상징이다. 우리는 십자가에서 나를 사랑하신 하나님의 놀라운 사랑을 볼 수 있어야 한다.

1) **로마서** 5:8 : 우리가 아직 죄인 되었을 때에 그리스도께서 우리를 위하여 죽으심으로 **하나님**께서 우리에게 대한 자기의 사랑을 확증하셨느니라.

2) **요한복음** 3:16 : 하나님이 세상을 이처럼 사랑하사 독생자를 주셨으니 이는 저를 믿는 자마다 멸망치 않고 영생을 얻게 하려 하심이니라.

3) **시편** 103:8 : 여호와는 자비로우시며 은혜로우시며 노하기를 더디 하시며 인자하심이 풍부하시도다.

3.(벧전 2:24):

피는 생명이다(신 12:23). 그러므로 피 흘림이 없은즉 죄 사함이 없다(히 9:22). 여러분의 죄와 죄의 본성은 예수님의 보혈을 통해 용서받았다(요일 1:7; 벧전 1:19; 히 9:14-22; 계 1:5; 사 53:5). 보혈은 죄인을 새로운 피조물인 하나님의 자녀로 변화시킨다(고전 5:17). 예수의 보혈은 마귀의 머리를 깨뜨리고(창 3:15) 마귀의 세력을 파괴한다(계 12:11). 보혈은 우리를 예수 그리스도의 소유가 되게 한다(행 20:28; 고전 6:20). 보혈은 하나님 앞에 나아가는 유일한 제사요, 하나님의 임재를 체험케 한다(히 10:19; 롬 3:25). 보혈은 하나님 앞에 의로운 자로 서게 한다(롬 3:20-26). 이것이 바로 예수님이 십자가에서 흘리신 보혈의 능력이다. 예수님은 세상 죄를 지고 가는 어린양으로서(요 1:29) 십자가에서 인간의 모든 죄와 율법과 저주와 심판을 대속하셨다. 이 십자가에서 하나님의 공의와 사랑이 완성되었다. 성경 중심에는 바로 이 대속의 십자가가 서 있다. 십자가의 보혈을 통해 때를 따라 돕는 하나님의 은혜를 얻기 위해 죄인들은 은혜의 보좌 앞에 담대히 나갈 수 있다(히 4:16). 바울은 그 구속의 십자가만 알고 증거하기로 작정했다(고전 2:2).

예수님은 십자가에서 "아버지여 저희를 사하여 주옵소서 자기의 하는 것을 알지 못함이니이다"(눅 23:34)라고 죄인들을 위해 용서의 기도를 드렸으며 "내 영혼을 아버지 손에 부탁하나이다"(눅 23:46)라고 자신의 영혼을 하나님께 위탁했다. 예수님의 십자가는 하나님의 목적과 뜻에 대한 자발적인 순종을 보여준다. 예수 그리스도의 지상 생애는 십자가를 향해 나아가는 복종의 길이었고, 성경의 모든 예언은 십자가로 향해 있었다.

1) **베드로전서 2:24** : 친히 나무에 달려 그 몸으로 우리 죄를 담당하셨으니 이는 우리로 죄에 대하여 죽고 의에 대하여 살게 하려 하심이라.
2) **에베소서 1:7** : 우리가 그리스도 안에서 그의 은혜의 풍성함을 따라 그의 피로 말미암아 구속 곧 죄 사함을 받았으니.
3) **고린도전서 15:3** : 내가 받은 것을 먼저 너희에게 전하였노니 이는 성경대로 그리스도께서 우리 죄를 위하여 죽으시고.
4) **이사야 53:4-6** : 그는 실로 우리의 질고를 지고 우리의 슬픔을 당하였거늘 우리는 생각하기를 그는 징벌을 받아서 하나님에게 맞으며 고난을 당한다 하였노라 그가 찔림은 우리의 허물을 인함이요 그가 상함은 우리의 죄악을 인함이라 그가 징계를 받음으로 우리가 평화를 누리고 그가 채찍에 맞음으로 우리가 나음을 입었도다 우리는 다 양 같아서 그릇 행하여 각기 제 길로

갔거늘 여호와께서는 우리 무리의 죄악을 그에게 담당시키셨도다.

5) **빌립보서 2:5-11 :** 너희 안에 이 마음을 품으라 곧 그리스도 예수의 마음이니 그는 근본 하나님의 본체시나 하나님과 동등됨을 취할 것으로 여기지 아니하시고 오히려 자기를 비어 종의 형체를 가져 사람들과 같이 되었고 사람의 모양으로 나타나셨으매 자기를 낮추시고 죽기까지 복종하셨으니 곧 십자가에 죽으심이라 이러므로 하나님이 그를 지극히 높여 모든 이름 위에 뛰어난 이름을 주사 하늘에 있는 자들과 땅에 있는 자들과 땅 아래 있는 자들로 모든 무릎을 예수의 이름에 꿇게 하시고 모든 입으로 예수 그리스도를 주라 시인하여 하나님 아버지께 영광을 돌리게 하셨느니라.

4.(골 2:15): ______

예수님의 십자가는 마귀와 죄와 율법과 죽음과 저주를 이기신 승리의 십자가였다. 그리하여 십자가상에서 "다 이루었다"(요 19:30)고 말씀하심으로 창세기 3장 15절에서 시작한 구속사를 성취하시고 승리를 선포하셨다. 십자가에서 속죄 사역을 완성하심으로 사단 운동의 근본적인 목적이 파괴되었다. 예수 그리스도는 사망 권세를 이기시고 부활하여 십자가와 무덤은 비어 있었고, 영광스런 부활은 십자가 사건의 결론이었다. 예수 그리스도의 속죄 사역은 죄의 삯인 사망의 값을 충분히 지불한 것이다. 십자가의 승리로 사단은 머리를 상해 치명상을 입고 결박되었다. 그의 활동은 제약되고 성령의 복음 운동이 불같이 일어났다. 예수님의 설교를 듣고 대적하던 자들이 베드로의 설교를 듣고 한 번에 삼천 명씩 돌아오는 역사가 예루살렘에서부터 일어나 온 세계로 번져갔다(행 1:8). 죄는 하나님과 인간 사이를 불화로 멀어지게 했으나, 십자가는 하나님과 인간 사이의 불화의 벽을 무너뜨린 평화의 십자가였다.

1) **골로새서 2:15** : 정사와 권세를 벗어버려 밝히 드러내시고 십자가로 승리하셨느니라.

2) **창세기 3:15** : 내가 너로 여자와 원수가 되게 하고 너의 후손도 여자의 후손과 원수가 되게 하리니 여자의 후손은 네 머리를 상하게 할 것이요 너는 그의 발꿈치를 상하게 할 것이니라 하시고.

3) **마태복음 12:29** : 사람이 먼저 강한 자를 결박하지 않고야 어떻게 그 강한 자의 집에 들어가 그 세간을 늑탈하겠느냐 결박한 후에야 그 집을 늑탈하리라(cf. 막 3:27; 계 20:3).

4) **히브리서 2:14** : 사망으로 말미암아 사망의 세력을 잡은 자 곧 마귀를 없이 하시며(cf. 요일 1:3)

5) **요한복음 12:31** : 이제 이 세상의 심판이 이르렀으니 이 세상 임금이 쫓겨나리라(cf. 요 16:11; 눅 10:18).

6) **요한계시록 12:9** : 큰 용이 내어 쫓기니 옛 뱀 곧 마귀라고도 하고 사단이라고도 하는 온 천하를 꾀는 자라 땅으로 내어 쫓기니 그의 사자들도 저와 함께 내어 쫓기니라.

7) **요한계시록 20:2-3** : 용을 잡으니 곧 옛 뱀이요 마귀요 사단이라 잡아 일천 년 동안 결박하여 무저갱에 던져 잠그고 그 위에 인봉하여 천 년이 차도록 다시는 만국을 미혹하지 못하게 하였다가 그 후에는 반드시 잠깐 놓이리라.

8) **누가복음 10:18-19** : 사단이 하늘로서 번개같이 떨어지는 것을 내가 보았노라 내가 너희에게 뱀과 전갈을 밟으며 원수의 모든 능력을 제어할 권세를 주었으니 너희를 해할 자가 결단코 없으리라.

9) **에베소서 4:8** : 그러므로 이르기를 그가 위로 올라가실 때에 사로잡힌 자를 사로잡고 사람들에게 선물을 주셨다 하였도다.

10) **요한1서 3:8** : 죄를 짓는 자는 마귀에게 속하나니 마귀는 처음부터 범죄함이니라 하나님의 아들들이 나타나신 것은 마귀의 일을 멸하려 하심이니라.

11) **골로새서 1:20** : 그의 십자가의 피로 화평을 이루사 만물 곧 땅에 있는 것들이나 하늘에 있는 것들을 그로 말미암아 자기와 화목케 되기를 기뻐하심

이라.

12) **에베소서 2:16** : 또 십자가로 이 둘을 한 몸으로 하나님과 화목하게 하려 하심이라 원수 된 것을 십자가로 소멸하시고.

13) **히브리서 10:9-10** : 그 후에 말씀하시기를 보시옵소서 내가 하나님의 뜻을 행하러 왔나이다 하셨으니 그 첫 것을 폐하심은 둘째 것을 세우려 하심이니라 이 뜻을 좇아 예수 그리스도의 몸을 단번에 드리심으로 말미암아 우리가 거룩함을 얻었노라.

14) **요한계시록 12:11** : 또 여러 형제가 어린 양의 피와 자기의 증거하는 말을 인하여 저를 이기었으니 그들은 죽기까지 자기 생명을 아끼지 아니하였도다.

15) **출애굽기 12:23** : 여호와께서 애굽 사람을 치러 두루 다니실 때에 문 인방과 좌우 설주의 피를 보시면 그 문을 넘으시고 멸하는 자로 너희 집에 들어가서 너희를 치지 못하게 하실 것임이니라.

16) **요한복음 16:33** : 이것을 너희에게 이름은 너희로 내 안에서 평안을 누리게 하려 함이라 세상에서는 너희가 환난을 당하나 담대하라 내가 세상을 이기었노라 하시니라.

5.(갈 2:20):

예수 그리스도의 십자가는 우리와 무슨 상관이 있는가? 우리는 복음의 핵심인 예수 그리스도의 십자가를 믿어 성령의 은혜 가운데 연합하고(갈 2:20) 옛 사람의 정과 욕심을 십자가에 못 박아야 한다(갈 5:24). 그 십자가를 증거하고(고전 1:23) 자랑하고(갈 6:14) 항상 바라보고(히 12:2) 그리스도의 남은 고난에 동참해야 하는(골 1:24) 것은 복음의 핵심 내용이요(고전 2:2), 기독교 영성 훈련의 목표이다.

우리는 예수 그리스도가 지신 십자가를 질 수가 없고 그럴 필요도 없다. 다만 그 십자가에서 이루신 구속의 사건에 동참하여 그 십자가를 항상 바라보며 그 십자가를 증거해야 한다. 진정한 기독교의 영성은 십자가 정신으로 섬기는 종의 삶을 살고 순종하며 죽도록 충성하는 것이다. 성경은 그리스도인들에게 십자가의 어리석음을 택하여 섬김과 고난의 길을 따르라고 강력하게 권고한다. 기독교 영성(spirituality)은 자신을 버리고 십자가의 죽음으로 죄인을 구원하신 예수님의 십자가 정신을 따르는 그리스도 삶의 구현이다(갈 2:20). 또한 기독교 영성은 성령 안에서 임재하시는 주님과의 인격적 교제의 삶에 초점이 맞춰진다. 성령의 능력에 따라 성령 안에 살 때만 세상과 죄악과 정욕과 사단을 이기고 진정한 그리스도 중심의 삶을 살 수 있다. 따라서 기독교의 영성은 성령의 능력을 힘입는 삶이요 하나님의 은혜인 것이다(롬 5:15-17, 8:26-27). 이것은 영성 훈련이라는 과정을 거쳐야만 하는 것이다(갈 6:8; 딤전 4:7-8; 롬 12:1-2). 그러므로 ① 항상 주님을 사모하라 ② 주님을 가까이 하라 ③ 사랑하라 ④ 헌신하라 ⑤ 순종하라.

1) **갈라디아서 2:20** : 내가 그리스도와 함께 십자가에 못 박혔나니 그런즉 이제는 내가 산 것이 아니요 오직 내 안에 그리스도께서 사신 것이라 이제 내가 육체 가운데 사는 것은 나를 사랑하사 나를 위하여 자기 몸을 버리신 하나님의 아들을 믿는 믿음 안에서 사는 것이라.
2) **갈라디아서 5:24** : 그리스도 예수의 사람들은 육체와 함께 그 정과 욕심을 십자가에 못 박았느니라.
3) **갈라디아서 6:14** : 그러나 내게는 우리 주 예수 그리스도의 십자가 외에 결코 자랑할 것이 없으니 그리스도로 말미암아 세상이 나를 대하여 십자가에 못 박히고 내가 또한 세상에 대하여 그러하니라.
4) **골로새서 1:24** : 내가 이제 너희를 위하여 받는 괴로움을 기뻐하고 그리스도의 남은 고난을 그의 몸 된 교회를 위하여 내 육체에 채우노라.
5) **고린도전서 1:17-18** : 그리스도께서 나를 보내심은 세례를 주게 하려 하심

이 아니요 오직 복음을 전케 하려 하심이니 말의 지혜로 하지 아니함은 그리스도의 십자가가 헛되지 않게 하려 함이라 십자가의 도가 멸망하는 자들에게는 미련한 것이요 구원을 얻는 우리에게는 하나님의 능력이라.

6) **고린도전서 1:23-24** : 우리는 십자가에 못 박힌 그리스도를 전하니 유대인에게는 거리끼는 것이요 이방인에게는 미련한 것이로되 오직 부르심을 입은 자들에게는 유대인이나 헬라인이나 그리스도는 하나님의 능력이요 하나님의 지혜니라.

7) **고린도전서 2:2** : 내가 너희 중에서 예수 그리스도와 그의 십자가에 못 박히신 것 외에는 아무것도 알지 아니하기로 작정하였음이라.

8) **히브리서 5:8-10** : 그가 아들이시라도 받으신 고난으로 순종함을 배워서 온전하게 되었은즉 자기를 순종하는 모든 자에게 영원한 구원의 근원이 되시고 하나님께 멜기세덱의 반차를 좇은 대제사장이라 칭하심을 받았느니라.

9) **히브리서 12:2-3** : 믿음의 주요 또 온전케 하시는 이인 예수를 바라보자 저는 그 앞에 있는 즐거움을 위하여 십자가를 참으사 부끄러움을 개의치 아니하시더니 하나님 보좌 우편에 앉으셨느니라 너희가 피곤하여 낙심치 않기 위하여 죄인들의 이같이 자기에게 거역한 일을 참으신 자를 생각하라.

10) **빌립보서 2:5-8** : 너희 안에 이 마음을 품으라 곧 그리스도 예수의 마음이니 그는 근본 하나님의 본체시나 하나님과 동등됨을 취할 것으로 여기지 아니하시고 오히려 자기를 비어 종의 형체를 가져 사람들과 같이 되었고 사람의 모양으로 나타나셨으매 자기를 낮추시고 죽기까지 복종하셨으니 곧 십자가에 죽으심이라.

11) **베드로전서 2:20-21** : 죄가 있어 매를 맞고 참으면 무슨 칭찬이 있으리요 오직 선을 행함으로 고난을 받고 참으면 이는 하나님 앞에 아름다우니라 이를 위하여 너희가 부르심을 입었으니 그리스도도 너희를 위하여 고난을 받으사 너희에게 본을 끼쳐 그 자취를 따라오게 하려 하셨느니라.

1. 사랑 용서 : 아버지여 저희를 사하여 주옵소서(눅 23:34).
2. 예수 천당 : 오늘 네가 나와 함께 낙원에 있으리라(눅 23:43).
3. 가정 윤리 : 보라 네 어머니라(요 19:27).
4. 공의 심판 : 어찌하여 나를 버리셨나이까(마 27:46).
5. 대속 고난 : 내가 목마르다(요 19:28).
6. 성취 승리 : 다 이루었다(요 19:30).
7. 위탁 믿음 : 아버지여 내 영혼을 아버지 손에 부탁하나이다(눅 23:46).

골고다 언덕에 있던 세 개의 십자가 가운데 한편 십자가는 불신의 십자가요, 다른 한편의 십자가는 믿음의 십자가이며, 가운데 있던 예수님의 십자가는 기독교 복음 진리의 핵심이다. 가운데 십자가에서 예수님이 남긴 일곱 마디의 말씀은 복음의 진수와 기독교 십자가 정신이 무엇인지 깨닫게 해준다.

복음의 진수는 바로 십자가에 달리신 예수님이다. 예수님을 통해 죄인이 하나님 나라에 들어가는 것이다. 이 놀라운 사실은 바로 하나님의 크신 사랑과 용서에 근거하고 있다. 기독교의 복음은 값싼 은혜가 아니다. 복음의 은혜 뒤에는 예수 그리스도의 말로 다 할 수 없는 고통과 희생, 피 흘리심, 죽음, 생명을 드리는 엄청난 대가가 치러졌다. 복음은 옛 생활을 버림과 구원을 위해 오직 예수님만 의지하는 믿음을 요구한다. **십자가의 정신은 바로 사랑의 정신, 천국 소망의 정신, 가정사랑의 정신과 버림의 정신, 고난감수의 정신, 완성과 승리 확신의 정신, 믿음의 정신**인 것이다. 그런데 오늘날 그리스도인들의 큰 문제는 바로 십자가 정신을 상실해 가고 있다는 것이다. 부활의 영광에 앞서 반드시 고통과 희생의 십자가가 있어야만 했다(no cross, no crown : 빌 2:5-11). 그러기에 주님은 오늘도 **"너희가 나를 따르려면 자기를 부인하고 자기 십자가를 지고 나를 따르라"(마 16:24)**고 주님을 따르는 길이 십자가의 길임을 말씀하신다(막 8:34; 눅 9:23; 마 10:38; 눅 14:27).

십자가의 정신을 지닌 사람의 첫 번째 특징은 예수 그리스도의 주권에 자신을 전폭적으로 위탁하는 것이다. 이것이 바로 기독교 영성 훈련의 핵심이다. 기독교의 영성(spirituality)은 성령의 능력으로 자기 정욕과 사단과 죄와 인본주의 방해를 극복하고 역사적인 예수 그리스도의 삶과 십자가 정신을 본받아 그분의 삶과 그분의 뜻을 실현하는 데 자신을 헌신하는 것이다. 그리고 성령 안에서 임재하신 예수 그리스도와 인격적인 깊은 교제를 통해 성령의 열매, 의의 열매를 맺는 것이다. 경건한 그리스도인들은 예수 그리스도의 인격과 삶을 본받아 그분과 교제하는 가운데 사명을 감당하기 위해 고백, 기도, 금식, 말씀 훈련, 교제, 봉사, 순종, 침묵, 고독, 공동체 생활의 영성 훈련을 생활화하려고 끊임없이 노력한다. 영성 훈련은 성령을 통해 예수 그리스도가 자신을 주관하도록 주재권을 인정하고 자신을 굴복함으로 헌신하여 그 분의 충만한 능력이 자신 안에 역사하도록 하는 것이다.

십자가의 표시는 예수님에 대한 고백이며 예수님께 속해 있다는 표시이다. 그것은 자기 부인과 헌신, 선교의 각오를 뜻한다. 모든 생활의 자세에서 십자가를 버리는 그리스도인들은 십자가와 원수가 될 수밖에 없는 것이다(빌 3:18). 예수 그리스도께서 갈보리 산상에서 우리를 위해 지셨던 그 구속의 십자가를 우리가 지금 다시 질 수는 없다. 단지 우리는 십자가에 달린 예수님과 믿음으로써 연합할 수밖에 없다(갈 2:20). 우리의 정욕과 욕심을 그 십자가에 못 박을 수밖에 없다(갈 5:24). 승리의 십자가를 항상 바라볼 수밖에 없는 것이다(히 12:2). 그 십자가의 승리와 영광을 자랑할 수밖에 없다(갈 6:14). 그리고 복음의 십자가를 증거하는 삶을 살 수밖에 없다(고전 1:23, 2:2). 그 십자가의 의미를 깊이 묵상할 수밖에 없다(히 12:3). 십자가에 달려 죽기까지 참고 복종하신 그리스도 예수의 사랑과 겸손의 마음을 품을 수밖에 없다(빌 1:5). 그리스도의 희생과 고난에 동참할 수밖에 없는 것이다(골 1:24; 벧전 4:13).

예수님이 십자가에서 말씀하신 그 십자가의 정신을 가지고 주님을 본받아 새로운 삶을 살아가야 한다(벧전 2:21-24). 예수님의 십자가를 로마 병사의 강압에 의하여 억지로 지고 골고다 언덕을 따라갔던 알렉산더와 루포의 아버지인 구레네 시몬(마 27:32; 막 15:21; 눅 23:26)은 십자가 피흘림의 현장에서 놀라운 은혜를 체험했다. 그리고 그 후 온 가족이 복음화 해서 사도 바울의 선교에 적극 협력하였다(롬 16:13). 우리는 우리 자신을 위해 사는 것이 아니고 남을 위해 사는 것도 아니다. 예수 그리스도 때문에 살며, 예수 그리스도 안에 살고, 또 예수 그리스도를 위해 살아야 한다(갈 2:20). 이렇게 예수 그리스도로 인생의 결론을 내리는 삶을 살기 위해서는 이 세상의 삶을 예수 안에서의 삶으로 바꾸는 위대한 변화가 필요하다. 땅의 것들을 하늘의 보화로 바꾸어야 한다. 주재권의 변화, 마음의 변화, 삶의 우선순위 변화가 있어야 한다.

"내가 여러 번 너희에게 말하였거니와 이제도 눈물을 흘리며 말하노니 여러 사람들이 그리스도 십자가의 원수로 행하느니라 저희의 마침은 멸망이요 저희의 신은 배요 그 영광은 저희의 부끄러움에 있고 땅의 일을 생각하는 자라"(빌 3:18-19).
"아무든지 나를 따라오려거든 자기를 부인하고 자기 십자가를 지고 나를 좇을 것이니라"(막 8:34).

[공동 기도문 : 통성기도]

사랑과 은혜가 풍성하신 하나님,

예수 그리스도 우리 주님의 십자가를 통해 우리에게 베풀어 주신 그 크신 은혜와 사랑을 감사드립니다. 그동안 십자가의 은혜를 망각하고 살았던 저를 용서해 주옵소서. 이제 주님의 십자가를 바라보고 깊이 생각하며 십자가의 정신을 가지고 십자가 복음을 증거하게 하옵소서. 주님이 가신 십자가의 길을 따라가게 하옵소서. 십자가를 붙잡고 항상 승리하게 도와주옵소서. 예수님의 이름으로 기도드립니다. 아멘. (절대 금식 훈련)

[질문] 십자가의 5대 의미를 십자가의 손으로 설명할 수 있는가?

1. 로마서 4:25
2. 로마서 5:8
3. 베드로전서 2:24
4. 골로새서 2:15
5. 갈라디아서 2:20

[나눔] 오늘날 십자가의 정신이 왜 그렇게 중요한지 생각해 보라.
[토론] 영성 훈련과 십자가의 관계에 관해 토론해 보라.

십자가 도와 제자훈련 원리(마 16:24)

무슨 일을 하려고 할 때 가장 중요한 것은 그 기본 원리와 목적을 분명히 파악해서 추진력을 강화하고 혼란과 에너지 낭비를 방지하는 것이다. 일을 성공적으로 성취하기 위해서는 목적과 그 기본 원리를 명확하게 해야 하듯 모든 훈련도 그 목적과 원리가 있기 마련이다. 방법은 '어떻게' 라는 수단에 관한 물음으로 다양하게 변화할 수 있지만 그 원리란 '무엇'이라는 물음에 대한 대답으로 변할 수 없는 중심 주제가 된다. 여행길에는 반드시 이정표가 있듯이 제자도 훈련에도 중심 원리가 있다. 성숙한 전인적 인격을 갖춘 그리스도인을 육성하는 성경공부와 제자훈련의 원리는 다음 8가지인데 이 원리는 십자가 수레바퀴의 원리로 풀어서 설명할 수 있다. 참 제자의 표시요, 참 제자의 원칙은 십자가 도를 따라 사는 신앙생활이다.

마태복음 16장 24절에 근거하여 십자가 도와 제자훈련의 원리를 그림으로 그리고 설명해 보라.

원리	그림	설명과 내용
제1원리 (　　　　)		하나님은 겉사람을 보시는 것이 아니고 속사람을 보신다. 마음 중심에 그리스도를 중심으로 모시고 그의 형상을 닮아 예수님이 나의 인격을 다스리는 성령 충만한 삶을 살지 못하는 데 문제가 있다. 인격 변화에 대한 실패는 기독교의 실패이다.
제2원리 (　　　　)		인격 변화는 하루 아침에 되는 것이 아니다. 하나님과 개인적인 만남의 시간을 통해 점차적으로 옛사람을 벗어버리고 새사람을 입어간다. 하나님과의 올바른 관계의 삶이 질적 성장을 좌우한다.
제3원리 (　　　　)		기도와 말씀을 중심한 수직적 삶이 경건의 삶이라면 사랑의 동기에 의한 봉사의 삶은 이웃과 그리스도의 삶을 나누는 수평적 삶이다. 최대 봉사요, 사랑의 정점은 전도로서 관계 발전의 삶이다.
제4원리 (　　　　)	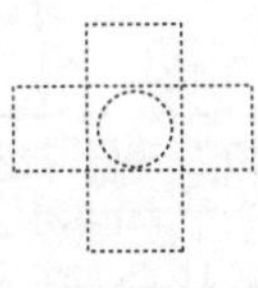	경건생활과 봉사생활의 양극화 현상이 오늘 우리의 실제 문제다. 신앙과 생활을 결코 분리할 수 없다. 신앙과 생활의 균형을 이루는 삶이 아름답고 건전한 신앙생활이다.
제5원리 (　　　　)	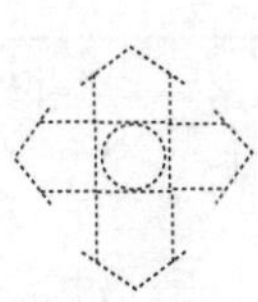	일반 병법에는 일단 후퇴가 있어도 신앙생활에는 일단 후퇴가 없다. 전진과 성장만 있을 뿐이다. 고난과 시험과 사단과 이단의 유혹을 물리치고 우리는 대장 예수를 따라 계속 믿음으로 전진해야 한다. 교회는 군사를 훈련해 영적 전선으로 내 보내는 곳이다.

원리	그림	설명과 내용
제6원리 (　　　　)		사단의 고등 작전은 모든 것을 다 배우되 생활에서 실천만 하지 말라고 속삭인다. 그러나 행함이 없는 믿음은 죽은 믿음이다. 기독교 삶의 핵심은 섬김의 삶을 실천하는 것이다.
제7원리 (　　　　)	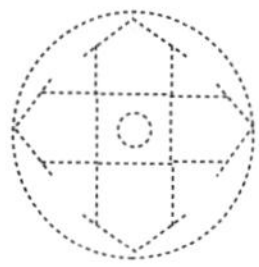	체계화하지 못한 지식과 연구, 신앙생활은 확신이 없고 무력하다. 신앙 지식도 체계화할 때 내외적인 문제에 대처하고 성장하는 자립적, 생산적, 역동적인 신앙이 될 수 있다. 십자가 도 수레바퀴의 구조에 신앙생활의 기본 지식을 체계화할 수 있다.
제8원리 (　　　　)	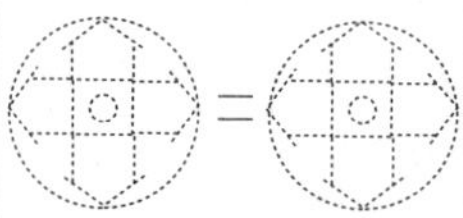	교회란 본래 여성 명사로 생산적 기능을 가지고 있다. 교회의 생산활동이 중지될 때 어딘가에 문제가 있다. 훌륭한 제자는 계속 재생산할 수 있는 주님의 일꾼이다. 제자가 되고 제자를 양육하라.

***다음 도표 자료를 참조하여 예수님의 일생 12단계를 10분 이내로 이야기해 보라

구분	생 애	중요 사건
1	선재	하나님(요 1:1), 선재(요 17:5), 창조(요 1:2), 영원(히 13:8), 삼위일체(고후 13:13)
2	예언	여인의 후손(창 3:15), 아브라함 자손(창 18:18), 이스라엘 민족(민 24:17), 유다 지파(창 49:10), 다윗 왕가(시 9:7), 동정녀 탄생(사 7:14), 베들레헴 탄생(미 5:2)
3	탄생	요셉 천사고지(마 1:18-25), 마리아 가브리엘 천사고지(눅 1:16-38), 말구유 탄생(눅 2:7), 목자 방문(눅 2:8-17), 예수 이름(눅 2:21), 8일 성전 결례(눅 2:22-24), 시므온, 안나 목격(눅 2:25-38), 동방박사 방문(마 2:1-12), 애굽 피신(마 2:13-15), 갈릴리 나사렛 정착(마 2:22-23)

구분	생 애		중요 사건
4	성장		12세 성전 방문(눅 2:41-50), 순종의 가정생활(눅 2:51), 전인격적 성장(눅 2:52), 30세까지 목수일로 가정생활을 도움(마 13:55)
5	공	31세	세례(마 3:13-17), 광야시험(마 4:1~11), 세례요한 증거(요 1:29-36), 베다니에서 제자 부르심(요 1:35-49), 가나 혼인잔치 이적(요 2:1-11), 첫 유월절 성전 청결(요 2:13-17), 니고데모 대화(요 3:1-21), 수가성 여인(요 4:6-26), 갈릴리 가나 왕 신하 고침(요 4:46-53), 세례요한 투옥(마 4:12), 나사렛 고향 배척(눅 4:28-29)
	생	32세	가버나움 복음 시작(마 4:17), 4제자 부르심(마 4:18-22), 베드로 장모 고침(마 8:14-15), 두 번째 유월절 예루살렘(요 5:1), 38년 환자 치료(요 5:2-9), 마태 부름(마 9:9), 안식일 논쟁(마 12:1-8), 12세사 부름(마 10:1-4), 산상보훈(마 5:1-10), 씨뿌리는 비유(마 13:1-30), 가버나움 백부장 하인(마 8:5-13), 나인성 과부 아들(눅 7:12-16), 세례 요한의 의문(마 11:2-6), 거라사 귀신 추방(마 8:28-34)
	애	33세	12제자 파송(마 10:5-42), 세례 요한 죽음(마 14:1-2), 오천 명(마 14:15-21), 물 위로 걸으심(마 14:22-33), 가나안 여인 딸 치료(마 15:22-28), 사천 명(마 15:32-38), 시몬 베드로 고백(마 16:13-19), 변화산(마 17:1-9), 선한 사마리아인 비유(눅 10:25-37), 70인 파송(눅 10:1-16), 간음한 여인(요 8:1-11), 나사로 살림(요 11:1-46), 삭개오(눅 19:2-10)
6	고난 주간		고난 예언(마 20:17-19), 승리 입성(마 21:1-11), 성전 청결(마 21:12-13), 말세 비유(마 24:32-36), 유대인과 유다 공모(마 26:1-5), 유월절 만찬, 제자 발씻김(요 13:5-17), 성만찬(마 26:26-29), 참포도나무 비유(요 15:1-6), 성령의 약속(요 16:7-15), 동산 기도(마 26:36-46)
7	십자가 죽음		유다 배반(마 26:47-56), 대제사장 법정(마 26:57), 베드로 부인(마 26:69~75), 빌라도(마 27:12), 헤롯(눅 23:6-12), 빌라도 판결(마 27:26-30), 유다 자살(마 27:3-10), 십자가 죽음(마 27:35-56), 강도의 신앙고백(눅 23:39-43), 장사 지냄(마 27:57-61)

구분	생 애	중요 사건
8	부활	부활(요 11:25-26), 막달라 마리아(막 16:9), 여자들(마 28:9), 베드로, 제자들, 500명 부활(고전 15:4-6), 엠마오의 두 제자(눅 24:29-31), 열 제자(요 20:19-24), 도마(요 20:26-28), 베드로 재소명(요 21:15-23)
9	승천	승천(눅 24:50-51; 행 1:9-11), 최후 명령(행 1:4-9), 보좌 우편(막 16:19), 약속(막 28:20)
10	영광	스데반(행 7:55-56), 바울(행 26:13-15), 요한(계 1:12-16), 뛰어난 이름(빌 2:9-11), 왕적 통치(벧전 3:22), 제사장적 중보기도(롬 8:34), 선지자적 성령 보내심(행 2:33)
11	재림	때와 징조(마 24:36; 눅 12:40; 살전 5:2; 벧후 3:10), 갑자기(마 24:33-44; 빌 4:5; 계 3:11; 눅 17:26-32; 계 16:15), 왕(계 20:6)
12	심판	세상심판(마 25:31-46), 권세(마 28:18), 백보좌(계 20:11-12), 산자 죽은 자(딤후 4:1)

제22과 이단을 어떻게 분별하는가?

학습목표 : 이단의 5대 분별법을 이해하고 이단을 대처할 수 있는 능력을 갖는다. 다른 사람에게 이단을 경계시키며 이단을 분별하여 대체할 수 있는 지도력이 생긴다.

요절말씀 : 뱀이 그 간계로 이와를 미혹케 한 것같이 너희 마음이 그리스도를 향하는 진실함과 깨끗함에서 떠나 부패할까 두려워하노라 만일 누가 가서 우리의 전파하지 아니한 다른 예수를(another Jesus) 전파하거나 혹 너희의 받지 아니한 다른 영(another spirit)을 받게 하거나 혹 너희의 받지 아니한 다른 복음(another gospel)을 받게 할 때에는 너희가 잘 용납하는구나(고후 11:3-4).

여러분이 심장병으로 수술을 하려고 한다면 믿을 수 있는 최고의 전문의사를 찾을 것이다. 돌팔이 의사에게 여러분의 몸을 맡겨 칼을 대게 한다는 것은 생각만 해도 위험하고 끔찍한 일이기 때문이다. 그런데 여러분의 영혼을 치유하는 데는 아무 병원, 아무 의사에게 맡겨도 된다는 말인가? 더구나 우리의 영혼은 심장보다 몇만 배나 나 더 중요한데도 말이다. 신앙생활 중에서 **가장 위험한 생각 중 하나는 아무 곳, 아무에게나 찾아가서 복음 진리를 배우고 자기 영혼의 지도를 받아도 된다는 생각**이다. 여러분이 거짓 교사나 이단의 돌팔이 선지자를 잘못 만난다면 그들은 틀림없이 여러분을 참된 진리와 구원의 근원에서 멀리 떠나도록 잘못 인도할 것이 뻔하기 때문이다.

영적 지도자를 잘못 만남으로 받을 수 있는 영적, 육체적, 정신적, 물질적, 가정적 피해는 엄청나고 잘못하면 운명까지도 잘못 바뀔 수 있다. 그래서 예수님은 "**거짓 선지자들을 삼가라**"고 경고하셨다. 사도 요한도 "**사랑하는 자들아 영을 다 믿지 말고 오직 영들이 하나님께 속하였나 시험하라 많은 거짓 선지자가 세상에 나왔음이니라**"(**요일 4:1**)고 악한 영의 사람과 거짓 선지자들을 구별하여 스스로 대처할 것을 강조했다. 선한 양의 옷을 입었으나 속에는 뜯어먹는 이리로 표현된 거짓 선지자는 당시의 위선적 종교 지도자인 바리새인, 서기관, 또는 타락한 제사장을 의미한다. 이것은 오늘날 타락한 종교 지도자, 거짓 교사, 이단들로 복음과 진리와 선의 탈을 쓰고 노략질하는 삶을 살아가는 모든 사람들을 포함한다(겔 22:25-28; 행 20:29; 마 24:5; 벧후 2:1).

오늘날에도 양의 옷을 입고 위장한 거짓 선지자, 이리들이 존재하는가? 그렇다. 예배석, 강단 위, 신학교, 교단, 기도원, 성경공부 그룹, 기도회 모임, 그 어디에도 존재할 수 있다. 이들은 기독교라는 이름과 신적 능력과 진리와 예수 이름과 학위와 지위라는 양의 겉옷에다 **다른 예수, 다른 영, 다른 복음**(고후 11:3-4)의 의도를 감춘 채로 순진한 성도의 영혼을 착취하며 사냥하고 있다. 그리하여 영성에 밝은 바울 사도는 "**저런 사람들은 거짓 사도요 궤휼의 역군이니 자기를 그리스도의 사도로 가장하는 자들이니라 이것이 이상한 일이 아니라 사단도 자기를 광명의 천사로 가장하나니 그러므로 사단의 일꾼들도 자기를 의의 일꾼으로 가장하는 것이 또한 큰 일이 아니라 저희의 결국은 그 행위대로 되리라**"(**고후 11:13-15**)고 광명의 천사로 가장한 이단의 일반적인 활동을 지적했다. 또한 "**그러나 성령이 밝히 말씀하시기를 후일에 어떤 사람들이 믿음에서 떠나 미혹케 하는 영과 귀신의 가르침을 좇으리라 하셨으니 자기 양심이 화인 맞아서 외식하므로 거짓말하는 자들이라**"(**딤전 4:1-2**)고 숨겨진 귀신 교리의 미치광이 같은 거짓된 교훈으로 미혹하는 이단의 정체를 밝혀주었다. 마약이나 청소년 문제나 음주는 개인적인 문제지만 이단의 귀신 가르침을 통해서는 개인적인 파멸은 물론, 단체적으로 수많은 사람들이 파멸의 구렁텅이로 끌려가게 된다. 따라서 이단 문제는 교회와 가정뿐 아니라 사회의 암적인 심각한 문제가 된다. 우리는 참과 거짓을 분별하기 어려운 영적으로 혼란한 시대를 살아가고 있다. 귀신의 가르침을 따라 멸망의 길로 가며 다른 사람들을 미혹하여 단체로 파멸시키는 거짓 선지자, 이단들을 어떻게 구별할 수 있을까? 어떻게 그들에게 마약과 독약의 위험 표시를 해두고 현명하게 대처할 수 있을까? 이단의 5대 분별 요령을 살펴보도록 하자.

1.(살후 2:1-2):

우선 이단이란 무엇인가를 규정하기 위해 복음, 종교, 이교, 사이비, 종교 다원화주의, 뉴에이지 운동 등의 용어를 정리할 필요가 있다. 대개 그리스도인들은 불교, 유교, 유대교, 힌두교, 이슬람교 등 여러 고등종교 중 기독교라는 종교에 자신이 속해 있다고 기독교를 종교의 범주에 두어서 생각하는 것이 일반적이다. 그러나 성경은 기독교가 종교에 속해 있다고 하지 않고 기독교는 오히려 일반 종교와 다른 입장에 있으며 복음(gospel)이라고 증언한다.

복음과 종교의 차이는 무엇인가? 인간들이 삶의 불행과 불안과 죽음과 그 이후의 구원 문제를 해결하기 위해 선행이나 노력으로 하나님과 같은 절대 신적 존재를 찾으려는 조직체를 종교라고 한다(행 17:16-31). 그들도 신적 절대자, 제사장, 제사 의식, 윤리 강령의 종교적 요소를 갖추고 있다. 그러나 종교적 행위는 하지만 윤리성과 도덕성이 없어 개인과 사회에 유해한 단체를 사이비(cults)라고 한다. 종교의 두 가지 특징은 주체자가 인간이요, 구원의 조건으로 선행의 권선징악을 강조한다는 점이다. 그러나 복음은 종교와는 반대로 창시자가 하나님이며 하나님이 만드셨고 하나님이 구원을 위해 먼저 인간에게 찾아오신 것이다. 구원은 인간의 선행이 아니라 하나님의 절대 은혜의 선물로 주어지는 것이다. 기독교의 선행은 불교나 유교, 가톨릭에서처럼 구원의 조건이 아니라 이미 받은 구원 은혜에 대한 감사 행위로서 그 선행의 동기가 매우 다르다. 세상에서 인간들이 구원의 방법으로 만들어 놓은 종교는 많고 앞으로도 계속 생성하고 사멸할 것이다.

그러나 **하나님이 위로부터 인간을 구원하기 위해 찾아오신 복음은 하나뿐이며 기독교는 땅의 종교가 아닌 하늘의 유일한 복음이라는 사실을 명심해야 한다.** 복음은 참된 하나님 여호와의 언약으로 인간 타락 후 구약 창세기 3장 15절에 시작되어 아브라함에게 가장 구체적으로 계시되었다(갈 3:8-9). 예수 그리스도에게서 완성되었으며(눅 2:10-11; 막 1:1) 바로 예수 그리스도가 복음의 내용이다(막 1:1; 요 14:6; 행 4:12; 골 2:2-3). 그러므로 복음과 종교가 명백하게 구분되지 못하고 종교 속에 복음을 포함시키려는 **복음의 인본주의화와 종교화가 심각한 문제**이다. 복음의 주체자인 예수님이 일평생 종교와 투쟁하시며 복음 사역을 하시다가 종교인들에 의해 죽으셨다(마 23:1-35). 그러므로 기독교는 개신교, 로마 가톨릭, 그리스 정교회의 3개 종교라고 하는 일반적인 생각은 성도들을 미혹하는 학자들의 잘못된 주장이다. **로마 가톨릭이나 그리스 정교회는 A.D. 4세기 초 로마 콘스탄틴 대제가 정치적 목적**으로 **혼합 종교**의 형식으로 만들어 놓은 로마의 정치 종교체제에 근거하고 있다. 유대교, 불교와 더불어 건전한 종교이지만 기독교는 종교가 아닌 복음이다. 기독교는 16세기 마틴 루터의 종교개혁 후에 붙여진 이름이 아니라 앞서 언급한 것처럼 복음과 더불어 창세기 3장 15절에 시작되어 구체적으로 예수님이 부활 승천하신 후 복음 운동하는 제자들에게 안디옥 지역의 불신자들이 이미 A.D. 33년경에 붙여 준 이름이었다(행 11:26, 26:28).

종교 다원화주의란 산의 정상에 이르는 길이 여럿이 있듯이 구원의 정상에 이르는 것도 불교, 유교, 유대교, 가톨릭, 힌두교, 이슬람교, 각종 종교를 통해서도 가능하다고 생각하는 사상이다. 기독교를 종교의 범주에 넣어 구원 복음의 유일성을 희석시키려는 사상이며 최근 기독교에도 큰 영향력을 미치는 이단 사상으로 경계되어야 한다. 종교 다원화주의와 연결된 **뉴에이지 운동(New Age Movement)**은 동양 신비종교의 윤회설과 인도의 요가, 영혼육체이탈, 명상, 기공 수행법, 역술, 또는 점성술과 과학적 마술까지 결합하여 인간도 신이 될 수 있다고 하는(창 3:5) **범신론적 현대 혼합주의 종교 운동**이다. 음악이나 영화 등을 통해 은연중 청소년들에게 급속도로 파급되고 있으며 영적 피폐함을 끼쳐서 심각한 청소년 문제를 일으키고 있다. 이들은 예수님의 유일한 구원주 되심을 부인하고 반전, 평화 일치, 자연보호, 자유 등의 슬로건으로 위장하여 현대 교회가 직면한 최대의 이단운동으로 대두되고 있다.

이교란 기독교와 전혀 무관한 다른 종교를 말하며, 이단이란 하나님, 예수님, 성령의 이름을 사용하며 성경을 인용하고 기독교의 이름을 쓰고 기독교와 비슷한 주장을 하지만 본질적으로 기독교의 복음 진리와는 전혀 다른 탈선된 사이비를 말한다. 이단(heresy)은 정통 교리에 대한 이설로, 불신앙이나 비신앙의 의심이나 회의를 말하는 것과는 구별된다. 사실 기독교를 믿으면서도 기독교 진리의 일부분을 오해할 수가 있는데 이것을 이단이라고 할 수는 없다. 기독교의 정통적 진리를 위배하는 것이 이단인 것이다. 이단들은 항상 거짓된 다른 복음(another gospel)으로 성도들을 미혹하며 착취하고 신앙을 병들게 하고 복음 진리를 혼잡하게 한다. 성도들을 바른 신앙생활에서 멀어지게 하며 끝내는 파멸에 이르게 하는 이단들이 무서운 신앙의 적임을 명심하고 경계해야만 한다(갈 1:6-9). 그리하여 사도 바울은 "**다른 복음은 없나니 다만 어떤 사람들이 너희를 요란케 하여 그리스도의 복음을 변하려 함이라 그**

러나 우리나 혹 하늘로부터 온 천사라도 우리가 너희에게 전한 복음 외에 다른 복음을 전하면 저주를 받을지어다"(갈 1:7-8)라고 이단들에게 미혹당하는 갈라디아 교인들을 경고했다.

독버섯처럼 범람하는 이단들은 오늘날에만 문제되었던 것이 아니다. 그들의 뿌리는 초대 교회로 거슬러 올라간다. 초대 교회는 밖으로 심한 핍박을 받고 있을 때 안으로는 유대교적 기독교(행 15:1-2), 영지주의 이단(요일 4:1-3), 마르시온 이단, 몬타너스 이단 등 여러 이단한테 심한 도전을 받았다. 최초 예루살렘 교회의 총회를 통해서 최초의 이단인 기독교적 유대교의 영향력에 대처하고 오직 믿음의 복음 진리를 확고히 세웠다. 그리하여 유대 민족 종교의 낡은 부대를 벗어나 기독교는 새 포도주의 놀라운 폭발력으로 세계를 향하여 번져갈 수 있었던 것이다(행 15:1-35). **초대 교회는 이단에 대처하는 표준으로 성경, 신경, 감독의 권위를 확립시켰고 도덕 생활을 표준으로 삼기도 하였다. 또한 학식 있는 변증론자들에 의해 기독교의 진리를 파악 해명하려는 시도에서 신학의 문제를 취급함으로써 기독교 신학의 체계화가 이루어졌다.** 그리고 2000년 간 이단들과의 논쟁을 통해 삼위일체와 기독론 같은 기독교 교리가 세워진 것이다. 특히 초대 교회의 종말론에 대한 이단에 대처하기 위해 데살로니가전·후서부터 신약 성경이 기록되었다. 오늘날 기승을 부리는 한국적, 이국적, 또는 혼합적, 오만 잡동사니 수많은 이단들은 고대 이단들의 재연일 뿐이며 앞으로도 수많은 이단들이 주님 오실 때까지 계속 생성되고 사멸될 것이다.

이단에 대처하려면 그 실상을 파악하고 말려들지 않도록 예방하며 다른 사람들이 이단 사설에 빠지지 않도록 교육하는 것이 최선 방책이다. 계속 생기고 사멸하는 **이단을 구별하는 5대 원리는 그 첫 자를 따라서 '종말생귀신'으로 기억하기 쉽게 표현**할 수 있다. 이단은 잘못된 종말론으로 예수님의 재림 날짜를 계산하고 장소를 지정하며 재림주를 자처하거나 재림 영접의 특별 단체나 조건을 지정한다. 이렇게 종말 사상의 위기감을 극대화해서 현실의 삶과 괴리시키거나(마 24:5; 살전 2:1-2; 살후 2:1-3; 행 1:7) 드문 경우 예수님의 재림을 완전 부인하기도 한다(벧후 3:2-5). 이단들은 자기들을 통해서만 구원을 받을 수 있고 마지막 환난 때 살아남을 수 있다고 주장하며 극단적인 선민의식을 가지고 있다. 또한 환난 날에 안전한 피난처로 이 땅에서 이루어지는 지상 천국 건설을 내세우고 있다. 그리하여 사도 바울은 **"혹 영으로나 혹 말로나 혹 우리에게서 받았다 하는 편지로나 주의 날이 이르렀다고 쉬 동심하거나 두려워하거나 하지 아니할 그것이라"(살후 2:2)**고 경고했다. **재림 날짜는 알 수 없으며**(마 25:13; 행 1:7; 살전 5:1) 예수님의 재림은 도적같이 임하는 **우주적, 공개적, 시각적, 순간적 사건**이므로(계 1:7; 벧후 3:10-14) 우리는 **거룩한 행실과 경건함으로 하루 하루를 성실하게 준비된 자세로 살아갈 뿐**이다.

1) **데살로니후서 2:1-2** : 형제들아 우리가 너희에게 구하는 것은 우리 주 예수 그리스도의 강림하심과 우리가 그 앞에 모임에 관하여 혹 영으로나 혹 말로나 혹 우리에게서 받았다 하는 편지로나 주의 날이 이르렀다고 쉬 동심하거나 두려워하거나 하지 아니할 그것이라.

2) **데살로니가전서 4:16-17** : 주께서 호령과 천사장의 소리와 하나님의 나팔로 친히 하늘로 좇아 강림하시리니 그리스도 안에서 죽은 자들이 먼저 일어나고 그 후에 우리 살아 남은 자도 저희와 함께 구름 속으로 끌어 올려 공중에서 주를 영접하게 하시리니 그리하여 우리가 항상 주와 함께 있으리라.

3) **마태복음 24:23-27** : 그 때에 사람이 너희에게 말하되 보라 그리스도가 여기 있다 혹 저기 있다 하여도 믿지 말라 거짓 그리스도들과 거짓 선지자들이 일어나 큰 표적과 기사를 보이어 할 수만 있으면 택하신 자들도 미혹하게 하리라 보라 내가 너희에게 미리 말하였노라 그러면 사람들이 너희에게

말하되 보라 그리스도가 광야에 있다 하여도 나가지 말고 보라 골방에 있다 하여도 믿지 말라 번개가 동편에서 나서 서편까지 번쩍임같이 인자의 임함도 그러하리라.

4) **마태복음** 24:36 : 그러나 그 날과 그 때는 아무도 모르나니 하늘의 천사들도, 아들도 모르고 오직 아버지만 아시느니라.
5) **마태복음** 25:13 : 그런즉 깨어 있으라 너희는 그 날과 그 시를 알지 못하느니라.
6) **사도행전** 1:7-8 : 가라사대 때와 기한은 아버지께서 자기의 권한에 두셨으니 너희의 알 바 아니요 오직 성령이 너희에게 임하시면 너희가 권능을 받고 예루살렘과 온 유대와 사마리아와 땅 끝까지 이르러 내 증인이 되리라 하시니라(cf. 슥 14:7).
7) **데살로니가전서** 5:1-2: 형제들아 때와 시기에 관하여는 너희에게 쓸 것이 없음은 주의 날이 밤에 도적같이 이를 줄을 너희 자신이 자세히 앎이라.
8) **요한계시록** 1:7 : 볼지어다 구름을 타고 오시리라 각인의 눈이 그를 보겠고 그를 찌른 자들도 볼 터이요 땅에 있는 모든 족속이 그를 인하여 애곡하리니 그러하리라 아멘.
9) **베드로후서** 3:9-14 : 주의 약속은 어떤 이의 더디다고 생각하는 것같이 더딘 것이 아니라 오직 너희를 대하여 오래 참으사 아무도 멸망치 않고 다 회개하기에 이르기를 원하시느니라 그러나 주의 날이 도적같이 오리니 그 날에는 하늘이 큰 소리로 떠나가고 체질이 뜨거운 불에 풀어지고 땅과 그 중에 있는 모든 일이 드러나리로다 이 모든 것이 이렇게 풀어지리니 너희가 어떠한 사람이 되어야 마땅하뇨 거룩한 행실과 경건함으로 하나님의 날이 임하기를 바라보고 간절히 사모하라 그 날에 하늘이 불에 타서 풀어지고 체질이 뜨거운 불에 녹아지려니와 우리는 그의 약속대로 의의 거하는 바 새 하늘과 새 땅을 바라보도다 그러므로 사랑하는 자들아 너희가 이것을 바라보나니 주 앞에서 점도 없고 흠도 없이 평강 가운데서 나타나기를 힘쓰라.

2.(계 22:18-19):

이단은 잘못된 말씀관으로 자기들만의 정경을 소유하고 있다. 뿐만 아니라 성경을 사용한다 해도 자기들의 편의와 목적에 따라 성경 말씀을 단편적으로 가감하거나 도용하고, 편견적 해석을 하고 있다. 말씀과 신학과 정통 교리보다 신비한 체험과 직통 계시를 더욱 강조하고 비성경적, 비신학적, 반지성적이다(마 4:6; 계 22:18-19). 정통 기독교 교회는 신구약 66권 성경만을 하나님의 특별 계시인 정경으로 받아들인다. 그러나 이단들은 성경의 권위보다 다른 복음에 더 권위를 부여한다(갈 1:7-8; 고후 11:4). 지금도 다른 성경에 기록하는 하나님의 특별 계시가 계속되고 있다고 주장한다. 또한 성경을 깨닫게 하시는 성령의 조명보다는(요 16:14) 직통 계시나 환상을 더 강조한다. 그리하여 자신들이 체험한 건전하지 못한 신비 체험을 마치 진리인양 주장하면서 주관적 신비 체험을 객관화하려고 노력한다. 그뿐만 아니라 성경을 원론적으로 해석하는 것이 아니라 문맥과 상관없이 은유적으로 해석하여 성경 해석의 오류에 빠지고 성경 통달의 교만에 빠져 있다. 마귀와 이단도 하나님의 말씀인 성경을 인용한다(마 4:6). 그러나 성령의 검인 성경 말씀(엡 6:17)을 잘못 사용하 면 성도의 영혼을 상하게 하거나 죽이게 된다. 열심 있는 성도가 사이비 이단에 희생되는 것은 그 신앙과 열심이 성경 말씀의 정확한 지식에 기초하지 못할 때 벌어지는 현상이다. 성경은 문맥에 따라 해석하고 전체적으로 보는 것이 중요하다.

이단들의 미혹을 받는 이유는 무엇인가? 첫째는 하나님의 말씀에 대한 무지와 배운 일에 확신을 가지지 못하기 때문이다(딤후 3:14-16). 이단에 대해서 배우고 알아야 대처할 수 있다. 둘째는 자기 자신의 이기적인 욕망에 끌리기 때문이다(약 1:14-15). 셋째는 영적 지도자를 잘못 만났기 때문이다. 소경이 소경을 인도하면 함께 구덩이에 빠지게 되어 있다. 소경 지도자도 비극적인 일인데 그 소경 지도자를 따른다면 얼마나 더 비극적인 일인가? 어부는 미끼를 무는 물고기만 잡을 수 있다. 이단의 호기심을 끄는 미끼에 걸리지 않으려면 건전한 영적 지도자, 건전한 교회에 소속이 되어 건전하게 양육받으며 꾸준히 봉사해야 한다. 그러나 건전한 신앙교육을 받지 못하고 말씀의 바탕이 없는 극단적 기복주의 신앙, 극단적 종말주의 신앙, 극단적인 신비주의 신앙, 소속 없는 떠돌이 신앙은 매우 위험하다. 귀신의 영을 받는 이단들의 사명은 여러분의 영혼을 노략질하며 건전한 신앙을 오염시키고 물질 착취뿐 아니라 여러분의 가정을 파괴시키는 것이다. 그러므로 우리는 "너희가 그리스도 예수를 주로 받았으니 그 안에서 행하되 그 안에 뿌리를 박으며 세움을 입어 교훈을 받은 대로 믿음에 굳게 서서 감사함을 넘치게 하라 누가 철학과 헛된 속임수로 너희를 노략할까 주의하라 이것이 사람의 유전과 세상의 초등학문을 좇음이요 그리스도를 좇음이 아니니라" (골 2:6-8)는 사도 바울의 권면과 더불어 다음의 이단 대처 방안을 유의할 필요가 있다.

1) **요한계시록 22:18-19** : 내가 이 책의 예언의 말씀을 듣는 각인에게 증거하노니 만일 누구든지 이것들 외에 더하면 하나님이 이 책에 기록된 재앙들을 그에게 더하실 터이요 만일 누구든지 이 책의 예언의 말씀에서 제하여 버리면 하나님이 이 책에 기록된 생명 나무와 및 거룩한 성에 참예함을 제하여 버리시리라.
2) **디모데후서 3:13-17** : 악한 사람들과 속이는 자들은 더욱 악하여져서 속이기도 하고 속기도 하나니 그러나 너는 배우고 확신한 일에 거하라 네가 뉘게서 배운 것을 알며 또 네가 어려서부터 성경을 알았나니 성경은 능히 너로 하여금 그리스도 예수 안에 있는 믿음으로 말미암아 구원에 이르는 지혜가 있게 하느니라 모든 성경은 하나님의 감동으로 된 것으로 교훈과 책망과 바르게 함과 의로 교육하기에 유익하니 이는 하나님의 사람으로 온전케 하며 모든 선한 일을 행하기에 온전케 하려 함이니라.

3) **마태복음 4:6** : 가로되 네가 만일 하나님의 아들이어든 뛰어내리라 기록하였으되 저가 너를 위하여 그 사자들을 명하시리니 저희가 손으로 너를 받들어 발이 돌에 부딪히지 않게 하리로다 하였느니라.
4) **베드로후서 1:20-21** : 먼저 알 것은 경의 모든 예언은 사사로이 풀 것이 아니니 예언은 언제든지 사람의 뜻으로 낸 것이 아니요 오직 성령의 감동하심을 입은 사람들이 하나님께 받아 말한 것임이니라.
5) **베드로후서 3:16** : 또 그 모든 편지에도 이런 일에 관하여 말하였으되 그 중에 알기 어려운 것이 더러 있으니 무식한 자들과 굳세지 못한 자들이 다른 성경과 같이 그것도 억지로 풀다가 스스로 멸망에 이르느니라.
6) **고린도전서 4:6** : 형제들아 내가 너희를 위하여 이 일에 나와 아볼로를 가지고 본을 보였으니 이는 너희로 하여금 기록한 말씀 밖에 넘어가지 말라 한 것을 우리에게서 배워 서로 대적하여 교만한 마음을 먹지 말게 하려 함이라.
7) **고린도후서 2:17** : 우리는 수다한 사람과 같이 하나님의 말씀을 혼잡하게 하지 아니하고 곧 순전함으로 하나님께 받은 것같이 하나님 앞에서와 그리스도 안에서 말하노라.
8) **요한2서 1:9** : 지내쳐 그리스도 교훈 안에 거하지 아니하는 자마다 하나님을 모시지 못하되 교훈 안에 거하는 이 사람이 아버지와 아들을 모시느니라.
9) **예레미야 14:14** : 여호와께서 내게 이르시되 선지자들이 내 이름으로 거짓 예언을 하도다 나는 그들을 보내지 아니하였고 그들에게 명하거나 이르지 아니하였거늘 그들이 거짓 계시와 복술과 허탄한 것과 자기 마음의 속임으로 너희에게 예언하도다.
10) **예레미야 23:16** : 만군의 여호와께서 이같이 말씀하시되 너희에게 예언하는 선지자들의 말을 듣지 말라 그들은 너희에게 헛된 것을 가르치나니 그들의 말한 묵시는 자기 마음으로 말미암은 것이요 여호와의 입에서 나온 것이 아니니라.
11) **요한복음 8:32** : 진리를 알지니 진리가 너희를 자유케 하리라.
12) **아모스 3:7** : 주 여호와께서는 자기의 비밀을 그 종 선지자들에게 보이지

아니하시고는 결코 행하심이 없으시리라.

13) **요한계시록 10:7** : 일곱째 천사가 소리 내는 날 그 나팔을 불게 될 때에 하나님의 비밀이 그 종 선지자들에게 전하신 복음과 같이 이루리라.

14) **하박국 2:3** : 이 묵시는 정한 때가 있나니 그 종말이 속히 이르겠고 결코 거짓되지 아니하리라 비록 더딜지라도 기다리라 지체되지 않고 정녕 응하리라.

3.(딛 1:16): ____________

이단들은 잘못된 생활관을 가지고 있으므로 그들의 삶의 모습, 즉 생활 모습을 보면 쉽게 식별할 수 있다. 그들은 비윤리적, 비인격적, 반사회적이고 폐쇄적이며 극단적인 기복주의와 신비주의를 표방한다(딛 1:16). 특히 자기들의 목표 달성을 위해서는 가정의 의무를 등한히 하게 하며 정상적인 가정생활을 파괴하기도 한다.

예수님은 "**거짓 선지자들을 삼가라 양의 옷을 입고 너희에게 나아오나 속에는 노략질하는 이리라 그의 열매로 그들을 알지니 가시나무에서 포도를, 또는 엉겅퀴에서 무화과를 따겠느냐 …… 아름다운 열매를 맺지 아니하는 나무마다 찍혀 불에 던지우느니라** 나더러……주여 주여 하는 자마다 천국에 다 들어갈 것이 아니요 다만 하늘에 계신 내 아버지의 뜻대로 행하는 자라야 들어가리라 그 날에 많은 사람이 나더러 이르되 주여 주여 우리가 주의 이름으로 선지자 노릇하며 주의 이름으로 귀신을 쫓아 내며 주의 이름으로 많은 권능을 행치 아니하였나이까 하리니 **그 때에 내가 저희에게 밝히 말하되 내가 너희를 도무지 알지 못하니 불법을 행하는 자들아 내게서 떠나가라 하리라**"(마 7:15-23)고 이단의 특성과 식별뿐 아니라 이단과 그 추종자들의 최후 운명에 대해서도 지적해 주셨다. 이단의 특성은 양의 옷을 입고 나오나 노략질하는 이리로 비유되어 속과 겉이 다르다는 점이 지적된다. 그들의 본질, 인격, 마음의 속사람은 간교하고 사악하며 이리같이 뜯어 먹지만 예수, 진리, 신앙, 복, 정의, 평화, 선의 옷을 입고 기만과 위선으로 나오기 때문에 구별하기가 쉽지 않다. 그리하여 사도 바울은 이단을 가리켜 **사단의 일꾼들이지만 광명한 천사로 위장된 자들**이라고 평가했다(고후 11:13-15). 그들의 속사람, 인격, 행동 동기가 불순한 것이다.

그러나 참된 영적 지도자는 속과 겉이 다르지 않으며 양무리를 위해 희생적이고 모범적으로 인도하며 신실하게 충성을 다한다(요 16:1; 막 10:44-45). 훌륭한 영적 지도자를 존경하고(히 13:17; 갈 6:6) 따르며 악한 이단을 분별하여 경계하라. 이단 식별에 대해 예수님은 그들의 숨겨진 마음은 알 수 없으나 열매로 그 나무의 참과 거짓을 알듯이, 그들의 본질과 행동 동기가 나쁘므로 모든 행실의 결과가 나쁠 것이라고 말씀하셨다. 그들의 행동 원리는 미혹과 거짓, 협박, 뜯어먹고, 해치고, 도망치고, 책임감 없이 늘 오리발 내미는 것이다(요 8:44). 이단을 따르면 결국 영과 혼과 육의 상처는 물론 물질적 손해와 가정 파괴에까지 이른다.

1) **디도서 1:16** : 저희가 하나님을 시인하나 행위로는 부인하니 가증한 자요 복종치 아니하는 자요 모든 선한 일을 버리는 자니라.
2) **마태복음 7:15-20** : 거짓 선지자들을 삼가라 양의 옷을 입고 너희에게 나아오나 속에는 노략질하는 이리라 그들의 열매로 그들을 알지니 가시나무에서 포도를, 또는 엉겅퀴에서 무화과를 따겠느냐 이와 같이 좋은 나무마다 아름다운 열매를 맺고 못된 나무가 나쁜 열매를 맺나니 좋은 나무가 나쁜 열매를 맺을 수 없고 못된 나무가 아름다운 열매를 맺을 수 없느니라 아름다운 열매를 맺지 아니하는 나무마다 찍혀 불에 던지우느니라 이러므로 그의 열매로 그들을 알리라.
3) **고린도후서 11:13-15** : 저런 사람들은 거짓 사도요 궤휼의 역군이니 자기를

그리스도의 사도로 가장하는 자들이니라 이것이 이상한 일이 아니라 사단도 자기를 광명의 천사로 가장하나니 그러므로 사단의 일군들도 자기를 의의 일꾼으로 가장하는 것이 또한 큰 일이 아니라 저희의 결국은 그 행위대로 되리라.

4) **유다서 1:8** : 그러한데 꿈꾸는 이 사람들도 그와 같이 육체를 더럽히며 권위를 업신여기며 영광을 훼방하는도다.

5) **유다서 1:10-11** : 이 사람들은 무엇이든지 그 알지 못하는 것을 훼방하는도다 또 저희는 이성 없는 짐승같이 본능으로 아는 그것으로 멸망하느니라 화 있을진저 이 사람들이여, 가인의 길에 행하였으며 삯을 위하여 발람의 어그러진 길로 몰려갔으며 고라의 패역을 좇아 멸망을 받았도다.

6) **유다서 1:16** : 이 사람들은 원망하는 자며 불만을 토하는 자며 그 정욕대로 행하는 자라 그 입으로 자랑하는 말을 내며 이를 위하여 아첨하느니라.

7) **유다서 1:19** : 이 사람들은 당을 짓는 자며 육에 속한 자며 성령은 없는 자니라.

4.(요 14:6):

이단의 특징 중 중요한 것은 잘못된 구원관을 가지고 있다는 것이다. 물질이나 헌신, 그리고 특별한 신앙적 행위 등 특수 조건을 구원과 결부시켜 오직 믿음으로 구원받는 은혜의 복음을 부정하고 있다. 특히 예수님의 신성이나 인성을 부인하여 예수 그리스도의 구속의 완전성이나 유일성을 부인한다. 자기 집단에 소속되어야만 구원받을 수 있는 것처럼 억압한다. 이의를 제기하거나 이탈하면 저주받는 것으로 공포감을 조장하고 협박하기도 한다. 자신들의 합리화를 위하여 기존 교회와 성도를 비방한다. 그러므로 예수 그리스도를 빼놓고 구원받을 수 있다는 그 어떤 주장도 이단으로 간주해야 한다.

이단이란 본래 정통(orthodox)의 진리에 위배되는 이설(heterodox)을 의미한다. 그러므로 이단의 비밀을 파악하여 대처하기 전에 우리 자신이 믿고 있는 기독교 진리를 체계적으로 확실히 이해하고 있는지 점검해 보는 작업이 필요하다. 오늘날 우리에게 필요한 것은 신학이나 성경 교리가 아니라 체험이라고 말한다면 이것은 성경을 제대로 이해하지 못하는 것이며 사단과 이단의 활동에 길을 터주는 매우 위험한 일이다(딛 1:9; 요이 1:9). 바른 교훈에 확신을 가지면 거짓 교훈을 쉽게 구별할 수 있다. 잘못된 거짓 교훈을 믿는 것은 마약이나 마술보다 더 치명적이고, 사단의 파괴 작업에 심각한 행동의 문을 열어주는 것이다. 기독교 복음 진리에 확신이 없으면 가짜의 비슷한 다른 예수, 다른 영, 다른 복음에 미혹되기 쉽기 때문이다. 기독교와 비슷하다고 다 기독교가 아니다. 언제나 기독교와 거의 비슷하지만 끝이 다른 이단이 큰 문제였다. 복음의 핵심이나 이단의 구별, 모든 것은 명백한 **신앙과 생활의 기준인 성경 말씀에 근거**해야만 한다. 그리하여 예수님은 "진리를 알지니 진리가 너희를 자유케 하리라"(요 8:32)라고 말씀하셨다.

기독교 복음의 핵심은 단순하게 믿을 진리와 행할 진리, 두 가지로 되어 있다(엡 2:8-10; 롬1:17; 딤후 3:13-17). 믿을 진리의 핵심은 하나님과 관련된 구원(salvation) 진리이며, 구원은 예수 그리스도의 믿음에 의한 은혜의 선물(free gift by only faith in Jesus Christ)로 일회적이라는 것이다(엡 2:8; 요 14:6; 행 4:12). 구원 문제는 하나님의 소관으로(요 10:28-29; 롬 1:16) 종교, 철학, 지식, 재물, 명예, 노력 등 인간의 공로는 전혀 인정되지 않는다(딛 3:5). 구원은 단지 하나님의 은혜(요 1:16)와 사랑(롬 5:8; 엡 2:1-5), 그리고 예수 그리스도의 보혈(마 26:28; 엡 1:7; 히 10:19)과 성령의 역사(롬 8:9; 고전 12:3)와 말씀의 복음에 근거하는(엡 1:13; 롬 10:17-18) 믿음뿐이다. 이 복음 외에 새로운 구원 진리를 발견했다는 이단들을 조심하라. 그리하여 사도 바울은 "우리가 너희에게 전한 복음 외에 다른 복음을 전하면 저주를 받을지어다"(갈 1:8)라고 단호히 경계했다. 그러므로 이것을 깨달은 그리스도인은 다음과 같이 5가지 복음의 핵심을 계속 고백해야 한다(고후 13:5; 히 10:38).

첫째, 성부, 성자, 성령, 삼위일체 하나님(고후 13:13)은 나를 사랑하십니다(롬 5:8). 둘째, 그러나 나는 죄인입니다(롬 3:23). 셋째, 나의 노력으로 사단과 죄와 고통과 사망과 심판을 어찌할 수 없습니다(엡 2:8-9; 히 9:27). 넷째, 오직 예수님이 나를 위해 죽으시고 나를 위해 다시 사셔서 모든 것을 해결하셨습니다(요 14:6; 히 9:28). 다섯째, 그러므로 나는 회개하고 예수님을 나의 구주로 믿어 구원받고 하나님 자녀(요 1:12)가 되고 사죄(엡 1:7; 골 1:14)와 영생(요 5:24)과 기도응답(요 15:16)과 성령 내주(요 14:16-17)의 복을 받았습니다. 할렐루야!!

오직 믿음에 의한(엡 2:8) 한 번 구원(유 1:3; 히 7:27)은 현재적이며(요 5:24) 영원하다(요 10:28-29). 첫 번째 **구원의 믿을 진리는 신앙생활에서 가장 우선적이며 기본**이다. 하나님의 비밀인 그리스도를 자신의 구세주로 영접하여 하늘에 속하게 되는 신령한 복을 무시하고(엡 1:3; 골 2:2-3) 하나님의 뜻을 거스려 다른 곳에서 성공의 길을 찾는 사람은 반드시 세월을 낭비하고 결국 실패자가 되는 어리석은 사람이다(전 1:4).

두 번째 진리는 **행할 진리**로 믿을 진리를 믿은 다음 자연스럽게 따라오는 진리인데 이것은 믿는 자가 어떻게 살아야 하느냐는 **그리스도인의 삶에 대한 성화(sanctification)의 진리**이다. **믿을 구원 진리가 신분 변화의 일회적인 사건(instant event)이라면 성화 진리는 그리스도인으로서 책임적 삶에 대한 변화된 삶의 계속적인 과정(processing life of change)이다.** 하나님 자녀로의 성화는 우리가 죄악된 세상에서 살고 있는 한 날마다 지속적으로 행해지는 점진적인 영적 성장 과정이기 때문에 즉각적인 영적 성숙의 지름길이나 영적 만병통치약을 약속하는 것은 사단의 속임수이다(창 3:5-6). 그러므로 **완전한 구원은 '이미, 그러나, 아직(already, but, yet)'**이라는 말로 표현된다(빌 3:12). 성화의 삶은 이 생명 다하기까지 그리고 주님 오실 때까지 계속되는 헌신의 삶이다. 이것은 계속적인 하나님 영광을 위한 삶이요(고전 10:31; 요 15:8; 마 5:16), 예수 그리스도를 닮아가는 섬김의 삶이요(고전 11:1; 빌 2:5; 막 10:43; 히 12:2) 말씀과 기도로 거룩해지는 경건에 이르기를 연습하는 삶인 것이다(딤전 4:5-7). 이것은 영원한 본향의 영광을 위해 죄악 된 이 땅에서 나그네로 잠시의 고난과 연단을 극복해가는 믿음의 삶이다(고후 4:17-18; 히 11:13-16; 빌 1:29), 또한 몸을 하나님이 기뻐하시는 거룩한 산 제사로 드리는 영적 예배의 삶이다(롬 12:1-2; 벧전 2:5). "새 계명을 너희에게 주노니 서로 사랑하라 내가 너희를 사랑한 것같이 너희도 서로 사랑하라"(요 13:34)는 주님의 계명을 따라 섬김의 삶을 실천하는 것이다(요 13:14; 막 10:45). 이것은 또한 날마다 자신을 십자가에 못 박고(갈 2:20, 5:24; 고전 15:31), 유혹의 욕심을 따라 썩어져 가는 구습을 좇는 옛 사람을 벗어 버리고 오직 심령으로 새롭게 되어 하나님을 따라 의와 진리와 거룩함으로 지으심을 받은 새 사람을 입어가는 변화의 삶이다(엡 4:22-24). 성화의 삶이 따라오지 못할 때 가증한 자가 되고(딛 1:16), 미숙하여 이단에 빠지며(엡 4:13-14), 불신자들에게 하나님의 이름을 모독되게 할 수 있다(롬 2:24). 그러므로 구원받은 자는 구원의 확신을 가지고(고후 13:5; 엡 1:3-14; 요 5:24) 다음과 같이 행해야 할 진리, **성화생활의 5대 지침**을 암송하며 행동으로 실천에 옮길 때 능력 있는 은혜의 삶을 살 수 있다. 그러나 책임적인 성화 생활도 성도 견인의 궁극적인 구원을 이루시는 하나님의 은혜(고전 15:10)와 섭리이다(롬 8:28-31, 39; 엡 1:13-14).

첫째, 나는 하나님의 영광을 위하여 항상 예배하는 삶을 살겠습니다(롬 12:1-2; 히 10:22-25; 엡 1:3-14; 벧전 2:5). 둘째, 나는 예수님을 따라 죽도록 충성하며(계 2:10; 마 16:24) 겸손하게 섬기는 삶을 살겠습니다(막 10:45). 셋째, 나는 성령 충만하여(엡 5:18) 항상 복음을 증거하는 삶을 살겠습니다(딤후 4:2; 고전 9:16; 행 1:8, 20:24). 넷째, 나는 예수 이름으로 기도하며(요 16:24) 자신과 세상과 사단까지 지배하고 다스리는 삶을 살겠습니다(막 16:17-18; 눅 10:17-20). 다섯째, 나는 항상 기뻐하고 범사에 감사하며(살전 5:16-18) 베푸는 종말적인 삶을 살겠습니다(행 20:35; 계 22:20). 마라나타!

신앙생활의 문제는 대개 이 **은혜의 구원 진리와 행할 성화 진리에 대한 무지, 혼란, 혼합, 분리, 가감, 순서의 전환 문제**이다(고후 2:17). 은혜의 구원 진리보다 행함의 성화 진리를 우선적으로 강조하면 초대 교회 당시 **최초의 이단**이었던 **유대교적 기독교**(행 15:1-29)나 현대의 가톨릭과 같은 인본주의 종교가 되고 둘 중 하나만 강조하면 이단성에 빠지기 쉽다. 여기에서 중요한 것은 이단 분별에 있어서 모든 판단의 근거는 사람들의 의견이나 주장이 아니라 성경 말씀에 근거한 복음이라는 사실을 기억하고 이단이냐 아니냐는 규정을 하는 데 신중을 기해야 한다는 사실이다. 신 · 구약 하나님의 말씀은 이미 이단문제에 대한 경고와 규정과 대책을 마련해 놓고 있다. 그러나 불행하게도 사려 깊고 인격적인 그리스도인들까지도 성경 지식이 부족하여 자기들의 믿음을 제대로 설명할 수가 없으며 복음을 확실하게 변호할 수 없기에 단편적으로 뽑아 놓은 성경 구절로 잘못된 자기 신학 체계를 세우고 있는 이단들의 공격에 너무나 쉽게 무너진다. 따라서 성경을 조금 안다는 것은 매우 위험한 일이며 복음의 핵심을 체계적으로 이해하지 못하는 것은 더욱더 위험한 일이 된다.

1) **요한복음 19:30** : 예수께서 신 포도주를 받으신 후 가라사대 다 이루었다 하시고 머리를 숙이시고 영혼이 돌아가시니라.

2) **요한복음 14:6** : 예수께서 가라사대 내가 곧 길이요 진리요 생명이니 나로 말미암지 않고는 아버지께로 올 자가 없느니라.

3) **사도행전 4:12** : 다른 이로서는 구원을 얻을 수 없나니 천하 인간에 구원을 얻을 만한 다른 이름을 우리에게 주신 일이 없음이니라 하였더라.

4) **요한복음 3:16** : 하나님이 세상을 이처럼 사랑하사 독생자를 주셨으니 이는 저를 믿는 자마다 멸망치 않고 영생을 얻게 하려 하심이니라.

5) **로마서 4:25** : 예수는 우리 범죄함을 위하여 내어줌이 되고 또한 우리를 의롭다 하심을 위하여 살아나셨느니라.

6) **유다서 1:4** : 이는 가만히 들어온 사람 몇이 있음이라 저희는 옛적부터 이 판결을 받기로 미리 기록된 자니 경건치 아니하여 우리 하나님의 은혜를 도리어 색욕거리로 바꾸고 홀로 하나이신 주재 곧 우리 주 예수 그리스도를 부인하는 자니라.

7) **요한2서 1:7-11** : 미혹하는 자가 많이 세상에 나왔나니 이는 예수 그리스도께서 육체로 임하심을 부인하는 자라 이것이 미혹하는 자요 적그리스도니 너희는 너희를 삼가 우리의 일한 것을 잃지 말고 오직 온전한 상을 얻으라 지내쳐 그리스도 교훈 안에 거하지 아니하는 자마다 하나님을 모시지 못하되 교훈 안에 거하는 이 사람이 아버지와 아들을 모시느니라 누구든지 이 교훈을 가지지 않고 너희에게 나아가거든 그를 집에 들이지도 말고 인사도 말라 그에게 인사하는 자는 그 악한 일에 참예하는 자임이니라.

8) **요한1서 4:1-3** : 사랑하는 자들아 영을 다 믿지 말고 오직 영들이 하나님께 속하였나 시험하라 많은 거짓 선지자가 세상에 나왔음이니라 하나님의 영은 이것으로 알지니 곧 예수 그리스도께서 육체로 오신 것을 시인하는 영마다 하나님께 속한 것이요 예수를 시인하지 아니하는 영마다 하나님께 속한 것이 아니니 이것이 곧 적그리스도의 영이니라 오리라 한 말을 너희가 들었거니와 이제 벌써 세상에 있느니라.

9) **요한1서 2:18-23** : 아이들아 이것이 마지막 때라 적그리스도가 이르겠다 함을 너희가 들은 것과 같이 지금도 많은 적그리스도가 일어났으니 이러므로 우리가 마지막 때인 줄 아노라 저희가 우리에게서 나갔으나 우리에게 속하지 아니하였나니 만일 우리에게 속하였더면 우리와 함께 거하였으려니와 저희가 나간 것은 다 우리에게 속하지 아니함을 나타내려 함이니라 너희는 거룩하신 자에게서 기름 부음을 받고 모든 것을 아느니라 내가 너희에게 쓴 것은 너희가 진리를 알지 못함을 인함이 아니라 너희가 앎을 인함이요 또 모든 거짓은 진리에서 나지 않음을 인함이니라 거짓말하는 자가 누구뇨 예수께서 그리스도이심을 부인하는 자가 아니뇨 아버지와 아들을 부인하는 그가 적그리스도니 아들을 부인하는 자에게는 또한 아버지가 없으되 아들을 시인하는 자에게는 아버지도 있느니라.

10) **고린도후서 4:3-4** : 만일 우리 복음이 가리웠으면 망하는 자들에게 가리운 것이라 그 중에 이 세상 신이 믿지 아니하는 자들의 마음을 혼미케 하여 그리스도의 영광의 복음의 광채가 비취지 못하게 함이니 그리스도는 하나님의 형상이니라.

11) **고린도후서 11:3-4** : 뱀이 그 간계로 이와를 미혹케 한 것같이 너희 마음이 그리스도를 향하는 진실함과 깨끗함에서 떠나 부패할까 두려워하노라 만일 누가 가서 우리의 전파하지 아니한 다른 예수를 전파하거나 혹 너희의 받지 아니한 다른 영을 받게 하거나 혹 너희의 받지 아니한 다른 복음을 받게 할 때에는 너희가 잘 용납하는구나.

12) **골로새서 2:8-10** : 누가 철학과 헛된 속임수로 너희를 노략할까 주의하라 이것이 사람의 유전과 세상의 초등 학문을 좇음이요 그리스도를 좇음이 아니니라 그 안에는 신성의 모든 충만이 육체로 거하시고 너희도 그 안에서 충만하여졌으니 그는 모든 정사와 권위의 머리시라.

13) **갈라디아서 1:6-8** : 그리스도의 은혜로 너희를 부르신 이를 이같이 속히 떠나 다른 복음을 좇는 것을 내가 이상히 여기노라 다른 복음은 없나니 다만 어떤 사람들이 너희를 요란케 하여 그리스도의 복음을 변하려 함이라

그러나 우리나 혹 하늘로부터 온 천사라도 우리가 너희에게 전한 복음 외에 다른 복음을 전하면 저주를 받을지어다.

성경의 복음 진리 = 은혜 선물의 구원(salvation) + 변화 과정의 성화(sanctification)
(일회적) (계속적)

5.(고후 13:13):

이단들은 잘못된 신관을 가지고 있어 삼위일체를 부인하거나 물, 불, 능력 등 성령의 비인격화, 교주의 신격화가 특징적이다. **건전한 믿음은 인간을 하나님이 되게 하는 것(becoming God)이 아니라 하나님과 함께 있게 하는 것(being with God)이다.** 이단들은 특별히 귀신을 지나치게 극대화하여 강조한다. 모든 것을 귀신과 결부시키고 귀신 진멸론(요일 3:8), 천사동원론(히 1:14), 사단결박론(마 12:29), 성령훼방죄(마 12:31) 등을 두드러지게 강조한다. 그리고 자신들만 귀신을 축출하는 특별한 능력이 있는 것처럼 사람들에게 두려움을 주기도 한다(막 16:17-18). 이단의 교주들은 자기를 신격화하여 하나님과 인간 사이의 중보자로 나서거나 자기에게 충성하고 복종하기를 요구한다. 자기의 명령은 신의 명령이요 계시라고 주장하기도 한다. 이단의 특징은 자신들의 특별한 구원을 위해서는 주변에서 오는 핍박과 반대를 각오하고 희생해야 한다며 인내를 강요한다. 이탈자에 대한 저주 기도로 잘못된 위화감을 조장하기도 한다(민 14:28; 롬 12:14-21; 마 12:36-37; 잠 6:2). 그리하여 이단을 따르는 것은 영적, 육체적, 물질적, 심적, 가정적으로 큰 손실을 가져올 뿐만 아니라 사회적인 암적 존재로서 건전한 사회생활에 큰 지장을 주기도 한다. 그들의 진상은 이렇게 행위 결과인 생활의 열매를 통해서 나타나므로 말세에 이단과 거짓 선지자들을 주심해야 한다(눅 6:39).

이단은 조직신학적으로 그들의 말씀관, 신관, 인간관, 그리스도관, 구원관, 교회관, 종말관을 점검해 보고 생활과 인격을 살펴보면 구별이 된다. 로이드 존스 목사는 이단의 특징은 성경 진리를 맥을 따라 전체적으로 균형 있게 파악하지 못하고 특정 측면을 지나치게 강조하여 진리를 모순되게 만드는 것이라고 말했다(벧후 1:20-21). 한국 교회에 큰 영향력을 준 **위트니스 리의 지방교회, 베뢰아의 귀신론, 다락방의 전도론, 레마 선교회의 귀신론, 구원파의 구원론**이 바로 그것이다. 십사만 사천 명만 구원받는다는 러셀이 창시한 조사 심판과 토요 안식 예배를 주장하는 윌리엄 밀러의 **제7 안식교 여호와의 증인**, 인간의 신격화와 몰몬경 계시를 믿는 조셉 스미스의 **몰몬교**, 동양의 음양 이론을 혼합하여 타락복귀 원리를 주장하는 문선명의 **통일교 등 한국의 강력한 이단들은 ① 귀신론의 극대화, ② 현실 기피와 휴거의 극단적인 종말론, ③ 직통 계시와 신비 체험 강조, ④ 현실적 기복주의, ⑤ 혼합 종교의 5대 양상**을 보이고 있다. 우리 주변에 위험한 독약 표시를 해둘 어떤 이단들이 활동하고 있는지를 한번 자세히 살펴보라. 그러나 교회적, 교단적, 또는 개인적 관계의 적대감이나 이해관계로 인해 개인이나 어떤 단체를 말씀에 근거한 정당한 이유 없이 이단으로 몰아서는 안 될 것이다.

1) **고린도후서 13:13** : 주 예수 그리스도의 은혜와 하나님의 사랑과 성령의 교통하심이 너희 무리와 함께 있을지어다 하신대.

2) **요한복음 10:30** : 나와 아버지는 하나이니라 하신대.

3) **마태복음 28:19** : 그러므로 너희는 가서 모든 족속으로 제자를 삼아 아버지와 아들과 성령의 이름으로 세례를 주고.

4) **마가복음 3:27** : 사람이 먼저 강한 자를 결박지 않고는 그 강한 자의 집에

들어가 세간을 늑탈치 못하리니 결박한 후에야 그 집을 늑탈하리라.

5) **마가복음** 3:29 : 누구든지 성령을 훼방하는 자는 사하심을 영원히 얻지 못하고 영원한 죄에 처하느니라 하시니.

6) **갈라디아서** 5:1 : 그리스도께서 우리로 자유케 하려고 자유를 주셨으니 그러므로 굳세게 서서 다시는 종의 멍에를 메지 말라.

7) **에베소서** 4:14-15 : 이는 우리가 이제부터 어린아이가 되지 아니하여 사람의 궤술과 간사한 유혹에 빠져 모든 교훈의 풍조에 밀려 요동치 않게 하려 함이라 오직 사랑 안에서 참된 것을 하여 범사에 그에게까지 자랄지라 그는 머리니 곧 그리스도라.

8) **디모데후서** 4:3-4 : 때가 이르리니 사람이 바른 교훈을 받지 아니하며 귀가 가려워서 자기의 사욕을 좇을 스승을 많이 두고 또 그 귀를 진리에서 돌이켜 허탄한 이야기를 좇으리라.

9) **디모데전서** 4:1-2 : 그러나 성령이 밝히 말씀하시기를 후일에 어떤 사람들이 믿음에서 떠나 미혹케 하는 영과 귀신의 가르침을 좇으리라 하셨으니 자기 양심이 화인 맞아서 외식함으로 거짓말하는 자들이라.

10) **이사야** 42:8 : 나는 여호와니 이는 내 이름이라 나는 내 영광을 다른 자에게, 내 찬송을 우상에게 주지 아니하리라.

11) **예레미야** 14:14 : 여호와께서 내게 이르시되 선지자들이 내 이름으로 거짓 예언을 하도다 나는 그들을 보내지 아니하였고 그들에게 명하거나 이르지 아니하였거늘 그들이 거짓 계시와 복술과 허탄한 것과 자기 마음의 속임으로 너희에게 예언하도다(cf. 렘 23:16; 슥 12:1).

잘못된 이단의 5대 특징과 대처

특징	내 용 설 명	대처
종말관	재림날짜 계산, 재림주 자처, 영접 특별단체, 시간, 장소 지정, 현세 부정	25:13; 행 1:7-8
말씀관	말씀 가감, 도용, 오해, 자기정경 소유, 비성경적, 비신학적 교리	계 22:18-19; 딤후 3:14
생활관	비윤리적, 비가정적, 반사회적, 퇴폐적, 기복주의, 비인격, 표리 부동	마 7:15-21
구원관	예수의 신성 ,인성 부인, 예수 구속 완성 부인, 행위, 물질 구원조건 결부	엡 2:8; 딤전 2:5
신 관	삼위일체 부인, 성령의 비인격화, 교주 절대 신격, 사단귀신의 확대 과장	고후 13:13; 출 3:14

이단 허용의 이유

왜 하나님은 양 같은 그리스도인들에게 이리 같은 이단을 허락하시는가? 성경은 하나님께서 이단들을 통해 자기 백성을 선별하시며 성도들을 경계시키고 대처하는 방법을 강구하여 기독교를 강화시키신다는 사실을 말하고 있다. 이단은 사단의 역사이며(고후 4:3-4) 귀신의 가르침이다(딤전 4:1-2). 그리하여 사도 바울은 **"악한 자의 임함은 사단의 역사를 따라 모든 능력과 표적과 거짓 기적과 불의의 모든 속임으로 멸망하는 자들에게 임하리니 이는 저희가 진리의 사랑을 받지 아니하여 구원함을 얻지 못함이니라 이러므로 하나님이 유혹을 저의 가운데 역사하게 하사 거짓 것을 믿게 하심은 진리를 믿지 않고 불의를 좋아하는 모든 자로 심판을 받게 하려 하심이니라"(살후 2:9-12)**고 이단이 곧 구원받는 **하나님 백성을 위한 선별 선택의 섭리**임을 강조하고 있다(신 13:1-4).

이단의 운명

이단들은 결국 어떻게 될 것인가? 이단의 결과와 마지막 운명에 대하여 성경은 분명하게 밝혀주고 있다.

> "이단에 속한 사람을 한두 번 훈계한 후에 멀리하라 이러한 사람은 네가 아는 바와 같이 부패하여서 스스로 정죄한 자로서 죄를 짓느니라"(딛 3:10-11).
> "그러나 민간에 또한 거짓 선지자들이 일어났었나니 이와 같이 너희 중에도 거짓 선생들이 있으리라 저희는 멸망케 할 이단을 가만히 끌어들여 자기들을 사신 주를 부인하고 임박한 멸망을 스스로 취하는 자들이라"(벧후 2:1).

가만히 인내로 경계하며 기다려 보라. 참된 진리는 영원하다. 그러나 이단은 본색을 드러내고 마치 유행처럼 지나가게 되어 있다(요일 2:15-17). 그들의 운명은 그들이 심은 대로 비극적으로 끝장날 것이다(갈 6:7). 이들은 불법을 행하여서 심판의 도끼에 찍혀 지옥불에 던지우는 나무 같은 운명이 될 것이라고 예수님은 말씀하셨다(마 7:19). 최후 심판에서 예수님은 저들에게 "내가 너희를 도무지 알지 못하니 불법을 행하는 자들아 내게서 떠나가라 하리라"(마 7:23)고 말씀하셨다. 주님은 저들에게 "저주를 받은 자들아 나를 떠나 마귀와 그 사자들을 위하여 예비된 영영한 불에 들어가라"(마 25:41)고 말씀하실 것이다. 요한계시록 20장 10절은 "저희를 미혹하는 마귀가 불과 유황 못에 던지우니 거기는 그 짐승과 거짓 선지자도 있어 세세토록 밤낮 괴로움을 받으리라"고 마지막 결론을 내리고 있다. 인간이 심판의 미래에서 현실을 보지 못하고 하나님의 관점에서 이 세상을 바라보지 못하기에 이단이 있고 죄악이 있다. 사단과 거짓 선지자와 이단들의 비극적 운명에 동참해서는 안 되기 때문에 성경은 **"내 백성아, 거기서 나와 그의 죄에 참예하지 말고 그의 받을 재앙들을 받지 말라"(계 18:4)**고 강력하게 경고한다.

> "그러나 이 사람들은 본래 잡혀 죽기 위하여 난 이성 없는 짐승 같아서 그 알지 못한 것을 훼방하고 저희 멸망 가운데서 멸망을 당하며 불의의 값으로 불의를 당하며 낮에 연락을 기쁘게 여기는 자들이니 점과 흠이라 너희와 함께 연회할 때에 저희 간사한 가운데 연락하며 음심이 가득한 눈을 가지고 범죄하기를 쉬지 아니하고 굳세지 못한 영혼들을 유혹하며 탐욕에 연단된 마음을 가진 자들이니 저주의 자식이라 저희가 바른 길을 떠나 미혹하여 브올의 아들 발람의 길을 좇는도다 그는 불의의 삯을 사랑하다가 자기의 불법을 인하여 책망을 받되 말 못하는 나귀가 사람의 소리로 말하여 이 선지자의 미친 것을 금지하였느니라 이 사람들은 물 없는 샘이요 광풍에 밀려 가는 안개니 저희를 위하여 캄캄한 어두움이 예비되어 있나니"(벧후 2:12-17).

이단에 대한 대처

결론적으로 아름답고 건전한 신앙은 말씀을 옳게 분별하며(딤후 2:15) 배우고 확신한 일에 거하며(빌 4:9; 딤후 3:14) 건전한 정통교회에 소속되어 꾸준하게 봉사하는 일이다. **기독교 교육은 이단 대처에 아주 중요한 방법이다(신 6:4-9)**. 우리는 말씀을 배워야만 한다. 또한 깨어 기도하고 교회를 통해 건전하게 양육받는 신앙이어야 한다. 믿음과 말씀에 굳게 서지 못하고(딤후 3:14-16) 이리저리 방황하는 떠돌이 신앙을 가지면(살후 2:1-3) 어느 이단, 어느 귀신에게 물려갈지 모른다. 말세에 양의 탈을 쓰고 하나님 백성의 영혼을 노략질하는 이리와도 같은 이단과 거짓 선지자, 거짓 지도자를 조심해야 한다(딛 3:9-10). 믿는 것은 중요하다. 그러나 더욱 중요한 것은 바른 진리를 바르게 믿고, 바른 지도자를 따라 바르게 신앙생활하며, 바르게 전도하는 일이다. 그 바른 것의 기준은 오직 하나님의 말씀이다. 이단을 선별하는 5가지 원리를 숙지하라.

어떤 착한 목사님이 교회 개척을 하다가 실패하고 실의에 빠져서 강변 유원지를 거닐고 있었다. 그는 많은 사람들이 모여 있는 곳으로 발길을 돌렸다. 한 마술사가 유머있게 말하며 많은 청중들을 모으고 매직 쇼를 하고 있었다. 마술이 끝났을 때 사람들은 박수 갈채를 보내며 그의 모자 속에 아낌없이 돈을 넣어주고 흐뭇한 모습으로 돌아갔다. 이 모습을 부럽게 바라보던 목사님이 마술사에게 자기 신세를 한탄하며 어떻게 사람들을 그토록 많이 모으고 쉽게 돈을 벌며 또 사람들이 흐뭇하게 돌아갈 수 있도록 했는지 그 비법을 물어보았다. 마술사는 빙긋이 웃으며 "당신은 진실을 거짓말처럼 자신 없게 말하지만, 나는 거짓말을 진실처럼 자신 있게 말하고 사실처럼 보여준 것뿐입니다"라고 대답했다.

오늘날 기승을 부리는 이단 문제의 책임은 복음에 확신이 없는 영적 지도자들과 진실보다는 마술과 같은 신비한 것들에 더 관심이 있는 그리스도인들에게 있다. 그리하여 사도 바울은 **"때가 이르리니 사람이 바른 교훈을 받지 아니하며 귀가 가려워서 자기의 사욕을 좇을 스승을 많이 두고 또 그 귀를 진리에서 돌이켜 허탄한 이야기를 좇으리라"(딤후 4:3-4)**라고 예언했다. 예수님은 "진리를 알지니 진리가 너희를 자유케 하리라"(요 8:32)고 말씀하셨다. 하나님의 말씀에 기초하지 않는 모든 열심은 고속도로 진입을 잘못한 것처럼 달리면 달릴수록 진리에서 멀어지고 되돌아오는 데 너무 많은 정력과 시간이 들 뿐이다. 이단에 대한 근본적인 대책은 **백 투 더 바이블(back to the Bible)**, 즉 성경으로 돌아가는 길뿐이다. 사실 이단은 첫째로 말세의 징조이다(마 24:4-5).

둘째로 기성 교회들의 제도적 부패와 타락에 기인한다. 셋째로는 성경의 잘못된 해석과 무지에서 발생하는 것이다. 다음 말씀을 성경에 표시해두고 수시로 읽어 보라(딤전 4:1-2; 갈 1:7-8; 골 2:6-8; 살후 2:1-2, 2:9-12; 딛 3:10-11; 요이 1:9-11; 유 1:19; 고후 11:3-4; 계 20:10, 18:4). 특히 다음의 이단 대처 방안을 잘 활용하라.

1. 성령의 검, 진리의 말씀으로 무장하라(엡 6:17; 요 8:32; 딤후 2:15).
2. 신분과 출신이 분명하고 신앙 인격이 바른 영적 지도자를 선별하라(딤후 3:14).
3. 이단과의 교제와 헛된 논쟁을 피하라(요이 1:9-11; 딛 3:9-11).
4. 이단은 표리부동하다. 물질 요구와 사기성을 경계하라(마 7:15).
5. 자기들만 옳다고 주장하며 기존 교회와 목회자를 비난하는 자들을 경계하라(유 1:19).
6. 이단의 책, 교리, 전단지나 모임에 관심을 두지 말라(살후 2:2; 딤전 6:3-5).
7. 이단의 특징은 윤리성이 없으며 특히 가정생활을 무시하고 위협한다(딤후 3:5-7).
8. 이단에 대한 교육을 받고, 이단과 이단 교리를 분별하며, 주변 이단의 무리에 대해 독약 표시를 해두고, 다른 사람들도 각별한 경계심을 가지게 하라(딤전 4:1-3). 이단에 빠진 자들을 포용하고 사랑으로 권면하라.
9. 이단분별의 5대 원칙을 숙지하여 이단을 미리 예방하라(마 24:4).
10. 이단의 협박이나 저주 기도, 저주 선언을 두려워하지 말고(롬 12:14-21; 마 12:36-37) 회개하고 과감하게 나와 건전하게 신앙생활하며 사회에서 정상적으로 활동하라(계 18:4). 필요할 때는 주저하지 말고 목회자나 건전한 기독 단체의 도움을 요청하라.

"누구든지 이 교훈을 가지지 않고 너희에게 나아가거든 그를 집에 들이지도 말고 인사도 말라 그에게 인사하는 자는 그 악한 일에 참예하는 자임이니라"(요이 1:10-11).

[공동 기도문 : 통성기도]

신실하신 하나님 아버지,

진리의 말씀과 성령의 인도하심으로 바른 신앙생활을 하게 하시니 감사합니다. 배운 바 진리와 예수 그리스도의 복음에 대한 확신이 부족하여 영적으로 방황했던 모든 것을 용서하여 주옵소서. 이제 진리의 말씀과 성령의 능력으로 무장하여 굳센 믿음을 가지고 몸 된 교회를 섬기며 잘 양육받게 하옵소서. 이단 사설의 미혹에 빠지지 않도록 도와주시고 이단 사설에 빠진 연약한 형제들을 인도해 낼 지혜와 능력도 주시옵소서. 영적으로 혼탁한 이 시대에 성령으로 충만하여 지혜롭게 신앙생활 할 수 있도록 무장시켜 주시옵소서. 예수님의 이름으로 기도 드립니다. 아멘.

[질문] 이단을 분별할 5대 특징은 무엇인가?

1. 데살로니가후서 2:1-2
2. 요한계시록 22:18-19
3. 디도서 1:16
4. 요한복음 14:6
5. 고린도후서 13:13

[나눔] 이단에게 미혹을 당한 경험이 있는가? 어떻게 구별하고 대처했는가?

[토론] 왜 이단이 나타나는지, 또는 주변에 경계해야 할 이단은 어떤 것이 있는지 토론하라.

[읽어보기 : 삼위일체 하나님]

이단들은 특히 삼위일체를 부인하는 잘못된 신관을 가지고 있다. 다음 삼위일체에 관한 학습 내용을 읽고 삼위일체론을 간략하게 정리해 보라.

1. 기독교의 하나님은 주 여호와의 이름을 가지고(출 3:14-15; 사 42:8) 처음부터 동일한 신성의 본질과 영광과 능력을 가지신 삼위일체 하나님으로 존재하신다(마 28:19; 고후 13:13).

2. 삼위일체론의 정립은 종교와 복음, 이단과 정통, 그리스도인과 종교인을 구별하는 시금석으로서 매우 중요하다. 메시아를 기다리던 유대인들은 삼위일체 하나님을 몰라서 예수님이 하나님과 동일하다고 자신의 신분을 밝혔을 때(요 10:30) 신성 모독죄를 씌워서 메시아를 죽였다. 고대로부터 대부분의 모든 이단들은 단일신론이나 삼신론으로 삼위일체 하나님을 부인한다. 교부시대에는 "하나님은 한 분밖에 없는 줄 아노라"는 고린도전서 8장 4절 말씀에 근거하여(cf. 고전 8:6) 하나님은 한 분(헤이스)이고 성자 예수는 피조물에 불과하다는 **3대 단일신론 이단자들**이 나타나 삼위일체를 부정했다. 그러므로 이에 대처하여 삼위일체론이 정립되었다. 아리우스(Arius)는 신명기 6장 4절에 근거하여 예수님은 태초 전에 성부에 의해 창조되어 세례받을 때 하나님의 아들로서 인정되었고 부활하여 역동적으로 땅에서 하늘로 승천한 인간일 뿐 성부 하나님 한 분만이 참신이라는 양자론, 즉 ① **역동적**

단일신론(Dynamic Monarchianism)을 주장했다. 사모사타의 바울이 이 이론의 대표적인 인물이었다. A.D. 325년 니케아 회의 때에 성자의 신성이 성부와 동일한(호모우시오스) 것이 아니라 유사(호모이우시오스)하다고 주장하는 ② **유사론적 단일신론**(Homoiousianic Monarchianism)의 이단들이 있었다. 또한 신명기 6장 4절에 근거하여 한 분 하나님이 창조 시에는 성부로, 구속 시에는 성자로, 성화 시에는 성령으로 계승하여 나타난 것이라고 성부 수난설(Patripassianism)을 주장하기도 했다. 삼위는 한 동일한 신의 세 가지 형태일 뿐이라고 성부의 일인 삼역 원맨 쇼로 ③ **양태론적 단일신론**(Modalistic Monarchianism)을 주장했다. 사벨리우스(Sabellius)가 이런 이단으로 정죄되었다. 이런 이단들에 대처하여 이단론을 쓴 이레네우스(Irenaeus), 삼위일체라는 말을 처음 사용한 터툴리아누스(Tertullianus), 노바티아누스(Novatianus), 성경 계시적 삼위일체론을 주장한 서방 교부 힐라리우스(Hilarius), 필리오케 교리를 확정한 아우구스티누스(Augustinus) 등이 삼위일체론을 정립했다. 그러나 근대의 학자 칼 바르트(Karl Barth)는 성령의 위격을 부정하여 이위일체를 주장하기도 했다. 여호와의 증인이나 뉴에이지 운동가들은 오늘날도 많은 이단들과 더불어 삼위일체를 부정한다.

3. **삼위일체란 신성의 본질과 능력과 영광이 동일하신 유일하시고(unique) 절대적인(absolute) 한 하나님이 성부, 성자, 성령의 세 인격으로 구별되어 존재하신다는 말**이다. 세 분인 동시에 한 하나님이신 신비한 존재로 삼위일체는 하나님의 존재 양식이시다. 유한한 피조물의 지식으로 영원하신 창조주를 감당할 수 없으므로 그냥 의심 없이 믿어야 하는 진리인 것이다. 구속사에서 구약에서는 역사의 표면에 주동적으로 활동하시는 성부가 강조

KEIR BIBLE STUDY

되었고 신약시대는 성자, 오늘날의 은혜 시대에는 성령이 강조되었다. 그러나 실제 삼위일체 하나님은 항상 배후에서 함께 일하시므로 양태론적 단일신도, 삼신도 아니다.

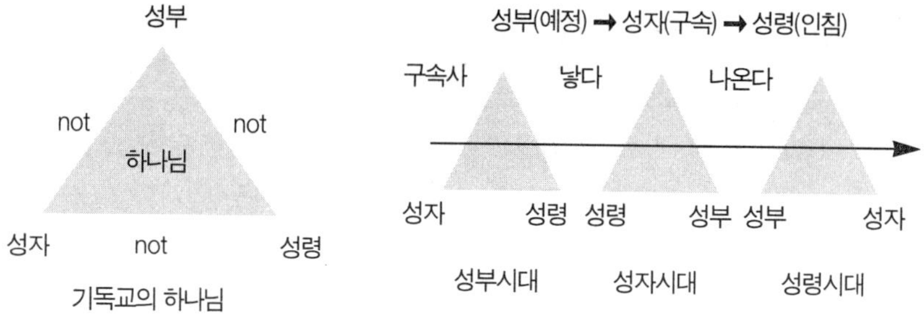

4. 삼위일체는 하나님 존재에 대한 영적인 진리로서 인간의 사상 논리나 비유가 아니라 오직 하나님 자신의 점진적인 역사 계시(딤전 6:15-16)로 드러났으며 오직 성경적 계시에 근거한다. 과거 교부들이나 신학자들처럼 삼위일체 교리는 성부로부터 출발하는 것이 아니라 아우구스티누스의 주장처럼 처음부터 삼위일체 자체(Trinitas Ipsa)에서 출발해야만 성자와 성령의 성부 종속설이나 유출설의 오해가 없다(요 1:1-4; 요일 1:1-2).

5. 하나님의 예정, 성자의 구속, 성령의 인침인 삼위일체 하나님의 구원 역사를 설명하기 위하여(엡 1:3-14) **성부 하나님에게서 성자가 나시고(요 1:18) 성부와 성자로부터 성령이 나오셨다는 필리오케(Filioque) 교리**가 나오게 되었다(요 15:26).

6. 삼위일체는 인간을 포함한 모든 만물이 신적 궁극체에서 유출해 나온 신적 존재라고 범신론을 주장하는 힌두교, 불교, 영지주의, 뉴에이지 운동가들이 말하는 신의 개념과는 전혀 다르다. 유대교

나 이슬람교의 유일신 개념뿐만 아니라 고대 이집트의 이시스(Isis), 오시루스 (Osirus), 호루스(Horus)와 같은 삼인조 신(Triads)의 개념도 아니다. 또한 인도의 브라만(Braman), 비슈누(Vishunu), 시바(Shiva)의 삼신 개념도 아니다. 피조물인 인간 마리아를 신격화하여 절대적인 창조주 삼위일체 하나님에 추가시킨 사위일체 교리의 가톨릭 신 개념과도 구별된다. 마리아는 존경의 대상이긴 하나 신적 존재도, 하나님의 어머니도, 중보자도, 기도 응답자도, 부활 승천한 자도 아닌 보통의 인간일 뿐 경배와 예배의 대상자가 아니기 때문이다.

7. 구약에서는 거짓된 다신교의 이방 문화에서 선민 이스라엘 백성을 보호하기 위해 **성부 하나님의 유일성**이 강조되었다(신 6:4). 신약에서는 예수 그리스도의 구속과 메시아 되심을 강조하기 위해 **예수 그리스도의 유일성**이 강조되었다(고전 8:5-6; 요일 5:20). 구원역사의 점진적 계시가 밝히 열린 오늘날에는 **성령의 구원 사역**이 강조되는 동시에(요 7:39, 16:7-8; 행 2:1-4) 전체적으로 삼위일체 하나님의 계시가 드러났으므로(고후 13:13) 삼위일체 하나님을 기독교의 하나님으로 믿어 타종교의 신들과는 구별해야 한다.

8. 성경에 나오는 하나님은 단일신을 말하는 것이 아니다. 그리스도와 나란히 계시는 하나님(요 1:1-2, 14:1-2, 17:2-3)과 한 하나님이라는(헤이스 : 고전 8:6; 엡 4:6) 성경의 표현은 단일신을 말하는 것이 아니라 한 분 하나님, 곧 성부 하나님을 의미하는 것이다. 그래서 고린도전서 8장 4절의 "하나님은 한 분"이라는 말은 "한 분 하나님, 곧 아버지"라고 오해가 없도록 올바로 해석해야만 한다. **삼위의 복수**(창 1:26; 민 6:24-26; 요 14:23; 마 28:19; 고후

13:13) 와 **일체의 단수**(신 6:4-5; 마 28:19; 엡 4:4-6)를 증거하는 성경 구절은 너무나 많다. 요한복음 17장 3절의 유일하신 참 하나님은 성부를 의미하지만 성자도 유일하신 참 하나님이다(요일 5:20; 마 8:26). 명백한 삼위일체 성구인 고린도후서 13장 13절, 마태복음 28장 19절, 성부와 성자의 일체 성구인 요한복음 10장 30절, 성부와 성자의 신성 동일과 인격의 구별을 밝혀주는 요한복음 1장 18절, 필리오케 교리인 요한복음 15장 26절, 삼위일체 하나님이 성령으로 우리 안에 내주하신다는 신비한 연합의 요한복음 14장 23절을 삼위일체 하나님을 증거하는 중요한 말씀으로 기억하라. 뿐만 아니라 다음과 같은 **웨스트민스터 신앙고백** 2장 3절의 삼위일체 신조를 유의해 살펴보는 것이 좋다. "같은 권능과 단일한 신성에 삼위가 계시니 성부, 성자, 성령이시다. 성부 하나님은 누구에게서도 나거나 나오지 않으셨으나 성자는 영원히 아버지에게서 나셨고 성령은 영원히 아버지와 아들에게서 나오신다". 그러나 **이 필리오케 교리는 하나님의 존재 교리가 아니라 구원 사역의 교리**라는 사실을 알아야만 성자와 성령이 성부보다 열등하다는 변증론자 저스틴(Justin)의 종속설(Subordinationism)이나 영지주의자들의 유출설과 같은 오해를 극복할 수가 있다. 많은 사람들이 삼위일체라는 말이 성경에 없다고들 한다. 그러나 사실 **킹 제임스 성경(King James Bible) 요한일서 5장 7절은 "하늘에 증거하는 이가 셋이 있으니 아버지와 말씀과 성령이시니라 그리고 이 세 분은 하나니라**(For there are three that bear record(witness) in heaven, the Father, the Word, and the Holy Ghost and these are one)"라고 삼위일체의 용어를 분명히 밝혀주고 있음을 기억하라.

9. **구약에서 삼위일체의 이름으로 제사장들이 축도했었고 신약에**

서도 사도들은 삼위일체 하나님의 이름으로 축도를 했다(민 6:24-26; 고후 13:13). 신앙생활에 절대적으로 필요한 성부 하나님의 사랑과 성자 예수 그리스도의 구속의 은혜를 성령님의 교통하심이 없으면 누릴 수 없는 것이다(고전 12:3). **주 여호와는 삼위일체 하나님 공유의 이름**이시다. 구약의 축도는 성부를, 신약의 축도는 성자를 강조하고 있다.

"여호와는 네게 복을 주시고 너를 지키시기를 원하며 여호와는 그 얼굴로 네게 비취사 은혜 베푸시기를 원하며 여호와는 그 얼굴을 네게로 향하여 드사 평강 주시기를 원하노라"(민 6:24-26).
"주 예수 그리스도의 은혜(카리스마)와 하나님의 사랑(아가페)과 성령의 교통하심(코이노니아)이 너희 무리와 함께 있을지어다"(고후 13:13).

10. **사도신경은 삼위일체 하나님을 믿음으로 고백하는 신앙고백**이다(롬 10:9-10). **하나님을 전능자, 창조자, 아버지**로 고백할 때 자신은 무능자요, 피조물이요, 하나님의 자녀 됨을 인식하는 것이다. 예수 그리스도를 하나님의 독생자(only begotten Son)로 믿고 예수님의 성령 잉태와 고난, 죽음, 부활, 승천, 재림, 그리고 심판을 믿음으로 고백한다. 성령을 통한 우주적인 거룩한 교회(universal invisible Church)와의 연합과 성도의 교제, 사죄와 영생을 믿는다.

사도신경은 다른 고대 신조와 마찬가지로 세례예식 때 상례적으로 사용되었던 신앙의 표준으로, 삼위일체론의 순서에 따라 세 부분으로 구성되어 있다(마 28:19). 이것은 사도들이 가르친 기본 신앙을 신조의 형식으로 고백한 것인데 **세례예식의 신앙고백문**일 뿐만 아니라 **이단에 대처하는 신앙고백**이었다. 그러므로 기독교의 중요한 유산인 사도신경을 무시하는 것은 잘못이다.

사도신경이라는 명칭이 처음 발견되는 것은 A.D. 390년경이다. 그 후에 사도신경은 열두 사도가 성령의 감동으로 한 조항씩 써서 만든 공동 작품이라는 전설을 암브로스(Ambrose)와 루피누스(Rufinus)가 주장하였다. 그러나 사도신경이 초기 교회시대 때의 사도들에게서 기원되었다는 사실을 부정할 아무런 근거도 없다.

일반적으로 **사도신경은 초대 교회 세례 의식문의 신앙요약 형식**에서 발전한 것으로 보고 있으며 사실 신약 성경에는 그러한 신앙의 표준에 대한 근거가 많이 있다. 고백(딤전 6:12; 히 4:14, 10:23), 위임(딤전 6:20; 딤후 1:2, 14), 신앙(유 1:20; 딛 1:13; 골 1:1), 진리 말씀(벧전 1:22; 딤전 4:6; 골 1:5), 교리형식(롬 6:17, 16:17; 히 6:2), 복음(롬 2:16, 16:25; 갈 2:2; 고전 15:1), 그리고 온전한 교훈(딤후 1:13) 등이 그런 것들이다. 특히 "내가 받은 것을 먼저 너희에게 전하였노니 이는 성경대로 그리스도께서 우리 죄를 위하여 죽으시고 장사 지낸 바 되었다가 성경대로 사흘 만에 다시 살아나사"(고전 15:3-4)라는 말은 세례 의식문에 가까운 표현이다. 처음에 세례 의식문은 그리스도 예수에 대한 신앙고백만으로 행해졌으나(마 16:16; 행 2:38, 8:16, 34-39, 10:44-48) 교부들의 증언에 의하면 **기독교의 확장과 더불어 A.D. 100년경에 마태복음 28장 19절의 삼위일체론적 형식으로 점차 발전**했다고 전해진다. 이런 신조 중에 '고대 로마 신조(Old Roman Symbol)'가 있는데 이것은 구조와 내용상 사도신경과 동일하다.

고대 로마 신조 전문

나는 전능하신 **하나님 아버지**를 믿습니다. 또한 그 외아들 **예수 그리스도**를 믿습니다. 그는 성령으로 말미암아 동정녀 마리아에게 나셨으며 본디오 빌라도의 치하에서 십자가에 못 박히시고 장사되었으며 하늘에 오르사 아버지의 우편에 앉아 계시다가 거기로부터 산 자와 죽은 자를 심판하러 오실 것입니다. 또 성령을 믿사오며 죄의 용서와 육체의 부활을 믿습니다.

(J. L. Neve, History of Christian Doctrine, p 116, Mcgiffert, pp 42-43.)

오늘날의 사도신경

전능하사 천지를 만드신 하나님 아버지를 내가 믿사오며 그 외아들 우리 주 예수 그리스도를 믿사오니 이는 성령으로 잉태하사 동정녀 마리아에게 나시고 본디오 빌라도(치하에서)에게 고난을 받으사 십자가에 못 박혀 죽으시고 장사한 지 사흘 만에(음부에 내려가셨다가 : He descended into hell) 죽은 자 가운데서 다시 살아나시며 하늘에 오르사 전능하신 하나님 우편에 앉아 계시다가 저리로서 산 자와 죽은 자를 심판하러 오시리라 성령을 믿사오며 거룩한 공회(Catholic Church)와 성도가 서로 교통하는 것과 죄를 사하여 주시는 것과 몸이 다시 사는 것과 영원히 사는 것을 믿사옵나이다. 아멘.

로마 신조가 고대 신조들의 근원이 되었는지 그리고 로마 신조가 언제 생겼는지 확실한 것을 알 수가 없으나 초대 교회의 로마 신조로부터 현재의 공인된 신조(Textus Receptus)로 발전했다는 사실을 후에 삽입된 부가적인 말들을 통해서 확인할 수 있다. A. D. 341년 안키라의 마르셀루스(Marcellus of Ancyra)가 인용한 헬라어 판 로마 신조는 다음과 같다. 루피누스(Rufinus)에 의해 보존된 A. D. 390년의 라틴어 판은 마지막 구절이 생략되어 있다.

헬라어 판 로마 신조

전능하사 천지를 만드신 하나님 아버지를 내가 믿사오며 그의 외아들 우리 주 예수 그리스도를 믿사오니 그는 성령과 동정녀 마리아에 의해 나시고 본디오 빌라도 치하에서 십자가에 못 박히시고 장사되셨다가 삼일 만에 죽은 자 가운데서 다시 살아나시고 하늘에 오르사 아버지의 우편에 앉아 계시다가 저리로서 산 자와 죽은 자를 심판하러 오시리라 성령을 믿사오며 거룩한 교회(The Holy Church)와 죄를 사하여 주시는 것과 몸이 다시 사는 것과 영원히 사는 것을 믿사옵나이다.

(Pictorical Encyclopedia of the Bible. Vol 1, p 220.)

대체로 우리에게 알려진 대로의 신조는 A. D. 460년경 리즈의 파우스투스(Faustus of Reiz)에 의해 확정되었다. 사실 로마 교회가 5세기에 이르기까지 그들의 신조를 보존하려 했으나 그 후 계속하지 못한 것은 325년 니케아 공의회에서 아리우스 이단주의를 대처하기 위해 **니케아 신조**를 사용하기로 결정했기 때문이었다. **그리스 정교회**는 그때부터 지금까지 사도신경을 세례와 예식에서 사용하지 않고 니케아 신조를 사용하고 있다. 그러나 이 신조는 300여 년 후에 아일랜드와 영국에 전해져서 로마 교회에서도 예배와 세례 시에 보완된 형태로 다시 사용하게 되었다. 변형된 형식의 사도신조가 12세기에 가서야 서방 세계에 있어서 예배와 세례 시에 상례적으로 사용되게 되었으며 후에는 **루터의 교리 문답과 하이델베르크 교리 문답**에 들어가게 되었던 것이다.

현대의 사도신경에는 고대의 로마 신조 첫 조항에 영지주의에 대항하기 위해 "**천지를 만드신 자**(maker of heaven and earth)"라는 말이 첨가되었다. 둘째 조항에서 "**성령으로 잉태하사**"(**눅 1:31, 35**)라는 구절이 359년에 신조적 진술로 나타나 공인된 신조(textus receptus)에 들갔다. 그리고 동정녀 마리아 "**에게서(ex' from)**"라는 말이 사용되었다. 신조를 완전한 것으로 만들기 위해 "**고난 받으사(passus)**"라는 말과 "**죽으시고(mortuus)**"라는 말도 공인된 신조 본문에 추가되었다. 360년 아리안 고백에서 오늘날까지도 신학적 논쟁을 하고 있는 "**음부에 내려가사(descedit ad inferna)**"라는 말이 첨부되었고 750년경에 정식으로 공인, 본문에 삽입되었다. 그러나 이 구절은 성경에 근거가 없는 연옥설과 관계 있는 말로서 빼는 것이 타당하다. 셋째 조항에서 650년 "거룩한 교회" 사이에 보편적인 교회의 범위를 나타내는 "**가톨릭(catholic)**"이라는 말이 공인 신조 본문에 첨가되었다. "**가톨릭**"이라는 말은 A. D. 200년경 초대 교회의 이레네우스가 사용한 말로 공동체의 "**교회(에클레시아)**"라는 의미와도 같으며 450년경 남부 고울 신조(Southern Goul)에 처음으로 나타났다. 그러나 오히려 키프리안이나 어거스틴이 사용한 신경에는 "가톨릭" 이란 말이 교회 앞에 쓰이지 않았었다. 아직도 논쟁의 여지가 많은 "**가톨릭**", **즉** "**거룩한 공교회(holy catholic church)**"라는 이 단어를 사용함에 대하여 루터교는 "**거룩한 그리스도 교회(holy christ church)**"라고 바꾸어 사용하고 있다. 초대 교회 사도신조 후에(A. D. 650년 이전 460년경으로 추측) 추가된 이 "가톨릭" 이라는 단어도 천주교(Catholic Church)의 이름으로 혼동되어 오해가 될 수 있기 때문에 원래 사도들의 신조대로 빼거나, 또는 루터교처럼 그리스도(Christ)라는 말로 바꾸거나, 아니면 단어의 원래 의미를 따라서 현대 용어인 "보편적인(universal)" 이라는 말로 바꾸어 사용하는 것이 옳을 것이다. 그리고 "**육체(flesh)**"**의 부활이** "**몸(body)**"**의 부활이라는 말로 대치**되었다. "**성도의 교제**"도 650년 이후에 삽입되었다. 그리고 "**영원히 사는 것(vitam aeternam)**"이라는 말이 아우구스티누스(354-430년)가 사용한 신경에 쓰이기 시작했다.

오늘날의 **사도신경**은 이와 같이 니케아 공의회(325년) 이전의 **교회**

가 일반적으로 믿어오던 믿음의 신조를 완전한 예배 및 세례 의식용으로 보완하고 영지주의 등 이단을 비롯해 여러 잘못된 교리와 구별하기 위해 정통 신앙고백으로 좀더 보충하여 이루어진 것이다. 그러므로 전통적 믿음의 신앙고백인 이 사도신경을 없애려는 운동은 바람직하지 못하다.

삼위일체와 관계되는 기독론과 성령론은 오랜 교리 논쟁을 통해서 정리가 되었다. 325년 제1차 니케아 공의회에서 예수 그리스도의 신성이 확립되었고, 니케아 신조가 만들어졌다. 381년 제2차 콘스탄티노플 회의에서 그리스도의 인성이, 431년에 제3차 에베소 회의에서 그리스도의 양성이 확립되었다. 451년 칼케톤 회의에서 양성의 연합이 결정되었고, 553년 콘스탄티노플 회의에서 단성론이 정죄되었으며 680년 콘스탄티노플 회의에서 그리스도의 양의론이 채택되자 비로소 기독론의 논쟁은 끝이 났다. 그리고 381년 콘스탄티노플 회에에서 "성령은 아버지와 같이 예배되어야 하고 영광돌려야 한다. 그는 아버지에게서 나왔으며 계시자이시다"라며 성령의 신격이 다루어졌다. 그리고 431년 에베소 세계 교회 총회에서 원죄를 부인하던 펠라기우스(Pelagius)의 인간론이 정죄되었고, 인간의 전적 타락으로 자력 구원은 불가능하며 구원은 오직 하나님의 주권에 의한 은혜로만 가능하다고 은총을 주장한 어거스틴(Augustin)의 승리가 확정되었다.

많은 사람들이 그리스도인이라고 말하면서도 자기 자신이 믿고 있는 기독교의 하나님을 잘 모른다는 것은 얼마나 놀라운 일인가? 기독교의 하나님은 이름이 여호와이시며, 존재로는 성부, 성자, 성령의 삼위일체로 계시며, 능력은 전능한 창조자요, 인격은 사랑의 하나님이 되시며, 성도와의 관계는 아버지 하나님이 되시는 절대자 하나님이시다. 하나님을 바로 아는 것이 구원과 복이요(요 17:3), 하나님의 간절한 소원이시다(호 6:6). 하나님을 모르는 것은 스스로 무덤을 파는 죄요, 죽음이기 때문이다(렘 2:13; 호 4:1-2).

1) **예레미야 2:13** : 내 백성이 두 가지 악을 행하였나니 곧 생수의 근원 되는 나를 버린 것과 스스로 웅덩이를 판 것인데 그것은 물을 저축지 못할 터진 웅덩이니라.
2) **예레미야 2:19** : 네 악이 너를 징계하겠고 네 패역이 너를 책할 것이라 그런즉 네 하나님 여호와를 버림과 네 속에 나를 경외함이 없는 것이 악이요 고통인 줄 알라 주 만군의 여호와의 말이니라.
3) **호세아 4:1-2** : 이스라엘 자손들아 여호와의 말씀을 들으라 여호와께서 이 땅 거민과 쟁변하시나니 이 땅에는 진실도 없고 인애도 없고 하나님을 아는 지식도 없고 오직 저주와 사위와 살인과 투절과 간음뿐이요 강포하여 피가 피를 뒤대임이라.
4) **디도서 1:16** : 저희가 하나님을 시인하나 행위로는 부인하니 가증한 자요 복종치 아니하는 자요 모든 선한 일을 버리는 자니라(cf. 사 29:13).
5) **요한복음 17:3** : 영생은 유일하신 참 하나님과 그의 보내신 자 예수 그리스도를 아는 것이니이다.
6) **호세아 6:6** : 나는 인애를 원하고 제사를 원치 아니하며 번제보다 하나님을 아는 것을 원하노라.
7) **하박국 3:17-18** : 비록 무화과나무가 무성치 못하며 포도나무에 열매가 없으며 감람나무에 소출이 없으며 밭에 식물이 없으며 우리에 양이 없으며 외양간에 소가 없을지라도 나는 여호와를 인하여 즐거워하며 나의 구원의 하나님을 인하여 기뻐하리로다.
8) **시편 42:1** : 하나님이여 사슴이 시냇물을 찾기에 갈급함같이 내 영혼이 주를 찾기에 갈급하나이다.

제23과 천사는 어떤 존재인가?

학습목표 : 천사의 존재와 사명을 알고 다른 사람에게 인간 천사 역할을 하게 된다. 천사에 대하여 다른 사람들에게 설명해 주고 가르칠 수 있다.

요절말씀 : 여호와께서 그 보좌를 하늘에 세우시고 그 정권으로 만유를 통치하시도다 능력이 있어 여호와의 말씀을 이루며 그 말씀의 소리를 듣는 너희 천사여 여호와를 송축하라 여호와를 봉사하여 그 뜻을 행하는 너희 모든 천군이여 여호와를 송축하라 여호와의 지으심을 받고 그 다스리시는 모든 곳에 있는 너희여 여호와를 송축하라 내 영혼아 여호와를 송축하라(시 103:19-22).

천사는 존재하는가? 그렇다면 천사는 어떤 존재인가? 오늘날 천사의 존재에 대해 많은 사람이 의심하고 있다. 이러한 현상은 새로운 것이 아니다. 예수님 당시나 사도 시대에도 이미 천사의 존재를 부인하는 사람들이 있었다(행 23:8). 그러나 분명히 성경은 275회 이상 천사의 존재를 이야기하고 있을 뿐만 아니라 구약에서만 100회 이상 천사에 대한 언급이 나온다. 예수님도 직접 천사에 대해 말씀하셨고(마 18:10, 26:53) 사도 바울도 천사의 존재를 믿고 있었다(골 2:18). 구약에서 두 천사가 사람의 형태로 롯에게 나타났고(창 19:1) 사자의 입을 막아 다니엘을 보호하기도 했으며 여호와의 사자로 개인에게 나타나기도 했다(창 16:8-14, 22:9-18; 출 3:1-14). 신약에서는 천사에 대한 기록이 160번 이상 있다. 천사가 예수님의 탄생을 예고하였다(눅 1:26). 아기 예수를 보호하였으며(눅 2:13) 예수님이 광야에서 시험받을 때 수종을 들었다(마 4:11). 또한 예수님의 기도를 돕고(눅 22:43) 예수님의 무덤을 열어 주었으며(마 28:2) 부활의 소식도 알려 주었다(마 28:6). 사도행전에도 무려 5번이나 나타나 제자들을 감옥에서 구해 주었고(행 5:17-20, 12:5-11) 성도들의 기도 응답을 수행했으며(행 12:7) 빌립을 전도 대상에게 인도하기도 했다(행 8:26). 또한 고넬료의 환상 중에도 나타났고(행 10:4) 바울의 로마 호송의 위기에서도 보호해 주었다(행 27:23). 요한계시록에서 요한 사도는 천사를 통해 기도가 응답되며 우주의 센터 사령탑에서 심판이 전개되는 것을 보았다(계 22:8).

그렇지만 오늘날 천사는 동화 이야기에나 나오는 주인공에 불과하며 현대인들에게는 거의 가치없는 존재로 등한시되고 있다. 그러나 하나님의 자녀를 보호하는 천사를 불신하거나 우리를 대적하는 악령에 대한 경계를 등한시해서는 안 된다.

천사의 비밀을 공부함으로써 우리를 돌보시는 하나님의 위대한 지원에 대한 믿음을 가질 수 있으며 우리를 방해하는 악한 천사들에 대해서도 경계할 수 있는 것이다. 그러므로 천사에 관해 살펴보는 것은 매우 중요한 일이다. 천사는 과연 어떤 존재인가?

1.(골 1:16):

성경적 세계관에 의하면 우주와 자연 만물, 그리고 영적 존재인 천사와 인간은 하나님의 피조물이다. 천사는 절대적인 존재가 아니며, 창조자요 절대자이신 하나님과 관계를 맺어야만 하는 상대적인 존재이다. 천사에 관하여 성경은 세상 창조 전에(욥 38:6-7), 하나님의 영광과 섬김을 위해(시 103:20-21), 거룩한 상태의 영적 존재로(히 1:14) 지음 받은 상대적인 존재임을 명맥하게 밝혀 주고 있다(시 103:21-22, 148:2-5; 요 1:2 3; 골 1:16). 모든 피조물이 하나님의 영광과 섬김을 위한 존재 목적이 있듯 천사들 역시 하나님의 영광을 위해 창조되었다(사 42:8, 43:7; 눅 2:13; 엡 1:6). 천사는 영물로서 능력이 있는 존재지만 전지 전능하시고 편재하신 창조주 하나님과는 절대로 비교할 수 없는 피조물일 뿐이다. 천사의 영성과 능력과 존재는 창조주 하나님에 의해서 제한받으며 하나님처럼 경배와 찬양을 받을 수 없기에 성경은 천사 숭배를 금하고 있다(계 22:8-9). 그러므로 사두개인들처럼 천사의 존재를 부인하거나(행 23:8) 하나님의 보호와 섭리를 상징하는 비실재적인 존재로 보는 것은 잘못된 견해이다. 영지주의처럼 천사는 창조된 것이 아니라 하나님에게서 자연적으로 떨어져 나온 영적 존재로 보는 것도 잘못된 견해이다. 인간이 죽어서 천사가 된다고 생각하거나, 또는 모든 사물 속에 동화 속의 요정과도 같은 천사가 들어 있다고 생각하는 미신적이고 범신론적 천사관은 명백히 잘못된 것이다. 천사는 자연 발생적인 존재도 아니고 하나님처럼 전지, 전능, 편재하신 절대적인 존재도 아니다. 단지 하나님의 영광과 찬양을 위해 창조되었고 절대자 하나님의 뜻에 따라 움직이는 존재로서 제한된 그러나 능력 있는 영적인 피조물인 것이다(시 103:19-22).

삼위일체 하나님	천사들
창조자	피조물
전지자	지식자
전능자	능력자
편재자	제한된 자
영광을 받는 자	섬기는 자

1) **시편 103:19-22** : 여호와께서 그 보좌를 하늘에 세우시고 그 정권으로 만물을 통치하시도다 능력이 있어 여호와의 말씀을 이루며 그 말씀의 소리를 듣는 너희 천사여 여호와를 송축하라 여호와를 봉사하여 그 뜻을 행하는 너희 모든 천군이여 여호와를 송축하라 여호와의 지으심을 받고 그 다스리시

는 모든 곳에 있는 너희여 여호와를 송축하라 내 영혼아 여호와를 송축하라.

2) **시편 148:2-5** : 그의 모든 사자여 찬양하며 모든 군대여 찬양할지어다 해와 달아 찬양하며 광명한 별들아 찬양할지어다 하늘의 하늘도 찬양하며 하늘 위에 있는 물들도 찬양할지어다 그것들이 여호와의 이름을 찬양할 것은 저가 명하시매 지으심을 받았음이로다.

3) **요한복음 1:2-3** : 그가 태초에 하나님과 함께 계셨고 만물이 그로 말미암아 지은 바 되었으니 지은 것이 하나도 그가 없이는 된 것이 없느니라.

4) **골로새서 1:15-17** : 그는 보이지 아니하시는 하나님의 형상이요 모든 창조물보다 먼저 나신 자니 만물이 그에게서 창조되되 하늘과 땅에서 보이는 것들과 보이지 않는 것들과 혹은 보좌들이나 주관들이나 정사들이나 권세들이나 만물이 다 그로 말미암고 그를 위하여 창조되었고 또한 그가 만물보다 먼저 계시고 만물이 그 안에 함께 섰느니라.

5) **욥기 38:4-7** : 내가 땅의 기초를 놓을 때에 네가 어디 있었느냐 네가 깨달아 알았거든 말할지니라 누가 그 도량을 정하였었는지, 누가 그 준승을 그 위에 띄웠는지 네가 아느냐 그 주초는 무엇 위에 세웠으며 그 모퉁이 돌은 누가 놓았었느냐 그 때에 새벽 별들이 함께 노래하며 하나님의 아들들이 다 기쁘게 소리하였었느니라.

6) **느헤미야 9:6** : 오직 주는 여호와시라 하늘과 하늘들의 하늘과 일월성신과 땅과 땅위의 만물과 바다와 그 가운데 모든 것을 지으시고 다 보존하시오니 모든 천군이 주께 경배하나이다.

7) **이사야 42:8** : 나는 여호와니 이는 내 이름이라 나는 내 영광을 다른 자에게, 내 찬송을 우상에게 주지 아니하리라.

8) **요한계시록 22:8-9** : 이것들을 보고 들은 자는 나 요한이니 내가 듣고 볼 때에 이 일을 내게 보이던 천사의 발 앞에 경배하려고 엎드렸더니 저가 내게 말하기를 나는 너와 네 형제 선지자들과 또 이 책의 말을 지키는 자들과 함께 된 종이니 그리하지 말고 오직 하나님께 경배하라 하더라.

9) **골로새서 2:18** : 누구든지 일부러 겸손함과 천사 숭배함을 인하여 너희 상

을 빼앗지 못하게 하라.

9) **마태복음** 24:36 : 그러나 그 날과 그 때는 아무도 모르나니 하늘의 천사들도, 아들도 모르고 오직 아버지만 아시느니라.

2.(히 1:14):

천사는 본질적으로 천계에 거처하는 영적 존재이며(히 1:14) 물질적인 몸이 없는 불가시적인 존재이다(골 1:16). 천사는 하늘에 속한 자의 형상을 가지고 있으면서(고전 15:49) 임무와 장소에 따라 여러 모습으로 나타난다. 천계에서는 사자, 송아지, 독수리, 사람의 네 얼굴과 네 날개, 또는 여섯 날개를 가진 생물의 모습을 하고 있으며(겔 1:5-28; 계 4:6-8), 인간계에 나타날 때는 사람의 모습으로 변형하기도 한다(막 16:5-6). 그러나 사실 그냥 사람의 모습으로 보였을 뿐 참된 모습은 알 수가 없다. 하늘에 있는 그룹이나 스랍 천사들의 모습은 기묘하고 신비스럽다(겔 10:1-14; 사 6:1-3). 또한 천사는 시간과 공간을 초월하여 하늘의 영계나 자연계의 인간 세계를 자유로 왕래하는 영적 존재이다(눅 1:19). 그러나 어떤 경우는 활동에 제한을 받기도 한다(단 10:13-14). 그들은 꿈과 환상 속에 자주 나타난다(마 1:20; 사 6:1-8). 천사는 영적 존재로서 성별이 없이 남성도 여성도 아니다. 그러므로 결혼하여 가정을 갖거나 생육하고 번성하지 못한다(마 22:30). 태초에 인간은 한꺼번에 창조되지 않았다. 오직 한 쌍의 남자와 여자, 부부를 창조하시고 그들에게 "생육하고 번성하여 땅에 충만하라"(창 1:28)고 말씀하셨다. 성과 생식작용을 통해 인간을 번성케 하신 것이 창조의 방법이다. 그러나 천사는 처음부터 수많은 천사들이 하늘에 거하도록 창조되어서 생식작용이 없어 가감없이 그룹을 형성하여 존재해 온 것이다. 창세기 6장 2절의 "하나님의 아들들이 사람의 딸들의 아름다움을 보고 자기들의 좋아하는 모든 자로 아내를 삼는지라"는 말은 천사와 인간의 결혼 이야기가 아니다. 천사는 성장하거나 나이를 먹거나 죽지 않으므로(눅 20:36) 그 수가 늘거나 줄지 않는다(눅 2:13-15; 히 12:22). 처음부터 수많은 천사들이 영적 집단을 형성하여 하늘에 거하도록 창조되었다(계 5:11). 썩지 않는 신령한 몸으로 부활한 인간도 천국에서는 천사같이 변하여 결혼하지 않는다(마 22:30; 막 12:25). 그러므로 천사는 영성과 지식과 능력과 존재면에서 인간보다 우월한 존재이다. 천사가 영적인 존재지만 성령 하나님과는 다르다. 천사는 하나님처럼 절대적이고 완전하며 전능하거나 거룩하지 못하다(시 89:6-8). 천사는 타락할 수 있으나 하나님은 불변이신 영원한 분이시다(약 1:17).

성령	천사들
절대적 창조자	상대적 피조물
찬양과 경배를 받으심	찬양과 경배를 드림
타락 불가능	타락 가능
전능	제한적인 능력
주권자	섬기는 종

1) **히브리서 1:14** : 모든 천사들은 부리는 영으로서 구원 얻을 후사들을 위하여 섬기라고 보내심이 아니뇨.
2) **고린도전서 15:40** : 하늘에 속한 형체도 있고 땅에 속한 형체도 있으나 하늘에 속한 자의 영광이 따로 있고 땅에 속한 자의 영광이 따로 있으니(cf. 고전 15:44, 49, 53).
3) **마태복음 28:2-3** : 주의 천사가 하늘로서 내려와 돌을 굴려 내고 그 위에 앉았는데 그 형상이 번개 같고 그 옷은 눈같이 희거늘.
4) **에스겔 1:10-14** : 그 얼굴들의 모양은 넷의 앞은 사람의 얼굴이요 넷의 우편은 사자의 얼굴이요 넷의 좌편은 소의 얼굴이요 넷의 뒤는 독수리의 얼굴

이니 그 얼굴은 이러하며 그 날개는 들어 펴서 각기 둘씩 서로 연하였고 또 둘은 몸을 가리웠으며 신이 어느 편으로 가려면 그 생물들이 그대로 가되 돌이키지 아니하고 일제히 앞으로 곧게 행하며 또 생물의 모양은 숯불과 횃불 모양 같은데 그 불이 그 생물 사이에서 오르락 내리락 하며 그 불은 광채가 있고 그 가운데서는 번개가 나며 그 생물의 왕래가 번개같이 빠르더라.

5) **요한계시록 4:7-8** : 그 첫째 생물은 사자 같고 그 둘째 생물은 송아지 같고 그 셋째 생물은 얼굴이 사람 같고 그 넷째 생물은 날아가는 독수리 같은데 네 생물이 각각 여섯 날개가 있고 그 안과 주위에 눈이 가득하더라 그들이 밤낮 쉬지 않고 이르기를 거룩하다 거룩하다 거룩하다 주 하나님 곧 전능하신 이여 전에도 계셨고 이제도 계시고 장차 오실 자라 하고.

6) **다니엘 10:13-14** : 그런데 바사국 군이 이십일 일 동안 나를 막았으므로 내가 거기 바사국 왕들과 함께 머물러 있더니 군장 중 하나 미가엘이 와서 나를 도와주므로 이제 내가 말일에 네 백성의 당할 일을 네게 깨닫게 하러 왔노라 대저 이 이상은 오래 후의 일이니라.

7) **골로새서 1:16** : 만물이 그에게 창조되되 하늘과 땅에서 보이는 것들과 보이지 않는 것들과 혹은 보좌들이나 주관들이나 정사들이나 권세들이나 만물이 다 그로 말미암고 그를 위하여 창조되었고.

8) **이사야 6:2-3** : 스랍들은 모셔 섰는데 각기 여섯 날개가 있어 그 둘로는 그 얼굴을 가리었고 그 둘로는 그 발을 가리었고 그 둘로는 날며 서로 창화하여 가로되 거룩하다 거룩하다 거룩하다 만군의 여호와여 그 영광이 온 땅에 충만하도다.

9) **마태복음 22:30** : 부활 때에는 장가도 아니가고 시집도 아니가고 하늘에 있는 천사들과 같으니라.

10) **요한계시록 5:11** : 내가 또 보고 들으매 보좌와 생물들과 장로들을 둘러 선 많은 천사의 음성이 있으니 그 수가 만만이요 천천이라.

11) **시편 89:6-8** : 대저 궁창에서 능히 여호와와 비교할 자가 누구며 권능 있는 자 중에 여호와와 같은 자 누구리이까 하나님은 거룩한 자의 회중에서

심히 엄위하시오며 둘러 있는 모든 자 위에 더욱 두려워할 자시니이다 여호와 만군의 하나님이여 주와 같이 능한 자 누구리이까 여호와여 주의 성실하심이 주를 둘렀나이다.

12) **누가복음 20:36** : 저희는 다시 죽을 수도 없나니 이는 천사와 동등이요 부활의 자녀로서 하나님의 자녀임이니라.

3.(눅 15:10):

선한 천사든지 악한 천사든지 간에 천사는 지성(삼하 14:20; 벧전 1:12), 감정(눅 15:10), 행동의지(계 7:11-12; 눅 8:31)의 인격적 요소(the essential facts of personality)를 가진 인격적 존재(personal existence)이며 사람의 모습으로 나타나기도 한다(행 10:30). 천사들의 의지와 행동, 지성, 그리고 그들의 능력은 창조주 하나님이 주셨고 또한 하나님이 다스리시고 제한하신다(삼하 24:13; 욥 2:6; 계 7:1-3, 14:8-10). 천사는 ① 피조물이며(골 1:16) 인간들처럼 ② 지성(삼하 14:20; 마 24:36; 벧전 1:12) ③ 감정(눅 15:10) ④ 의지(삼하 14:17; 눅 9:26) ⑤ 소원(벧전 1:12)을 가지고 ⑥ 말하고(슥 1:9) ⑦ 다투기도 하고(유 1:9; 계 12:17) ⑧ 예배할 수도 있다(히 1:6)는 점에서는 인격적 존재인 인간들과 똑같다. 그러나 ① 보이지 않는(골 1:16) ② 영적인 실체(히 1:14)로 ③ 육체를 입지 않고 하늘에 속한 자의 형상을 입으며(고전 15:49) ④ 성별이 없고 ⑤ 결혼하지 않으며(마 22:30) ⑥ 시간과 공간을 초월하며 ⑦ 죽지 않는다는 점에서 인간보다 우월하다(벧후 2:1; 마 28:2; 살후 1:7). 한편 ① 타락한 천사는 용서받아 구원받을 수 없으며(마 25:41; 벧후 2:4) ② 가정의 행복을 누릴 수가 없고(마 22:30) ③ 전도할 수 없으며(벧전 1:12) ④ 섬김과 보호를 받을 수 없다는 점에서는 인간이 천사보다 우월한 존재이다(히 1:4).

1) **누가복음 15:10** : 내가 너희에게 이르노니 이와 같이 죄인 하나가 회개하면 하나님의 사자들 앞에 기쁨이 되느니라.

2) **마태복음 24:36:** : 그러나 그 날과 그 때는 아무도 모르나니 하늘의 천사들도 아들도 모르고 오직 아버지만 아시느니라.

3) **요한계시록 7:11-12** : 모든 천사가 보좌와 장로들과 네 생물의 주위에 섰다가 보좌 앞에 엎드려 얼굴을 대고 하나님께 경배하여 가로되 아멘 찬송과 영광과 지혜와 감사와 존귀와 능력과 힘이 우리 하나님께 세세토록 있을지로다 아멘 하더라.

4) **욥기 2:6** : 여호와께서 사단에게 이르시되 내가 그를 네 손에 붙이노라 오직 그의 생명을 해하지 말지니라.

5) **베드로전서 1:12** : 이것은 하늘로부터 보내신 성령을 힘입어 복음을 전하는 자들로 이제 너희에게 고한 것이요 천사들도 살펴보기를 원하는 것이니라.

4.(벧전 3:22):

천사의 수는 헤아릴 수 없이 많으며(히 12:1; 계 5:11) 그들은 결혼도 하지 않고 죽지 않기 때문에 그 수가 늘지도 않고 줄지도 않는다. 그러나 그들 모두가 동일하지는 않고 조직(organization)과 등급(ranking)과 분명한 질서(order)가 있다. 성경에는 다양한 천사의 명칭이 있다. 그 이름들을 살펴보면 그들의 속성과 감당하고 있는 특별한 사역이 나타난다. 일반적인 명칭의 경우에 천사(눅 1:13), 사자(시 148:2), 천군(시 103:21), 새벽천사에 대한 기록으로 새벽 별(욥 38:7), 하나님의 군대(시 148:2), 하나님의 아들(욥 38:7), 생물(계 4:6), 순찰자(단 4:13), 부리는 영(히 1:14), 그리고 정사와 권세와 능력과 주관하는 자(엡 1:21) 등이 있다. 고유명칭으로는 미가엘(유 1:9), 가브리엘 등이 있고 집단적으로는 스랍(사 6:2), 그룹(겔 11:22) 등이 있는데 대개 본질보다는 직무적인 이름들이다. 하나님은 왕으로서(벧전 3:22; 골 2:10) 선택된(딤전 5:21) 선한 천사들을 조직하셨다(엡 1:21, 3:10; 골 1:16). 그리고 사단은 악한 천사들을 조직화했다(엡 6:12; 고전 15:24). 천사들의 총회(assemble)가 있고(시 89:5, 7) 천사장(archangel)도 있으며(살전 4:16; 유 1:9) 군장(high ranking Angels)도 있고(단 10:13) 천군(눅 2:13; 마 26:53)이 있으며 전투 조직도 있다(계 12:7). 그리고 정사와 권세의 정부 조직으로 되어 있다(롬 8:38, 엡 1:21, 3:10, 6:12; 골 1:16, 2:10, 15; 벧전 3:22). 이사야 선지는 하늘 보좌에 있는 스랍 천사를 보았고(사 6:2) 에스겔은 그룹 천사를 보았다(창 3:24; 겔 1:5, 10:1).

가브리엘 천사같이 기쁜 소식을 전하는 천사가 있는가 하면(눅 1:26) 평범한 천사들도 많다(히 12:22; 계 5:11; 시 68:17). 또한 자연을 다스리고(계 7:1-3) 하나님의 심판을 수행하는 천사도 있다(계 8:7). 그리고 자기 지위를 지키지 않고 처소를 떠난 천사들은 심판의 처벌을 받게 된다(유 1:6; 벧후 2:4).

(1) 미가엘(Michael) 천사 : 군장 중 하나인(단 10:13) 미가엘 천사는 천사장(archangel)으로 구약 교회인 이스라엘 백성을 보호하는 수호 천사이며(단 12:1) 마귀에게서 모세의 시체와 영혼을 보호했다(유 1:9). 예수 그리스도께서 부활 승천하실 때(엡 4:8) 미가엘은 사단과 그의 부하들과 싸워서 공중권세 잡고 있던 사단을(엡 2:2) 공중에서 땅으로 쫓아 버렸다(계 12:7-8). 천사장 미가엘은 예수 그리스도께서 재림하실 때 함께 수행할 것이며(살전 4:16) 사단을 결박하여(계 20:1-3) 하나님의 심판에 따라 지옥불에 던질 것이다(계 20:10). 천사장 미가엘은 사단과 악령들에 대적하여 이스라엘 백성과 성도들을 지키고 보호하는 가장 용감하고 권세 있는 수호 천사이다.

요한계시록 12:7-9 : 하늘에 전쟁이 있으니 미가엘과 그의 사자들이 용으로 더불어 싸울새 용과 그의 사자들도 싸우나 이기지 못하여 다시 하늘에서 저희가 있을 곳을 얻지 못한지라.

(2) 가브리엘(Gabriel) 천사 : '하나님의 강한 자' 라는 의미의 가브리엘 천사는 하나님의 메신저로서 좋은 소식을 전하는 천사이다(눅 1:19). 그는 다니엘에게 제국의 흥망성쇠 계시를 전달하고 해석해 주는 일을 감당했고(단 8:15-22), 세례 요한과 예수 그리스도의 탄생을 예고하기도 했다(눅 1:18-19, 26-23). 아마도 장차 예수 그리스도의 재림 소식도 가브리엘 천사가 알려 줄 것이다(마 24:31). 가브리엘은 하나님의 구속 사역에 관련된 계시의 전달자로, 또 해설자로 사람 앞에 나타날 때는 사람의 모습으로 나타났다(단 9:21). 가브리엘은 시공간을 빠른 속도로 날아다니며 임무를 수행하는 영적인 존재(단 9:21)로 그를 본 사람이 거룩한 두려움을 느낄 만큼 위엄을 갖추고 있다(단 8:17; 눅 1:11-13). 기쁜 소식, '복음' 은 헬라어로 '유앙겔리온' 인데 문자적으로 '천사가 전해준 복된 소식' 이라는 의미를 가지고 있다. 이 복된 소식이 바로 가브리엘 천사가 전해준 것이다.

누가복음 1:19 : 천사가 대답하여 가로되 나는 하나님 앞에 섰는 가브리엘이라 이 좋은 소식을 전하여 네게 말하라고 보내심을 입었노라.

(3) 정사와 권세(Rulers and Authorities) : 바울이 7번 사용한 말로 우주를 다스리는 데 있어서 선한 천사나 악한 천사 집단의 조직과 질서를 표현하는 말이다(롬 8:38; 엡 1:21, 3:10, 6:12; 골 1:16, 2:10, 15).

골로새서 1:16 : 만물이 그에게 **창조되되** 하늘과 땅에서 보이는 것들과 보이지 않는 것들과 혹은 보좌들이나 주관들이나 정사들이나 권세들이나 만물이 다 그로 말미암고 그를 위하여 **창조되었고**.

(4) **그룹(Cherubim) 천사** : 그룹 천사는 하나님의 주권과 거룩함과 영광을 수호하는 높은 계급의 집단적 천사이다(창 3:24; 출 25:18-22; 왕상 6:23-28; 시 18:11; 겔 1:5-28). 사단도 그룹 천사 중 하나였다(겔 28:14, 16). 케루빔 천사를 성막이나 성전의 장식으로 사용하는 것은 하나님의 거룩함에 대한 그들의 수호 기능 때문이다(출 26:1, 36:8; 왕상 6:23-29). 이 그룹들은 사람, 소, 사자, 독수리의 네 얼굴과 네 날개를 가진 상징적 형상으로 묘사되고 있으며(겔 1:4-18, 10:18-19) 요한계시록에는 네 생물로 묘사된다(계 4:6). 하나님은 이 그룹 천사 사이에 좌정하고 계신다(시 80:1, 99:1). 하나님은 범죄한 아담과 하와를 에덴 동산에서 내어쫓은 다음에 그룹들을 시켜 화염검으로 생명나무를 지키게 하셨다(창 3:24).

시편 80:1 : 요셉을 양떼같이 인도하시는 이스라엘의 목자여 귀를 기울이소서 그룹 사이에 좌정하신 자여 빛을 비취소서.

(5) **스랍(Seraphim) 천사** : 하나님 보좌 옆에서 하나님께 경배하고 거룩함을 찬양하는 천사무리이다. 스랍 천사는 여섯 날개가 있어서 두 날개로 얼굴을 가리고 두 날개는 발을 가리고 두 날개로 날면서 "거룩하다 거룩하다 거룩하다 만군의 여호와여 그 영광이 온 땅에 충만하도다"라고 찬양했다(사 6:2-3). 하나님의 거룩하심을 찬양하고 선포할 뿐만 아니라 하나님의 종 이사야의 입술을 제단 불로 정결케 하여 소명을 받게 했다(사 6:6-8).

이사야 6:2-3 : 스랍들은 모셔 섰는데 각기 여섯 날개가 있어 그 둘로는 그 얼굴을 가리었고 그 둘로는 그 발을 가리었고 그 둘로는 날며 서로 창화하여 가로되 거룩하다 거룩하다 거룩하다 만군의 여호와여 그 영광이 온 땅에 충만하도다.

1) **요한계시록 5:11** : 내가 또 보고 들으매 보좌와 생물들과 장로들을 둘러선 많은 천사의 음성이 있으니 그 수가 만만이요 천천이라.
2) **디모데전서 5:21** : 하나님과 그리스도 예수와 택하심을 받은 천사들 앞에서 내가 엄히 명하노니 너는 편견이 없이 이것들을 지켜 아무 일도 편벽되이 하지 말며.
3) **골로새서 2:10** : 너희도 그 안에서 충만하여졌으니 그는 모든 정사와 권세의 머리시라.
4) **베드로전서 3:22** : 저는 하늘에 오르사 하나님 우편에 계시니 천사들과 권세들과 능력들이 저에게 순복하느니라.
5) **시편 89:5** : 여호와여 주의 기사를 하늘이 찬양할 것이요 주의 성실도 거룩한 자의 회중에서 찬양하리이다.
6) **유다서 1:9** : 천사장 미가엘이 모세의 시체에 대하여 마귀와 다투어 변론할 때에.
7) **다니엘 10:13** : 그런데 바사국 군이 이십일 일 동안 나를 막았으므로 내가 거기 바사국 왕들과 함께 머물러 있더니 군장 중 하나 미가엘이 와서 나를 도와주므로.
8) **다니엘 12:1** : 그 때에 네 민족을 호위하는 대군 미가엘이 일어날 것이요 또 환난이 있으리니 이는 개국 이래로 그 때까지 없었던 환난일 것이며 그때에 네 백성 중 무릇 책에 기록된 모든 자가 구원을 얻을 것이라.
9) **데살로니가전서 4:16** : 주께서 호령과 천사장의 소리와 하나님의 나팔로 친히 하늘로 좇아 강림하시리니 그리스도 안에서 죽은 자들이 먼저 일어나고.
10) **유다서 1:6** : 또 자기 지위를 지키지 아니하고 자기 처소를 떠난 천사들을

큰 날의 심판까지 영원한 결박으로 흑암에 가두셨으며.

5.(히 1:14):

하나님은 천사들에게 성도를 돌보는 임무를 주셨다(시 91:11; 마 4:6). 그리고 하나님은 천사들을 성도를 위해 섬기는 종으로 주셨다(히 1:14). 성도가 소리내어 찬양할 때나 기도할 때 천사들이 성도들의 곁에 있을 뿐만 아니라 섬기는 종으로서 어둠의 세력을 무너뜨려 믿음의 사람들이 승리할 수 있도록 하늘에서 싸우기도 한다. 천사의 존재는 피조된 존재이다. 천사의 본질은 거룩한 영적 존재이다(시 89:5; 단 8:13; 막 8:38; 눅 9:26; 행 10:22). 천사와 하나님, 인간의 관계는 인격적인 관계이다. 천사의 활동은 조직적이며 질서가 있다. 그러나 무엇보다도 중요한 것은 천사의 사역은 하나님과 인간을 섬기는 사역이라는 사실이다. 구약에서 천사의 뜻은 히브리어 '말라크' 로 '보냄을 받은 사자, 또는 전달자' 라는 의미이다. 신약에서는 천사를 헬라어 '앙겔로스' 라고 하는데 하나님의 뜻을 전달하고 수행하기 위한 '사자' 를 의미한다.

천사는 섬김을 위해 지음받은 존재로서(히 1:14) 첫째로 찬양과 경배로 하나님을 섬기고, 둘째로 그리스도를 섬겨 구속 사역을 돕고, 셋째로 성도들을 위로하고 섬기며, 넷째로 악령과 불신자들에게 심판을 집행한다. 원래 하나님께서 천사를 창조하실 때 천사는 모두 선한 존재였으나 일부 천사가 타락하여 쫓겨나 악한 천사가 되었다(벧후 2:4; 유 1:6).

선한 천사는 하나님의 주권과 영광과 거룩하심을 경배하고 찬양하는 일을 한다. 이사야 선지자와 사도 요한은 하나님의 존전에 거하는(시 80:1) 스랍 천사들과 네 생물이 찬양하고 경배하는 모습을 보았다(사

6:2-3; 계 4:11). 그룹 천사는 하나님의 거룩함을 수호한다(창 3:24). 가브리엘 천사는 하나님의 말씀을 전달하고 해설해 준다(눅 1:19, 2:10; 단 9:21). 특히 천사들은 하나님의 통치를 돕는 통치의 대리자로서 섬긴다. 하나님은 우주의 통치자로 모든 것을 통치하시며 모든 것은 하나님의 영광과 선한 목적을 위해 이끌어 가시며 하나님은 이런 사역들을 천사들에게 수행하게 하신다(시 103:19-21; 사 46:8-11; 롬 11:36; 엡 1:11).

천사들이 지금도 자연 만물을 통치하시는 사역을 돕고 있다. 천사들은 바람과(계 7:1) 바다와(계 16:3) 태양을 다스려(계 6:8-9) 하나님의 주권 속에서 자연을 제어한다(히 1:7). 특히 하나님의 천사들은 사단과 그 사자들을 대항하고 땅 위의 정부를 지도할 수 있다(단 10:13, 21). 미가엘 천사가 이 일에 있어서 중요한 역할을 담당한다(단 10:21; 계 12:7). 성경에 의하면 하나님의 선한 천사와 악한 천사의 구분은 하나님을 반역한 여부로 판별된다(벧후 2:4; 유 1:6). 이같이 구분된 천사들이 인간 세상에서 나라와 정부의 배후와 사건 속에서 영적으로 서로 싸우고 있다(사 14:4-17; 겔 28:12-19; 단 10:13, 12:1; 계 12:7). 악한 천사들이 세상의 통치자들과 나라에 영향을 미쳐서 하나님의 백성과 복음에 대항하도록 정부 지도자들을 부추기는 것이다(계 16:13-16). 그러나 선한 천사들이 이들과 싸워 이김으로 악한 천사, 즉 마귀를 내쫓아 하나님을 대신하여 세상의 나라를 하나님의 뜻 안에서 선하게 다스린다.

선한 천사들은 예수 그리스도의 구속 사역을 도왔다. 요셉에게 아내 마리아의 성령 잉태를 알려서 마리아를 보호했다(마 1:21). 그리고 들에서 양떼를 돌보던 목자들에게 예수 그리스도의 탄생 소식을 전했다(눅 2:8-15). 또한 헤롯 대왕의 살해 음모를 요셉에게 알려서 애굽으로 피신시켰으며(마 2:13), 헤롯이 죽은 후에 이스라엘로 돌아오도록 지시했다(마 2:19-21). 또한 천사의 지시에 의해서 예수는 나사렛 동네에서 살게 되었던 것이다(눅 1:26; 마 2:23). 예수님이 공생애를 시작하실 때 마귀의 시험을 이기고 천사의 섬김을 받았다(마 4:11). 그리고 겟세마네 동산의 최후 기도를 도왔다(눅 22:42-43). 예수님이 부활하셨을 때 무덤 문을 옮겼으며(마 28:1-2), 무덤을 찾아온 여인들에게 예수 그리스도의 부활 소식을 전하기도 했다(눅 24:5-6). 천사는 예수님이 갈릴리에서 가르치신 말씀을 상기시키며 부활이 우연한 사건이 아니고 미리 예언된 구속사의 중심 사건임을 알려 주었다. 또한 예수님이 승천하실 때 "너희 가운데서 하늘로 올리우신 이 예수는 하늘로 가심을 본 그대로 오시리라"(행 1:11)고 예수님의 승천에 함께했던 천사들이 예수님의 재림을 예고했다. 예수님도 천사에 대하여 직접 교훈하셨다. 천사가 열두 영이나 되는 많은 수가 있고(마 26:53) 결혼하지 않으며(마 22:30) 죽지도 않는 영적 존재이고(눅 20:36) 부활 때에는 하나님의 자녀들이 천사같이 될 것이라고 교훈하셨다(마 22:30).

성경은 예수 그리스도께서 재림하실 때 천사들이 동반하며 예수님을 경배하고 택한 백성을 모을 것에 대해 예언하고 있다. 재림하시는 예수님을 수행하며(마 25:31) "주께서 호령과 천사장의 소리와 하나님의 나팔로 친히 하늘로 좇아 강림하시리니"(살전 4:16)라는 말씀을 이룰 것이며 "저가 큰 나팔소리와 함께 천사들을 보내리니 저희가 그 택하신 자들을 하늘 이 끝에서 저 끝까지 사방에서 모으리라"(마 24:31)는 말씀처럼 택한 성도들을 모을 것이다. 그리고 최종적으로 천사는 예수 그리스도에 반대하던 악한 영들과 불신자들을 한데 모아 지옥불에 던질 것이다(살후 1:7-8; 마 13:41-42, 49-50; 마 25:41).

이제 천사들이 구원받은 성도들과 무슨 관계가 있는지 살펴보자. 성도들을 위한 천사들의 기능에 대해 히브리서 1장 14절은 "모든 천사들은 부리는 영(레이투르기카 프뉴마타)으로서 구원 얻을 후사들을 위하여 섬기라고 보내심이 아니뇨"라고 잘 설명하고 있다. 여기서 섬긴다는 말은 종들이 상전에게 봉사하고 섬기듯, 어머니가 자식을 사랑으로 보살피고 헌신하듯, 맡은 임무를 수행하는 봉사를 뜻한다. 하나님이 성도들을 위해 보내주신 천사는 구원받은 성도들을 섬기며 봉사하고 보호하는 임무를 부여받았다. 그러므로 성도들은 부리는 영으로 보내심을 입은 천사를 부릴 수 있는 특권을 소유한 것이다.

① **천사는 수호천사로 구원받은 개개인 성도들을 보호하고 개인 수종 천사로서 성도들의 영적 생활을 도우며**(마 18:10; 히 1:14; 왕상 19:4-7; 왕하 19:35; 시 91:11; 행 5:18-19, 27:23-25), **악한 자들을 벌하기도 한다**(행 12:23). ② **천사들을 통해 하나님의 뜻이 계시된다.** 하나님은 계시자의 전달자로 천사를 사용하신다(눅 1:19). ③ **천사는 성도들의 기도 응답을 돕는다**(단 9:21-23; 행 10:3-5, 12:5-7). ④ **천사는 성도들이 전도하는 것을 인도하고 돕고 기뻐한다**(행 4:19-20, 8:26, 10:5; 눅 15:7,10). ⑤ **성도들이 죽으면 하나님의 천사가 그 영혼을 받들어 하늘로 데려간다**(눅 16:22; 유 1:9). 그러나 **불신 세계에 대해 하나님은 천사를 통해 심판을 경고하신다**(계 16:6-7; 마 13:41-42; 행 12:23). 천사는 사단과 그를 따르는 타락한 천사들과 전쟁을 하며(단 10:13) 그들을 하늘에서 쫓아내고(계12:7-8) 사단을 결박하여 무저갱에 가둠으로 그들의 활동을 제약한다(계20:1-3).

하나님 섬김

1) **창세기 3:24** : 이같이 하나님이 그 사람을 쫓아 내시고 에덴 동산 동편에 그룹들과 두루 도는 화염검을 두어 생명나무의 길을 지키게 하시니라.

2) **시편 103:20-21** : 능력이 있어 여호와의 말씀을 이루며 그 말씀의 소리를 듣는 너희 천사여 여호와를 송축하라 여호와를 봉사하여 그 뜻을 행하는 너희 모든 천군이여 여호와를 송축하라.

3) **이사야 6:2-3** : 스랍들은 모셔 섰는데 각기 여섯 날개가 있어 그 둘로는 그

얼굴을 가리었고 그 둘로는 그 발을 가리었고 그 둘로는 날며 서로 창화하여 가로되 거룩하다 거룩하다 거룩하다 만군의 여호와여 그 영광이 온 땅에 충만하도다.

4) **요한계시록 4:8-11** : 네 생물이 각각 여섯 날개가 있고 그 안과 주위에 눈이 가득하더라 그들이 밤낮 쉬지 않고 이르기를 거룩하다 거룩하다 거룩하다 주 하나님 곧 전능하신 이여 전에도 계셨고 이제도 계시고 장차 오실 자라 하고 그 생물들이 영광과 존귀와 감사를 보좌에 앉으사 세세토록 사시는 이에게 돌릴 때에 이십사 장로들이 보좌에 앉으신 이 앞에 엎드려 세세토록 사시는 이에게 경배하고 자기의 면류관을 보좌 앞에 던지며 가로되 우리 주 하나님이여 영광과 존귀와 능력을 받으시는 것이 합당하오니 주께서 만물을 지으신지라 만물이 주의 뜻대로 있었고 또 지으심을 받았나이다 하더라.

5) **다니엘 10:13-14** : 그런데 바사국 군이 이십일 일 동안 나를 막았으므로 내가 거기 바사국 왕들과 함께 머물러 있더니 군장 중 하나 미가엘이 와서 나를 도와주므로 이제 내가 말일에 네 백성의 당할 일을 네게 깨닫게 하러 왔노라 대저 이 이상은 오래 후의 일이니라.

6) **요한계시록 12:7-9** : 하늘에 전쟁이 있으니 미가엘과 그의 사자들이 용으로 더불어 싸울새 용과 그의 사자들도 싸우나 이기지 못하여 다시 하늘에서 저희의 있을 곳을 얻지 못한지라 큰 용이 내어 쫓기니 옛 뱀 곧 마귀라고도 하고 사단이라고도 하는 온 천하를 꾀는 자라 땅으로 내어 쫓기니 그의 사자들도 저와 함께 내어 쫓기니라.

예수 그리스도의 사역 섬김

1) **누가복음 1:31** : 보라 네가 수태하여 아들을 낳으리니 그 이름을 예수라 하라.

2) **마태복음 1:21** : 아들을 낳으리니 이름을 예수라 하라 이는 그가 자기 백성을 저희 죄에서 구원할 자이심이라 하니라.

3) **누가복음** 2:19-11 : 천사가 이르되 무서워 말라 보라 내가 온 백성에게 미칠 큰 기쁨의 좋은 소식을 너희에게 전하노라 오늘날 다윗의 동네에 너희를 위하여 구주가 나셨으니 곧 그리스도 주시니라.

4) **마태복음** 2:12 : 꿈에 헤롯에게로 돌아가지 말라 지시함을 받아 다른 길로 고국에 돌아가니라.

5) **마태복음** 2:13 : 저희가 떠난 후에 주의 사자가 요셉에게 현몽하여 가로되 헤롯이 아기를 찾아 죽이려 하니 일어나 아기와 그의 모친을 데리고 애굽으로 피하여 내가 네게 이르기까지 거기 있으라 하시니.

6) **마태복음** 2:19-20 : 헤롯이 죽은 후에 주의 사자가 애굽에서 요셉에게 현몽하여 가로되 일어나 아기와 그 모친을 데리고 이스라엘 땅으로 가라 아기의 목숨을 찾던 자들이 죽었느니라 하시니.

7) **마태복음** 2:22-23 : 꿈에 지시하심을 받아 갈릴리 지방으로 떠나가 나사렛이란 동네에 와서 사니 이는 선지자로 하신 말씀에 나사렛 사람이라 칭하리라 하심을 이루려 함이러라.

8) **마태복음** 4:11 : 이에 마귀는 예수를 떠나고 천사들이 나아와서 수종드니라.

9) **누가복음** 22:43-44 : 사자가 하늘로부터 예수께 나타나 힘을 돕더라 예수께서 힘쓰고 애써 더욱 간절히 기도하시니 땀이 땅에 떨어지는 피 방울같이 되더라.

10) **마태복음** 28:2-6 : 큰 지진이 나며 주의 천사가 하늘로서 내려와 돌을 굴려내고 그 위에 앉았는데 그 형상이 번개 같고 그 옷은 눈같이 희거늘 수직하던 자들이 저를 무서워하여 떨며 죽은 사람과 같이 되었더라 천사가 여자들에게 일러 가로되 너희는 무서워 말라 십자가에 못 박히신 예수를 너희가 찾는 줄을 내가 아노라 그가 여기 계시지 않고 그의 말씀하시던 대로 살아나셨느니라 와서 그의 누우셨던 곳을 보라.

11) **사도행전** 1:10-11 : 올라가실 때에 제자들이 자세히 하늘을 쳐다보고 있는데 흰옷 입은 두 사람이 저희 곁에 서서 가로되 갈릴리 사람들아 어찌하여 서서 하늘을 쳐다보느냐 너희 가운데서 하늘로 올리우신 이 예수는 하늘로

가심을 본 그대로 오시리라 하셨느니라.

12) **마태복음** 25:31-33 : 인자가 자기 영광으로 모든 천사와 함께 올 때에 자기 영광의 보좌에 앉으리니 모든 민족을 그 앞에 모으고 각각 구별하기를 목자가 양과 염소를 분별하는 것같이 하여 양은 그 오른편에, 염소는 왼편에 두리라.

13) **데살로니가전서** 4:16 : 주께서 호령과 천사장의 소리와 하나님의 나팔로 친히 하늘로 좇아 강림하시리니.

14) **요한계시록** 1:1 : 예수 그리스도의 계시라 이는 하나님이 그에게 주사 반드시 속히 될 일을 그 종들에게 보이시려고 그 천사를 그 종 요한에게 보내어 지시하신 것이라.

성도를 섬김

1) **히브리서** 1:14 : 모든 천사들은 부리는 영으로서 구원 얻을 후사들을 위하여 섬기라고 보내심이 아니뇨.

2) **히브리서** 1:7 : 또 천사들에 관하여는 그는 그의 천사들을 바람으로 그의 사역자들을 불꽃으로 삼으시느니라 하셨으되.

3) **마태복음** 18:10 : 삼가 이 소자 중에 하나도 업신여기지 말라 너희에게 말하노니 저희 천사들이 하늘에서 하늘에 계신 내 아버지의 얼굴을 항상 뵈옵느니라.

4) **열왕기하** 19:35 : 이 밤에 여호와의 사자가 나와서 앗수르 진에서 군사 십팔만 오천을 친지라 아침에 일찌기 일어나 보니 다 송장이 되었더라.

5) **열왕기상** 19:4-8 : 스스로 광야로 들어가 하룻길쯤 행하고 한 로뎀나무 아래 앉아서 죽기를 구하여 가로되 여호와여 넉넉하오니 지금 내 생명을 취하옵소서 나는 내 열조보다 낫지 못하니이다 하고 로뎀나무 아래 누워 자더니 천사가 어루만지며 이르되 일어나서 먹으라 하는지라 본즉 머리맡에 숯불에 구운 떡과 한 병 물이 있더라 이에 먹고 마시고 다시 누웠더니 여호와의 사

자가 또다시 와서 어루만지며 이르되 일어나서 먹으라 네가 길을 이기지 못할까 하노라 하는지라 이에 일어나 먹고 마시고 그 식물의 힘을 의지하여 사십 주 사십 야를 행하여 하나님의 산 호렙에 이르니라.

6) **사도행전 12:11-12** : 이에 베드로가 정신이 나서 가로되 내가 이제야 참으로 주께서 그의 천사를 보내어 나를 헤롯의 손과 유대 백성의 모든 기대에서 벗어나게 하신 줄 알겠노라 하여 깨닫고 마가라 하는 요한의 어머니 마리아의 집에 가니 여러 사람이 모여 기도하더라.

7) **사도행전 27:23-25** : 나의 속한 바 곧 나의 섬기는 하나님의 사자가 어젯밤에 내 곁에 서서 말하되 바울아 두려워 말라 네가 가이사 앞에 서야 하겠고 또 하나님께서 너와 함께 행선하는 자를 다 네게 주셨다 하였으니 그러므로 여러분이여 안심하라 나는 내게 말씀하신 그대로 되리라고 하나님을 믿노라.

8) **누가복음 1:19** : 천사가 대답하여 가로되 나는 하나님 앞에 섰는 가브리엘이라 이 좋은 소식을 전하여 네게 말하라고 보내심을 입었노라.

9) **사도행전 10:3-5** : 하루는 제 구 시쯤 되어 환상 중에 밝히 보매 하나님의 사자가 들어와 가로되 고넬료야 하니 고넬료가 주목하여 보고 두려워 가로되 주여 무슨 일이니이까 천사가 가로되 네 기도와 구제가 하나님 앞에 상달하여 기억하신 바가 되었으니 네가 지금 사람들을 욥바에 보내어 베드로라 하는 시몬을 청하라.

10) **사도행전 12:5-7** : 이에 베드로는 옥에 갇혔고 교회는 그를 위하여 간절히 하나님께 빌더라 헤롯이 잡아 내려고 하는 그 전날 밤에 베드로가 두 군사 틈에서 두 쇠사슬에 매여 누워 자는데 파수꾼들이 문 밖에서 옥을 지키더니 홀연히 주의 사자가 곁에 서매 옥중에 광채가 조요하며 또 베드로의 옆구리를 쳐 깨워 가로되 급히 일어나라 하니 쇠사슬이 그 손에서 벗어지더라.

11) **요한계시록 8:3-4** : 또 다른 천사가 와서 제단 곁에 서서 금 향로를 가지고 많은 향을 받았으니 이는 모든 성도의 기도들과 합하여 보좌 앞 금단에

드리고자 함이라 향연이 성도의 기도와 함께 천사의 손으로부터 하나님 앞으로 올라가는지라.

12) **다니엘 9:21-23** : 곧 내가 말하여 기도할 때에 이전 이상 중에 본 그 사람 가브리엘이 빨리 날아서 저녁 제사를 드릴 때 즈음에 내게 이르더니 내게 가르치며 내게 말하여 가로되 다니엘아 내가 이제 네게 지혜와 총명을 주려고 나왔나니 곧 네가 기도를 시작할 즈음에 명령이 내렸으므로 이제 네게 고하러 왔느니라 너는 크게 은총을 입은 자라 그런즉 너는 이 일을 생각하고 그 이상을 깨달을지니라.

13) **열왕기하 6:16-17** : 대답하되 두려워하지 말라 우리와 함께한 자가 저와 함께한 자보다 많으니라 하고 기도하여 가로되 여호와여 원컨대 저의 눈을 열어서 보게 하옵소서 하니 여호와께서 그 사환의 눈을 여시매 저가 보니 불말과 불병거가 산에 가득하여 엘리사를 둘렀더라.

14) **사도행전 8:26-28** : 주의 사자가 빌립더러 일러 가로되 일어나서 남으로 향하여 예루살렘에서 가사로 내려가는 길까지 가라 하니 그 길은 광야라 일어나 가서 보니 에디오피아 사람 곧 에디오피아 여왕 간다게의 모든 국고를 맡은 큰 권세가 있는 내시가 예배하러 예루살렘에 왔다가 돌아가는데 병거를 타고 선지자 이사야의 글을 읽더라.

15) **누가복음 15:10** : 내가 너희에게 이르노니 이와 같이 죄인 하나가 회개하면 하나님의 사자들 앞에 기쁨이 되느니라.

16) **사도행전 5:19-20** : 주의 사자가 밤에 옥문을 열고 끌어내어 가로되 가서 성전에 서서 이 생명의 말씀을 다 백성에게 말하라 하매.

17) **누가복음 16:22** : 이에 그 거지가 죽어 천사들에게 받들려 아브라함의 품에 들어가고 부자도 죽어 장사되매.

18) **유다서 1:9** : 천사장 미가엘이 모세의 시체에 대하여 마귀와 다투어 변론할 때에 감히 훼방하는 판결을 쓰지 못하고 다만 말하되 주께서 너를 꾸짖으시기를 원하노라 하였거늘.

19) **마태복음 13:49-50** : 세상 끝에도 이러하리라 천사들이 와서 의인 중에서

악인을 갈라내어 풀무 불에 던져 넣으리니 거기서 울며 이를 갊이 있으리라.

20) **창세기 19:12-13** : 그 사람들이 롯에게 이르되 이 외에 네게 속한 자가 또 있느냐 네 사위나 자녀나 성중에 네게 속한 자들을 다 성 밖으로 이끌어내라 그들에 대하여 부르짖음이 여호와 앞에 크므로 여호와께서 우리로 이 곳을 멸하러 보내셨나니 우리가 멸하리라.

21) **욥기 1:6-7** : 하루는 하나님의 아들들이 와서 여호와 앞에 섰고 사단도 그들 가운데 왔는지라 여호와께서 사단에게 이르시되 네가 어디서 왔느냐 사단이 여호와께 대답하여 가로되 땅에 두루 돌아 여기저기 다녀왔나이다.

22) **요한계시록 12:7-9** : 하늘에 전쟁이 있으니 미가엘과 그의 사자들이 용으로 더불어 싸울새 용과 그의 사자들도 싸우나 이기지 못하여 다시 하늘에서 저희의 있을 곳을 얻지 못한지라 큰 용이 내어 쫓기니 옛 뱀 곧 마귀라고도 하고 사단이라고도 하는 온 천하를 꾀는 자라 땅으로 내어 쫓기니 그의 사자들도 저와 함께 내어 쫓기니라.

23) **요한계시록 20:1-3** : 또 내가 보매 천사가 무저갱 열쇠와 큰 쇠사슬을 그 손에 가지고 하늘로서 내려와서 용을 잡으니 곧 옛 뱀이요 마귀요 사단이라 잡아 일천 년 동안 결박하여 무저갱에 던져 잠그고 그 위에 인봉하여 천년이 차도록 다시는 만국을 미혹하지 못하게 하였다가 그 후에는 반드시 잠깐 놓이리라.

능력에 있어서는 천사보다 못하지만(시 8:5) 인간은 하나님과의 관계에 있어서 천사보다 더 우월하다. 하나님의 생기를 불어넣어 자신의 분신인 최대 걸작품, 하나님의 형상으로 만들었기 때문이다(창 1:27, 2:7). 복음 전도의 사명은 천사도 흠모하는 인간만의 고유 사명이다. 천사들의 허물은 용서가 없고(벧후 2:4) 타락한 천사들은 주님과 더불어 성도에 의해서 심판받게 될 것이다(고전 6:3). 성도들은 하나님의 자녀이지만 천사는 아니다(눅 20:36). 그리하여 히브리 기자는 "모든 천사들은 부리는 영으로서 구원 얻을 후사를 위하여 섬기라고 보내심이 아니뇨"(히 1:14)라고 말했다. 천사와는 다르게 가정을 가지고 사랑을 나누며 살 수 있는 것이 인간이 누릴 수 있는 최고의 복이다. 또한 부활하여 천국 영생을 누릴 때 우리는 천사같이 영적인 존재가 될 수 있다(마 22:30). 하늘의 영광스런 천사들은 하늘에서 하나님을 섬기고(계 5:11-12), 이 땅에서는 하나님의 백성을 섬기며 보호한다(마 18:10; 히 1:14). 하나님은 타락한 천사를 위해서는 구세주를 예비하지 않으셨지만 타락한 인간들을 위해서는 구세주 예수 그리스도를 예비하셨다(창 3:15). 이 얼마나 놀랍고 감사한 일인가? 그러나 우리는 광명한 천사로 가장한 악한 영을 항상 경계해야만 한다(고후 11:14). 여러분에게 도우미로 보낸 인간 천사들은 누구인지 생각해 보라. 그리스도인은 다른 사람들에게도 하나님의 천사가 되어야 한다. 주변에 악한 천사가 여러분을 방해하고 지원하지 못하도록 항상 깨어서 기도하며 경계에 게을리하지 말아야 한다. 천사는 성도를 위해 하나님이 마련하신 엄청난 영적 지원세력임을 잊지 말라.

[공동 기도문 : 통성기도]

천사를 통하여 영광과 찬송과 섬김을 받으시는 하나님 아버지, 우리를 천사보다 사랑하시고 귀하게 여기심을 감사합니다. 천사들이 우리를 위해 임무를 부여받고 우리의 기도와 찬양을 통해 역사하오니 감사합니다. 천사를 통해 우리를 보호해 주심을 감사합니다. 그동안 영적인 천사의 지원을 받지 못하고 천사의 섬김을 누리지 못했음을 용서하여 주옵소서. 천사를 통한 하나님의 보호와 인도하심을 확신하며 능력 있는 그리스도인으로 주신 사명을 잘 감당하게 하옵소서. 천사를 통해 하나님의 뜻이 하늘에서 이루어진 것같이 저희를 통하여 하나님의 뜻이 이 땅위에 이루어지게 하옵소서.

하늘의 천사들이 하나님을 섬기고 경배하고 찬양하듯 이 땅에서 우리가 하나님의 이름을 영화롭게 하며 다른 사람들에게 천사의 역할을 할 수 있도록 성령의 능력을 더하여 주옵소서. 예수님 이름으로 기도 드립니다. 아멘.

[질문] 천사의 손을 사용하여 천사의 특징을 설명할 수 있는가?

1. 존재 : 골로새서 1:15
2. 본질 : 히브리서 1:4
3. 관계 : 누가복음 15:10
4. 활동 : 베드로전서 3:22
5. 목적 : 시편 103:21

[나눔] 천사와 마귀는 사람을 통해서 역사한다. 어떤 사람이 나에게 천사의 역할을 한 것을 경험한 적이 있는가? 어떻게 다른 사람에게 내가 천사의 역할을 할 수 있는가?

[토론] **여호와의 사자(the angel of Jehovah)**로 나타나는 몇 군데 성경에서의 천사가 **성육신 하기 전의 예수 그리스도의 현현(a Christophany)**이라고 주장하는 학자들이 있다. 그 천사들이 여호와 하나님처럼 보였고, 하나님처럼 말했고, 자신을 하나님으로 밝혔고, 하나님의 특권(prerogatives)을 행사했다는 것을 증거로 들며 분명 일반적인 천사가 아니었다는 것이다(창 16:7-14, 21:17-18, 22:11-18, 28:12, 31:11-12, 32:24-32; 출 3:2; 삿 2:1-4, 5:23, 6:11-22, 13:3-22; 삼하 24:16; 슥 1:12, 3:1, 12:8). 그 천사는 성부 하나님과는 구별되는데(창 24:7; 슥 1:12-13) 이 천사가 삼위일체 하나님의 한

분이라는 사실은 여호와 사자의 출현이 예수 그리스도의 성육신 이후에 중지되었다는 것에서 그 증거를 찾을 수 있다고 주장한다. 또한 구약에서 출애굽 때에 하나님의 천사가 동행했는데(출 14:19) 이스라엘 백성이 광야에서 마신 생수의 반석이 곧 예수 그리스도라고 신약 성경이 밝히고 있다는 것이다(고전 10:4). 그리고 예수 그리스도는 바로 여호와의 사자가 했던 것과 똑같은 사역을 했다고 주장하고 있다. 여호와의 사자는 다양한 백성들에게 메신저 역할을 했으며(창 16:7-14, 22:11-18, 31:11-13) 이스라엘 백성을 인도하고 보호했다(출 14:19, 23:20; 왕하 19:35). 또한 하나님이 이스라엘 백성을 온역으로 심판하실 때 심판의 도구가 되었으며(대상 21:8-27), 탈진한 엘리야에게 새 힘을 주는 대행자였다고 주장한다(왕상 19:5-7). 다니엘의 세 친구를 풀무불에서 보호한 신들의 아들(단 3:25)과 하나님의 사자(단 3:28)로 스가랴 1장 11-12절에 나타난 여호와의 사자가 성육신 이전의 성자 예수 그리스도였다고 주장한다. 이 주장에 관해 서로 토론해 보라. 과연 **예수 그리스도는 성육신 이전에 천사의 모습으로 이 땅에서 활동하셨을까?**(cf. 행 7:30-38; 출 3:1-15, 20:1-17; 행 7:53; 딤전 6:15-17)

제24과 악령은 어떤 존재인가?

학습목표 : 악령의 실체를 성경적으로 분별하여 경계하고 영적 전투에서 승리하는 신앙생활을 한다. 악령에 대하여 다른 사람에게 가르쳐 주고 그들을 영적으로 지원해 줄 수 있다.

요절말씀 : 여호와 하나님의 지으신 들짐승 중에 뱀이 가장 간교하더라 뱀이 여자에게 물어 가로되 하나님이 참으로 너희더러 동산 모든 나무의 실과를 먹지 말라 하시더냐 여자가 뱀에게 말하되 동산 나무의 실과를 우리가 먹을 수 있으나 동산 중앙에 있는 나무의 실과는 하나님의 말씀에 너희는 먹지도 말고 만지지도 말라 너희가 죽을까 하노라 하셨느니라 뱀이 여자에게 이르되 너희가 결코 죽지 아니하리라 너희가 그것을 먹는 날에는 너희 눈이 밝아 하나님과 같이 되어 선악을 알 줄을 하나님이 아심이니라 여자가 그 나무를 본즉 먹음직도 하고 보암직도 하고 지혜롭게 할 만큼 탐스럽기도 한 나무인지라 여자가 그 실과를 따먹고 자기와 함께 한 남편에게도 주매 그도 먹은지라(창 3:1-6).

창세기 1-2장의 짧은 행복이 끝나고 3장부터 계시록 마지막 3장을 뺀 19장까지인간의 저주와 총체적인 불행이 이어진다. 왜 하나님은 이날 그토록 슬퍼하셨고, 사단은 회심의 미소를 지었으며, 인간은 애통해야 했는지, 역사의 무대에 등장한 사단이 그 해답을 가지고 있다. 하나님이 창조하여 보기에 좋았던(창 1:31) 뱀의 탈을 쓴 사단이 아담의 가정을 공격한 것이다. 방심하던 아담과 하와는 사단의 공격을 방어하지 못하고 원통하게도 하나님의 놀라운 복을 빼앗겨 버렸다(창 1:28; 눅 4:6). 다행히도 이 사건은 창세기 3장에 기록되어 후세 그리스도인에게 사단의 정체와 전략을 보여줌으로써 승리의 신앙생활을 하도록 하나님은 역사하셨다. 성경이 마귀 자체에 대해 분명한 가르침을 주고 있다는 것은 얼마나 다행한 일인가? 그러므로 신 · 구약 성경은 사단의 존재를 경고하고 있으며 예수님 자신도 사단의 존재를 인정하고 가르치셨다(마 13:39; 눅10:18, 11:18).

그리스도인의 정금과 같은 신앙은 사단의 유혹과 거짓, 환난과 시험의 도전 속에서 평가된다. 사단의 지배 아래 심판과 사망의 운명에 처한 인간은 그리스도를 영접함으로 사단과의 옛 관계는 깨지고 그리스도와의 새로운 관계가 시작된다. 그러나 출애굽한 이스라엘 백성을 추격해 오던 바로 왕처럼 사단은 쉽게 포기하지 않고 우는 사자처럼 성도들을 공격한다. 결국 신앙생활은 사단과의 치열한 **영적 전쟁**인 것이다(벧전 5:8; 약 4:7). 악령들은 하나님의 구원 계획을 반대하여 개인, 단체, 가정, 온 세상을 미혹하므로 결국은 멸망에 이르게 한다(고후 4:3-4). 성경은 우리에게 사단을 대적하고 그와 싸워서 삶의 어떤 자리도 용납하지 말 것을 강력히 명령하고 있다. '지피지기 백전백승'이라는 말이 있듯 사단과 귀신들의 정체를 알고 주 안에서 우리 자신의 신분과 능력을 올바로 인식한다면 우리는 영적 전투에서 반드시 승리할 것이다(골 2:15; 요일 4:4).

1.(골 1:16):

악령은 어디에서 나왔으며 어떻게 존재하게 되었을까? 이 대답은 성경에서 찾아야 한다. 악령은 사단과 그의 졸개, 귀신들을 말하며 하나님이 창조한 천사 중에서 타락한 악한 천사들이다(유 1:6). 사단과 귀신 같은 악령들이 하나님의 피조물이라고 하는 것은 그들이 절대자 여호와 하나님처럼 전지, 전능, 편재하지 못하며 그 능력과 활동이 하나님에 의하여 제한된다는 말이다. 하나님이 강하실까, 아니면 사단이 강할까 한번 생각해 보라. 우리는 **하나님의 피조물에 불과한 악령의 능력을 과대 평가하고 그 능력에 압도되어 두려워하는 일이 얼마나 많은가?** 그리하여 사도 요한은 "자녀들아 너희는 하나님께 속하였고 또 저희를 이기었나니 이는 너희 안에 계신 이가 세상에 있는 이보다 크심이라"(요일 4:4)고 강조했던 것이다. 마귀에 대해 알아야 할 두 가지 사실은 ① 그는 피조물로서 능력이 제한되어 있다. ② 성도가 귀신을 제압할 권세를 가지고 마귀의 세력을 묶고 쫓아낼 때만 떠나간다는 사실이다(막 16:17-18; 요 1:12).

사단은 피조된(겔 28:14) 최고의 천사로(겔 28:12) 그룹이라 불리는 서열에 속한(겔 28:4) 영적 존재였다(엡 6:11-12; 골 1:16). 사단의 이름은 '적대자'라는 의미이다(벧전 5:8). 사단(디아볼로스 = 대적자 · 슥 3:1; 마 4:10; 계 12:9), 마귀(중상자, 훼방자 : 마 4:1; 눅 4:5; 엡 4:27; 계 12:9), 아바돈, 아볼루온(파괴자 : 계 9:11), 참소자(계 12:10), 대적(벧전 5:8), 바알세불(마 12:24; 눅 11:15), 벨리알(고후 6:15), 천하를 꾀는 자(계 12:9), 큰 용(계 12:9), 원수(마 13:28), 시험하는 자(마 4:3; 살전 3:5), 악한 자(마 13:19; 요일 5:19), 거짓의 아비(요 8:44), 세상 신(고후 4:4), 살인자(요 8:44), 공중권세 잡은 자(엡 2:2), 이 세상 임금(요 12:31) 등 사단의 이름은 매우 다양하며 그는 그만큼 간교하다.

성경은 악령 중에 대표격인 **단수의 사단**과 그 **사자들인 복수의 귀신**을 구별하고 있다(마 25:41). 귀신은 타락한 천사들로 악령의 대장 마귀를 따라 함께 쫓겨난 더러운 악령들이다(마 10:1; 눅 11:24). 즉 인격적인 존재로 마귀의 부하들을 귀신(demons)이라고 한다. 그러므로 귀신은 예수 믿지 않고 죽은 자들의 영혼이 공중에 떠돌아다니는 것이 아니다(욥 7:9; 요 5:29; 눅 16:26). 또한 아담 이전 족속들의 영혼들도 아니다. 노아의 홍수 전 천사와 하나님의 딸들이 결혼하여 낳은 후손들도 아니다(창 6:1-4). 귀신들은 타락한 천사들로서 마귀의 사자들이요(막 25:41), 미혹의 영(딤전 4:1)이요, 제사의 우상으로(고전 10:20) 더러운 귀신(막 9:25), 악한 귀신(마 12:45; 엡 6:12), 조직적인 군대 귀신(눅 8:30), 그리고 전쟁 귀신(계 16:14)들로 불린다. 사단의 조직은 성도를 파멸시키려는 분명한 목표를 가지고 각 성도들을 공격할 수 있도록 치밀하게 짜여져 있다. 이 땅에서 마귀의 공격 목표를 피할 수 있는 사람은 아무도 없다.

하늘의 하나님	세상의 마귀
창조자	피조자(골 1:16)
전능자	능력자(요일 4:4)
전지자	지식자(약 2:19)
편재자	제한받는 자(단 10:13)
승리자	패배자(골 2:15)
심판자	범죄자(벧후 2:4)
통제자	수행자(욥 1:12)

마귀가 할 수 없는 15가지

(1) 하나님처럼 전지전능할 수 없다(요일 4:4).
(2) 예수 그리스도의 보혈에 침투할 수 없다(계 12:11).
(3) 전신갑주를 입고 예수 그리스도의 권세를 가진 자를 해칠 수 없다(눅 10:19; 엡 6:10-18).
(4) 예수 이름의 권세를 가진 자를 당할 수 없다(막 16:17).
(5) 찬양과 감사로 증거하는 자를 공격하지 못한다(계 12:11; 히 13:15).
(6) 택자의 구원, 예수 그리스도의 재림 심판 등 하나님의 궁극적인 목적 실현을 막을 수가 없다(창 3:15).
(7) 예수님이 구원주 되심과 주님 되심을 인정하지 못한다(고전 12:3; 요일 4:2-3).
(8) 귀신을 제어할 권세를 가지고 결박하여 내쫓지 않으면 스스로 점령지를 내어놓고 떠나는 법이 없다(막 16:17; 벧전 5:8).

(9) 하나님께서 허락하시는 범위 내에서만 역사한다(욥 2:6).
(10) 합법적으로 역사할 기회와 장소를 제공하지 않고 문을 닫아 버리는 한, 마귀는 마음에 들어올 수 없다(엡 4:27).
(11) 기도하고 순종하는 교회가 승리하는 것을 막을 수 없다(마 16:18).
(12) 예수님이 재림하여 마귀를 불못에 던지는 것을 막을 수 없다(계 20:10).
(13) 사단은 성령의 검인 말씀 앞에서 대적할 수 없다(엡 6:17).
(14) 마귀는 진실하거나 겸손할 수 없다(요 8:44).
(15) 마귀는 결코 사랑할 수 없으며 가정도 가질 수 없다(요일 4:8).

1) **골로새서 1:16-17** : 만물이 그에게 창조되되 하늘과 땅에서 보이는 것들과 보이지 않는 것들과 혹은 보좌들이나 주관들이나 정사들이나 권세들이나 만물이 다 그로 말미암고 그를 위하여 창조되었고 또한 그가 만물보다 먼저 계시고 만물이 그 안에 함께 섰느니라.
2) **에스겔 28:14-15** : 너는 기름 부음을 받은 덮는 그룹임이여 내가 너를 세우매 네가 하나님의 성산에 있어서 화광석 사이에 왕래하였었도다 네가 지음을 받던 날로부터 네 모든 길에 완전하더니 마침내 불의가 드러났도다.
3) **욥기 2:5-6** : 이제 주의 손을 펴서 그의 뼈와 살을 치소서 그리하시면 정녕 대면하여 주를 욕하리이다 여호와께서 사단에게 이르시되 내가 그를 네 손에 붙이노라 오직 그의 생명은 해하지 말지니라(cf. 마 2:13 -14).
4) **유다서 1:9-10** : 천사장 미가엘이 모세의 시체에 대하여 마귀와 다투어 변론할 때에 감히 훼방하는 판결을 쓰지 못하고 다만 말하되 주께서 너를 꾸짖으시기를 원하노라 하였거늘 이 사람들은 무엇이든지 그 알지 못하는 것을 훼방하는도다 또 저희는 이성 없는 짐승같이 본능으로 아는 그것으로 멸망하느니라.

2.(엡 2:2)

사단과 귀신은 영적 존재로 이 세상 신(고후 4:4), 공중권세 잡은 자(엡 2:2), 불순종하는 아들들 가운데 역사하는 영(엡 2:2), 하늘에 있는 악의 영들(엡 6:12)이라고 불린다. 사단과 귀신은 시공을 초월하고 눈으로 보이지 않는다. 사단과 마귀의 악령들은 지식(고후 11:3)과 감정(계 12:17)과 의지(딤후 2:26)의 인격적 요소를 가진 인격적인 존재들이다. 이들은 사람의 마음 속에 들어가 그 사람의 인격을 점령하여 도구로 삼기를 원한다. 그러므로 영적 전쟁의 가장 치열한 전쟁터는 바로 자신의 마음이라는 사실을 잊어서는 안 된다(약 3:15-16; 요일 2:16; 잠 4:23). 마귀는 날카로운 이빨을 드러내며 피를 흘리고 나타나는 유물이 아니다. 영물로서 사람 속에 들어가 사람에게 영향력을 행사하는 영적 존재이다. 따라서 영적 전쟁에서 승리하기 위해서는 영 분별이 필요하다.

1) **고린도후서 4:4** : 그중에 이 세상 신이 믿지 아니하는 자들의 마음을 혼미케 하여 그리스도의 영광의 복음의 광채가 비치지 못하게 함이니 그리스도는 하나님의 형상이니라.
2) **에베소서 2:2** : 그 때에 너희가 그 가운데서 행하여 이 세상 풍속을 좇고 공중의 권세 잡은 자를 따랐으니 곧 지금 불순종의 아들들 가운데서 역사하는 영이라.
3) **에베소서 6:12** : 우리의 씨름은 혈과 육에 대한 것이 아니요 정사와 권세와 이 어두움의 세상 주관자들과 하늘에 있는 악의 영들에게 대함이라.
4) **야고보서 3:15-16** : 이러한 지혜는 위로부터 내려온 것이 아니요 세상적이요 정욕적이요 마귀적이니 시기와 다툼이 있는 곳에는 요란과 모든 악한 일이 있음이니라.
5) **요한1서 2:16** : 이는 세상에 있는 모든 것이 육신의 정욕과 안목의 정욕과 이생의 자랑이니 다 아버지께로 좇아 온 것이 아니요 세상으로 좇아 온 것

이라.

6) **잠언** 4:23 : 무릇 지킬 만한 것보다 더욱 네 마음을 지키라 생명의 근원이 이에서 남이니라.

영의 세계와 육의 세계(욥 1:11-12; 삼상 16:14, 18:10)

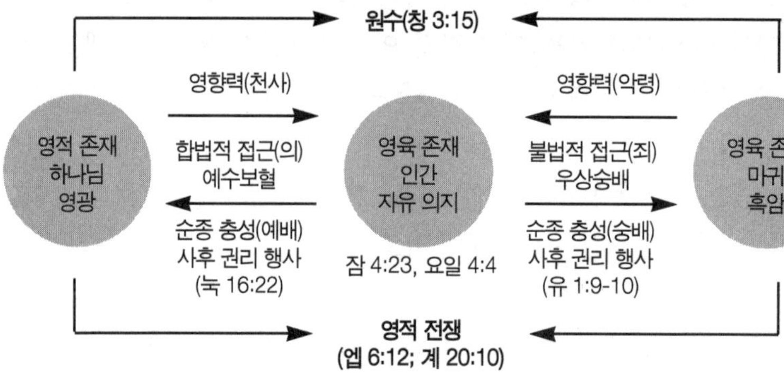

3.(벧후 2:4):

성경은 악령들에 대하여 원래는 하나님께 지음 받은 선한 천사 중에 속해 있었으나 교만함으로 하나님께 불순종하고 쫓겨난 무리들로 계시하고 있다. 한때 빛의 천사였던(사 14:12) 사단의 심중에 일어난 분별력 없는 교만 죄로 말미암아 우주 역사상 첫 반역 사건이 초래된 것이다. 교만과 불순종이 선한 천사를 마귀가 되게 했다. 피조물로서 교만하여(딤전 3:6) 하나님같이 되려다가 쫓겨난 사단으로 인해 창조주와 피조물 사이에 선악의 양극 관계가 맺어졌다. 하늘에서 지상으로 쫓겨난 타락한 천사, 악령들은 자신의 정체를 숨기고 사람들의 마음 속에서 교만하여 하나님의 뜻을 거스르도록 무서운 활동을 계속해 왔다(고후 4:3-4). 사단은 하와에게 "너희가 그것을 먹는 날에는 너희 눈이 밝아 하나님과 같이 되어 선악을 알 줄을 하나님이 아심이니라"(창 3:5)고 교만을 충동질하여 인류의 총체적 불행을 야기시켰다. 사단이 그 마음에 들어가 역사함으로 교만해져서 자신을 하나님과 동등하게 여겼던 고대 바벨론 왕은 종말에 나타날 적그리스도의 선구자가 되었다(단 11:36; 계 13:4). 사단의 방식에 따라 바벨론 왕이 자신을 신성시하므로 이사야 선지자는 그의 배후 세력인 사단의 정체와 운명을 이렇게 밝혔다. "너 아침의 아들 계명성이여 어찌 그리 하늘에서 떨어졌으며 너 열국을 엎은 자여 어찌 그리 땅에 찍혔는고 네가 네 마음에 이르기를 내가 하늘에 올라 하나님의 뭇별 위에 나의 보좌를 높이리라 내가 북극 집회의 산 위에 좌정하리라 가장 높은 구름에 올라 지극히 높은 자와 비기리라 하도다 그러나 이제 네가 음부 곧 구덩이의 맨밑에 빠치우리로다"(사 14:12-15).

이사야 14장 12절의 "너 아침의 아들 계명성이여"라는 말은 자신을 신격화하여 교만을 부리다가 패망할 폭군, 바벨론 왕을 풍자한 이사야 선지자의 조롱하는 말로서 히브리 원문 '헬렐 벤 샤하르(Helel ben shahar)'라는 말을 번역한 것이다. 우리말 성경은 바벨론 왕을 지칭하는 '헬렐'을 비너스(Vinus)의 금성, 즉 '계명성'으로 번역했는데 '아침의 아들'로 번역된 동격의 '벤 샤하르'라는 말을 새벽별(morning star)로 이해한 것이다. 히브리 동사 '비추다'의 '할랄(Halal)'에서 나온 '헬렐(Helel)'이 헬라어 성경인 70인역(Septuaginta)에서 '광명한 자(bright one)'라는 의미의 '헤오스포로스(Heosphoros)'로 번역되었기 때문이다. 로마 가톨릭교의 공인 성경인 라틴어의 불가타(Vulgata) 성경을 번역한 제롬은 이 단어를 '광명한 자'라는 뜻의 '루시퍼(Lucifer)'라고 고유명사로 번역하였다. 그리고 1611년 킹 제임스 성경 번역자들은 로마 가톨릭의 '불가타' 성경의 '루시퍼'라는 고유 명사를 그대로 인용하여 '아침의 아들 루시퍼여(Lucifer, son of morning)'라고 번역했던 것이다. 그리하여 영어의 '루시퍼(Lucifer)'라는 사단의 고유명사가 킹 제임스 성경에 등장하게 되었다.

이로 인해 사단의 고유 이름이 '루시퍼(Lucifer)'가 되었는데 루시퍼를 사단으로 보는 것은 에스겔 28장 12-19절, 누가복음 10장 18절, 디모데전서 3장 6절 등을 토대로 교만하다가 하늘에서 쫓겨난 사단의 기원을 본문 이사야 14장 12절과 관련시키기 때문이다. 그러나 영(E. J. Young) 같은 학자들은 이것은 믿을 수 없는 가설이기 때문에 사단에게 적용할 수 없다고 단호히 주장한다. 사실 바벨론 왕을 풍자하는 '광명한 자, 루시퍼'라는 말이 사단의 고유명사가 될 수 없다. 또한 본문 자체에 '별'이라는 단어가 나오지 않고 우리말 성경의 '계명성'으로 번역된 원문 '헬렐'은 '광명한 자(bright one)'로 새벽에 나와 잠시 비추다가 금방 아침 태양이 떠오르면 자연히 사라지는 일시적인 빛으로서 새벽별이나 또는 새벽 초승달도 될 수 있다. 이것은 태양 빛같이 영원한 하나님의 영광에 비교하여 교만으로 영원히 멸망될 바벨론 왕의 일시적인 권세와 영광을 풍자한 말일 뿐이다. 물론 바벨론 왕은 사단이 아니다. 그러나 그가 사단의 대행자 노릇을 하기 때문에 바벨론 왕을 통해 나타난 사단의 속성을 살피고 경계하는 것이 타당할 것이다.

이사야 14장 2절에서 바벨론 왕은 새벽에 잠시 나타났다가 광명한 태양이 떠오르면 사라질 임시적이고 순간적인 빛임에도 불구하고 교만해져서 자신을 영원한 빛으로 스스로 착각하고 또 타인에게도 그렇게 보였다는 것이다. 여기에서 사단의 중요한 특징 중 하나가 나타나는데 속이는 위선자라는 점이다(요 8:44). 간교한 사단은 아담과 하와가 경계를 풀고 안심하도록 미혹하기 위해 뱀으로 위장하고 나타났다(창 3:1). 사단은 카멜레온처럼 환경과 장소에 따라서 위장술로 모방하는 천재이다. 언제나 시대와 환경에 알맞은 옷으로 갈아입고 등장하여 하나님의 백성을 미혹한다. 처음 뱀의 탈을 쓰고 등장한 사단은 오늘날은 사람의 탈을 쓰고 나타나 그리스도인들을 쉽게 무장해제 시킨다. 마치 광명한 천사처럼 목사, 신학교 교수, 성경학자, 능력자, 성자, 또는 그리스도의 참된 일꾼처럼 변장하기도 한다. 예수의 이름으로, 성령의 능력으로, 복음과 자유, 평화일치의 이름으로 나오기 때문에 성도들이 쉽게 속을 수밖에 없다.

사단과 귀신들은 파괴하기 위해 건설하는 척한다. 속은 변하지 않은 채 변한 척하며 반대하기 위해 인정하고 침투하기 때문에 분별하지 못하고 속기 쉽다(고후 11:3-4). 그리하여 사도 바울은 "저런 사람들은 거짓 사도요 궤휼의 역군이니 자기를 그리스도의 사도로 가장하는 자들이니라 이것이 이상한 일이 아니라 사단도 자기를 광명의 천사로 가장하나니 그러므로 사단의 일꾼들도 자기를 의의 일꾼으로 가장하는 것이 또한 큰 일이 아니라 저희의 결국은 그 행위대로 되리라"(고후 11:13-15)고 광명한 천사로 가장하는 마귀와 주의 일꾼으로 가장하는 거짓 사도들에 대해 분명하게 밝혀 주었다. 사단은 종교를 통해 수많은 인간 성자들을 만들어 놓고 구주 예수 그리스도에게 가는 마음들을 돌려놓았으며 구원의 초점을 하나님의 아들 예수 그리스도에게서 인간들 자신에게 두도록 속여 왔다. 변장한 마귀의 정체를 구별하기 위해서 그들의 ① 교만한 인격과 ② 숨겨진 배후의 배경들과 ③ 생활 속에서의 삶의 열매를 살펴봐야만 한다. 특히 말씀으로 무장하여 성경에 나타난 마귀의 정체를 잘 파악하는 것이 매우 중요하다.

인간의 지혜로 많은 재물과 권세를 얻어 교만해진 두로 왕이 "나는 신이다"라고 하나님의 권좌에 앉아 하나님인 체하므로, 하나님이 그의 멸망을 경고하며 그 배후세력인 사단의 정체를 다음과 같이 밝히고 있다.

"너는 기름 부음을 받은 덮는 그룹임이여 내가 너를 세우매 네가 하나님의 성산에 있어서 화강석 사이에 왕래하였었도다 네가 자음을 받던 날로부터 네 모든길에 완전하더니 마침내 본의가 드러났도다 네 무역이 풍성하므로 네 가운데 강포가 가득하여 네가 범죄하였도다 너 덮는 그룹아 그러므로 내가 너를 더럽게 여겨 하나님의 산에서 쫓아내었고 화강석 사이에서 멸하였도다 네가 아름다우므로 마음이 교만하였으며 네가 영화로우므로 네 지혜를 더럽혔음이여 내가 너를 땅에 던져 열왕 앞에 두어 그들의 구경거리가 되게 하였도다"(겔 28:14-17).

사단은 타락한 천사였고 두로 왕이 그 사단의 짓을 따라서 하고 있다는 말씀으로 이해가 된다. 사단이 죽었다 깨어난다 해도 가질 수 없는 것은 ① **믿음과** ② **사랑과** ③ **겸손과** ④ **순종**이다. 교만과 불순종 죄의 배후에는 반드시 사단과 귀신들이 있다. 그리하여 "새로 입교한 자도 말지니 교만하여져서 마귀를 정죄하는 그 정죄에 빠질까 함이요"(딤전 3:6)라고 사도 바울도 사단의 교만 죄를 따르는 교회 지도자들을 경계하도록 디모데에게 권고하고 있다. 하나님은 교만과 불순종으로 범죄한 천사들을 용서하지 않으시고 지옥에 던져 어두운 구덩이에 두어 심판 때까지 지키게 하셨다(벧후 2:4).

1) **창세기 3:5** : 너희가 그것을 먹는 날에는 너희 눈이 밝아 하나님과 같이 되어 선악을 알 줄을 하나님이 아심이니라.
2) **이사야 14:12-15** : 너 아침의 아들 계명성이여 어찌 그리 하늘에서 떨어졌으며 너 열국을 엎은 자여 어찌 그리 땅에 찍혔는고 네가 네 마음에 이르기를 내가 하늘에 올라 하나님의 뭇별 위에 나의 보좌를 높이리라 내가 북극 집회의 산 위에 좌정하리라 가장 높은 구름에 올라 지극히 높은 자와 비기리라 하도다 그러나 이제 네가 음부 곧 구덩이의 맨밑에 빠치우리로다.
3) **에스겔 28:14-17** : 너는 기름 부음을 받은 덮는 그룹임이여 내가 너를 세우

매 네가 하나님의 성산에 있어서 화광석 사이에 왕래하였었도다 네가 지음을 받던 날로부터 네 모든 길에 완전하더니 마침내 불의가 드러났도다 네 무역이 풍성하므로 네 가운데 강포가 가득하여 네가 범죄하였도다 너 덮는 그룹아 그러므로 내가 너를 더럽게 여겨 하나님의 산에서 쫓아 내었고 화광석 사이에서 멸하였도다 네가 아름다우므로 마음이 교만하였으며 네가 영화로우므로 네 지혜를 더럽혔음이여 내가 너를 땅에 던져 열왕 앞에 두어 그들의 구경거리가 되게 하였도다.

4) **베드로후서 2:4** : 하나님이 범죄한 천사들을 용서치 아니하시고 지옥에 던져 어두운 구덩이에 두어 심판 때까지 지키게 하셨으며.
5) **유다서 1:6** : 또 자기 지위를 지키지 아니하고 자기 처소를 떠난 천사들을 큰 날의 심판까지 영원한 결박으로 흑암에 가두셨으며.
6) **디모데전서 3:6** : 새로 입교한 자도 말지니 교만하여져서 마귀를 정죄하는 그 정죄에 빠질까 함이요.
7) **야고보서 4:6** : 그러나 더욱 큰 은혜를 주시나니 그러므로 일렀으되 하나님이 교만한 자를 물리치시고 겸손한 자에게 은혜를 주신다 하였느니라.

4.(벧전 5:8):

사악한 영적 존재인 마귀는 하나님과 사람의 대적으로 하나님의 일을 방해하고 인간을 파괴하려는 분명한 목표와 계획을 가진 치밀한 조직체이다. 악한 영들은 공정성이 전혀 없으며 인간 정욕과 죄악과 미혹을 통해 마음 문을 열어주면 언제나 무차별 공격을 하면서 들어온다. 타락한 악한 천사는 하나님의 일을 대적하는 일을 좋아하고 ① 하나님의 뜻을 거스린다(단 10:13). ② 악령들은 하나님을 대적하여 사단의 목적을 이루도록 그의 사역을 지원한다(계 12:7-9). ③ 정사와 권세의 악한 천사들은 하나님의 백성을 방해한다. 사단의 대적은 이미 예언되었고

(창 3:15) 예수님의 구속 사역을 방해해 왔다(마 2:16, 4:1-11; 요 13:27). 불신자들에게 복음을 가리고(고후 4:4) 말씀을 빼앗아 간다(눅 8:12). 그리고 인간을 사용하여 하나님을 대적한다(계 2:13). 그리스도인들을 미혹하며(행 5:3) 참소하고(계 12:10) 일을 방해한다(살전 2:18). 성도들 가운데 가라지를 뿌리며(마 13:38) 부도덕에 빠뜨리고(고전 7:5) 박해를 가하기도 한다(계 2:10). 또한 하나님 자녀들의 영적 성장을 위협하며(엡 6:11-12) 거짓 교리를 유포하거나(딤전 4:1) 질병을 일으켜 (마 9:33) 하나님의 선한 목적을 방해하려고 시도한다(계 16:13-16; 단 10:10-14).

"그때에 너희가 그 가운데서 행하여 이 세상 풍속을 좇고 공중의 권세 잡은 자를 따랐으니 곧 지금 **불순종의 아들들 가운데서 역사하는 영**이라"(엡 2:2), "대저 이방인에게 제사하는 것은 귀신에게 하는 것이요 하나님께 제사하는 것이 아니니 나는 너희가 귀신과 교제하는 자 되기를 원치 아니하노라"(고전 10:20)는 말씀같이 사단은 공중의 권세 잡은 자(엡 2:2), **세상의 왕**(눅 4:6), **세상 신**(고후 4:4)으로 하나님의 영광을 자기 것이라고 주장한다(마 4:9). 구속받지 못한 자들은 사단의 통제 아래 있고(마 6:13; 막 3:27; 행 26:18; 골 1:13) 사단에게 속한다(요 6:70, 8:44; 요일 3:8; 행 13:10). 사단의 목적은 사람들을 하나님과 갈라놓는 것으로 죄(요일 3:8), 거짓(요일 3:8), 살인(요 8:44), 비난(디아볼로스: 눅 16:1), 제사(고전 10:20), 전쟁(계 16:14), 미혹(계 12:9; 딤전 4:1), 욕심(요 8:44), 세상풍속, 문화, 텔레비전, 광란한 세상음악(엡 2:2), 오락과 게임 등 여러 가지 해로운 방법을 사용하기도 한다(막 3:23; 눅 13:11). 중요한 사실은 이교적 신앙과 마술의 배후에도 사단이 있다는 점이다(행 13:10). 그리하여 선택되지 못한 자를 걸러내는 하나님의 도구 역할을 한다(살후 2:10-12). 불신자는 모두 사단의 지배 아래 있다(행 26:18; 요일 3:8; 딤전 3:6, 5:15; 고후 4:4).

하나님처럼 편재하는 능력이 없는 사단은 군대 조직처럼(막 5:9) 그의 수많은 부하들을 통해 활동하며 세상에 자기의 영향력을 행사한다(엡 6:12). 공중권세 잡은 자로(엡 2:2) 하늘에 있는 조직된 사악한 영의 무리를 교묘히 지배하며 세상의 임금(요 12:31; 계 9:11) 행세를 한다. 그의 목적에 따라 조직된 현존 세상 체계를 이용하여 **사단, 짐승, 거짓 선지자**로(계 20:10) 삼위일체 하나님의 역사를 흉내내고 있다. 혼돈과 무질서의 악한 세력으로 상징되는 **용**(탄닌 : 창 1:21)과 **뱀**(나하쉬 : 창 3:1)이 처음 사단의 앞잡이로 이용되고 계속 이 이름이 사단을 대변하고 있다. 다음 성경 구절은 이것을 증거하고 있다. "그 날에 여호와께서 그 견고하고 크고 강한 칼로 날랜 뱀 리워야단 곧 꼬불꼬불한 뱀 리워야단을 벌하시며 바다에 있는 용을 죽이시리라"(사 27:1)는 말에서 리워야단은 큰 뱀 또는 악어나 바다 괴물을 가리키는 말로서 하나님을 대적하여 하나님의 백성 이스라엘을 괴롭혔던 이방나라를 상징한다. 즉 날랜 뱀 **리워야단**은 앗수르의 니느웨, 꼬불꼬불한 뱀 리워야단은 바벨론, 바다에 있는 용은 애굽을 상징한다. "큰 용이 내어 쫓기니 옛 뱀 곧 마귀라고도 하고 사단이라고도 하는 온 천하를 꾀는 자라 땅으로 내어 쫓기니 그의 사자들도 저와 함께 내어 쫓기니라"(계 12:9, 20:2)는 말씀은 용으로 상징되는 사단의 정체를 밝혀주고 있다.

"뱀이 그 간계로 이와를 미혹한 것같이 너희 마음이 그리스도를 향하는 진실함과 깨끗함에서 떠나 부패할까 두려워하노라"(고후 11:3; 엡 6:11; 계 12:9; 딤전 4:1-2), "너희는 너희 아비 마귀에게서 났으니 너희 아비의 욕심을 너희도 행하고자 하느니라 저는 처음부터 살인한 자요 진리가 그 속에 없으므로 진리에 서지 못하고 거짓말을 말할 때마다 제 것으로 말하나니 이는 저가 거짓말쟁이요 거짓의 아비가 되었음이니라"(요 8:44)는 성경 말씀은 사단의 속성과 전략을 알려주고 있다. 그러나 성경이 밝히 말씀하시기를 "후일에 어떤 사람들이 믿음에서 떠나 **미혹**

케 하는 영과 귀신의 가르침(교리)을 따르리라”(딤전 4:1)는 말씀은 사단의 **공개적인 미혹 작전과 은밀한 거짓교리 작전**을 알려준다. 미혹은 신체적인 절정의 환희를 미끼로 바른 길에서 벗어나도록 유인하는 것이다. 사단은 놀라운 기분과 기막힌 광경들을 약속하며 근본적으로 육체의 정욕을 자극한다. 더 치명적이고 효과적인 사단의 활동은 귀신의 가르침, 즉 진리처럼 보이는 거짓 교리와 마귀의 신앙체계를 만들고 가르쳐 하나님을 대적한 것이다. 거짓 교훈 체계로 이성 있는 사람들의 뛰어난 지성과 성숙한 감각들을 자극하여 그들 안에 은밀히 갈등을 일으켜 영적인 무기력 상태에 빠지게 한다.

사단의 작전은 극장이나 술집에서보다 **사람의 마음 속**에서 이루어진다. 진리 토대를 훼손하는 미귀들을 식별하고 물리치기 위해서는 먼저 올바른 성경적 교훈과 건전한 신앙교리를 알아야 한다. 사단을 저지하기 위하여 **침투 경로를 차단하고 경계하는 것**이 중요하다. 사단이 기회를 노려 기숙하기 좋은 여건과 침투 경로는(엡 4:25-27) 게으름, 수면 부족, 일의 압력, 각종 스트레스, 신경질, 절망과 교만, 마술, 정욕(약 1:15), 점술과 원한, 비용서, 자살, 사치와 향락, 부정적 사고, 의심, 감정 폭발, 비판, 잘못된 환상, **말씀과 기도 없는 종교활동**, 고독, 죄책, **섭섭함**, 분노, 그리고 질투 등이다(엡 4:27). 이 모든 것은 하나님을 멀리하는 불신앙의 증상으로 인간을 죽음과 심판에 이르게 하는 영적 질병들이다(고후 4:3-4).

사단의 최초 공격 작전(창 3:1-8)

사단의 첫 작전의 비밀은 창세기 3장 1-6절에, 그들의 운명은 요한계시록 20장 10절에 나온다. **사단의 공격 목표는 우주의 중심인 지구요, 지구의 중심인 각 가정이요, 가정의 중심인 인간**이었다. 사단이 등장하는 창세기 3장에 의하면 사단의 첫 공격 목표는 하나님이 사랑하는 아담의 가정이었다. 그래서 하나님은 아담에게 미리 에덴을 지키라고 명령하셨던 것이다(창 2:15). 본문에서 뱀이 가장 간교(아룸)했다는 말과 뱀이 말을 하고 있다는 사실을 주목하라. 들짐승 뱀이 말을 함으로 하등의 피조물인 자신을 만물의 영장인 인간의 위치로 끌어올렸고 인간에게 지시함으로 하나님과 동등한 위치에 올라갔던 것이다. 뱀이 말하는 것은 유혹자의 말이요, 창조 질서에 어긋난 행동이었다. 사단은 아담에게 가장 가깝고 보기에 예쁘고 사랑스런 존재인 연약한 여인을 먼저 공격했다. 뱀이 참으로 자기 가정의 원수로서 자기와 자기 행복에 관하여 사기성의 악한 의도를 품고 있다는 사실을 아담과 하와는 전혀 몰랐다. 그러므로 뱀을 책망하거나 의심하지 않고 뱀과 대화를 했던 것이다. 뱀은 여자의 마음을 하나님과 남편보다도 가장 잘 이해해 주는 것처럼 접근해 왔다. 이것이 곧 미혹이었다. 아담이 하나님의 영광을 최대로 드러내기 위해서는 하와의 도움이 필요했다. 그러나 하와는 최고의 사기꾼에게 사기를 당하여 오히려 불순종하도록 하여 방해꾼이 되었던 것이다.

하와는 뱀의 계획대로 선악과를 올려다보았다. 그녀의 시야에는 죄를 미워하는 것과 악을 무서워하는 것은 전혀 보이지 않았다. 이것은 여자가 신앙을 떠나 하나님의 말씀을 버리고 뱀의 거짓말을 받아들여 단순히 감각적인 판단으로 하나님의 명령을 위반하고 거짓된 것을 위해 참 진리를 포기했기 때문이었다. 그러나 예수님은 마귀가 접근해 오자 원수의 정체를 알고 마귀와 대화하지 않고 성경 말씀으로 마귀를 단호하게 책망하셨다(마 4:1-11). 사단이 공명정대하게 싸우지 않고 뱀을 통해 하와를 자기편으로 만드는 과정을 다음 대화에서 유의해 보라. 하나님의 명령을 ① 축소, ② 약화, 또는 ③ 자신의 말로 대치시킨 것은 하와가 하나님에 대한 사랑과 신뢰와 확신이 흔들리고 있었다는 사실을 알려주고 있다(신 4:2; 마 5:19; 계 22:18-19).

"① 하나님이 정말 너희에게 동산 모든 나무 실과를 먹지 말라고 했어? 진짜 사랑한다면 선악과를 먹지 말라고 하겠느냐구?" ② "그 말을 듣고 보니 일리가 있네. 사랑한다면서 만지지도 말라, 만지면 죽을까 하노라 하신 것을 보면 하나님은 너무 엄격해." ③ "사실 네가 몰라서 하나님에게 억압받고 있는 거야. 죽을지도 모른다는 것은 그냥 겁주는 거라구. 경쟁자가 생길 것 같아서 질투 때문에 금지 명령을 내린 거야. 알겠어?" ④ 왜 무시당하면서 바보처럼 압제받고 살아? 너도 하나님같이 되어서 남편과 하나님과 동등한 권리를 찾고 하나님의 질투에서 벗어나야 돼. 그러면 너도 멋진 자유 부인이 될 수 있어. 하나님에게서 독립을 하라니까." 이 대화에서 보여주는 사단의 첫 작전은 ① 뱀을 통한 간접 시험 ② 감정에 약한 여인의 약점 시험 ③ 의심과 불신 조장 ④ 부정적 사고 ⑤ 거짓말과 미혹(요 8:44) ⑥ 하나님같이 되려는 교만함 충동 ⑦ 사단의 사상 의식화 등 7가지였다. 남녀는 본질상 주 안에서 모두 평등하나(갈 3:28) 기능상 사랑과 순종의 위계 질서가 있다(딤전 2:11-13; 엡 5:22-23). 가정은 사랑과 섬김의 기쁨을 나누는 원칙이 있다(고전 7:1-5). 가정을 경시하는 풍조는 사단의 역사 때문이다.

사람들에게 있어서 5가지 근본적인 문제는 첫째로 일용할 양식과 자신의 욕망 문제, 둘째로 세상에서 당면하는 환난과 시험의 문제, 셋째로 예고 없는 죽음의 문제, 넷째로는 그림자같이 따라다니는 죄의 문제이며, 다섯째로 사단 마귀의 문제이다. 그리고 이 5가지 문제는 서로 관련되어 있을 뿐 아니라 문제의 배후에는 반드시 사단의 역사가 있기 마련이다. 그러므로 그리스도인의 삶에서 중요한 것은 사단의 전략을 경계해야 한다는 것이다. 확실하게 실패하는 비결은 사단의 전략에 말려드는 것이다. 성경은 인간의 불행과 비극이 어디에서 시작되었는가를 보여준다. 사단이 어떤 방법으로 평화로운 에덴 동산을 망쳐 버렸는가, 어떻게 아담과 하와의 행복했던 가정이 파괴되었는가를 보여주고 있다.

사단의 최초 공격 목표는 아담과 하와의 가정이었다. 사단은 여러분의 마음을 노린다. **마음의 관리를 잘 하라.** 또한 여러분의 가정을 노리고 있다. **가정 관리를 잘하라.** 여러분의 영적 산실인 교회를 혼란시키려고 한다. **교회를 거룩하게 보존하라.** 사단은 성도의 신앙 약화를 노리고 있다. **신앙을 성장시키도록 노력하라.** 마틴 루터의 말대로 참새들이 머리 위로 날아가는 것은 막을 수 없지만 머리 위에 둥지 트는 것은 막을 수 있지 않은가? 사단에게 양보하여 발판을 제공하지 마라(엡 4:27). 사단의 전략을 초전에 격파하라.

(1) 간접 공격

창세기 3장 1절에 "뱀이 가장 간교했다"는 말에 유의하라. 원래 뱀은 하나님이 지으신 아름답고 선한 피조물이었다. 그런데 왜 간교했을까? 뱀 속에 영물인 사단이 들어갔기 때문이다(계 1:9). 사단은 하나님의 피조물인 뱀을 통해 아담과 하와를 간접적으로 대리 공격했다. 사단이 직접 공격했으면 아담과 하와는 그를 대적할 수 있었을 것이다. **사단은 뒤에서 배후 조정하고 언제나 대리전을 하도록 물질이나 사람들을 통해서 간접적으로 공격해온다.** 예수님의 수제자 베드로 속에 들어가 예수님 구원 사역을 반대했으며(마 16:21-28), 때로는 천사로도 가장한다(고후 11:14). 양의 탈을 쓰고 나오나 노략질하는 거짓 선지자도 사단의 앞잡이다. 그러므로 사단이 어떤 미혹의 방법을 통하여 나를 시험하고 있는지 영적 분별능력이 있어야만 한다. 내가 좋아하는 것, 좋아하는 사람, 내가 하고 싶은 욕망, 그 어떤 것일 수가 있다. 이것이 바로 영혼의 덫이며 함정이라는 사실을 명심하라.

(2) 약점 공격

왜 하필 여자인 하와를 먼저 공격 목표로 정했을까? 여인은 약하고 감정적이기 때문에 여인을 통하여 여인에게 약한 아담을 쓰러뜨리기 원했던 것이다. 최고로 완전한 남성인 아담은 여인을 통한 사단의 공격에 실패했고 최고로 강한 남성 삼손도 여인을 통한 사단의 공격에 실패했으며 최고 지혜자인 솔로몬도 여인을 통한 사단의 공격에 실패했다. 인간이 경계해야 할 3대 약점은 목구멍, 눈구멍, 마음구멍이다(요일 2:16). 육신의 정욕, 안목의 정욕, 이생의 자랑을 경계하라. 자기 관리를 철저히 하라. 특히 사단은 하와와 하나님과의 이간을 원했다. 여인의 마음을 먼저 공격했다. 가장 치열한 영적 전쟁의 현장은 바로 내 마음이다. 마음 관리를 잘하라(잠 4:23). 하와는 한 번 방심으로 자신과 전 인류의 후손을 불행하게 만들었다.

(3) 의심 공격

사단은 당연한 것을 물어서 하나님의 사랑을 의심하게 했다. 사랑의 파괴는 의심에서 시작된다. **의심이 가져다 주는 선물은 실망과 섭섭함**이다. 실망이라는 쐐기를 통해 사단은 그리스도인을 무력화하며 섭섭함이 싹틀 때 마음이 병들기 시작하고 판단력이 흐려지기 시작한다. **귀신의 전략인 '섭섭함'**을 조심하라. 의심을 품고는 결코 아름다운 관계를 유지할 수 없다. 의심과 사랑은 함께 공존할 수 없다. 사랑의 최대 지원자는 믿음과 소망이다(고전 13:13).

(4) 부정적 사고 공격

사단이 하와에게 "동산 모든 나무의 실과를 먹지 말라 하시더냐"라고 묻는 질문 방식을 유의해 보라. 부정적 사고를 유발하여 특권의 향유를 무지화하고 원망불평을 조장하여 감사를 없게 하는 것이다. 사단 귀신을 불러들여서 실패하는 것이 소원이라면 원망과 불평을 많이 하라. 일평생 원망 불평의 조건이 생기고 저주받아서 될 일도 되지 않을 것이다. 환난을 복으로 바꾸는 비결은 바로 감사이다. 없는 것만 생각하지 말고 받은 은혜를 생각하며 항상 감사하라(살전 5:16-18). 부정적인 사고는 사람을 비겁하고 약하게 만들며 판단력을 흐리게 하여 근시안으로 보게 만든다. 치열한 영적 전쟁에서 승리하는 비결은 성령의 음성(계 2:7)

과 마귀의 음성을 정확히 분별하여 마음의 생각과 의지 단계에서 처음부터 확실하게 악령의 생각과 지시를 차단함으로 마음 문을 닫아버리는 것이다.

	1단계(생각, 의지)	2단계(말)	3단계(행동)	예
성령 음성	아멘(O)	긍정(O)	선한 열매 : 기쁨, 담대, 보람	전도해야지!
사단 음성	노멘(X)	부정(X)	악한 열매 : 불안, 공포, 후회	누가 내 흉을 봐

(5) 거짓말 공격

사단의 "결코 죽지 아니하리라"라는 말을 유의하라. 하나님은 선악과를 따먹으면 정녕 죽으리라고 하셨다(창 2:17). 그러나 사단은 결코 죽지 않는다고 거짓말로 미혹하여 헛된 행복을 약속하고 있다. 사단이 사용하는 마술, 주술, 심령술, 이방종교 의식, 점, 미신, 부적, 무당보다 더 치명적인 마귀의 전략이 있다. 하나님, 그리스도, 성경, 죄, 구원, 삶의 목적 등 기독교의 중요한 교리에 대한 잘못된 교리들을 은밀히 심고 선전하여 상당한 효과를 거두는 것이다. 공개적으로 사단은 진리와 비슷한, 진리 같은 거짓을 만들어내고 있다. 잘못된 신앙 지식, 또는 성경 지식은 교정하기 아주 힘든 고질병이므로 처음부터 바르게 잘 양육받아야만 한다. 사단의 거짓은 먹음직하고 보암직하게도 하고 지혜롭게 할 만큼 탐스럽게 하여 미혹하므로 속아서 불행을 선택하게 한다. **죄는 범하면 행복할 것만 같으나 일생을 불행하게 하며, 선은 어려우나 일단 행하면 보람과 기쁨을 준다.** 사단은 거짓말쟁이요, 거짓의 원조이니 거짓말하는 자는 사단의 수하에서 지원을 받고 있다는 사실을 명심하라(요 8:44).

(6) 교만 공격

마귀의 못다 이룬 꿈, 마귀의 소망은 하나님같이 되는 것이다(사

14:13-14). 그러다가 하나님의 저주를 받아 음부에 떨어진 마귀는 다시 인간의 마음속에 **'너도 하나님같이 될 수 있다'고 속삭인다.** 그래서 사람들은 그의 음성을 듣고 '나도 하나님같이 될 수 있다'는 망상을 가지고 하나님 자리에 앉아 남을 심판 정죄하고 **자기 주장을 절대화하여** 추한 모습을 드러내고 있다. 피조물인 천사가 하나님같이 되려고 교만하다가 마귀가 되고 지옥 심판의 운명이 되었다(마 25:41). 하나님같이 될 수 있다고 사단이 교만을 충동했을 때 하와는 넘어지고 말았다. 교만은 패망의 선봉장인 것이다(딤전 3:6). 인간은 위대해지려는 욕망을 가지고 있다. **아담과 하와(창 3:5), 마귀(마 4:8), 바벨론 왕(사 14:13-15), 두로 왕(겔 28:12-17) 이후에도 현대의 뉴에이지 운동처럼 인간이 하나님같이 되려는 시도를 지금까지도 계속하며 하나님의 진노를 사고 있다.** 교만은 바로 자신에 대한 무지의 소치이다.

(7) 의식화 공격

사단은 하나님의 뜻과 말씀에 무지한 하와에게 하나님같이 될 수 있다고 자기의 사상을 주입시켜 의식화하여 하와를 하나님 뜻에 관해 더욱더 무지하게 만들었다. 그녀의 마음을 눈으로 바라보는 것이 먹음직하고 보암직하고 지혜롭게 할 만큼 탐스럽게 의식화시키지 않았는가? 그러기에 어리석은 자가 되지 말고 주님의 뜻이 무엇인지 분별해야 한다(엡 5:17). 인간은 자기 중심주의로 철저히 의식화되어 있다. 이것이 최고의 악이다. 많은 사람들이 사단의 치명적인 함정, 잘못된 기독교 교리에 빠져서 철저히 무너지고 있는 것이다. 사단이 강신술이나 마술 등을 통해 수천 명을 사로잡았다면 거짓된 기독교 교리를 통해서 수백만의 그리스도인들을 무너뜨리고 있는 것이다. 사단이 사용하는 미혹이란 신체적인 절정의 환희를 미끼로 바른 길에서 벗어나도록 유인하는 것이다. 사단의 기본전략은 하나님과 성도를 이간시켜 하나님이 허락하신 특권을 상실하게 하는 것이다. 하와가 선악과를 따먹은 후 죄악은 남편에게 전염되었고 그들은 서로 수치를 감추고 하나님의 은혜 없이 자기 힘으로 살겠다고 무화과나무 치마를 스스로 만들어 입었다. 그리고 하나님의 음성 듣기를 거부하고 하나님을 피하여 동산에 숨어 버렸다. 불순종의 죄에 의한 하나님과의 교제 단절로부터 인간의 총체적인 불행과 저주는 시작되었던 것이다.

1) **요한복음 8:44** : 너희는 너희 아비 마귀에게서 났으니 너희 아비의 욕심을 너희도 행하고자 하느니라 저는 처음부터 살인한 자요 진리가 그 속에 없으므로 진리에 서지 못하고 거짓을 말할 때마다 제 것으로 말하나니 이는 저가 거짓말쟁이요 거짓의 아비가 되었음이니라.
2) **요한1서 3:8** : 죄를 짓는 자는 마귀에게 속하나니 마귀는 처음부터 범죄함이니라 하나님의 아들이 나타나신 것은 마귀의 일을 멸하려 하심이니라.
3) **요한계시록 9:11** : 저희에게 임금이 있으니 무저갱의 사자라 히브리 음으로 이름은 아바돈이요 헬라 음으로 이름은 아볼루온이더라.
4) **요한계시록 16:13-14** : 또 내가 보매 개구리 같은 세 더러운 영이 용의 입과 짐승의 입과 거짓 선지자의 입에서 나오니 저희는 귀신의 영이라 이적을 행하여 온 천하 임금들에게 가서 곧 전능하신 이의 큰 날에 전쟁을 위하여 그들을 모으더라.
5) **요한계시록 12:9** : 큰 용이 내어 쫓기니 옛 뱀 곧 마귀라고도 하고 사단이라고도 하는 온 천하를 꾀는 자라 땅으로 내어 쫓기니 그의 사자들도 저와 함께 내어 쫓기니라.
6) **베드로전서 5:8-9** : 근신하라 깨어라 너희 대적 마귀가 우는 사자같이 두루 다니며 삼킬 자를 찾나니 너희는 믿음을 굳게 하여 저를 대적하라 이는 세상에 있는 너희 형제들도 동일한 고난을 당하는 줄을 앎이니라.
7) **야고보서 4:7** : 그런즉 너희는 하나님께 순복할지어다 마귀를 대적하라 그리하면 너희를 피하리라.
8) **디모데전서 4:1-2** : 그러나 성령이 밝히 말씀하시기를 후일에 어떤 사람들

이 믿음에서 떠나 미혹케 하는 영과 귀신의 가르침을 좇으리라 하셨으니 자기 양심이 화인 맞아서 외식함으로 거짓말하는 자들이라.

9) **에베소서 2:2** : 그때에 너희가 그 가운데서 행하여 이 세상 풍속을 좇고 공중의 권세 잡은 자를 따랐으니 곧 지금 불순종의 아들들 가운데서 역사하는 영이라.

10) **에베소서 6:11-12** : 마귀의 궤계를 능히 대적하기 위하여 하나님의 전신갑주를 입으라 우리의 씨름은 혈과 육에 대한 것이 아니요 정사와 권세와 이 어두움의 세상 주관자들과 하늘에 있는 악의 영들에게 대함이라.

11) **고린도후서 11:3-4** : 뱀이 그 간계로 이와를 미혹케 한 것같이 너희 마음이 그리스도를 향하는 진실함과 깨끗함에서 떠나 부패할까 두려워하노라 만일 누가 가서 우리의 전파하지 아니한 다른 예수를 전파하거나 혹 너희의 받지 아니한 다른 영을 받게 하거나 혹 너희의 받지 아니한 다른 복음을 받게 할 때에는 너희가 잘 용납하는구나.

12) **고린도후서 11:14** : 이것이 이상한 일이 아니라 사단도 자기를 광명의 천사로 가장하나니.

13) **고린도전서 10:20-21** : 대저 이방인의 제사하는 것은 귀신에게 하는 것이요 하나님께 제사하는 것이 아니니 나는 너희가 귀신과 교제하는 자 되기를 원치 아니하노라 너희가 주의 잔과 귀신의 잔을 겸하여 마시지 못하고 주의 상과 귀신의 상에 겸하여 참예치 못하리라.

14) **데살로니가후서 2:9-12** : 악한 자의 임함은 사단의 역사를 따라 모든 능력과 표적과 거짓 기적과 불의의 모든 속임으로 멸망하는 자들에게 임하리니 이는 저희가 진리의 사랑을 받지 아니하여 구원함을 얻지 못함이니라 이러므로 하나님이 유혹을 저의 가운데 역사하게 하사 거짓 것을 믿게 하심은 진리를 믿지 않고 불의를 좋아하는 모든 자로 심판을 받게 하려 하심이니라.

15) **요한1서 4:2-4** : 예수 그리스도께서 육체로 오신 것을 시인하는 영마다 하나님께 속한 것이요 예수를 시인하지 아니하는 영마다 하나님께 속한 것이

아니니 이것이 곧 적그리스도의 영이니라 오리라 한 말을 너희가 들었거니와 이제 벌써 세상에 있느니라 자녀들아 너희는 하나님께 속하였고 또 저희를 이기었나니 이는 너희 안에 계신 이가 세상에 있는 이보다 크심이라.

16) 요한1서 5:18 : 하나님께로서 난 자마다 범죄치 아니하는 줄을 우리가 아노라 하나님께로서 나신 자가 저를 지키시매 악한 자가 저를 만지지도 못하느니라.

5.(계 20:10):

사단과 귀신의 운명은 결국 필연적으로 지옥 불에서 끝이 나게 예정되어 있다(계 20:10). 사단은 ① 하늘에서 쫓겨났다(겔 28:16). ② 에덴동산에서 심판이 선고되었다(창 3:15). ③ 십자가에서 패했다(눅 10:18; 엡 4:8; 요 12:31; 골 2:15; 히 2:14; 계 12:9, 20:2-3). ④ 예수님의 승천으로 하늘에 출입하지 못하게 되었다(계 12:13). ⑤ 활동 제약을 위해 무저갱에 감금되었다(벧전 2:4; 유 1:6; 계 20:2). ⑥ 심판받아 불못에 던져짐으로(계 20:10) 중단 없이 지옥에까지 미끄러지는 것이 사단의 추락 단계이다. 원래 사단은 창조된 피조물로(골 1:16) 광명한 천사였으나(고후 11:4) 교만으로 타락하여(겔 28:17) 하늘에서 추방되었다(벧후 2:4). 원래 천사들은 범죄할 수 있는 의지와 범죄하지 아니할 자유의지를 가지고 창조되었다. 하나님께서 천사를 악하게 창조하신 것이 아니다. 하나님은 만물을 선하게 창조하셨다(시 107:1). 그러므로 천사의 타락은 전적으로 그들 스스로에게 원인이 있다. 자신의 의지와 행위에 대해 책임을 져야 하는 인격체로서 자유의지를 바르게 사용하지 못했기 때문이다. 마귀는 처음에 하늘의 영계에서도 활동했으나(욥 1:12) 쫓겨나 파괴자, 참소자, 적대자의 이름으로(계 12:9) 공중 권세 잡아 제한된 활동을 하다가(엡 2:2) 지상으로 쫓겨나(계 12:9) 무저갱에 감금된다(벧전 2:4;

유 1:6; 계 20:2). 결국은 심판을 받아 영원한 지옥불에 던져져서 활동이 끝이 나게 되어 있다(계 20:10). 귀신 같은 악령들은 더럽고(막 9:25) 악한(마 13:25) 마귀의 사자(마 25:41), 미혹의 영(딤전 4:1)으로 사단과 더불어 결국 지옥운명에 처해질 것이다(벧후 2:4). 예수 그리스도의 십자가 죽음, 부활과 승천, 왕적 통치, 재림, 심판의 사역과는 반대로 브레이크 없이 곧바로 지옥 불에 던져질 존재인 것이다. **그들은 하나님의 섭리 가운데 잠시 사용되지만 결국은 지옥의 쓰레기통으로 버려질 것이다.** 하나님이 천사의 교만과 불순종을 용서하지 않으시고 지옥을 예비하자(마 25:41) 천국에서 쫓겨난 사단과 악령들은 앙심을 품고 "억울하다, 함께 가자"라고 하나님이 사랑하시는 인간들을 함께 데리고 가려고 몸부림친다.

1) **창세기 3:15** : 내가 너로 여자와 원수가 되게 하고 너의 후손도 여자의 후손과 원수가 되게 하리니 여자의 후손은 네 머리를 상하게 할 것이요 너는 그의 발꿈치를 상하게 할 것이니라 하시고.

2) **마태복음 25:41** : 또 왼편에 있는 자들에게 이르되 저주를 받은 자들아 나를 떠나 마귀와 그 사자들을 위하여 예비된 영영한 불에 들어가라.

3) **요한1서 3:8** : 죄를 짓는 자는 마귀에게 속하나니 마귀는 처음부터 범죄함이니라 하나님의 아들이 나타나신 것은 마귀의 일을 멸하려 하심이니라.

4) **요한계시록 12:7-9** : 하늘에 전쟁이 있으니 미가엘과 그의 사자들이 용으로 더불어 싸울새 용과 그의 사자들도 싸우나 이기지 못하여 다시 하늘에서 저희의 있을 곳을 얻지 못한지라 큰 용이 내어 쫓기니 옛 뱀 곧 마귀라고도 하고 사단이라고도 하는 온 천하를 꾀는 자라 땅으로 내어 쫓기니 그의 사자들도 저와 함께 내어 쫓기니라.

5) **요한계시록 20: 10** : 또 저희를 미혹하는 마귀가 불과 유황 못에 던지우니 거기는 그 짐승과 거짓 선지자도 있어 세세토록 밤낮 괴로움을 받으리라.

6) **베드로후서 2:4** : 하나님이 범죄한 천사들을 용서치 아니하시고 지옥에 던

져 어두운 구덩이에 두어 심판 때까지 지키게 하셨으며(cf. 히 2:4; 눅 10:8; 계 12:9, 20:2-3).

어떻게 사단과 귀신의 악령들을 대처할 수 있을까? 우리는 영물인 마귀와 귀신 자체의 실존을 박멸할 수도 없고, 할 필요도 없고, 집착할 필요도 없다. 다만 피하거나 수비만 하거나 타협하지 말고, 주님께서 주신 특권을 가지고(눅 10:19) 대적하면 피할 수 있다(벧전 5:9; 약 4:7). 우리는 승리를 위해 싸우지 않고 주님이 주신 승리를 누리기 위해 싸운다(골 2:10, 15; 히 2:14; 요일 4:4). 결국 **사단과의 싸움은 철저한 자기 관리이며 성령 충만한 적극적 신앙의 전진이다(엡 4:27). 마귀는 제한적인 존재로서 하나님이 허락하시는 범위 안에서만 역사할 수 있고 그들에게 틈타서 역사할 기회와 장소를 제공할 때에만 역사한다**(엡 4:27). 그러므로 삶의 모든 분야에 있어서 '빈방 있음(For Rent)' 이라고 간판을 내걸어 사단이 합법적으로 기숙할 기회를 주면 안 된다. 성령충만 하라(마 12:28). 매일 전신갑주를 입어 무장하고(엡 6:11) 주 안에서 소유한 권세를 사용하라. 사단을 대적하라(약 4:27). 경계하라(벧전 5:8). 깨어 기도함으로 능력을 받아라(막 9:29). 조건 없는 사랑으로 가슴을 채워라(고전 13:13). 성령을 통해 내 안에 계시는 주님이 사단보다 강하다는(요일 4:4) 굳센 믿음을 가져라(벧전 5:9; 막 16:17). 말씀으로 무장하고(마 8:16; 고전 4:6) 예수 보혈(계 12:11), 예수의 이름으로 공격하라(행 16:18).

사단은 전지전능하거나 무소부재하지 못하며 방대한 세력을 가지고는 있지만 명백하게 하나님에 의해 제한된 존재이다. 사단은 하나님의 백성을 괴롭게 하는 것이 허락되었지만 결코 완전한 승리를 할 수는 없다. 때때로 하나님은 죄를 범하는 성도들을 단련하고 징계하기 위해 사단을 도구로 사용하시기도 하다(눅 22:31-32; 고전 5:5; 딤전 1:20). 그러나 결코 하나님을 패배시키거나 하나님의 사랑에서 분리시킬 수 없다(요 10:28; 롬 8:38-39; 요일 4:4). 그리스도인은 그리스도께서 보호하시는 능력 안에서만 안전을 찾는다(롬 16:20; 롬 8:31-34; 요일 5:18). 사단은 언제 어디서나 누구에게든지 성역 없이 공격해 온다. 다윗도 공격받고 예수님도, 베드로도 공격받았으며 사울, 가룟 유다도 무차별 공격을 받아 쓰러졌다. 영적 전쟁에서 승리하기 위해서는 **악한 영들의 침투 경로를 차단하라.** 사단은 인간이 의식적, 무의식적으로 악한 영들의 침투를 허락했을 때 "이것은 내 집이다"라는 법적 근거를 가지고 쳐들어온다.

첫째, 죄는 사단의 침투 통로이다(엡 4:27). 고의적이고 습관적인 죄와 이에 대한 불분명한 처리는 성도로 하여금 위선과 배교와 귀신들림의 위험에 처하게 한다.

둘째, 성적 관계로 한 몸을 이룬 사람을 통해 음란한 영과 악한 영들이 침투할 수 있다(고전 6:3-18).

셋째, 욕심이나 이기심, 호기심에 사로잡혀 자신이 직접 귀신을 초청하거나 대입 합격, 사업 성공, 건강과 복을 위해 절에 이름을 올리거나 귀신에게 기원하는 경우 귀신들릴 수 있다.

넷째, 사단 숭배 음악, 점성술, 뉴에이지 운동, 전생 신드롬의 유행을 타고 전생복귀를 시도해도 귀신들릴 수 있다.

다섯째, 전쟁 참상, 교통사고, 성폭행, 학대, 구타, 도덕적 피해 등 **사고나 사람에게서 받은 상처**로 귀신들릴 수 있다. 그것이 죄는 아니다. 그러나 두려움, 증오, 분노, 수치 등의 상한 감정이나 충격의 찌꺼기를 적절하게 치유하지 않으면 사건의 충격을 최대로 이용하는 귀신에게 빌미를 주게 된다(엡 4:26-27).

여섯째, 조상이 사교나 무당에 가담한 여부, 조상 중 타종교 지도자, 타종교 신께 헌신 맹세, 조상이 구체적으로 후손을 저주한 경우, 가계에 전수되는 영, 또는 가계에 전수된 죄성과 약점과 같은 조상들

의 죄로 인해 사단의 공격을 받을 수 있다. 부모가 귀신들린 경우에 자녀가 태어나면서 귀신들릴 수 있다(출 34:7; 렘 32:18). 꿀단지 있는 곳에 벌들이 날아오고 오물을 치우지 않고 파리만 쫓으면 잠시 후 다시 오는 것처럼 귀신들이 좋아하는 우상이나 심령의 쓰레기를 해결하지 않고서는 귀신을 쫓아내야 아무 소용이 없다(눅 11:24-26).

성도들도 악령들릴 수 있는가? 그렇다. 그러나 잠시 몸에 영향을 끼칠 수는 있어도 성령이 내주하시는 영혼에 침투할 수는 없다(요일 4:4, 5:18). 죄가 나를 점령하든지 내가 죄를 점령하든지, 악령이 나를 다스리든지 내가 악령을 다스리든지에 달려 있는 것이다. 사단에게는 공격이 최선의 방어요, 치료보다는 예방이 더욱 중요하다. 사단은 공격하여 내쫓기 전에는 자기 점령지를 스스로 내어놓고 물러가는 법이 없다(마 12:28-32). 그렇다고 사단의 능력을 확대해서 두려워하지 말고 주님의 이름으로 대적하여 하나님께 순복하고 경건생활에 적극적으로 힘쓰라. 그러면 사단은 전혀 문제되지 않는다(엡 6:11-13; 약 4:7; 벧전 5:8-9). 귀신들렸다는 것은 귀신이 어떤 사람 안에 거하면서 직접적인 통제력이나 영향력을 행사함으로 마음과 몸을 혼란시키는 것을 말한다. 예수 믿고 거듭난 그리스도인은 성령이 내주하기 때문에 불신자들처럼 귀신들릴 수 없다(요 10:28-29; 고전 3:16, 6:19-20; 요일 4:4, 5:18).

신앙은 악한 영들과의 영적 전쟁이다. 가장 치열한 5대 영적 전쟁의 현장은 ① 마음(요일 3:8) ② 가정(엡 5:33) ③ 교회(고후 11:13-15) ④ 선교지(엡 6:20) ⑤ 기도의 자리(출 17:11; 왕상 18:38)이다. 그러므로 그리스도인은 자신이 의식하든지, 의식하지 못하든지 영적 전쟁의 현장에 있으며 원수의 요새를 무너뜨리고 승리하기 위해 영적 전쟁을 치르고 있는 것이다. 승리의 확신을 가지고 싸움이 끝날 때까지 줄기차게 싸워라. 영적 전쟁의 패배는 모든 것을 영원히 상실하게 한다. 격렬한 전쟁이 끝나고 검은 화염 속에 시체들이 여기저기 즐비하게 쌓여 있을 때도 성도는 쓰러진 시체 더미 속에 있지 않고 영적 투사로서 람보처럼 홀로 우뚝 서 있어야 한다. 이 땅에서의 소임을 끝내고 하나님 앞에 섰을 때 사도 바울처럼 "하나님, 저는 영적 전쟁에서 승리하고 돌아왔습니다"(딤후 4:6-8)라고 핑계 없이 당당히 말할 수 있어야 한다. 마귀와 귀신들의 능력을 과대 평가하여 두려워하지 말라(요일 4:4). 그들은 우리와 같은 피조물이며 주님의 손에 잡혀 이미 지옥에 가기로 운명되어 있다. 사단의 공격은 외부보다도 여러분의 마음속에서 치명적으로 전개된다는 사실을 기억하고 마음 관리를 잘하도록 하라. 합법적인 빌미를 주지 않는 한 사단은 결코 여러분을 공격할 수 없다. 그러므로 자기 관리를 잘하고 앞을 향해 전진해 가는 그리스도의 좋은 군사가 되라. 태양을 보고 걷는 자는 그림자를 볼 겨를이 없다는 사실을 항상 기억하라. 예수 그리스도와 더불어 승리하고 하늘의 상급을 받는 것이 우리의 운명인 것이다.

"또 여러 형제가 어린 양의 피와 자기의 증거하는 말을 인하여 저를 이기었으니 그들은 죽기까지 자기 생명을 아끼지 아니하였도다"(계 12:11).

[공동 기도문 : 통성기도]

사랑이 많으신 하나님 아버지,

부족하고 연약한 저희들을 마귀의 유혹과 세력에서 지켜 주시고 십자가의 보혈과 능력으로 보호하시고 감찰해 주시니 감사합니다. 항상 깨어서 기도로 무장하고 성령 충만한 삶으로 악한 영의 권세를 예수의 이름으로 물리쳐 영적으로 혼탁한 이 세상에서 오직 하나님께 영광돌리는 예수 그리스도의 좋은 군사가 되게 하옵소서.

영적 전쟁에서 승리하고 복음의 도구로 하나님께 사용되게 하옵소서. 일어나 주님의 빛을 발하며 세상을 변화시켜서 살아 계신 하나님의 이름을 높이 드러나게 하옵소서. 예수님의 이름으로 기도드립니다. 아멘.

[질문] 악령의 5대 특징이 무엇인지 설명할 수 있는가?

1. 골로새서 1:16
2. 에베소서 2:2
3. 베드로후서 2:4
4. 베드로전서 5:8
5. 요한계시록 20:10

[나눔] 어떻게 악령들이 인간에게 들어오며 어떻게 그것을 대처할 수 있는가?

[토론] 어떻게 악령의 역사를 분별할 수 있는지에 관하여 토론해 보라.

[읽어보기 : 영 분별법]

사도 바울은 고린도교회 성도들에게 "뱀이 그 간계로 이와를 미혹케 한 것같이 너희 마음이 그리스도를 향하는 진실함과 깨끗함에서 떠나 부패할까 두려워하노라 만일 누가 가서 우리의 전파하지 아니한 다른 예수를 전파하거나 혹 너희의 받지 아니한 다른 영을 받게 하거나 혹 너희의 받지 아니한 다른 복음을 받게 할 때에는 너희가 잘 용납하는구나" (고후 11:3-4)라고 그리스도의 일꾼과 광명한 천사로 가장한 사단의 앞잡이, 이단을 경계시켰다(고후 11:13-15). 사도 요한도 "사랑하는 자들아 영을 다 믿지 말고 오직 영들이 하나님께 속하였나 시험하라 많은 거짓 선지자들이 세상에 나왔음이니라"(요일 4:1)고 악한 영의 사람들을 구별할 것을 강조했다(요일 4:1-5). 악령과 이단들을 통하여 하나님은 택자와 불택자를 구별하신다(고후 4:2-4). 그러므로 사도 바울은 **"악한 자의 임함은 사단의 역사를 따라 모든 능력과 표적과 거짓 기적과 불의의 모든 속임으로 멸망하는 자들에게 임하리니 이는 저희가 진리의 사랑을 받지 아니하여 구원함을 얻지 못함이니라 이러므로 하나님이 유혹을 저의 가운데 역사하게 하사 거짓 것(능력, 표적, 거짓 기적, 불의의 모든 속임)을 믿게 하심은 진리를 믿지 않고 불의를 좋아하는 모든 자로 심판을 받게 하려 하심이니라"(살후 2:9-12)**고 말했다. 그러나 주님을 사랑하고 올바른 신앙을 가진 자들에 대하여는 **"주의 사랑하시는 형제들아 우리가 항상 너희를 위하여 마땅히 하나님께 감사할 것은 하나님이 처음부터 너희를 택하사 성령의 거룩하게 하심과 진리를 믿음으로 구원을 얻게 하심이니 이를 위하여 우리 복음으로 너희를 부르사 우리 주 예수 그리스도의 영광을 얻게 하려 하심이니라"(살후 2:13-14)**고 감사했다.

우리는 신앙생활 가운데 진동이나 불 체험(행 4:31), 음성 체험(삼상 3:4-14), 영계와 인간 투시(행 5:1-5), 예언(행 2:17-18; 딤전 4:1; 살후 2:1-3, 10-12), 방언(민 22:25-30; 고전 12:28, 14:19), 능력(계 13:15), 냄새 체험(아 1:3), 광명(출 34:29-35), 환상, 이상, 몽상 체험(행 7:55-56), 입신(자기 의식이 없이 자기 영이 신과 교제, 또는 대화하는 것, 고후 12:2-6), 영의 감동과 내주(행 2:33-38), 영과 육의 분리 체험 등 신비한 체험을 하기도 한다. 그러나 신비의 역사가 있기만 하면 무조건 좋게 생각하고 성령의 역사로 호평해서는 안 된다. 영적 혼란과 불행한 비극을 자기 자신과 다른 사람에게 가져올 수 있기 때문이다. 그 반대로 자신이 체험하지 못한 신비한 역사가 나타난다고 해서 무조건 악령이나 인간 조작으로 취급하고 악평을 하는 것도 성경의 예언을 묵살하고 성령의 권능을 불신하는 과오뿐 아니라 은혜의 성령 복음운동에 정면 방해되는 결과를 가져올 수도 있다(행 1:8). 그러므로 하나님의 진리와 성령 역사의 바른 분별 없이 어느 것이든지 사람들이 많이 모이고 열기가 있고 뜨겁고 물질이 풍성하다고 모든 것이 무방하다는 식의 이해타산에 치중한 견해는 매우 위험한 것이다. 성령의 은혜나 악령이나 신비한 인본주의의 잘못된 체험에 빠진 자들 가운데 사실 은혜를 사모하고 열심 있는 자들이 더 많다. 그러나 한편 성령의 역사와 뜨거운 은혜 체험을 잘못된 시각으로 비평만 일삼는 자들 중에는 대개 갈급한 심령으로 은혜를 사모하지도 않고 아무런 노력도 없이 **단지 자신이 체험하지 못했음으로 인해** 무책임한 비평과 잘못된 판단만 하는 자들도 많다. 늘 은혜를 사모하고 부지런히 성경말씀을 읽고 열심히 기도하며 건전한 신앙체험을 가지고 있다면 잘못된 은혜체험자들을 악평만 하지 말고 사랑으로 선도해야 할 것이다. 또한 은혜를 체험한 자들은 자기의 체험만이 제일이요, 자신만 바르다고 주장하지 말고 겸손하게 베뢰아 사람들처럼(행 17:11) 하나님의 말씀에 비추어 자기 체험의 잘잘못을 점검하고 건전한 신앙생활을 하도록 해야 한다.

우리는 영 분별을 구체적으로 생각하기 전에 신령한 역사는 ① **성령뿐 아니라(욜 2:28-32; 행 2:16-21; 요 16:7-8; 롬 8:9; 행 1:8)** ② **악령과(딤전 4:1; 살후 2:1-3, 9-12; 마 24:11; 왕상 22:1-40)** ③ **인간 심령의 역사도 있음을(렘 14:14, 23:16) 알아서 은혜를 사모하는 그리스도인들이 먼저 그 영적 근원을 분별해야만 한다.** 성인들의 심령 계발 능력, 정신 집중력, 기합술, 최면술, 또는 초월명상, 호흡과 기 훈련, 접신술, 주문 반복에 의한 감정적 극대화로 신비한 체험을 하고 이를 성령의 역사로 오인하기도 한다(행 8:9-11;

삼상 28:8-19). **사람들이 아무리 신비한 체험을 하고 기적을 보인다 해도 거룩해지지 않고 싸우고 욕하고 정욕과 물욕에서 벗어나지 못한다면 그들의 체험이 육에 속한 인간의 감정 작용이거나 악령의 역사이기 때문이다(약 1:13-17; 엡 2:2).** 이미 잘못된 신비주의에 빠진 자들 중에는 아예 고쳐지지 않는 불행한 자들도 있지만 어떤 사람들은 분별력이 없어서 자기 나름대로는 양심적으로 성령의 역사인 줄로 착각하는 자들도 있다. 이들은 하나님의 긍휼이 계시면 깨닫고 뉘우치고 돌아올 수도 있다. 그러나 언제나 예방이 치료보다 더 중요하다는 것을 기억하라. **최고의 은사는 사랑의 은사요(고전 13:13; 살전 1:3-4) 그 보다 더 큰 은사는 말씀의 은사이다(행 17:11; 신 5:32-33).** 그러므로 솔로몬은 "사람이 귀를 돌이키고 율법을 듣지 아니하면 그의 기도도 가증하니라"(잠 28:9)고 했다. 사도 바울도 "하나님의 말씀과 기도로 거룩하여짐이니라"(딤전 4:5)고 말하여 성도들이 말씀에 열심을 내야 할 것을 가르쳐 주었다.

첫째, 영 분별은 **은사 분별**이다(고전 2:12-14, 12:10). 신령한 일은 신령한 것으로 분별할 수 있다. 둘째, **말씀 분별**이다(딤후 2:15; 잠 28:9). 악령 받은 자들은 반드시 믿음에서 떠나 진리 말씀을 대적한다(딤후 3:8; 요일 4:6). 셋째, **인격 분별**이다(갈 5:22-23). 성령받은 자들은 좋은 나무에서 좋은 열매를 맺듯 반드시 인격의 변화가 있으며 그 첫 번째 요소는 사랑과 섬김이다. 그리고 겸손이다. 그러나 악령이 할 수 없는 것은 사랑과 겸손과 순종임을 명심하라(요일 4:16). 악령의 3대 특징은 교만과 불순종, 사랑 없는 자기 중심적 정욕이다. 이것이 신앙생활의 최대 적인 것이다(약 3:15). 넷째, **언어의 분별**이다(마 12:34-37; 요일 4:5). 세속적인 말, 이간하는 말, 상처 주는 말, 저주의 말, 음담패설, 거짓말(요 8:44), 거친 말 등 말에 절제가 없는 것은 성령의 역사가 아니다(마 12:36-37; 약 3:7-11). 다섯째, **생활의 분별**이다(마 5:16, 7:15-23).

성령의 은혜를 받은 사람은 그 생활의 변화를 보고 알 수가 있다. 악한 영의 역사는 표리부동하고 부도덕한 생활의 결과가 반드시 나쁘게 나타난다. **이단들은 결국 물질을 요구하는 것에 관심이 있으며 건전한 가정생활을 파괴한다.** 악령 받은 사람은 인격과 삶의 변화가 없으며 더욱 악하고 교묘하며 도덕성도 없다. 여섯째, **지혜의 분별**이다(약 3:13-18). 세상적, 정욕적, 마귀적인 인본주의 지혜는 다툼과 시끄러움과 분열을 가져온다. 위로부터 난 지혜는 인본주의 잔꾀가 아닌 화평과 거룩의 인격인 것이다. 일곱째, **외모 분별**이다(출 34:29-35; 행 6:15; 벧후 2:14), 사랑스런 눈, 부드럽고 온유한 얼굴, 거룩한 행실 등 외모로도 성령과 악령의 역사는 나타나기 마련이다. 여덟째, **경건생활 분별**이다(유 1:15-21). 당을 짓는 자, 육에 속한 자, 성령이 없는 자의 특징은 경건의 모양은 있으나 경건의 능력이 없으므로 항상 원망, 불만, 정욕, 자기 자랑, 아첨을 하게 한다. **기도와 말씀 없이 일에 열심을 내게 만드는 것이 사단의 전략**이다(딤전 4:5).

악령의 역사는 이단을 따르는 자(살후 2:9-10), 버림받은 자(마 22:14; 삼상 16:23; 마 10:4) 중생하지 못한 자(마 12:43-45)에게 역사하는 능력이다. 중생의 거듭남이 없어도 발람의 당나귀처럼 신비 체험은 가능하다(민 22:25-30). 그러므로 신비 체험의 근원이 성령인가, 악령인가, 심령인가를 분별하는 것이 매우 중요하다. **"너희 중에 선지자나 꿈 꾸는 자가 일어나서 이적과 기사를 네게 보이고 네게 말하기를 네가 본래 알지 못하던 다른 신들을 우리가 좇아 섬기자 하며 이적과 기사가 그 말대로 이룰지라도 너는 그 선지자나 꿈꾸는 자의 말을 청종하지 말라 이는 너희 하나님 여호와께서 너희가 마음을 다하고 성품을 다하여 너희 하나님 여호와를 사랑하는 여부를 알려 하사 너희를 시험하심이니라 너희는 너희 하나님 여호와를 순종하며 그를 경외하며 그 명령을 지키며 그 목소리를 청종하며 그를 섬기**

며 그에게 부종하고"(신 13:1-4)라는 모세의 경고를 명심해야 한다

"믿는 자들에게는 이런 표적이 따르리니 곧 저희가 내 이름으로 귀신을 쫓아내며 새 방언을 말하며 뱀을 집으며 무슨 독을 마실지라도 해를 받지 아니하며 병든 자에게 손을 얹은즉 나으리라 하시더라"(막 16:17-18).
"오묘한 일은 우리 하나님 여호와께 속하였거니와 나타난 일은 영구히 우리의 자손에게 속하였나니 이는 우리로 이 율법의 모든 말씀을 행하게 하심이니라"(신 29:29).

제25과 지옥은 어떤 곳인가?

학습목표 : 지옥이 어떤 곳인지 성경적으로 잘 이해하고 하나님의 구원 은혜를 더욱 감사하게 된다. 지옥의 특징을 다른 사람에게 설명할 수 있으며 신앙생활을 진지하게 할 수 있고 더욱더 전도에 열심을 내게 된다.

요절말씀 : 또 왼편에 있는 자들에게 이르시되 저주받은 자들아 나를 떠나 마귀와 그 사자들을 위하여 예비된 영영한 불에 들어가라(마 25 : 41).

세상에서 제일 두렵고 무서운 말이 무엇일까? 지옥은 그 해답을 가지고 있다. 어떤 어린이가 "하나님, 사람이 죽으면 어떻게 되나요? 아무도 내게 그것을 가르쳐 주지 않아요. 그렇지만 나는 알고 싶어요. 나는 죽고 싶지가 않거든요"라고 편지를 썼다. **그리스도인은 죽으면 어디로 갈 것인가의 해답을 가지고 있는 사람들**이라고 할 때 당신은 정말 진정한 그리스도인이라고 할 수 있는가? 미국의 한 연구기관은 사람들이 알고 있는 지옥의 존재에 대한 광범위한 여론 조사를 실시했는데 총 인구 중 미국은 58%가 긍정적으로 대답했다. 기독교가 중요한 종교로 자리잡았던 유럽에서는 스웨덴이 17%, 프랑스 22%, 영국 23%, 독일 25%, 스위스 25%, 네덜란드 28%의 낮은 비율로 나타났다. 이 연구조사는 교육 수준과 경제 수준이 높을수록 지옥 존재를 믿는 백분율이 낮은 것으로 보고하고 있다. 현대 사회에서는 전쟁, 기아, 폭력, 탐욕, 증오의 현실을 지옥이라고 생각하는 사람들은 있어도 지옥의 실체를 믿지 않는 사람들이 많다. 그리스도인이라고 하는 사람들도 지옥을 부인하는 경우가 있는가 하면 지옥에 대한 잘못된 생각을 가지고 오해하고 있어서 문제가 된다. 이제 많은 사람들에게 더 이상 지옥이 저주가 되지 않으면서 자연스럽게 죄를 받아들이게 하는 하나의 생활방식이 되고 말았다.

사실 사람들이 죄를 누리며 회개할 줄 모르는 가장 큰 이유는 지옥을 믿지 않기 때문이며 하나님의 무서운 심판을 모르기 때문이다. 지옥의 존재는 종교적으로, 문학적으로(단테의 「신곡」), 인과응보적으로(갈 6:7-8), 또는 체험자들에 의해 증명된다. 그러나 가장 확실한 지옥의 존재 증거는 성경이 말하고 있으며 하나님이 말씀하시며 예수님이 직접 말씀하셨다는 사실이다(막 9:47; 마 25:41). 지구촌 사람들 모두가 지옥이 없다고 만장일치로 결의한다 해도 성경은 지옥이 여전히 존재한다는 사실을 강력하게 경고하고 있다. 중요한 것은 예수님의 십자가 구속 사건과 부활의 사건을 통해 지옥 문제는 완전히 해결되었으므로 **지옥에 가기로 작정을 하고 고집을 부리는 불신의 사람들만 간다는 사실**이다(롬 2:4-5; 히 2:3). 지옥에 가는 것은 너무도 쉬운 일이다. 그냥 죄의 길에서 가만히 있으면 자동적으로 가기 때문이다. 신약 성경에만 162회나 언급된 지옥은 도대체 어떤 곳인지 그 실체를 성경적으로 살펴보도록 하자.

1.(계 9:11): ____________

첫째로 성경은 지옥으로 악령의 감옥을 의미하는 무저갱을 보여준다. 하나님을 찬양하고 섬겨야 할 천사들이 사단을 중심으로 하여 하나님같이 되려는 교만으로 타락했을 때 하나님은 이들을 용서하지 않으시고(벧후 2:4) 이 악령들의 최종 심판을 위해서 지옥 불못을 마련하셨다

(마 25:41). 그리고 최후 심판 때까지 무저갱의 지옥에 가두셨다. 악령의 감옥인 이 무저갱은 헬라어 '아부쏘스(abussos)'로 심연(bottomless, abyss), 구덩이, 감옥(벧전 3:19; 눅 8:31)을 뜻하며 같은 의미의 헬라어로 깊은 웅덩이를 뜻하는 '타르타루스(tartarus)'를 쓰기도 했다. 이 무저갱의 감옥에는 마치 죽음의 사자 염라대왕처럼 사단이 왕으로 악령들을 지배한다(계 9:11). 무저갱의 특징은 흑암이며 이곳의 악령들은 사망과 고통의 권세를 가졌다(히 2:14). 이들은 불택자의 미혹과 이단의 활동과 악한 자의 지원을 위한 사역을 하고 악한 자를 사후 고통의 음부로 인도하기 위해 하나님의 섭리에 의해 제한적인 활동을 한다(눅 8:31; 살후 2:9-12; 계 9:9-11, 20:3).

1) **베드로후서 2:4** : 하나님이 범죄한 천사들을 용서하지 아니하시고 지옥에 던져 어두운 구덩이(tartarus)에 두어 심판 때까지 지키게 하셨으며.
2) **유다서 1:6** : 또 자기 지위를 지키지 아니하고 자기 처소를 떠난 천사들을 큰 날의 심판까지 영원한 결박으로 흑암에 가두셨으며.
3) **요한계시록 9:11** : 저희에게 임금이 있으니 무저갱의 사자라 히브리 음으로 이름은 아바돈이요 헬라 음으로 이름은 아볼루온이더라.
4) **요한계시록 9:2-3** : 저가 무저갱을 여니 그 구멍에서 큰 풀무의 연기 같은 연기가 올라오매 해와 공기가 그 구멍의 연기로 인하여 어두워지며 또 황충이 연기 가운데로부터 땅위에 나오매 저희가 땅에 있는 전갈의 권세와 같은 권세를 받았더라.
5) **요한계시록 20:1-3** : 또 내가 보매 천사가 무저갱 열쇠와 큰 쇠사슬을 그 손에 가지고 하늘로서 내려와서 용을 잡으니 곧 옛 뱀이요 마귀요 사단이라 잡아 일천 년 동안 결박하여 무저갱에 던져 잠그고 그 뒤에 인봉하여 천 년이 차도록 다시는 만국을 미혹하지 못하게 하였다가 그 후에는 반드시 잠깐 놓이리라.
6) **유다서 1:13** : 자기의 수치의 거품을 뿜는 바다의 거친 물결이요 영원히 예

비된 캄캄한 흑암에 돌아갈 유리하는 별들이라.

7) **히브리서** 2:14-16 : 자녀들은 혈육에 함께 속하였으매 그도 또한 한 모양으로 혈육에 함께 속하심은 사망으로 말미암아 사망의 세력을 잡은 자 곧 마귀를 없이 하시며 또 죽기를 무서워하므로 일생에 매여 종노릇하는 모든 자들을 놓아 주려 하심이니 이는 실로 천사들을 붙들어 주려 하심이 아니요 오직 아브라함의 자손을 붙들어 주려 하심이라.

8) **마태복음** 16:18 : 또 내가 네게 이르노니 너는 베드로라 내가 이 반석 위에 내 교회를 세우리니 음부의 권세가 이기지 못하리라.

9) **누가복음** 8:31 : 무저갱으로 들어가라 하지 마시기를 간구하더니.

10) **베드로전서** 3:19 : 저가 또한 영으로 옥에 있는 영들에게 전파하시니라.

2.(눅 16:23): ________________

둘째로 성경은 악한 자들이 사후에 그 영혼이 고통받는 형벌의 장소로 음부를 지옥 개념으로 보여주고 있다. 음부는 히브리어로 스올(sheol)이며 헬라어로 하데스(hades)인데 죽음, 무덤, 지옥으로 다양하게 사용되지만 단순한 무덤이나 죽음 외에 불신자들의 사후 심판 장소로도 쓰인다. 악한 자가 죽으면 육신은 무덤에 묻히게 되고, 그 영혼은 악령에 이끌려 음부로 들어가 엄청난 고통의 형벌을 받는다(눅 16:23-24). 이 음부는 믿는 자들이 사후에 안식하는 낙원과는 상대적인 개념이다. 이렇게 성경에서 지옥은 불신자의 영혼이 가야 하는 사후의 장소로 되어 있다. 죽은 사람의 영혼이 지상에 다시 돌아올 수 없기에 천국과 지옥의 결정은 살아 있을 때에만 가능하다. 가장 확실하고 민주적이면서 비밀스런 인간의 불가피한 두 가지 운명은 죽음과 심판이다(히 9:27). 의학적인 죽음의 정의는 신체적으로 소생이 불가능한 상태로 호흡운동, 심장수축, 동공반사의 세 가지가 부정적인 결과로 나올 때 '개체'의 죽음으로 간주하며, 이식 의학 분야에서는 세포나 기관의 기능에 생사의 기준을 맞추고 있다. 그러나 성경은 ① 하나님으로부터의 분리를 영혼의 죽음으로 간주한다(엡 2:1). ② 영혼과 육신의 분리는 육신의 죽음이다(약 2:26). 인간이 죽은 후 그가 생전에 관계했던 영이 그의 영혼을 데려가기 때문에 하나님의 천사가 성도를 천국으로 데려간다. 하지만 믿지 않던 자는 그가 생전에 관계했던 악령이 그의 영혼을 음부로 데려간다(눅 16:23). ③ 몸과 영혼이 지옥에 들어가 하나님의 은혜로부터 분리되는 것은 최종적 지옥 심판의 죽음인 것이다(마 10:28). 인간은 죽고 죽어 또 죽을 운명이다. 이 죽음과 심판은 죄에서 왔다(롬 5:12, 6:23). 돈 벌 계획을 세우고 몸매를 가꾸며 사랑을 노래하면서 미래를 꿈꾸지만 인간은 죽을 안개 인생인 것이다(약 4:14). 어느 날 죽음을 받아들인 후 무서운 지옥 심판만이 기다리고 있다. 그리하여 어떤 성경학자는 "죽을 준비를 잘한 사람들만이 진정한 삶을 준비한 사람들이다"라고 말했다. 인간은 본질상 진노의 자식으로 죽어서 음부의 지옥에 가기로 운명지어져 있다(엡 2:3). 그리고 이 음부에서 고통받는 영혼은 주님의 재림 때 부활하여 최종적으로 영원한 불못에서 영육이 고통받게 될 것이다(계 20:13-14). 이 운명에서 누가 자유로울 수 있는가? 인간의 성공과 실패는 이 땅에서 결정되는 것이 아니라 바로 하나님 앞에서 이 지옥의 문제를 해결했느냐에 달려 있다.

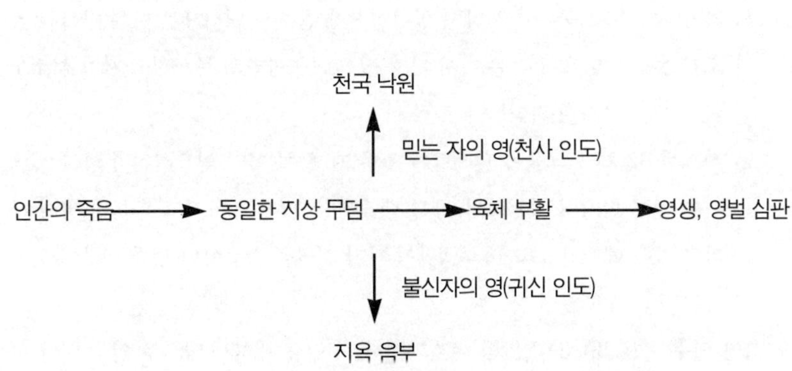

1) **누가복음** 12:5 : 마땅히 두려워할 자를 내가 너희에게 보이리니 곧 죽인 후에 또한 지옥에 던져 넣는 권세가 있는 그를 두려워하라 내가 참으로 너희에게 이르노니 그를 두려워하라.

2) **히브리서** 9:27 : 한 번 죽는 것은 사람에게 정하신 것이요 그 후에는 심판이 있으리니.

3) **누가복음** 16:23-24 : 저가 음부에서 고통 중에 눈을 들어 아브라함과 그의 품에 있는 나사로를 보고 불러 가로되 아버지 아브라함이여 나를 긍휼히 여기사 나사로를 보내어 그 손가락 끝에 물을 찍어 내 혀를 서늘하게 하소서 내가 이 불꽃 가운데서 고민하나이다.

4) **유다서** 1:9 : 천사장 미가엘이 모세의 시체에 대하여 마귀와 다투어 변론할 때에 감히 훼방하는 판결을 쓰지 못하고 다만 말하되 주께서 너를 꾸짖으시기를 원하노라 하였거늘.

5) **전도서** 3:21 : 인생의 혼은 위로 올라가고 짐승의 혼은 아래 곧 땅으로 내려가는 줄을 누가 알랴.

6) **전도서** 9:10 : 무릇 네 손이 일을 당하는 대로 힘을 다하여 할지어다 네가 장차 들어갈 음부에는 일도 없고 계획도 없고 지식도 없고 지혜도 없음이니라.

7) **전도서** 12:7 : 흙은 여전히 땅으로 돌아가고 신(루아흐)은 그 주신 하나님께로 돌아가기 전에 기억하라.

8) **욥기** 7:9-10 : 구름이 사라져 없어짐같이 음부로 내려가는 자는 다시 올라오지 못할 것이오니 그는 다시 자기 집으로 돌아가지 못하겠고 자기 처소도 다시 그를 알지 못하리이다.

9) **에스겔** 32:27 : 그들이 할례받지 못한 자 중에 이미 엎드러진 용사와 함께 누운 것이 마땅치 아니하냐 이 용사들은 다 병기를 가지고 음부에 내려 자기의 칼을 베개하였으니 그 백골이 자기 죄악을 졌음이여 생존 세상에서 용사의 두려움이 있던 자로다.

10) **민수기** 16:30-31 : 만일 여호와께서 새 일을 행하사 땅으로 입을 열어 이

사람들과 그들의 모든 소득을 삼켜 산 채로 음부에 빠지게 하시면 이 사람들이 과연 여호 와를 멸시한 것인 줄을 너희가 알리라 이 모든 말을 마치는 동시에 그들의 밑의 땅이 갈라지니라.

11) **시편 9:17** : 악인이 음부에 돌아감이여 하나님을 잊은 모든 열방이 그리하리로다.

12) **시편 55:15** : 사망이 홀연히 저희에게 임하여 산 채로 음부에 내려갈지어다 이는 악독이 저희 거처에 있고 저희 가운데 있음이로다.

13) **시편 31:17** : 여호와여 내가 주를 불렀사오니 나로 부끄럽게 마시고 악인을 부끄럽게 하사 음부에서 잠잠케 하소서.

14) **누가복음 10:15** : 가버나움아 네가 하늘에까지 높아지겠느냐 음부에까지 낮아지리라(cf. 마 11:23).

15) **사도행전 2:27** : 이는 내 영혼을 음부에 버리지 아니하시며 주의 거룩한 자로 썩음을 당치 않게 하실 것임이로다.

16) **요한계시록 1:18** : 곧 산 자라 내가 전에 죽었었노라 볼지어다 이제 세세토록 살아있어 사망과 음부의 열쇠를 가졌노니.

17) **요한계시록 6:8** : 내가 보매 청황색 말이 나오는데 그 탄 자의 이름은 사망이니 음부가 그 뒤를 따르더라 저희가 땅 사분 일의 권세를 얻어 검과 흉년과 사망과 땅의 짐승으로써 죽이더라.

18) **요한계시록 20:13-14** : 바다가 그 가운데서 죽은 자들을 내어주고 또 사망과 음부도 그 가운데서 죽은 자들을 내어주매 각 사람이 자기의 행위대로 심판을 받고 사망과 음부도 불못에 던지우니 이것은 둘째 사망 곧 불못이라.

3.(마 25:41):

성경에서 지옥을 의미하는 표현으로 사람이 죽은 후에 심판 받는 장소인 음부(스올, 하데스), 악령의 감옥인 무저갱(아부쏘스), 지옥 구덩이(타르타로스인 : 벧후 2:4) 등 여러 용어가 있다. 그러나 종합적인 의미로 악령과 더불어 죄인의 최후 형벌 장소는 천국의 반대 개념으로 헬라어 **'게헨나'**인 지옥이다. 헬라어 게헨나는 히브리어 '게힌놈'에서 나온 말로 예루살렘 남쪽과 동쪽으로 뻗은 힌놈의 골짜기(the valley of hinnom)를 의미한다. 이 곳은 이방 우상에게 유다 왕들이 자녀를 불태워 희생제물로 바쳐 하나님의 심판을 받은 곳이며 후에 시체와 쓰레기를 버려서 태우는 소각장이 되므로 지상에서 지옥을 상징하는 지옥의 모형이 된 곳이다(왕하 16:3, 17:17, 21:6, 23:10; 렘 7:31-32, 19:6).

그러므로 게헨나는 지옥불의 최종적인 영원한 형벌을 의미한다. 지옥과 음부는 천국과 낙원의 상대적인 용어로 하나님이 지옥을 창설한 이유는 ① 마귀와 타락한 천사의 형벌을 위하여(마 25:41; 유 1:6) ② 하나님의 공의 실현을 위하여(욥 34:12; 살후 1:5) ③ 죄의 심판을 위하여(벧후 2:4) ④ 행위 보응을 위해서이다(벧전 1:17; 계 2:23, 22:12). 지옥은 하나님과 완전히 단절된 곳으로 저주의 장소이다(눅 16:24). 지옥은 하나님의 은혜와 사랑과 관심 밖의 장소로 몸과 영혼이 함께 영원히 고통당하는 인간의 최후 장소이다(마 10:28). 일곱 배나 뜨거운 풀무불 속이라도 하나님의 은총만 있다면 그곳은 천국이 될 수 있다(단 3:19-28). 마귀는 지옥 외에는 돌아갈 고향이 없는 비극적 존재이지만 우리가 돌아갈 고향은 바로 천국이다(마 6:33). 인간의 성공과 실패, 불행과 행복은 이 땅에서 결정나는 것이 아니고 바로 지옥에서 최종적인 실패로 결론을 내리게 될 것이다.

지옥에 갈 자는 누구인가? 마귀, 짐승, 거짓 선지자(계 20:10), 사망과 음부(계 20:14), 생명책에 기록되지 못한 자들이다(계 20:15). 두려워하는 자들, 믿지 아니하는 자들, 흉악자, 살인자, 행음자, 술객, 우상 숭배자, 거짓말하는 자들이다(계21:8). 이들은 이미 모두 음부와 지옥의 권세들에 속해 있음을 명심하라(마 16:18). 천국에서는 필요 없어서 버려진 모든 것들이 쓰레기처럼 지옥에 모여 영원히 태워지게 된다.

지옥 불못은 인간이 갈 곳이 아닌 사단과 귀신의 악령들을 처벌하기 위해 영원한 형벌의 장소로 예비된 곳이다. 사단을 중심으로 천사들이 교만으로 타락했을 때 하나님은 그들을 용서하지 않으시고 지옥불을 예비하여 심판하시기로 작정하셨던 것이다(마 25:41; 벧후 2:4). 그러나 인간이 죄를 범했을 때 사랑의 하나님은 자신이 책임지고 인간을 구원하시기 위해 예수 그리스도의 십자가를 통한 용서와 구원의 길을 마련하셨다(창 3:15). 이에 앙심을 품은 악령들은 **"우리만 지옥 갈 수 없다. 너도 우리와 함께 가자"**라고 하나님이 사랑하는 인간을 미혹하여 함께 지옥불에 자폭하여 하나님에게 충격을 주려고 한다. 그리하여 사단의 미혹에 끌려 하나님의 구원을 거절하고 악령을 따르는 악한 사람들만 악령과 더불어 지옥에 가기로 된 것이다. 천국에 가야 할 인간이 하나님을 등지고 사단을 따라 지옥에 가는 일은 얼마나 어리석은 일인가? 지옥은 원래 인간을 위해 예비된 곳은 아니었으나 인간이 만일 구세주 예수 그리스도를 통하여 갈 수 있는 천국을 거절한다면 그 고집대로 사단을 따라 마귀의 최후 운명에 동참해야만 하는 것이다.

1) **마태복음 25:41** : 또 왼편에 있는 자들에게 이르시되 저주를 받은 자들아 나를 떠나 마귀와 그 사자들을 위하여 예비된 영영한 불에 들어가라.
2) **요한계시록 20:10** : 또 저희를 미혹하는 마귀가 불과 유황 못에 던지우니 거기는 그 짐승과 거짓 선지자도 있어 세세토록 밤낮 괴로움을 받으리라.
3) **예레미야 19:5-6** : 또 그들이 바알을 위하여 산당을 건축하고 자기 아들들을 바알에게 번제로 불살라 드렸나니 이는 내가 명하거나 말하거나 뜻한 바가 아니니라 그러므로 나 여호와가 말하노라 보라 다시는 이곳을 도벳이나

힌놈의 아들의 골짜기라 칭하지 아니하고 살륙의 골짜기라 칭하는 날이 이를 것이라(cf. 렘 7:31; 왕하 16:2-4, 17:17, 21:6).

4) **마태복음** 23:15 : 화 있을진저 외식하는 서기관들과 바리새인들이여 너희는 교인 하나를 얻기 위하여 바다와 육지를 두루 다니다가 생기면 배나 더 지옥 자식이 되게 하는도다.
5) **마태복음** 23:33 : 뱀들아 독사의 새끼들아 너희가 어떻게 지옥의 판결을 피하겠느냐.
6) **마태복음** 25:46 : 저희는 영벌에, 의인들은 영생에 들어가리라 하시니라.
7) **마태복음** 3:12 : 손에 키를 들고 자기의 타작 마당을 정하게 하사 알곡은 모아 곡간에 들이고 쭉정이는 꺼지지 않는 불에 태우시리라.
8) **마가복음** 9:43 : 만일 네 손에 너를 범죄케 하거든 찍어 버리라 불구자로 영생에 들어가는 것이 두 손을 가지고 지옥 꺼지지 않는 불에 들어가는 것보다 나으니라.
9) **마태복음** 13:42 : 풀무 불에 던져 넣으리니 거기서 울며 이를 갊이 있으리라(cf. 마 13:50).

4.(계 20:10):

인간은 죽은 후에 음부에서 영혼의 형벌을 받고 예수님의 재림과 백보좌 심판 후에 영과 혼의 부활된 몸이 지옥에서 악령들과 더불어 최종적인 영벌을 받게 된다(계 20:11-15). 지옥에서의 고통의 시간과 범위는 영원하며(eternal) 영속(everlasting)하기 때문에 절대로 소망은 없다. 지옥은 악한 자들이 죽지도 않고 영과 육이 불못에서 영원히 고통당하는 무서운 곳이다. 하나님의 은혜와 완전히 단절된 영원한 슬픔과 절망의 장소이다. 존 밀턴은 그의 「실락원」에서 "지하 감옥을 둘러싼 거대한 용광로 속에서 화염이 오르고 있구나. 빛을 찾아볼 수 없는 화염 속에는 오직 흑암만이 존재하는구나. 그곳에는 단지 비애의 광경만이 보이는구나. 음울한 그림자만 가지고 있는 슬픔의 영역에는 평화와 안식이란 없구나. 소망 또한 찾을 수 없고 오직 끝없는 고통뿐이구나"라고 지옥을 묘사했다. 스펄전은 지옥에는 모든 쇠사슬마다 '영원히' 라는 글자가 새겨져 있다고 했다. 예수님은 "바깥 어두운 데 쫓겨나 거기서 울며 이를 갊이 있으리라"(마 8:12), "몸과 영혼을 능히 지옥에 멸하시는 자를 두려워하라"(마 10:28)고 말씀하시고 거지 나사로의 비유를 들어 지옥의 무서움을 경고해 주셨다(눅 16:19-31). 지옥은 ① 마귀와 귀신을 위해 예비된 최후 심판의 장소요(마 25:41) ② 천국의 쓰레기 소각장이요(계 20:10, 14) ③ 꺼지지 않는 진노의 유황 불못이요(계 21:8) ④ 하나님의 은혜가 단절된 곳이며(눅 16:24, 26) ⑤ 영원토록 죽지 않고 고통당하는 곳이다(계 20:10; 마 8:12; 막 9:48-49). 그러나 인간의 부족한 언어로 지옥의 처참함을 묘사하는 것은 사실 불가능하다. 다만 성경은 최종적인 지옥의 영원한 고통에 대해 둘째 사망(계 20:14), 유황못(계 20:10), 불못(계 20:14), 풀무불(마 13:42), 꺼지지 않는 불(막 9:43), 밤낮 영원히 고통받는 곳(계 20:10), 죽지도 않는 곳(막 9:48), 극한 고통으로 이를 가는 곳(마 8:12), 영과 육이 함께 고통당하는 곳(마 10:28)으로 상징적인 고통의 상태를 표현했을 뿐이다. 악인의 형벌은 그들이 세상에서 지은 죄와 범한 악에 따라 차등의 형벌을 받을 것이다(눅 12:47; 고후 5:10).

1) **요한계시록 20:10** : 또 저희를 미혹하던 마귀가 불과 유황 못에 던지우니 거기는 그 짐승과 거짓 선지자도 있어 세세토록 밤낮 괴로움을 받으리라.
2) **마가복음 9:48-49** : 거기는 구더기도 죽지 않고 불도 꺼지지 아니하느니라 사람마다 불로서 소금 치듯 함을 받으리라.
3) **마가복음 9:43** : 만일 네 손이 너를 범죄케 하거든 찍어 버리라 불구자로 영생에 들어가는 것이 두 손을 가지고 지옥 꺼지지 않는 불에 들어가는 것보

다 나으니라.

4) **마가복음 25:30** : 이 무익한 종을 바깥 어두운 데로 내어 쫓으라 거기서 슬피 울며 이를 갊이 있으리라 하니라.

5) **잠언 27:20** : 음부와 유명은 만족함이 없고 사람의 눈도 만족함이 없느니라.

6) **데살로니가후서 1:9** : 이런 자들이 주의 얼굴과 그의 힘의 영광을 떠나 영원한 멸망의 형벌을 받으리로다.

7) **마태복음 25:46** : 저희는 영벌에, 의인들은 영생에 들어가리라 하시니라.

8) **이사야 5:14** : 음부가 그 욕망을 크게 내어 한량없이 그 입을 벌린즉 그들의 호화로움과 그들의 많은 무리와 그들의 떠드는 것과 그 중에서 연락하는 자가 거기 빠질 것이라.

9) **요한계시록 14:9-11** : 또 다른 천사 곧 셋째가 그 뒤를 따라 큰 음성으로 가로되 만일 누구든지 짐승과 그의 우상에게 경배하고 이마에나 손에 표를 받으면 그도 하나님의 진노의 포도주를 마시리니 진노의 잔에 섞인 것이 없이 부은 포도주라 거룩한 천사들 앞과 어린 양 앞에서 불과 유황으로 고난을 받으리니 그 고난의 연기가 세세토록 올라가리로다 짐승과 그의 우상에게 경배하고 그 이름의 표를 받는 자는 누구든지 밤낮 쉼을 얻지 못하리라 하더라.

10) **이사야 33:14** : 시온의 죄인들이 두려워하며 경건치 아니한 자들이 떨며 이르기를 우리 중에 누가 삼키는 불과 함께 거하겠으며 우리 중에 누가 영영히 타는 것과 함께 거하리요 하도다.

5.(행 17:31):

지옥(게헨나)은 신앙과 행위의 심판에 따라 모든 사람을 영생(구원), 또는 영벌(심판)에 처함으로 하나님의 공의와 언약이 최종적으로 완전히 실현되는 장소이다. 죄와 악은 사단으로부터 나왔으며 죄의 제일 원인자인 사단과 그의 추종자인 불신의 악인들은 공의의 하나님 앞에 반드시 심판을 받아 지옥불에 던져지고 그들의 활동무대인 옛 땅과 옛 하늘의 지구는 불태워진다(벧후 3:10). 그리하여 최종적으로 하나님의 말씀과 언약이 성취되고 하나님의 완전한 공의가 실현된다. 택자의 구원이 완성되고 영원한 그리스도의 왕국 통치가 이루어진다. 성경이 말하는 영적 진리의 분명한 순서는 ① **세계적인 복음운동(마 24:14; 계 20:1-6)** ② **사단의 최후 활동과 환난(계 19:11-16, 20:7-10)** ③ **예수 재림(계 20:7-10; 살전 4:15-17)** ④ **성도 부활(고전 15:51-54)** ⑤ **최후 백보좌 심판(요 5:22, 고후 5:10, 계 20:11-15, 시 97:2)** ⑥ **새 하늘과 새 땅의 영생(계 21:1-22:5)** ⑦ **지옥의 영벌(계 20:10)**의 7단계이다. 예수 재림과 성도의 부활, 또는 백보좌 심판 후 영생(구원)과 영벌(심판)은 거의 동시에 이루어질 것이다. 그러므로 지옥의 5대 목적은 ① **최종적인 마귀와 악인의 형벌을 위해서이다.** ② **최종적인 택자의 구원을 완성하기 위해서이다.** ③ **하나님의 최종적 공의를 실현하기 위해서이다.** ④ **하나님의 최종적인 예언을 성취하기 위해서이다.** ⑤ **영원한 그리스도 왕국 통치를 위해서이다.** 그러므로 하나님의 최종적인 공의 실현과 택자 구원 완성을 위하여 지옥의 무서운 영벌이 없어서는 안 된다.

이 최종적인 지옥형벌 바로 전의 사건은 예수 그리스도의 백보좌 심판이며 백보좌 심판 바로 전에 창세 이후로 지구에 살았던 모든 사람들의 부활 사건이 있다. 천사장의 나팔과 더불어 천사들의 호위를 받으며(살전 4:16; 살후 1:7) 예수 그리스도는 영광 중에(히 9:28; 마 24:30) 하늘 성도들과 더불어(살전 3:13; 살후 1:10) 재림하실 것이다. 주님은 악의 모든 세력을 극복하신 만왕의 왕이요, 만주의 주로 오실 것이다(계 19:11-16). 인간의 영과 육이 완전히 타락했기 때문에 이렇게 육체 부활을 시킨 후에 심판하시는 것이다(요 5:27-29). 이 부활 사건에서 믿는 자들은 생명의 부활로 죄와 사망의 권세에서 영원히 해방된다(고전 15:55-56). 그러나 음부에 있던 불신자의 영혼은 사망의 부활로 둘째 죽음인 지옥에 처하게 된다(요 5:29).

악령을 따른 불신자의 영혼이 부활하여 사단과 악령들이 들어간 지옥불에(계 20:10) 함께 들어가는 것은 백보좌의 대심판을 통해서이다(계 20:11-15). 창세 이후로 지구에 살았던 모든 인간은 다시 한 번 크고 흰 하나님의 보좌 앞에 서서 우주적인 대심판을 받아야 하기에(계 20:11-15) 아무도 이 백보좌의 대심판 앞에서 피할 자가 없다(요 5:27-29; 롬 14:10; 고후 5:10). 최후의 심판석은 불의나 불법이 용납될 수 없는 공의와 공평과 거룩의 재판석이기 때문에(시 97:2) 크고 흰 보좌라고 불린다(계 20:11). 이 우주적 대심판의 재판은 사실 성부, 성자, 성령 하나님의 일치 관계에서 이루어지지만(롬 14:10) 재판장으로서 최종 심판권은 예수 그리스도에게 있다(요 5:22; 계 17:14). 예수님 자신도 "심판을 다 아들에게 맡기셨으니"(요 5:22)라고 말했고 바울 사도도 "우리가 다 반드시 그리스도의 심판대 앞에 드러나리라"고 말했다(마 25:31-48; 딤후 4:1; 행 17:31). 백보좌 심판은 생명책(계 20:12, 15)과 행위책(계 20:13)의 분명한 기준에 따라서 세상에서 한 모든 행위대로 심판받게 된다(갈 6:7).

생명책은(계 20:12) 아담 이후 예정을 입은 거룩한 성도들의 명단이다(엡 1:3-4). 이들은 성령의 부르심을 받고 중생하여 신앙, 회개, 칭의, 자녀 됨, 성화, 견인의 과정을 거쳐서 하나님의 백성이 된 자들이다(엡 2:19). 생명책은 구원받아 영생에 들어간 자들의 명단으로 저들의 행위는 모두 예수 믿는 믿음으로 이루어진 것이다(요 16:9; 롬 14:23; 갈 2:16; 요일 2:1). 생명책에 기록된 자들은 첫째 부활에 참여한 자들로(계 20:6) 이들은 믿음으로 구원받는 특권뿐만 아니라 험한 세상에서 믿음과 사랑의 계명을 지키고 복음을 전한 의로운 삶의 기록대로 놀라운 차

등 상급을 받는다(딤후 4:7-8). 이것을 믿고 사는 그리스도인들은 세상에서 자기 마음대로 살지 않고 복음에 합당한 생활로 자기를 단장한다.

행위책은(계 20: 12-13) 지구상에 살았던 불신자들이 세상에서 행한 악한 행동, 악한 말, 악한 생각, 불신의 행위를 녹음 테이프처럼 빠짐없이 기록한 책이다. 믿음을 좇아 행하지 않은 모든 것이 죄이기 때문에(롬 14:23) 행위책에 기록된 자들의 행위는 근본적으로 불신앙 죄에서 기인한 것들이다(요 16: 9). 불신자들은 모두 사단의 지배 하에 사단의 영향권 내에 있었다(행 26:18; 고후 11:3-4, 13-14; 딤전 3:6; 요일 3:8; 요 8:43-45). 그리하여 행위로 구원받은 자는 없기 때문에 악한 자들은 자신들의 행위대로 공평한 심판을 받아 영원한 불못의 지옥에 들어가고 차등의 고통을 당하게 된다. 생명책에 기록되지 못한 모든 인간과 악령들과(계 20:10) 그들의 저주세력인 음부와 사망까지 불못에 던져지므로 하나님의 구원 역사는 끝을 맺고 하나님의 공의를 완전히 이루신다(계 20:14-15).

공의의 심판을 받아 지옥에 가는 사람들의 9대 행위가 요한계시록 21장 8절과 22장 15절에 이중적으로 기록되어 있어 오늘날 우리에게 무서운 경고를 주고 있다. 첫째, 신앙 때문에 받는 핍박이나 불이익을 두려워하여 하나님보다 사람을 더 두려워하고 예수 그리스도를 거부하거나 믿음을 저버린 자들이다(마 8:26; 막 4:17, 10:28; 계 21:8). 둘째, 예수님을 믿지 않거나 불신앙적인 행위를 하거나 믿음을 저버린 배교자들이다(요 3:18, 16:9; 롬 14:23). 셋째, 사단의 지배 아래 온갖 악행을 행하는 흉악한 자들이다(계 21:8). 넷째, 하나님이 주신 육체를 음란과 쾌락의 도구로 삼고 가정생활을 무시한 행음자들이다(계 21:8; 고전 6:15-20). 다섯째, 증오를 품고 생명을 경시하여 타인의 생명을 해친 살인자들이다(계 21:8; 출 20:13; 요일 3:16). 여섯째, 하나님을 버리고 우상을 사랑하고 섬겨서 하나님 사랑의 첫 계명을 어긴 우상숭배자들이다(계 21:8, 22:15; 출 20:1-11). 일곱째, 거짓된 진리로 사람들을 잘못 인도하고 착취하는 거짓 선지자, 이단, 사이비 종교인, 무당, 점쟁이, 마술사, 심령술사와 같은 술객들이다(계 13:1-18, 20:10, 21:8, 22:15; 마 7:15). 여덟째, 하나님과 지옥의 존재를 부인하고 악의적으로 남을 속이며 모략하고 이용하는 적그리스도와 거짓말쟁이들이다(계 21:8, 22:15; 마 12:34-37; 살후 2:9-12; 요일 2:22; 요이 1:7). 아홉째, 개처럼 하나님 없이 자기 마음대로 음란하고 부도덕한 삶을 산 사람들은 그 행위를 따라 불과 유황으로 타는 못에 참여하게 될 것이다. 이 불신앙자들의 9대 행위는 모두 악령의 지배와 영향을 받은 결과이며 최후 운명 역시 사단과 악령의 지옥불 운명에 동참하게 될 것이다(요 8:44; 요일 3:8). 만일 하나님의 공의와 지옥이 없다고 상상해 보라. 의로운 자들의 억울함을 어디서 보상받을 수 있겠는가? 하나님은 죄와 불의를 절대로 용납하지 아니하시는 공의로운 하나님이요, 그 공의는 최종적으로 지옥 심판에서 실현된다(갈 6:7).

종말론(eschatology)이란 개인과 이 세상에 대해 마지막에 일어날 일을 연구하는 것을 말한다(사 2:2, 4:1; 요일 2:8; 벧전 1:20). 성경에서 종말은 예수 그리스도 초림부터 예수 그리스도 재림으로 진행되고 있는 현재적인 문제인 동시에 예수의 재림으로 세상에 끝이 오는 미래적인 일을 말한다(사 46:10; 계 22:10). **이 종말은 성경 전체가 보여주는 진리이기도 하다. 종말 신앙은 모든 그리스도인들의 소망이요, 하루 하루의 삶을 바르게 살아가는 힘이며 긴박한 선교적 도전이다.** 그러므로 현실을 무시한 종말론자가 되거나(살후 2:1-12), 종말을 무시한 현실론자가 되어서는 안 된다(마 24:48-49; 벧후 3:3-13; 계 22:10). 둘 다 사단의 속임수이기 때문이다. 그러므로 광신주의자들이나 이단의 잘못된 종말론에 미혹당하지 않도록 경계하라(딤전 4:1). 반교회적(마 16:18), 반사회적 종말론자가 되어서는 안 된다(롬 13:1-2). 종말론은 소망과 기쁨과 승리의 확신을 주려는 것이지 공포감을 조장하려는 것이 아님을 알아야 한다. 어느 날, 어느 곳에 주님이 재림하신다는 시한부 종말론자들을 경계해야 한다(마 24:36; 행 1:6-7).

7대 종말의 진행 순서

① 세계적인 복음 운동 (계 20:1-6) – ② 사단 최후활동 환난 (계 19:11-16) – ③ 예수 재림 (계 20:7-10) – ④ 죽은 자 부활 (고전 15:51-54)

⑤ 최후 백보좌 심판 (계 20:11-15) – ⑥ 새 하늘과 새 땅 천국 생활 (계 21:1-22:5) – ⑦ 지옥 불못의 영벌 (계 20:10)

하늘성도 – 천사동행 – 육체부활
지상성도 – 천사모집 – 육체변화

(성령의 성도 다스림)
① 천년 왕국 운동

생명책
(차등행위보상)

⑥ 새 하늘 새 땅
(구원완성, 영생)
하나님, 성도, 천사

⇒ ③ 그리스도 재림 ⇒ ④ 몸의 부활과 변화 ⇒ ⑤ 최후 백보좌 심판 ⇒

② 사단 왕국 운동
(악령의 불신자 다스림)

행위책
(차등행위형벌)

⑦ 영원한 불못 지옥
(공의완성, 영벌)
사단, 불신자, 악령

음부 불신자 – 육체부활
지상 불신자 – 육체변화

1) **요한계시록 20:10-15** : 또 저희를 미혹하는 마귀가 불과 유황 못에 던지우니 거기는 그 짐승과 거짓 선지자도 있어 세세토록 밤낮 괴로움을 받으리라 또 내가 크고 흰 보좌와 그 위에 앉으신 자를 보니 땅과 하늘이 그 앞에서 피하여 간 데 없더라 또 내가 보니 죽은 자들이 무론 대소하고 그 보좌 앞에 섰는데 책들이 펴 있고 또 다른 책이 펴졌으니 곧 생명책이라 죽은 자들이 자기 행위를 따라 책들에 기록된 대로 심판을 받으니 바다가 그 가운데서 죽은 자들을 내어주고 또 사망과 음부도 그 가운데서 죽은 자들을 내어주매 각 사람이 자기의 행위대로 심판을 받고 사망과 음부도 불못에 던지우니 이것

은 둘째 사망 곧 불못이라 누구든지 생명책에 기록되지 못한 자는 불 못에 던지우더라.

2) **시편 9:7-8** : 여호와께서 영영히 앉으심이여 심판을 위하여 보좌를 예비하셨도다 공의로 세계를 심판하심이여 정직으로 만민에게 판단을 행하시리로다(cf. 살후 1:6-10).

3) **이사야 42:8** : 나는 여호와니 이는 내 이름이라 나는 내 영광을 다른 자에게, 내 찬송을 우상에게 주지 아니하리라.

4) **요한계시록 21:8** : 그러나 두려워하는 자들과 믿지 아니하는 자들과 흉악한 자들과 살인자들과 행음자들과 술객들과 우상 숭배자들과 모든 거짓말하는 자들은 불과 유황으로 타는 못에 참예하리니 이것이 둘째 사망이라(cf. 살후 1:8-9; 계 22:15).

5) **사도행전 17:31** : 이는 정하신 사람으로 하여금 천하를 공의로 심판하는 날을 작정하시고 이에 저를 죽은 자 가운데서 다시 살리신 것으로 모든 사람에게 믿을 만한 증거를 주셨음이니라 하니라.

6) **요한복음 5:22** : 아버지께서 아무도 심판하지 아니하시고 심판을 다 아들에게 맡기셨으니.

7) **디모데후서 4:1** : 하나님 앞과 산 자와 죽은 자를 심판하실 그리스도 예수 앞에서 그의 나타나실 것과 그의 나라를 두고 엄히 명하노니.

8) **로마서 14:10** : 네가 어찌하여 형제를 판단하느뇨 어찌하여 네 형제를 업신여기느뇨 우리가 다 하나님의 심판대 앞에 서리라.

9) **고린도후서 5:10** : 이는 우리가 다 반드시 그리스도의 심판대 앞에 드러나 각각 선악간에 그 몸으로 행한 것을 따라 심판을 받으려 함이라.

10) **갈라디아서 6:7** : 스스로 속이지 말라 하나님은 만홀히 여김을 받지 아니하시나니 사람이 무엇으로 심든지 그대로 거두리라.

11) **요한계시록 17:14** : 저희가 어린 양으로 더불어 싸우려니와 어린 양은 만주의 주시오 만왕의 왕이시므로 저희를 이기실 터이요 또 그와 함께 있는 자들 곧 부르심을 입고 빼내심을 얻고 진실한 자들은 이기리로다.

12) **마태복음 25:31-33** : 인자가 자기 영광으로 모든 천사들과 함께 올 때에 자기 영광의 보좌에 앉으리니 모든 민족을 그 앞에 모으고 각각 분별하기를 목자가 양과 염소를 분별하는 것같이 하여 양은 그 오른편에, 염소는 왼편에 두리라.

13) **마태복음 25:41** : 또 왼편에 있는 자들에게 이르시되 저주를 받은 자들아 나를 떠나 마귀와 그 사자들을 위하여 예비된 영영한 불에 들어가라.

14) **마태복음 24:30-31** : 그때에 인자의 징조가 하늘에서 보이겠고 그 때에 땅의 모든 족속들이 통곡하며 그들이 인자가 구름을 타고 능력과 큰 영광으로 오는 것을 보리라 저가 큰 나팔소리와 함께 천사들을 보내리니 저희가 그 택하신 자들을 하늘 이 끝에서 저 끝까지 사방에서 모으리라.

15) **마태복음 16:27** : 인자가 아버지의 영광으로 그 천사들과 함께 오리니 그 때에 각 사람의 행한 대로 갚으리라(cf. 롬 2:6).

16) **로마서 2:5** : 다만 네 고집과 회개치 아니한 마음을 따라 진노의 날 곧 하나님의 의로우신 판단이 나타나는 그 날에 임할 진노를 네게 쌓는도다(cf. 시 110:5).

17) **사도행전 1:11** : 가로되 갈릴리 사람들아 어찌하여 서서 하늘을 쳐다보느냐 너희 가운데서 하늘로 올라우신 이 예수는 하늘로 가심을 본 그대로 오시리라 하였느니라(cf. 행 3:20-21).

18) **마태복음 24:27** : 번개가 동편에서 나서 서편까지 번쩍임같이 인자의 임함은 그러하리라(cf. 눅 17:24).

19) **마태복음 24:36** : 그러나 그 날과 그 때는 아무도 모르나니 하늘의 천사들도, 아들도 모르고 오직 아버지만 아시느니라(cf. 막 13:32; 행 1:7).

20) **마태복음 24:44** : 이러므로 너희도 예비하고 있으라 생각지 않은 때에 인자가 오리라(cf. 마 24:42, 25:13; 눅 12:40; 막 13:33).

21) **고린도전서 15:22-24** : 아담 안에서 모든 사람이 죽은 것같이 그리스도 안에서 모든 사람이 삶을 얻으리라 그러나 각각 자기 차례대로 되리니 먼저는 첫 열매인 그리스도요 다음에는 그리스도 강림하실 때에 그에게 붙은 자요

그 후에는 나중이니 저가 모든 정사와 모든 권세와 능력을 멸하시고 나라를 아버지 하나님께 바칠 때라.

22) **고린도전서 15:51-52** : 보라 내가 너희에게 비밀을 말하노니 우리가 다 잠잘 것이 아니요 마지막 나팔에 순식간에 홀연히 다 변화하리니 나팔 소리가 나매 죽은 자들이 썩지 아니할 것으로 다시 살고 우리도 변화하리라.

23) **데살로니가전서 4:14-18** : 우리가 예수의 죽었다가 다시 사심을 믿을진대 이와 같이 예수 안에서 자는 자들도 하나님이 저와 함께 데리고 오시리라 우리가 주의 말씀으로 너희에게 이것을 말하노니 주 강림하실 때까지 우리 살아 남아 있는 자도 자는 자보다 결단코 앞서지 못하리라 주께서 호령과 천사장의 소리와 하나님의 나팔로 친히 하늘로 좇아 강림하시리니 그리스도 안에서 죽은 자들이 먼저 일어나고 그 후에 우리 살아남은 자도 저희와 함께 구름 속으로 끌어 올려 공중에서 주를 영접하게 하시리니 그리하여 우리가 항상 주와 함께 있으리라 그러므로 이 여러 말로 서로 위로하라.

24) **히브리서 9:28** : 이와 같이 그리스도도 많은 사람의 죄를 담당하시려고 단번에 드리신 바 되셨고 구원에 이르게 하기 위하여 죄와 상관 없이 자기를 바라는 자들에게 두 번째 나타나시리라.

25) **요한계시록 1:7** : 볼지어다 구름을 타고 오시리라 각인의 눈이 그를 보겠고 그를 찌른 자들도 볼 터이요 땅에 있는 모든 족속이 그를 인하여 애곡하리니 그러하리라 아멘(cf. 슥 12:10-14).

26) **빌립보서 3:20-21** : 오직 우리의 시민권은 하늘에 있는지라 거기로서 구원하는 자 곧 주 예수 그리스도를 기다리노니 그가 만물을 자기에게 복종케 하실 수 있는 자의 역사로 우리의 낮은 몸을 자기 영광의 몸의 형체와 같이 변케 하시리라.

27) **골로새서 3:3-4** : 이는 너희가 죽었고 너희 생명이 그리스도와 함께 하나님 안에 감취었음이니라 우리 생명이신 그리스도께서 나타나실 그때에 너희도 그와 함께 영광 중에 나타나리라.

28) **데살로니가후서 3:13** : 너희 마음을 굳게 하시고 우리 주 예수께서 그의 모

든 성도와 함께 강림하실 때에 하나님 우리 아버지 앞에서 거룩함에 흠이 없게 하시기를 원하노라(cf. 살전 5:23).

29) **데살로니가후서 2:1-4** : 형제들아 우리가 너희에게 구하는 것은 우리 주 예수 그리스도의 강림하심과 우리가 그 앞에 모임에 관하여 혹 영으로나 혹 말로나 혹 우리에게서 받았다 하는 편지로나 주의 날이 이르렀다고 쉬 동심하거나 두려워하거나 하지 아니할 그것이라 누가 아무렇게 하여도 너희가 미혹하지 말라 먼저 배도하는 일이 있고 저 불법의 사람 곧 멸망의 아들이 나타나기 전에는 이르지 아니하리니 저는 대적하는 자라 범사에 일컫는 하나님이나 숭배함을 받는 자 위에 뛰어나 자존하여 하나님 성전에 앉아 자기를 보여 하나님이라 하느니라.

30) **디도서 2:13** : 복스러운 소망과 우리의 크신 하나님 구주 예수 그리스도의 영광이 나타나심을 기다리게 하셨으니.

31) **데살로니가전서 5:1-4** : 형제들아 때와 시기에 관하여는 너희에게 쓸 것이 없음은 주의 날이 밤에 도적같이 이를 줄을 너희 자신이 자세히 앎이라 저희가 평안하다, 안전하다 할 그때에 잉태된 여자에게 해산 고통이 이름과 같이 멸망이 홀연히 저희에게 이르리니 결단코 피하지 못하리라 형제들아 너희는 어두움에 있지 아니하매 그 날이 도적같이 너희에게 임하지 못하리니(cf. 계 3:3, 16:15; 마 13:33).

32) **데살로니가후서 1:6-10** : 너희로 환난 받게 하는 자들에게는 환난으로 갚으시고 환난받는 너희에게는 우리와 함께 안식으로 갚으시는 것이 하나님의 공의시니 주 예수께서 저의 능력의 천사들과 하늘로부터 불꽃 중에 나타나실 때에 하나님을 모르는 자들과 우리 주 예수의 복음을 복종치 않는 자들에게 형벌을 주시리니 이런 자들이 주의 얼굴과 그의 힘의 영광을 떠나 영원한 멸망의 형벌을 받으리로다 그 날에 강림하사 그의 성도들에게서 영광을 얻으시고 모든 믿는 자에게서 기이히 여김을 얻으시리라 우리의 증거가 너희에게 믿어졌음이라.

33) **요한계시록 18:20** : 하늘과 성도들과 사도들과 선지자들아 그를 인하여 즐

거워하라 하나님이 너희를 신원하시는 심판을 그에게 하셨음이라 하더라.

34) **요한계시록 19:2** : 그의 심판은 참되고 의로운지라 음행으로 땅을 더럽게 한 큰 음녀를 심판하사 자기 종들의 피를 그의 손에 갚으셨도다.

35) **요한복음 5:27-29** : 또 인자 됨을 인하여 심판하는 권세를 주셨느니라 이를 기이히 여기지 말라 무덤 속에 있는 자가 다 그의 음성을 들을 때가 오나니 선한 일을 행한 자는 생명의 부활로, 악한 일을 행한 자는 심판의 부활로 나오리라(cf. 단 12:2).

36) **이사야 46:10** : 내가 종말로 처음부터 고하며 아직 이루지 아니한 일을 옛적부터 보이고 이르기를 나의 모략이 설 것이니 내가 나의 모든 기뻐하는 것을 이루리라 하였노라.

37) **아모스 3:7** : 주 여호와께서는 자기의 비밀을 그 종 선지자들에게 보이지 아니하시고는 결코 행하심이 없으시리라(cf. 계 10:7).

38) **요한계시록 22:10** : 또 내게 말하되 이 책의 예언의 말씀을 인봉하지 말라 때가 가까우니라.

하나님은 오래 참으사 아무도 멸망치 않고 회개하여(벧후 3:9) 영생 얻기를 원하신다(요 3:16). 예수님은 손, 발을 절단하는 한이 있어도 지옥은 가지 말아야 할 곳이라고 경고하셨다(막 9:43-48). 그리고 예수 그리스도의 십자가 구속을 통해 지옥의 문제를 해결하시고, 예수님을 믿고 주님으로 고백하는 모든 자들에게 지옥 운명에서 해방시켜 주시기로 작정하셨다. 이것이 지옥에 갈 인간들에게 베푸신 최대의 은혜요, 복음이다. 그러므로 지옥 가는 것은 참으로 쉬운 일이다. 자기 고집대로 가만히 있어 운명을 따르기만 하면 된다. 그러나 천국에 가는 것도 너무나 쉬운 일이다. 자기 고집을 버리고 예수 그리스도만 믿으면 되는 일이기 때문이다. 그러나 물가로 말을 데리고 갈 수는 있으나 억지로 물을 마시게 할 수는 없듯이 천국과 지옥의 문제는 개인의 선택 문제인 것이다.

지옥은 꺼지지 않는 불꽃 속에서 죽음도 없고(막 9:48) 하나님의 은총도 없는 곳이다. 지옥에 가기로 예비된 사단과 귀신들이 앙심을 품고 하나님이 사랑하는 인간을 지옥으로 끌고 가려고 수단 방법을 가리지 않고 미혹한다. 그러므로 사단과 더불어 지옥에 갈 공동 운명의 저주받은 사람이 되지 말아야 한다. **지옥의 존재는 죄의 심각성을 보여주고 하나님의 진노에 대한 두려움 때문에 양심의 각성을 일으키도록 해준다(마 10:28). 또한 죄를 향한 싸움을 하는 데 있어서 어떤 희생을 치르더라도 지나치지 않다는 것을 알려준다(막 9:43). 지옥을 피하는 유일한 길은 예수 믿고(요 3:16) 회개하고(막 1:15) 중생하여(요 3:3) 생명책에 기록되는 것밖에 없다(계 20:15). 그러므로 지옥은 가고 싶은 사람만, 그리고 지옥 가기를 고집하는 사람들만 가는 곳**이다. 지옥 갈 사람이 아니고 누가 감히 지옥이 없다고 말하는가? 예수님을 통한 지옥 심판의 면제가 바로 복음인 것이다. 이제 로마서 8장 31-39절을 읽고 지옥의 운명을 극복케 하신 주님의 놀라운 사랑을 깊이 묵상하라. 그러면 지옥을 극복한 영원한 승리자로 주님께 늘 감사와 찬양을 드릴 수 있게 될 것이다. 지옥 문제의 해결책은 예수님밖에 없다는 사실을 명심하라(마 16:18; 행 4:12). 무서운 지옥 존재의 불신 때문에 구원의 감격과 기쁨이 없고 사람들은 제멋대로 살아가고 있는 것이다. 그러나 지옥은 성도의 거룩한 삶과 분명한 믿음과 천국 소망과 선교 열정에 도전을 준다.

성경이 말하는 3대 지옥의 의미

무저갱 지옥(계 9:11)	음부 지옥(눅 16:23)	영원한 지옥(마 25:41)
*아부쏘스(abussos) *마귀와 악령의 대기	*스올, 하데스(sheol, hades) *불신자 사후 임시거주지	*게헨나(gehenna) *악령과 불신자의 영육간의 영원한 장소
*악령의 활동제약 감옥	*죽은 자 영의 형벌장소	*마귀, 악령, 악한 자의 영육 형벌의 장소
*흑암과 악과 죽음 세력 본거지	*흑암과 불못과 고통	*영원한 흑암과 불못의 고통

***이 세 지옥의 형태는 별개가 아니라 시작과 결과처럼 자동적인 연관 관계의 과정이다.

[공동 기도문 : 통성기도]

죄를 용납하지 아니하시는 공의의 하나님 아버지,

예수 그리스도의 보혈로 죄를 씻어 정결하게 하시고 천국 백성으로 삼아 주심을 감사합니다. 지옥의 실체를 깨닫지 못하여 삶과 양심에 진실하지 못하고 선교에 열심을 내지 못한 것을 용서하여 주옵소서. 말씀을 통해 계시하신 지옥의 실체를 깨닫고 천국의 소망에 감격하며 거룩한 삶을 살고 선교에 더욱 열심을 내게 하옵소서. 세상 사람들이 무서운 지옥의 실체를 깨닫고 삶을 정리하며 주님께로 돌아오게 하옵소서. 예수 그리스도의 이름으로 기도드립니다. 아멘

[질문] 지옥의 5대 실체를 설명해 보라.

1. 요한계시록 9:11
2. 누가복음 16:23
3. 마태복음 25:41
4. 요한계시록 20:10
5. 사도행전 17:31

[나눔] 종말론의 중요성과 유의할 점을 서로 나누라.

[토론] 지옥을 믿지 않는 자들과 진실로 예수 믿는 자들의 삶에는 어떤 차이가 있는가?

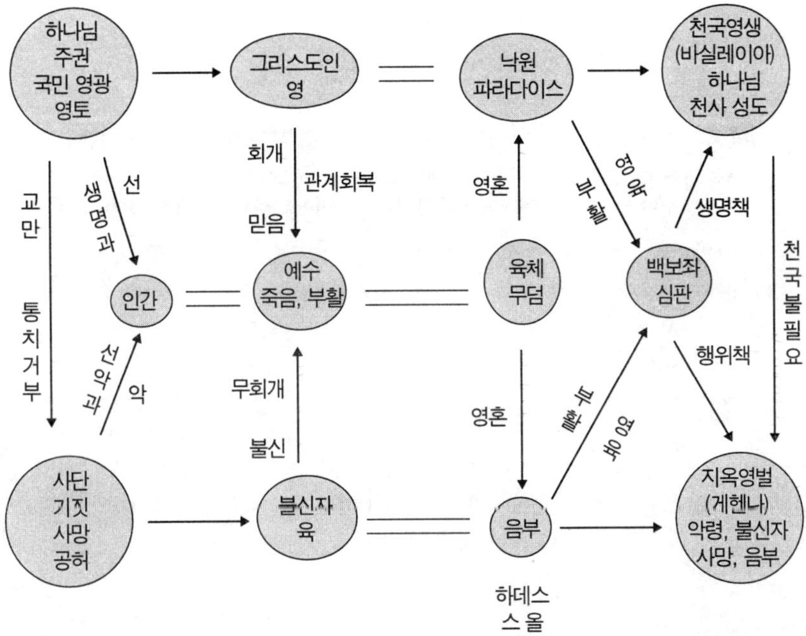
하나님
주권
국민 영광
영토
그리스도인
영
낙원
파라다이스
천국영생
(바실레이아)
하나님
천사 성도
교만
선
생명과
회개
관계회복
믿음
영혼
영 육
부 활
생명책
천국 불필요
인간
예수
죽음, 부활
육체
무덤
백보좌
심판
통치거부
선악과
악
무회개
불신
영혼
부 활
영 육
행위책
사단
기짓
사망
공허
불신자
육
음부
지옥영벌
(게헨나)
악령, 불신자
사망, 음부
하데스
스올

제26과 천국은 어떤 곳인가?

학습목표 : 신앙생활의 최종 목표인 천국은 어떤 곳인지 분명하게 이해하고 소망한다. 천국을 소망하며 현실의 삶 속에서 천국의 삶을 앞당겨 누리면서 즐거워한다. 자신이 믿고 있는 천국이 어떤 곳인지 성경적으로 다른 사람에게 설명하고 가르칠 수 있다.

요절말씀 : 또 내가 새 하늘과 새 땅을 보니 처음 하늘과 처음 땅이 없어졌고 바다도 다시 있지 않더라 또 내가 보매 거룩한 성 새 예루살렘이 하나님께로부터 하늘에서 내려오니 그 예비한 것이 신부가 남편을 위하여 단장한 것 같더라 내가 들으니 보좌에서 큰 음성이 나서 가로되 보라 하나님의 장막이 사람들과 함께 있으매 하나님이 저희와 함께 거하시리니 저희는 하나님의 백성이 되고 하나님은 친히 저희와 함께 계셔서 모든 눈물을 그 눈에서 씻기시매 다시 사망이 없고 애통하는 것이나 곡하는 것이나 아픈 것이 다시 있시 아니하리니 처음 것들이 다 지나갔음이러라(계 21:1-4).

모든 사람들의 불행은 빈곤의 문제보다는 목표 상실에서 온다. 목표 없이 쏜 화살이 어디로 날아가겠는가? 목표 없이 집을 나선 사람이 어디로 가겠는가? 허무한 방황만 있을 뿐이다. 신앙생활의 최대 문제점은 불확실한 신앙적 목표, 그에 대한 오해와 무지, 엉뚱한 목표 추구에 있다. 여러분은 왜 신앙생활을 하고 있는지 그 목표와 이유, 당위성을 생각해 보았는가? 출애굽한 이스라엘 백성의 목적지가 가나안 복지였듯이 신앙인의 최종 목적지는 하나님의 영광스런 통치가 온전히 이루어지는 새 하늘과 새 땅, 즉 하나님의 나라인 것이다. 그러므로 그리스도인의 삶은 새 하늘과 새 땅을 향해 살아가는 종말적인 믿음의 삶인 것이다. 그러기에 인간의 최종적 실패와 성공, 행복과 불행은 천국 소유의 유무에 달려 있다(눅 16:25). **우리는 이중의 현주소를 가지고 있다. 하나는 육신의 현**

주소로 사단과 죄와 죽음과 고통이 있는 지구촌 어느 곳이다(고전 15:50). 또 하나는 영의 현주소로 사단과 죄와 고통과 사망이 없는 하늘나라, 새 예루살렘 성 어느 곳이다(엡 2:6). 이 땅의 현주소는 잠시 머물다 가는 나그네 인생길의 과정이요, 최종적인 영원한 주소는 천국이다. 하나님은 이 영원한 나라를 우리에게 주기 원하신다(눅 12:32). 그러나 이 나라를 받아 누리는 것을 사단이 방해하기 때문에 침노하여 빼앗아야 하며(요 10:10; 벧전 5:8) 그 나라와 그 의를 우선적으로 먼저 찾아야 한다(마 6:33). 또한 이 나라가 우리 안에 이루어지기를 기도하며(마 6:10) 간절히 사모해야 한다(벧후 3:12). 뿐만 아니라 하나님 나라는 주님이 우리의 마음 보좌에 왕으로 좌정하시고 통치하여 현실적으로 주 안에서 의와 평강과 희락을 누리는 나라이다(롬 14:17). 우리는 우리를 멸망시키려는 사단을 대적하고(벧전 5:8) 그의 영향력인 죄와 고통과 슬픔에 대항해야 한다.

하루살이가 내일을 알 수 없으며 개미가 인간 세계를 이해할 수가 없다. 피조물인 우리 인간이 무한한 하나님의 나라를 이해하는 것은 참으로 어렵고(마 18:1, 22:29-30) 편견의 여지가 많을 수밖에 없다(마 13:11; 고후 12:2-6). "우리가 부분적으로 알고 부분적으로 예언하니 온전한 것이 올 때에는 부분적으로 하던 것이 폐하리라…… 우리가 이제는 거울로 보는 것같이 희미하나 그 때에는 얼굴과 얼굴을 대하여 볼 것이요 이제는 내가 부분적으로 아나 그 때에는 주께서 나를 아신 것같이 내가 온전히 알리라"(고전 13:9-2)라는 사도 바울의 고백을 기억해 보라. 천국은 주님 오실 때까지 부득불 부분적으로 이해하고 부분적으로 예언할 수밖에 없는 곳이다(고전 13:9-13). 천국을 이해하기 위해 먼저 다음의 몇 가지 질문에 답해 보라. ① 인간은 얼마 동안 살 수 있는가?(시 90:5, 10) ② "헛되고 헛되며 헛되고 헛되니 모든 것이 헛되도다"(전 1:2)라는 어느 전도자의 마지막 인생 고백의 이유가 무엇인가?(전

12:13) ③인간의 필연적인 최후 두 가지 운명은 무엇인가?(히 9:27) ④ 인간 최후의 비극적 운명에 대한 이유는 무엇인가?(롬 5:12) ⑤ 성경의 주제로, 예수님이 가르치고 외친 복음은 무엇인가?(눅 8:1, 마 4:23, 막 1:15) ⑥ 그리스도인의 삶에 제일 우선순위가 무엇인가?(마 6:33) 이런 질문들에 답하다 보면 우리는 결국 나그네 인생을 마친 후에 천국과 지옥, 그 어디에서 영생을 보내게 될 것인가의 선택 문제 앞에 서게 된다. 성경은 그리스도의 구속사를 중심으로 하나님 나라 회복에 대한 통일된 주제로 되어 있기에 예수님과 제자들의 복음적 외침은 "회개하라 천국이 가까웠느니라" 였던 것이다(막 1:15). 천국은 어떤 곳인가? 천국이 어디 있느냐고 하는 사람들도 있고 지상 천국을 꿈꾸거나 천국을 보았다는 사람들도 많은데 그것은 가능한 것인가? 나의 천국관은 바른 것인가? 돈으로 천국 티켓을 살 수는 없을까? 도대체 천국은 어떤 곳인지 성경을 중심으로 생각해 보자.

1.(시 103:19):

첫째, 천국(heavenly kingdom)은 하나님의 보좌가 있는 하나님의 처소로(대하 30:27) 왕 되신 하나님의 주권 통치가 이루어지는 하나님 나라를 의미한다(시 103:19; 계 19:6). 그러나 유대인들은 '하나님' 이라는 명칭을 경외하여 함부로 사용하지 않기 때문에 마태는 '하나님 나라' 를 '하늘나라', 즉 '천국' 으로 대치하여 사용했다(마 4:17). 하늘은 하나님의 처소로(대하 30:27) 하나님의 권위와 능력, 그리고 영광과 거룩함을 상징한다(시 8:1-3, 19:1-6).

성경은 지상 위의 하늘(the heaven above on the earth)을 대기권 하늘(sky), 우주권 하늘(universe), 하나님 처소인 하늘(heaven), 그리

고 성도들의 최후 영원한 처소인 새 하늘과 새 땅(new heaven & new earth), 네 가지 복수(샤마임)로 보여주고 있다.

첫째, 하늘은 지구를 감싸고 있는 지상 6마일 정도의 대기권(The sky)이다. 대기권에는 새들이 날고(창 1:20) 구름(시 147:8)과 비와 눈(사 55:10)과, 바람(단 7:2), 이슬(신 33:13), 서리(욥 38:29), 그리고 우레(삼상 2:10)의 자연 변화가 있다. 이 대기권은 지구상의 생명 보존을 위한 필수 요소로 하나님께서 주시는 일반 은혜의 선물이다(마 5:45). 지구는 우주에서 아주 작은 별이지만 하나님이 사랑하는 인간이 있기에 하나님의 사랑과 관심이 집중되고, 암탉이 병아리를 품고 있듯이 성령 하나님이 생명의 은혜로 품고 있는 유일한 혹성이다(창 1:2)

둘째, 하늘은 태양과 달과 별, 혹성들이 일정한 질서에 의해 운행되는 태양계의 거대한 우주 공간(the universe)이다(창 1:1, 14; 시 33:6). 만유인력과 중력의 태양계 법칙에 의해 지구는 공전과 자전을 하고, 밤낮과 계절의 변화와 연한이 주기적으로 이루어진다(창 1:14). 우주에는 태양계와 같은 엄청난 은하계가 수없이 많다. 이 하늘은 하나님의 위대하심과 영광과 섭리와 크신 능력과 놀라운 지혜를 보여주고 있다(시 8:1-3, 19:1-6)

셋째, 하늘은 하나님의 처소(the dwelling place of God)로(대하 30:27; 마 6:9) 사도 바울(고후 12:2)과 사도 요한(계 4:1)이 성령의 감동으로 목격한 곳이기도 하다. 이곳에서 하나님은 천사들의 섬김과 찬양을 받으시고(시 103:20) 우주 만물의 사령탑인 하나님의 보좌에 앉아(시 2:4) 만물을 창조하시고 통치하시며 계획대로 섭리하신다(시 119:89, 103:19). 세상을 살펴보시고(신 26:15) 복 주시거나(출 16:4) 심판하신다(창 19:24; 수 10:11). 하나님은 이 곳에서 천국과 지구의 거리에 상관

없이 성도의 합당한 기도에 응답하신다(대하 30:27; 시 20:6; 계 8:4). 특별히 이 곳은 예수 믿고 거듭난 그리스도들의 시민권이 있는 본향으로(빌 3:20; 엡 2:5-6), 구약과(창 25:8) 신약의(고후 5:8; 빌 1:23; 살전 4:14) 모든 성도들의 영혼이 사후에 하나님을 뵙고 주님과 함께 거하며(고후 5:1; 눅 16:22) 주님의 재림 때까지 참된 안식을 누리는 낙원이기도 하다(눅 23:43; 계 14:13). 그리하여 천국은 하나님의 처소(대하 30:27), 하나님이 다스리시는 곳(대상 17:14; 단 7:14; 계 19:6, 21:5), 하나님이 함께 계시는 곳(계 21:3), 거룩한 곳(시 20:6, 24:3-4; 계 21:27), 영광스런 곳(계 21:11, 23)인 하나님의 나라를 의미한다.

넷째, 하늘은 새 예루살렘(new Jerusalem), 또는 새 하늘과 새 땅(new heaven & new earth)으로(계 21:1) 구원받은 성도들이 예수 그리스도의 재림 심판 후에 들어가게 될 최후의 영원한 처소이다.

성경의 4대 하늘

셋째 하늘 (하나님 처소/보좌) : 대하 3:27, 계 4:9, 고후 5:8
넷째 하늘 : 새 하늘과 새 땅 (성도의 최후 처소)

둘째 하늘 (우주권) : 창 1:14

첫째 하늘 (대기권) : 창 1:2, 20

지 상

음 부 (욥 7:9)

1) **역대하 30:27** : 그 기도가 여호와의 거룩한 처소 하늘에 상달하였더라.

2) **시편 68:5** : 그 거룩한 처소에 계신 하나님은 고아의 아버지시며 과부의 재판장이시라.

3) **시편 103:19** : 여호와께서 그 보좌를 하늘에 세우시고 그 정권으로 만유를 통치하시도다.

4) **고린도후서 12:2-6** : 내가 그리스도 안에 있는 한 사람을 아노니 십사 년 전에 그가 셋째 하늘에 이끌려 간 자라(그가 몸 안에 있었는지 몸 밖에 있었는지 나는 모르거니와 하나님은 아시느니라) 내가 이런 사람을 아노니(그가 몸 안에 있었는지 몸 밖에 있었는지 나는 모르거니와 하나님은 아시느니라) 그가 낙원으로 이끌려 가서 말할 수 없는 말을 들었으니 사람이 가히 이르지 못할 말이로다 내가 이런 사람을 위하여 자랑하겠으나 나를 위하여는 약한 것들 외에 자랑치 아니하리라 내가 만일 자랑하고자 하여도 어리석은 자가 되지 아니할 것은 내가 참말을 함이라 그러나 누가 나를 보는 바와 내게 듣는 바에 지나치게 생각할까 두려워하여 그만두노라.

5) **요한계시록 4:2-3** : 내가 곧 성령에 감동하였더니 보라 하늘에 보좌를 베풀었고 그 보좌 위에 앉으신 이가 있는데 앉으신 이의 모양이 벽옥과 홍보석 같고 또 무지개가 있어 보좌에 둘렸는데 그 모양이 녹보석 같더라.

6) **요한계시록 4:9** : 그 생물들이 영광과 존귀와 감사를 보좌에 앉으사 세세토록 사시는 이에게 돌릴 때에.

7) **마태복음 6:10** : 나라이 임하옵시며 뜻이 하늘에서 이룬 것같이 땅에서도 이루어지이다(cf. 마 6:33).

2.(롬 14:17): ______________________

둘째, 천국은 천국의 실체이신(눅 17:21) 예수 그리스도를 마음에 영접함으로 거듭난 성도의 마음에 성령을 통해 현존해 있는 천국을 말한다(막 1:15; 눅 17:21; 요 3:3-5, 5:24; 요일 2:4; 고전 3:16). 이는 그리스도가 지배하는 지상 나라를 말한다. 지상에서 이미 성령의 능력으로 천국의 삶을 심령에 누리는 자들을 그의 나라와 그의 백성(벧전 2:9), 또는 성전(엡 2:19-22)이나 교회, 하나님의 가족이라고 한다. 그리스도 안에서 선취된 이 천국은 현실의 삶 속에 누리며(롬 14:17) 미래 그리스도의 재림을 통해 완전히 이루어질 새 하늘과 새 땅을 바라보며 소망 중에 간절히 사모해야 할 나라이다(마 24:27-31).

영혼의 부활로 현실에서 시작된 천국은 장차 육체의 부활로 새 하늘과 새 땅에서 완성되는 과정에 있으므로 **"이미, 그러나, 아직"**이라는 긴장감 속에 있다. 이 긴장감은 그리스도인을 현실에서 추진력 있고 성별되게 거룩한 삶을 살아갈 수 있도록 하는 신앙 생활의 원동력이 된다. 그리하여 우리의 구원은 이미 이루어진 과거의 사건일 뿐 아니라 과정으로 현재에도 계속 이루어지고 있는 사건이며 미래에 완성될 사건이다. 미래적인 구원의 완성은 과거와 현재의 구원을 전제로 한다. 그리스도를 믿음으로 영적인 부활을 체험했을 뿐만 아니라 현재의 1차적인 영적 부활은 미래의 2차적인 육체 부활을 보장하기 때문이다.

영의 부활과 육의 부활

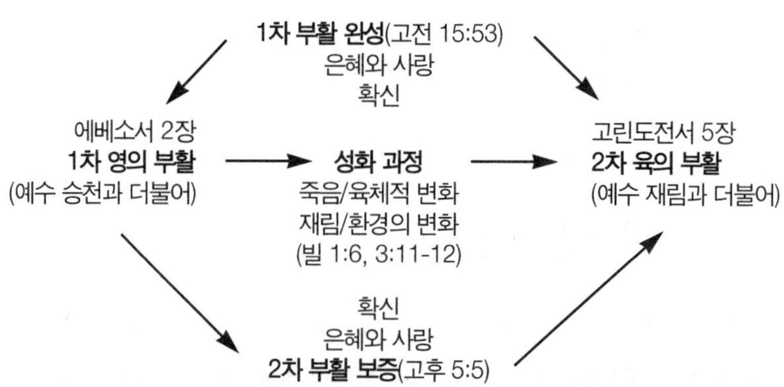

예수 그리스도의 지상 구속 사역에서 일어난 부활(살리다), 승천(일으키다), 보좌에 앉으심(앉히다)의 연속적인 사건이 예수 그리스도의 구속을 믿고 영적으로 그리스도와 연합한 성도들의 영혼에 똑같이 적용되었으며, 육적인 성취는 그리스도 예수의 재림으로 미래에 성취된다(엡 2:5-6). 이것은 인간의 공로가 아니라 하나님의 은혜와 사랑에 근거한 사건이다(엡 2:4). 특히 성도가 그리스도와 연합하여 영적으로 옛 사람이 죽고 새 사람으로 다시 태어나는 부활의 의미는 세례의식에서 잘 나타난다(골 2:12). 천국에 들어가는 구원은 단순한 사건이 아니라 칭의의 믿음에서 성화의 믿음으로(롬 1:16-17), 영혼의 영광에서 육체의 영광으로(고전 15:43; 고후 1:17) 이루어지는 과거, 현재, 미래의 과정이다. 지상의 현실 삶에서 우리의 영혼에 선취된 심령 천국은 예수 그리스도께서 왕으로 내 마음의 보좌에 앉아 주님이 내 삶의 모든 영역을 다스릴 때 현실적으로 나타난다.

그 결과는 물질적인 것이 아니고 오직 성령 안에서 의와 평강과 희락인 것이다(롬 14:17). 이 천국은 하나님께서 우리에게 주시기 원하는 나라이지만 침노하여 빼앗아야만 한다(마 11:12). "나라가 임하옵시며 뜻이 하늘에서 이룬 것같이 땅에서도 이루어지이다"(마 6:10)라고 기도해야 한다. 하나님의 나라가 내 삶의 모든 영역에 나타나고 그 영향력이 나를 통해 세상에 미치도록 헌신하며 그 안에 사는 일에 가장 최우선 순위를 두어야 한다(마 6:33). 하나님의 보좌인 천국과 현재의 지상 천국과 또한 장차 영원한 미래의 천국은 별개가 아니고 서로 관련되어 있는 한 과정이다. 하나님의 구원은 우리의 내면적 수준에 머물지 않고 하나님과의 관계 회복뿐만 아니라 대인관계 회복과 사회적 삶의 변화에까지 그 영향력이 나타나는 것이다.

1차 영의 부활(엡 2:4-6)	2차 육의 부활(고전 15:42-54)
1. 그리스도와 연합(갈 2:20; 골 2:12)	1. 그리스도와 동거(계 21:3)
2. 성령의 첫 사역(요 3:5)	2. 성령의 마지막 사역(롬 8:11)
3. 영의 부활, 승천, 영광, 영생	3. 육의 부활, 승천, 영광, 영생
4. 예수 죽음과 부활과 더불어	4. 예수 재림 심판과 더불어
5. 이미(엡 2:8; 요 5:24; 골 2:13)	5. 아직(빌 2:12, 3:11)
6. 임시 지상 장막(tent : 고후 5:1)	6. 영원한 천국 집 (house : 고후 5:1)
7. 2차 육의 부활 보증(빌 3:20)	7. 1차 영의 부활 완성(빌 3:21)
8. 성화의 시작(빌 1:6)	8. 성화의 완성(빌 1:6)
9. 천년 왕국 시작(계 20:6)	9. 영원한 왕국 시작(계 22:5)
10. 현 하늘과 현 땅(골 3:1-2)	10. 새 하늘과 새 땅(계 21:1)
11. 하나님 은혜와 사랑 근거(엡 2:4)	11. 하나님 은혜와 사랑 근거(엡 2:5)

1) **로마서 14:17** : 하나님의 나라는 먹는 것과 마시는 것이 아니요 오직 성령 안에서 의와 평강과 희락이라.

2) **고린도전서 4:20** : 하나님의 나라는 말에 있지 아니하고 오직 능력에 있음이라.

3) **에베소서 2:5-7** : 허물로 죽은 우리를 그리스도와 함께 살리셨고 너희가 은혜로 구원을 얻은 것이라 또 함께 일으키사 그리스도 예수 안에서 함께 하늘에 앉히시니 이는 그리스도 예수 안에서 우리에게 자비하심으로써 그 은혜의 지극히 풍성함을 오는 여러 세대에 나타내려 하심이니라.

4) **에베소서 2:1** : 너희의 허물과 죄로 죽었던 너희를 살리셨도다.

5) **에베소서 2:8**: 너희가 그 은혜를 인하여 믿음으로 말미암아 구원을 얻었나니 이것이 너희에게서 난 것이 아니요 하나님의 선물이라.

6) **에베소서 1:13-14** : 그 안에서 너희도 진리의 말씀 곧 너희의 구원의 복음을 듣고 그 안에서 또한 믿어 약속의 성령으로 인치심을 받았으니 이는 우리의 기업에 보증이 되사 그 얻으신 것을 구속하시고 그의 영광을 찬미하게 하려 하심이라.

7) **에베소서 1:22-23** : 또 만물을 그 발 아래 복종하게 하시고 그를 만물 위에

교회의 머리로 주셨느니라 교회는 그의 몸이니 만물 안에서 만물을 충만케 하시는 자의 충만이니라(cf. 골 1:24).

8) **에베소서 2:19-22** : 그러므로 이제부터 너희가 외인도 아니요 손도 아니요 오직 성도들과 동일한 시민이요 하나님의 권속이라 너희는 사도들과 선지자들의 터 위에 세우심을 입은 자라 그리스도 예수께서 친히 모퉁이돌이 되셨느니라 그의 안에서 건물마다 서로 연결하여 주 안에서 성전이 되어가고 너희도 성령 안에서 하나님의 거하는 처소가 되기 위하여 예수 안에서 함께 지어져 가느니라.

9) **빌립보서 2:11-13** : 모든 입으로 예수 그리스도를 주라 시인하여 하나님 아버지께 영광을 돌리게 하셨느니라 그러므로 나의 사랑하는 자들아……항상 복종하여 두렵고 떨림으로 너희 구원을 이루라 너희 안에서 행하시는 이는 하나님이시니 자기의 기쁘신 뜻을 위하여 너희로 소원을 두고 행하게 하시나니.

10) **빌립보서 3:20-21** : 오직 우리의 시민권은 하늘에 있는지라 거기로서 구원하는 자 곧 주 예수 그리스도를 기다리노니 그가 만물을 자기에게 복종케 하실 수 있는 자의 역사로 우리의 낮은 몸을 자기 영광의 몸의 형체와 같이 변케 하시리라.

11) **빌립보서 1:6** : 너희 속에 착한 일을 시작하신 이가 그리스도 예수의 날까지 이루실 줄을 우리가 확신하노라.

12) **빌립보서 3:10-11** : 내가 그리스도와 그 부활의 권능과 그 고난에 참여함을 알려 하여 그의 죽으심을 본받아 어찌하든지 죽은 자 가운데서 부활에 이르려 하노니.

13) **골로새서 1:13** : 그가 우리를 흑암의 권세에서 건져내사 그의 사랑의 아들의 나라로 옮기셨으니.

14) **골로새서 2:12** : 너희가 세례로 그리스도와 함께 장사한 바 되고 또 죽은 자들 가운데서 그를 일으키신 하나님의 역사를 믿음으로 말미암아 그 안에서 함께 일으키심을 받았느니라(cf. 갈 2:20).

15) **골로새서 3:1-4** : 그러므로 너희가 그리스도와 함께 다시 살리심을 받았으면 위엣 것을 찾으라 거기는 그리스도께서 하나님 우편에 앉아 계시느니라 위엣 것을 생각하고 땅엣 것을 생각지 말라 이는 너희가 죽었고 너희 생명이 그리스도와 함께 하나님 안에 감취었음이니라.

16) **골로새서 3:10** : 새 사람을 입었으니 이는 자기를 창조하신 자의 형상을 좇아 지식에까지 새롭게 하심을 받은 자니라.

17) **고린도후서 5:17** : 그런즉 누구든지 그리스도 안에 있으면 새로운 피조물이라 이전 것은 지나갔으니 보라 새 것이 되었도다(cf. 고후 4:16).

18) **마태복음 12:28** : 그러나 내가 하나님의 성령을 힘입어 귀신을 쫓아내는 것이면 하나님의 나라가 이미 너희에게 임하였느니라(cf. 눅 11:20).

19) **마태복음 5:3** : 심령이 가난한 자는 복이 있나니 천국이 저희 것임이요.

20) **요한복음 5:24** : 내가 진실로 진실로 너희에게 이르노니 내 말을 듣고 또 나 보내신 이를 믿는 자는 영생을 얻었고 심판에 이르지 아니하나니 사망에서 생명으로 옮겼느니라.

21) **요한계시록 20:6** : 이 첫째 부활에 참예하는 자들은 복이 있고 거룩하도다 둘째 사망이 그들을 다스리는 권세가 없고 도리어 그들이 하나님과 그리스도의 제사장이 되어 천년 동안 그리스도로 더불어 왕노릇 하리라.

22) **베드로전서 2:9** : 오직 너희는 택하신 족속이요 왕 같은 제사장들이요 거룩한 나라요 그의 소유된 백성이니 이는 너희를 어두운 데서 불러내어 그의 기이한 빛에 들어가게 하신 자의 아름다운 덕을 선전하게 하려 하심이라.

23) **요한계시록 5:10** : 저희로 우리 하나님 앞에서 나라와 제사장을 삼으셨으니 저희가 땅에서 왕노릇 하리로다 하더라.

24) **욥기 32:8** : 사람의 속에는 심령(루아흐)이 있고 전능자의 기운(네샤마)이 사람에게 총명을 주시나니.

25) **욥기 33:4** : 하나님의 신이 나를 지으셨고 전능자의 기운이 나를 살리시느니라.

26) **누가복음 17:20-21** : 바리새인들이 하나님의 나라가 어느 때에 임하나이까 묻거늘 예수께서 대답하여 가라사대 하나님의 나라는 볼 수 있게 임하는 것이 아니요 또 여기 있다 저기 있다고도 못하리니 하나님의 나라는 너희 안에 있느니라.

27) **고린도전서 3:16** : 너희가 하나님의 성전인 것과 하나님의 성령이 너희 안에 거하시는 것을 알지 못하느뇨(cf. 고후 6:16; 요 14:16-17).

28) **이사야 57:15** : 지존무상하며 영원히 거하며 거룩하다 이름하는 자가 이같이 말씀하시되 내가 높고 거룩한 곳에 거하며 또한 통회하고 마음이 겸손한 자와 함께 거하나니 이는 겸손한 자의 영을 소성케 하며 통회하는 자의 마음을 소성케 하려 함이라.

3.(계 14:13): ____________

셋째, 천국의 개념은 구약(창 25:8)과 신약(고후 5:8; 살전 4:14)과 모든 역사에서 예수 믿고 구원받은 성도들이 사후에 육체는 땅에 묻히지만 영혼이 하나님을 뵙고 주님과 함께 거하며(고후 5:1; 눅 16:22) 주님의 재림 때까지 참된 안식을 누리는 낙원이기도 하다(눅 23:43; 계 14:13). 그러므로 그리스도인들은 죽음에 대하여 전혀 두려워할 필요가 없다. 기독교에서 죽음은 소멸이나 상실이 아니라 영혼과 육신이 분리되어(약 2:26) 몸을 떠나 주님의 집에서(고후 5:8) 주님과 함께 거하는 것이다(빌 1:23). 죽음은 아담이 범죄한 대가로서 모든 인류에게 예외 없이 편만하게 전해져 왔다(창 3:19; 롬 5:12; 고전 15:56; 약 1:14-15). 이 죄의 해독은 오직 예수 그리스도의 보혈과 은혜밖에 없다(롬 6:23; 엡 1:7; 골 1:14). 그리스도인들은 죽음을 통해 승리하며(고전 15:54-57) 생명에 삼킨 바 되고(고후 5:4) 성화가 완성된다(고전 15:43-44). 죽음은 영혼이 주님 오실 때까지 영광 중에 주님과 함께 안식하는 복된 기간이기 때문이다(계 14:13). 모세는 죽음을 앞둔 인생 말년에 **"우리에게 우리 날 계수함을 가르치사 지혜의 마음을 얻게 하소서"**(시 90:12)라고 기도했다. 스데반 집사는 임종 때 **"보라 하늘이 열리고 인자가 하나님 우편에 서신 것을 보노라"(행 7:56)**고 부르짖었다. 사도 바울은 **"내게 사는 것이 그리스도니 죽는 것도 유익함이니라"(빌 1:21), "하늘로부터 오는 우리 처소로 덧입기를 간절히 사모하노니"(고후 5:2)**라고 죽음을 사모했다. 성경은 그리스도인들의 죽음을 특별히 취급하여 복된 죽음(계 14:13), 더 좋은 죽음(빌 1:20-21), 소중한 죽음(시 116:15), 소망의 죽음(잠 14:32), 안식의 죽음(사 57:1-2), 예수 안에 잠든 죽음(눅 16:22, cf. 유 1:9), 믿음의 죽음(히 11:13), 두려움이 없는 죽음(시 23:4), 하나님께 속한 죽음(롬 14:8), 간절히 사모하는 죽음(고후 5:1-10)으로 설명하고 있다.

죽은 후의 공통된 지상의 무덤
- 성도(천사 인도) → 성화 완성(영의 안식 낙원)
- 불신자(악령 인도) → 영의 심판(영의 고통 음부)

1) **요한계시록 14:13** : 또 내가 들으니 하늘에서 음성이 나서 가로되 기록하라 자금 이후로 주 안에서 죽는 자들은 복이 있도다 하시매 성령이 가라사대 그러하다 저희 수고를 그치고 쉬리니 이는 저희의 행한 일이 따름이라 하시더라.
2) **누가복음 23:42-43** : 가로되 예수여 당신의 나라에 임하실 때에 나를 생각하소서 하니 예수께서 이르시되 내가 진실로 네게 이르노니 오늘 네가 나와 함께 낙원에 있으리라 하시니라.
3) **고린도후서 5:1-8** : 만일 땅에 있는 우리의 장막 집이 무너지면 하나님께서 지으신 집 곧 손으로 지은 것이 아니요 하늘에 있는 영원한 집이 우리에게 있는 줄 아나니 과연 우리가 여기 있어 탄식하며 하늘로부터 오는 우리 처

소로 덧입기를 간절히 사모하노니……죽을 것이 생명에게 삼킨 바 되게 하려 함이라 곧 이것을 우리에게 이루게 하시고 보증으로 성령을 우리에게 주신 이는 하나님이시니라 이러므로 우리가 항상 담대하여 몸에 거할 때에는 주와 따로 거하는 줄을 아노니 이는 우리가 믿음으로 행하고 보이는 것으로 하지 아니함이로라 우리가 담대하여 원하는 바는 차라리 몸을 떠나 주와 함께 거하는 그것이라.

4) **시편 116:15** : 성도의 죽는 것을 여호와께서 귀중히 보시는도다.
5) **잠언 14:32** : 악인은 그 환난에 엎드러져도 의인은 그 죽음에도 소망이 있느니라.
6) **데살로니가전서 4:14** : 우리가 예수의 죽었다가 다시 사심을 믿을진대 이와 같이 예수 안에서 자는 자들도 하나님이 저와 함께 데리고 오시리라.
7) **요한복음 11:25** : 예수께서 가라사대 나는 부활이요 생명이니 나를 믿는 자는 죽어도 살겠고.
8) **누가복음 16:22** : 이에 그 거지가 죽어 천사들에게 받들려 아브라함의 품에 들어가고 부자도 죽어 장사되매.
9) **누가복음 16:25** : 아브라함이 가로되 얘 너는 살았을 때에 네 좋은 것을 받았고 나사로는 고난을 받았으니 이것을 기억하라 이제 저는 여기서 위로를 받고 너는 고민을 받느니라.
10) **로마서 14:8** : 우리가 살아도 주를 위하여 살고 죽어도 주를 위하여 죽나니 그러므로 사나 죽으나 우리가 주의 것이로다.
11) **빌립보서 1:20-21** : 나의 간절한 기대와 소망을 따라 아무 일에든지 부끄럽지 아니하고 오직 전과 같이 이제도 온전히 담대하여 살든지 죽든지 내 몸에서 그리스도가 존귀히 되게 하려 하나니 이는 내게 사는 것이 그리스도니 죽는 것도 유익함이니라.
12) **사도행전 7:56** : 말하되 보라 하늘이 열리고 인자가 하나님 우편에 서신 것을 보노라.
13) **디모데후서 4:6-8** : 관제와 같이 벌써 내가 부음이 되고 나의 떠날 기약이

가까웠도다 내가 선한 싸움을 싸우고 나의 달려갈 길을 마치고 믿음을 지켰으니 이제 후로는 나를 위하여 의의 면류관이 예비되었으므로 주 곧 의로우신 재판장이 그 날에 내게 주실 것이니 내게만 아니라 주의 나타나심을 사모하는 모든 자에게니라.

14) **누가복음** 10:20 : 그러나 귀신들이 너희에게 항복하는 것으로 기뻐하지 말고 너희 이름이 하늘에 기록된 것으로 기뻐하라 하시니라.

15) **히브리서** 11:13-14 : 이 사람들은 다 믿음을 따라 죽었으며 약속을 받지 못하였으되 그것들을 멀리서 보고 환영하며 또 땅에서는 외국인과 나그네로라 증거하였으니 이같이 말하는 자들은 본향 찾는 것을 나타냄이라.

16) **요한계시록** 4:4 : 또 보좌에 둘려 이십사 보좌들이 있고 그 보좌들 뒤에 이십사 장로들이 흰 옷을 입고 머리에 금 면류관을 쓰고 앉았더라.

17) **요한계시록** 20:4 : 또 내가 보좌들을 보니 거기 앉은 자들이 있어 심판하는 권세를 받았더라 또 내가 보니 예수의 증거와 하나님의 말씀을 인하여 목 베임을 받은 자의 영혼들과 또 짐승과 그의 우상에게 경배하지도 아니하고 이마와 손에 그의 표를 받지도 아니한 자들이 살아서 그리스도로 더불어 천 년 동안 왕노릇 하니.

18) **창세기** 25:7-8 : 아브라함의 향년이 일백 칠십오 세라 그가 수가 높고 나이 많아 기운이 진하여 죽어 자기 열조에게로 돌아가매.

19) **전도서** 3:21 : 인생의 혼은 위로 올라가고 짐승의 혼은 아래 곧 땅으로 내려가는 줄을 누가 알랴.

20) **전도서** 12:7 : 흙은 여전히 땅으로 돌아가고 신은 그 주신 하나님께로 돌아가기 전에 기억하라.

21) **욥기** 19:26 : 나의 이 가죽, 이것이 썩은 후에 내가 육체 밖에서 하나님을 보리라.

22) **욥기** 12:10 : 생물들의 혼과 인생들의 영이 다 그의 손에 있느니라.

23) **마태복음** 10:28 : 몸은 죽여도 영혼은 능히 죽이지 못하는 자들을 두려워하지 말고 오직 몸과 영혼을 능히 지옥에 멸하시는 자를 두려워하라.

24) **마태복음** 17:2-3 : 저희 앞에서 변형되사 그 얼굴이 해같이 빛나며 옷이 빛과 같이 희어졌더라 때에 모세와 엘리야가 예수로 더불어 말씀하는 것이 저희에게 보이거늘.

25) **요한복음** 3:5-7 : 예수께서 대답하시되 진실로 진실로 네게 이르노니 사람이 물과 성령으로 나지 아니하면 하나님 나라에 들어갈 수 없느니라 육으로 난 것은 육이요 성령으로 난 것은 영이니 내가 네게 거듭나야 하겠다 하는 말을 기이히 여기지 말라.

4.(계 21:1):

넷째, 성경은 성도들의 최종적인 영원한 처소로(the final eternal abode for believers) 새 하늘과 새 땅인(new heaven and new earth) 미래 천국을 명백하게 보여준다(계 21:1-5). 그리스도인들의 신앙생활의 궁극적인 목표인 이 미래의 천국은 외적이고 가시적인 곳이며 예수 그리스도의 재림과 최후 심판 후에 이루어진다(마 24:29-31; 단 7:13-14; 사 9:6-7; 계 20:11-15). 이 새 하늘과 새 땅의 미래 천국은 전세계적으로 우주적으로 이루어지며(계 21:1-4) 이 곳의 통치자는 삼위일체 하나님이시다(계 19:6; 히 2:9-10). 이 때 옛 하늘과 옛 땅으로서의 지구는 악령들과 인간들이 하나님을 대적한 죄악의 장소였기 때문에 불태워진다(벧후 3:10). 모든 시대에 구원받은 성도들은 부활하여 변화받은 영육의 온전한 몸으로 새 예루살렘(new Jerusalem)에 영원토록 살게 되는데(계 21:2-4) 이 곳은 예수 그리스도가 마련하신 하나님의 가정이다(요 14:2). 이 곳의 거대한 규모와 그 영광, 거룩함, 아름다움, 안전과 자유, 그리고 풍요로움이 요한계시록 21장 10절-22장 5절에 비유적으로 잘 나타나 있다. 새 하늘과 새 땅의 궁극적인 목적은 구속받은 성도들로 하여금 주님에게 영광과 감사를 돌리게 하는 것이다(계 21:24-26). 새 하늘과 새 땅은 완전하고 최종적인 영원한 천국으로 이 땅에서 이루어지는 것이 아니요, 지상의 인간 세계와는 본질적으로 완전히 다른 곳이다. 따라서 성경은 이단 중 하나인 여호와의 증인과 뉴에이지 운동, 또는 세계 종교들이 주장하는 지상낙원 건설은 물론 지상낙원 건설을 위한 과학 만능주의나 인본주의, 모든 낙관적인 이상들을 거부한다. 성경은 또한 지상낙원 건설(마 17:4), 공로사상(마 19:16), 계급사상(마 18:1, 20:20-28), 천국에서의 부부관계(마 22:24-30) 등 천국 생활에 대한 오해를 지적하고 있다. 새 하늘과 새 땅의 천국에서는 누구나 예수님처럼 변형된 모습으로(요일 3:2; 고후 3:18) 천사와 같이 될 것이다(마 22:30; 빌 3:21). 천국이 기독교 신앙의 최종 목표지이며 사랑의 하나님은 이 영원한 천국을 우리에게 주시기를 소원하고 계신다(눅 12:31-32). 이 천국이 바로 성경의 주제요, 예수님 복음의 핵심이 되며, 선지자들과 사도들의 복음 증거 내용이었다.

새 하늘과 새 땅의 3단계

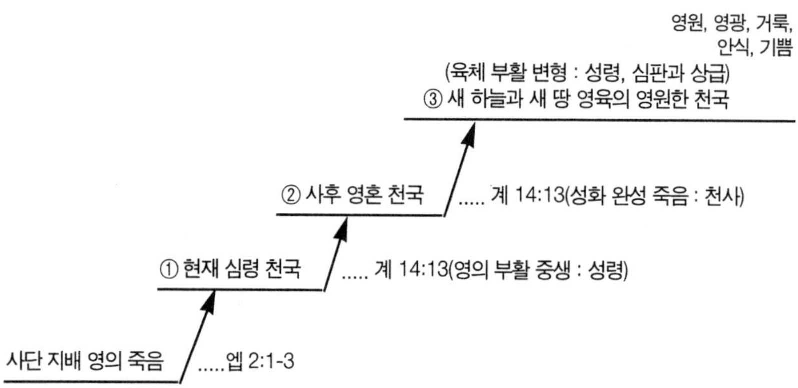

1) 요한복음 14:2-3 : 내 아버지 집에 거할 곳이 많도다 그렇지 않으면 너희에게 일렀으리라 내가 너희를 위하여 처소를 예비하러 가노니 가서 너희를 위

하여 처소를 예비하면 내가 다시 와서 너희를 내게로 영접하여 나 있는 곳에 너희도 있게 하리라.

2) **요한복음** 18:36 : 예수께서 대답하시되 내 나라는 이 세상에 속한 것이 아니라 만일 내 나라가 이 세상에 속한 것이었더면 내 종들이 싸워 나로 유대인들에게 넘기우지 않게 하였으리라 이제 내 나라는 여기에 속한 것이 아니니라.

3) **누가복음** 12:31-32 : 오직 너희는 그의 나라를 구하라 그리하면 이런 것을 너희에게 더하시리라 적은 무리여 무서워 말라 너희 아버지께서 그 나라를 너희에게 주시기를 기뻐하시느니라.

4) **마가복음** 1:15 : 가라사대 때가 찼고 하나님 나라가 가까웠으니 회개하고 복음을 믿으라 하시더라.

5) **사도행전** 1:3 : 해 받으신 후에 또한 저희에게 확실한 많은 증거로 친히 사심을 나타내사 사십 일 동안 저희에게 보이시며 하나님 나라의 일을 말씀하시니라.

6) **사도행전** 28:31 : 담대히 하나님 나라를 전파하며 주 예수 그리스도에 관한 것을 가르치되 금하는 사람이 없었더라.

7) **요한계시록** 20:10 : 또 저희를 미혹하는 마귀가 불과 유황 못에 던지우니 거기는 그 짐승과 거짓 선지자도 있어 세세토록 밤낮 괴로움을 받으리라.

8) **이사야** 65:17 : 보라 내가 새 하늘과 새 땅을 창조하나니 이전 것은 기억되거나 마음에 생각나지 아니할 것이라.

9) **이사야** 66:22 : 나 여호와가 말하노라 나의 지을 새 하늘과 새 땅이 내 앞에 항상 있을 것같이 너희 자손과 너희 이름이 항상 있으리라.

10) **요한계시록** 21:1 : 또 내가 새 하늘과 새 땅을 보니 처음 하늘과 처음 땅이 없어졌고 바다도 다시 있지 않더라.

11) **베드로후서** 3:7-13 : 이제 하늘과 땅은 그 동일한 말씀으로 불사르기 위하여 간수하신 바 되어 경건치 아니한 사람들의 심판과 멸망의 날까지 보존하여 두신 것이니라 사랑하는 자들아 주께는 하루가 천 년 같고 천 년이 하

루 같은 이 한 가지를 잊지말라 주의 약속은 어떤 이의 더디다고 생각하는 것같이 더딘 것이 아니라 오직 너희를 대하여 오래 참으사 아무도 멸망치 않고 다 회개하기에 이르기를 원하시느니라 그러나 주의 날이 도적같이 오리니 그 날에는 하늘이 큰 소리로 떠나가고 체질이 뜨거운 불에 풀어지고 땅과 그 중에 있는 모든 일이 드러나리로다 이 모든 것이 이렇게 풀어지리니 너희가 어떠한 사람이 되어야 마땅하뇨 거룩한 행실과 경건함으로 하나님의 날이 임하기를 바라보고 간절히 사모하라 그 날에 하늘이 불에 타서 풀어지고 체질이 뜨거운 불에 녹아지려니와 우리는 그의 약속대로 의의 거하는 바 새 하늘과 새 땅을 바라보도다.

12) **요한계시록 20:11-15** : 또 내가 크고 흰 보좌와 그 위에 앉으신 자를 보니 땅과 하늘이 그 앞에서 피하여 간 데 없더라 또 내가 보니 죽은 자들이 무론 대소하고 그 보좌 앞에 섰는데 책들이 펴 있고 또 다른 책이 펴졌으니 곧 생명책이라 죽은 자들이 자기 행위를 따라 책들에 기록된 대로 심판을 받으니 바다가 그 가운데서 죽은 자들을 내어 주고 또 사망과 음부도 그 가운데서 죽은 자들을 내어 주매 각 사람이 자기의 행위대로 심판을 받고 사망과 음부도 불못에 던지우니 이것은 둘째 사망 곧 불못이라 누구든지 생명책에 기록되지 못한 자는 불못에 던지우더라.

13) **고린도전서 15:49-53** : 우리가 흙에 속한 자의 형상을 입은 것같이 또한 하늘에 속한 자의 형상을 입으리라 형제들아 내가 이것을 말하노니 혈과 육은 하나님 나라를 유업으로 받을 수 없고 또한 썩은 것은 썩지 아니한 것을 유업으로 받지 못하느니라 보라 내가 너희에게 이 비밀을 말하노니 우리가 다 잠잘 것이 아니요 마지막 나팔에 순식간에 홀연히 다 변화하리니 나팔 소리가 나매 죽은 자들이 썩지 아니할 것으로 다시 살고 우리도 변화하리라 이 썩을 것이 불가불 썩지 아니할 것을 입겠고 이 죽을 것이 죽지 아니함을 입으리로다.

14) **고린도후서 3:18** : 우리가 다 수건을 벗은 얼굴로 거울을 보는 것같이 주의 영광을 보매 저와 같은 형상으로 화하여 영광으로 영광에 이르니 곧 주

의 영광으로 말미암음이니라.

15) **마태복음** 22:29-30 : 예수께서 대답하여 가라사대 너희가 성경도, 하나님의 능력도 알지 못하는 고로 오해하였도다 부활 때에는 장가도 아니가고 시집도 아니가고 하늘에 있는 천사들과 같으니라.

5.(벧후 1:11):

다섯째, 천국의 의미에 관하여 신앙생활의 최종 목적지인 새 하늘과 새 땅, 천국의 특징은 최종적이며 영원하다는 것이다(벧후 1:11). 가장 중요한 것은 육이 부활하여 영과 더불어 전인격적인 영육의 인간이 영원한 안식과 기쁨을 누리는 곳이 천국이라는 사실이다.

천국은 영원한 곳으로 하나님이 영원하시며 하나님의 통치가 영원하고 천사가 영원하다. 그리고 인간의 생명이 영원하고, 기쁨이 영원하며 찬양과 감사가 영원하다. 천국에서는 영원하지 않은 것은 존재할 수가 없다. 그러므로 유한한 인간은 영원한 생명으로 변화받지 못하면 들어갈 수가 없는 곳이다. 이 세상 것은 유한하고 변화가 무쌍하나 하늘의 것은 영원하다(고후 4:17-18). 영원한 천국의 특징은 삶의 만족과 기쁨으로 충만하다는 것이다.

마귀와 죄와 고통과 죽음의 저주가 있는 한 이 세상에서 인간에게 참다운 위로와 안식은 없다. 천국은 최종적으로 영원한 위로와 안식을 누리는 곳이다. 없어야 할 마귀와(계 20:10) 애통과 질병, 고통, 사망(계 21:4)은 천국의 쓰레기통으로 영원한 불못인 지옥에서 처리되고, 그리스도인들에게 있어야 할 모든 것이 있는 행복한 곳이 바로 천국이다. 그리스도인들이 그토록 소망하며 가장 사모하는 신앙생활의 최종 목적지인 것이다. 그러므로 눈물과 애통과 질병과 저주와 죄와 사단이 있는 이 세상과는 상반된 곳이다. 그리스도인들의 고통과 수고는 이 땅에서 보상받는 것이 아니고 바로 천국에서 보상받는다(계 22:12). 그리스도인들이 신앙생활의 보상을 이 땅에서 받으려 하기 때문에 기복주의에 빠지는 것이다. 사도 바울은 **"이는 우리가 다 반드시 그리스도의 심판대 앞에 드러나 각각 선악간에 그 몸으로 행한 것을 따라 받으려 함이라"(고후 5:10), "내가 선한 싸움을 싸우고 나의 달려갈 길을 마치고 믿음을 지켰으니 이제 후로는 나를 위하여 의의 면류관이 예비되었으므로 주 곧 의로우신 재판장이 그 날에 내게 주실 것이니 내게만 아니라 주의 나타나심을 사모하는 모든 자에게니라"(딤후 4:7-8)**고 말했다. 성도들은 예수님이 이미 십자가상에서 죄를 영원히 도말하셨기 때문에 백보좌 심판에서(계 20:11-15) 징계가 아니라 다만 상급의 보상 심판을 받을 뿐이다. 그러나 우리가 하나님께서 원하시는 일의 일부를 마땅히 행한 것이기 때문에(눅 17:10) 상급은 공로가 아니라 은혜의 보상일 뿐이다. 그러므로 새 하늘과 새 땅에서 행함과 성품에 따라 차등의 보상을 받는 것은 하나님의 공의와 은혜에 근거하며 행함의 공로나 보상이 아니다. 하나님이 당연한 행위에 보상하셔야 할 의무는 없는 것이다(롬 11:6).

지옥은 한마디로 하나님의 사랑과 은혜가 없는 곳이고, 천국은 그와 정반대로 하나님의 은혜(눅 16:22)와 사랑이 충만한 곳이다(요일 4:7-8). 그리하여 천국은 하나님을 기쁨으로 섬기는 곳이요(계 22:3). 아멘, 할렐루야로 감사 찬양(계 19:4-5)하는 영광스런 곳이다(계 21:11, 23). 이 천국이 바로 거룩한 백성들의 재회 장소이다(창 25:8; 삼하 12:22-23). 그리하여 성경에서 세상의 불안한 삶은 나그네의 임시 장막(tent)으로, 천국에서 영원히 누리는 삶은 영원한 집(house)으로 비유되었다(고후 5:1; 벧후 1:14).

천국은 하나님의 처소로 죄가 용납되지 않는 거룩한 곳이요, 영적인 곳이며 영원한 곳이기에 죽을 죄인의 몸으로는 결코 들어갈 수 없다. 오직 영혼이 성령으로 거듭나서(요 3:5) 예수 그리스도와 함께 부활하여 새로운 피조물로(고후 5:17) 하늘에 앉아 있는 영광스런 자들만이 변화된 영적 육체로 천국에 들어갈 수 있다(엡 2:6). 그러므로 새 하늘과 새 땅의 영원한 안식은 예수 그리스도 안에서 지상 은혜로부터 천국 은혜로 자라나며, 영의 부활에서 육의 부활로, 영의 영광에서 육의 영광으로 옮겨가는 것이다. 교회 안에는 이 천국의 비밀을 아는 '너희' 그룹과 천국의 비밀을 깨닫지 못한 '저희' 그룹의 두 그룹이 있다(마 13:11). 들어도 깨닫지 못하는 자가 있는 것은 불택자를 구별하는 하나님의 섭리로 사단의 방해 공작 때문이다(마 13:19). 깨닫는 자는 삶의 변화가 일어나 구원 체험으로 성장해간다(마 13:23). 천국의 비밀을 아는 것은 하나님의 뜻과 주권이다(마 11:25-27). 혈과 육은 하나님 나라를 유업으로 받을 수 없다(고전 15:50). 하나님 나라에 합당한 자는(살후 1:5) 천국의 비밀을 깨닫고 천국 열쇠를 가진 자(마 16:19), 회개하고(막 1:15) 예수를 구세주로 영접한 자이다(요 1:12). 성령 세례를 받아(요 3:5) 중생된 자요(요 3:3-5), 어린이같이(막 10:14) 아버지의 뜻대로 행하는 자이다(마 7:21). 하나님 나라를 바라보고 사모하며(벧후 3:12) 하나님 나라를 구하고(마 6:33) 기다리고(막 15:43) 전파하며(눅 9:60) 하나님 나라를 위해 장애물을 버리는 자이다(눅 18:29). 그러나 이와 반대로 천국에 합당하지 못한 자는 두려워하는 자, 믿지 않는 자, 행음자, 술객들, 우상 숭배자(계 21:8), 불의한 자, 도적질하는 자, 술 취하는 자, 토색하는 자(고전 6:9-10), 외식하는 자(마 23:13), 세속에 관심이 큰 자(눅 9:62), 물질주의자(눅 18:24), 육체의 소욕을 따르는 자(갈 5:16-21)들이다.

천국에서는 우연도, 재수도, 뒷배경도 통하지 않는다. "사람이 무엇으로 심든지 그대로 거두리라"(갈 6:7)는 하나님의 말씀대로 하나님의 공의가 온전히 실현되는 곳이다. 새 하늘과 새 땅은 인간의 타락 전 지상에 있었던 에덴 동산이나 최초의 죄없는 인간으로의 회복을 의미하지 않는다. 이 곳은 악령이 침투할 수 없고, 인간이 타락할 수도 없는 영화로운 곳이다. 또한 천사들보다 높아진 성도들이 하나님과 동거하는 곳이요, 기쁨과 안식이 영원한 최종적인 성도의 거처이다. 이 곳은 성도들이 사후에 안식하는 낙원과도 다르다. 낙원은 사후에 영혼만 안식하는 잠정적인 하나님 나라인 것이다. 그러나 미래의 새 하늘과 새 땅은 구원받은 성도들이 육체 부활하여 천사들처럼 변화된 영광스런 모습으로 영육이 영원히 하나님과 동거하며 안식하는 최종적인 안식처이다.

구원받은 인간의 높아진 위치

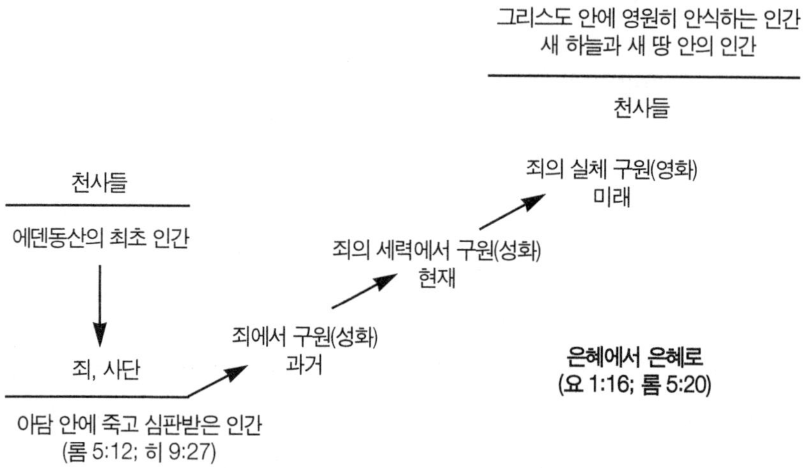

1) **히브리서 4:9-11** : 그런즉 안식할 때가 하나님의 백성에게 남아 있도다 이미 그의 안식에 들어간 자는 하나님이 자기 일을 쉬심과 같이 자기 일을 쉬느니라 그러므로 우리가 저 안식에 들어가기를 힘쓸지니 이는 누구든지 저 순종치 아니하는 본에 빠지지 않게 하려 함이라.

2) **요한계시록 21:3-4** : 내가 들으니 보좌에서 큰 음성이 나서 가로되 보라 하

나님의 장막이 사람들과 함께 있으매 하나님이 저희와 함께 거하시리니 저희는 하나님의 백성이 되고 하나님은 친히 저희와 함께 계셔서 모든 눈물을 그 눈에서 씻기시매 다시 사망이 없고 애통하는 것이나 곡하는 것이나 아픈 것이 다시 있지 아니하리니 처음 것들이 다 지나갔음이러라.

3) **요한계시록 22:1-5** : 또 저가 수정같이 맑은 생명수의 강을 내게 보이니 하나님과 및 어린 양의 보좌로부터 나서 길 가운데로 흐르더라 강 좌우에 생명 나무가 있어 열 두 가지 실과를 맺히되 달마다 그 실과를 맺히고 그 나무 잎사귀들은 만국을 소성하기 위하여 있더라 다시 저주가 없으며 하나님과 그 어린 양의 보좌가 그 가운데 있으리니 그의 종들이 그를 섬기며 그의 얼굴을 볼 터이요 그의 이름도 저희 이마에 있으리라 다시 밤이 없겠고 등불과 햇빛이 쓸데없으니 이는 주 하나님이 저희에게 비취심이라 저희가 세세토록 왕노릇 하리로다.

4) **요한계시록 7:16-17** : 저희가 다시 주리지도 아니하며 목마르지도 아니하고 해나 아무 뜨거운 기운에 상하지 아니할지니 이는 보좌 가운데 계신 어린 양이 저희의 목자가 되사 생명수 샘으로 인도하시고 하나님께서 저희 눈에서 모든 눈물을 씻어 주실 것임이러라.

5) **이사야 65:17-19** : 보라 내가 새 하늘과 새 땅을 창조하리니 이전 것은 기억되거나 마음에 생각나지 아니할 것이라 너희는 나의 창조한 것을 인하여 영원히 기뻐하며 즐거워할지니라 보라 내가 예루살렘으로 즐거움을 창조하며 그 백성으로 기쁨을 삼고 내가 예루살렘을 즐거워하며 나의 백성을 기뻐하리니 우는 소리와 부르짖는 소리가 그 가운데서 다시는 들리지 아니할 것이며.

6) **베드로후서 1:11** : 이같이 하면 우리 주 곧 구주 예수 그리스도의 영원한 나라에 들어감을 넉넉히 너희에게 주시리라.

7) **고린도후서 4:17-18** : 우리의 잠시 받는 환난의 경한 것이 지극히 크고 영원한 영광의 중한 것을 우리에게 이루게 함이니 우리의 돌아보는 것은 보이는 것이 아니요 보이지 않는 것이니 보이는 것은 잠깐이요 보이지 않는 것

은 영원함이니라.

8) **시편 145:1** : 왕이신 나의 하나님이여 내가 주를 높이고 영원히 주의 이름을 송축하리이다.

9) **시편 145:13** : 주의 나라는 영원한 나라이니 주의 통치는 대대에 이르리이다.

10) **고린도후서 5:10** : 이는 우리가 다 반드시 그리스도의 심판대 앞에 드러나 각각 선악간에 그 몸으로 행한 것을 따라 받으려 함이라(cf. 롬 14:10; 갈 6:7).

11) **요한계시록 22:12** : 보라 내가 속히 오리니 내가 줄 상이 내게 있어 각 사람에게 그의 일한 대로 갚아 주리라.

12) **요한계시록 21:5-7** : 보좌에 앉으신 이가 가라사대 보라 내가 만물을 새롭게 하노라 하시고 또 가라사대 이 말은 신실하고 참되니 기록하라 하시고 또 내게 말씀하시되 이루었도다 나는 알파와 오메가요 처음과 나중이라 내가 생명수 샘물로 목 마른 자에게 값 없이 주리니 이기는 자는 이것들을 유업으로 얻으리라 나는 저의 하나님이 되고 그는 내 아들이 되리라.

13) **데살로니가전서 4:16-17** : 주께서 호령과 천사장의 소리와 하나님의 나팔로 친히 하늘로 좇아 강림하시리니 그리스도 안에서 죽은 자들이 먼저 일어나고 그 후에 우리 살아남은 자도 저희와 함께 구름 속으로 끌어 올려 공중에서 주를 영접하게 하시리니 그리하여 우리가 항상 주와 함께 있으리라.

14) **요한계시록 22:20** : 이것들을 증거하신 이가 가라사대 내가 진실로 속히 오리라 하시거늘 아멘 주 예수여 오시옵소서.

천국의 종합 정리

***3대 천국은 구별이 아니라 씨를 심어 열매를 맺듯 지상에서 천국으로의 연속된 과정이다.

구분	심령 천국(롬 14:17)	영혼 천국(계 14:13)	영육 천국(계 21:3-4)
시 간	예수 믿은 후 (과거, 현재)	주 안에서 죽은 후(과거, 현재) (계 14:13)	육체 부활 후(미래) (살전 5:3-13)
통 치	성령지배(왕) (엡 5:18)	그리스도 지배(왕) (고전 15:24-25)	삼위 하나님 지배(왕) (계 19:6)
기 간	죽을 때까지 잠정(눅 16:22)	부활 때까지 잠정(살전 4:16)	최종 영원(계 22:5)
안 식	성령 안에 심령 안식 (롬 14:17)	그리스도 안에 영혼 안식 (계 14:13)	하나님 안에 영육 안식 (계 21:4)
장 소	거듭난 자의 심령 (마 5:3)	하나님 거처의 하나님 나라 (계 4:4)	새하늘 새땅, 새예루살렘 (계 21:1-2)
영 광	성령 통해 그리스도 영광 (요 16:14)	그리스도 통해 하나님 영광 (고전 15:24-25)	하나님 영광 (계 21:11)
자 격	성령으로 영이 부활한 자 (계 20:6)	주 안에서 죽은 자 (계 14:13)	성령으로 육체 부활한 자 (고전 15:52)

현실 삶에서 천국을 왕래하거나 천국을 목격할 수 있을까? 이것은 매우 조심스런 질문이다. 오직 베드로, 요한, 야고보(마 17:1-2; 벧후 1:16-19; 계 4:1), 스데반(행 7:55-56), 사도 바울(고후 12:1-4), 이 5명만이 신약 성경에서 천국을 목격했으나 모두 개인적인 체험으로서 극히 그 언급을 조심하고 있기 때문이다. 왜냐하면 첫째로 천국을 인간의 말로는 절대로 표현할 수가 없고, 둘째로는 오해의 소지가 많으며, 셋째로는 체험한 자기 자신이 교만해져서 실족하기 쉽기 때문에 혼자만 간직하는 아름다운 비밀이 되기 때문이다. 개인적 신비한 체험은 자기와 하나님과의 비밀 관계로 하나님의 특별한 뜻이 없는 한 드러내지 않고 자기 체험으로 간직하는 것이 좋다. 그러므로 신비한 체험을 선호하기보다는 항상 말씀과 기도로 거룩해지는 경건생활에 열심을 내는 것이 더 중요하다.

우리들의 문제는 하나님 나라의 가치관 상실로 현실에 만족하거나 신앙의 확실한 목표를 상실하는 데 있다. 현세와 하나님 나라의 긴장감 상실, 너무 미래 지향적인 천국사상과 현실 위주의 인간왕국 이상 등 많은 문제가 있다. 천국의 시민권자로(빌 3:20) 거룩한 행실과 경건함으로 하나님의 날이 임하기를 바라보고 간절히 사모하며 약속하신 대로 의에 거하는 바 새 하늘과 새 땅을 바라보아야만 한다(벧후 3:10-13). 천국과 지옥에 대한 논쟁보다 더 중요한 것은 진정 예수 그리스도를 구주로 영접하고 거듭났는가 하는 것이요, 천국 백성답게 하나님의 뜻대로 살고 있느냐 하는 것이다. 천국은 현재적 기쁨과 미래의 벅찬 소망으로 현재의 고난과 미혹을 극복하는 힘이 되므로(딤후 4:7-8) 천국관이 바르지 못하면 신앙은 무력할 수밖에 없다. 천국을 우리에게 주시기 위해 예수님이 무엇을 하셨는가 생각해 보라(요 14:6; 행 4:12). 지옥이 두려워 부정적으로 어둡게 신앙생활 하지 말고 천국을 바라보며 기쁨과 사모함으로 신앙생활 하는 것이 매우 중요하다. 사실, 인생을 살면서 수많은 의문과 갈등을 겪기 마련이다. 이 의문들은 인간에게 참으로 중요하다. 인간의 문명은 "왜?"라는 의문에 답함으로써 발전되어 왔다. 그러나 우리의 신앙생활에 있어서는 덮어두고 대답할 수 없는 너무나 많은 의문들이 존재한다. 이러한 것에 의문과 질문을 가지면 가질수록 죄이고 믿음이 없는 것처럼 생각되기도 한다. 그러나 의문은 당연한 것이다. 신앙 문제로 갈등하는 것을 두려워하지 말라. 이러한 의문과 갈등은 신앙이 건전하게 살아있다는 증거들이다. 그러나 하나님, 사단, 만물, 인간, 에덴, 죽음, 선과 악, 영혼, 지옥과 천국, 음부와 심판, 예수의 재림 등 수많은 질문을 가지기 앞서 "너희가 믿지 아니하면 정녕히 굳게 서지 못하리라"(사 7:9)는 성경 말씀의 대전제를 우선적으로 확인하라. 질문보다 더 중요한 것이 진정한 그리스도인이 되었는가 하는 것이다. 영의 일은 영적으로만 분별할 수 있기 때문이다(고전 2:10-14). 믿음이란 주님의 권위를 인정하고 그분에게 온전히 굴복하는 것이다. 우리의 관심과 소망을 하나님께로 향하게 하는 것이 믿음이다. 그렇게 될 때에 비로소 우리의 모든 의문과 갈등에 대해 성경은 대답해 줄 것이다. 그리고 천국과 지옥, 심판, 음부, 등 영적인 의문과 갈등으로 인한 논쟁보다도 그리스도 예수께서 나의 구세주가 되셨다는 그 감격과 복에 대해 항상 감사와 찬송이 넘치는 삶을 살게 될 것이다.

"너희는 먼저 그의 나라와 그의 의를 구하라 그리하면 이 모든 것을 너희에게 더하시리라"(마 6:33).

[공동 기도문 : 통성기도]

전능하신 하나님 아버지,

부족한 저를 사랑하셔서 천국을 기업으로 예비해 주심을 진심으로 감사합니다. 천국을 사모하는 마음과 확신의 부족함을 용서해 주옵소서. 아름다운 천국의 영원한 삶을 소원하며 끝까지 믿음을 지킬 수 있도록 도와주옵소서. 천국을 앞당겨 이 땅에 사는 동안 기쁨이 충만하게 하시고 하나님께 감사 찬양으로 영광 돌리게 하옵소서. 예수님의 이름으로 기도드립니다. 아멘

[질문] 천국의 손을 사용하여 천국이 어떤 곳인지 5가지로 설명할 수 있는가?

1. 시편 103:19
2. 로마서 14:17
3. 요한계시록 14:13
4. 요한계시록 21:1
5. 베드로후서 1:11

[나눔] 심령 천국, 영의 천국, 영과 육의 천국에 대해 깨달은 진리는 무엇인가?

[토론] 천국에 갔다 왔다고 말하는 사람들을 어떻게 생각하는지 각자 의견을 말해 보라.

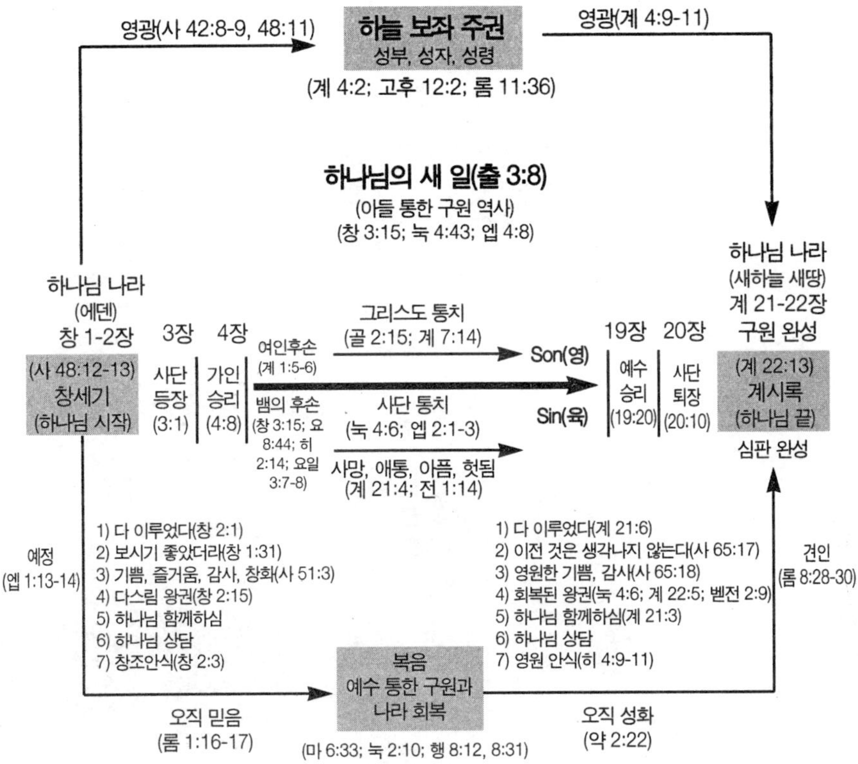
하늘 보좌 주권
성부, 성자, 성령
(계 4:2; 고후 12:2; 롬 11:36)
영광(사 42:8-9, 48:11)
영광(계 4:9-11)
하나님의 새 일(출 3:8)
(아들 통한 구원 역사)
(창 3:15; 눅 4:43; 엡 4:8)
하나님 나라
(에덴)
창 1-2장
(사 48:12-13)
창세기
(하나님 시작)
3장
사단
등장
(3:1)
4장
가인
승리
(4:8)
여인후손
(계 1:5-6)
뱀의 후손
(창 3:15; 요 8:44; 히 2:14; 요일 3:7-8)
그리스도 통치
(골 2:15; 계 7:14)
Son(영)
사단 통치
(눅 4:6; 엡 2:1-3)
Sin(육)
사망, 애통, 아픔, 헛됨
(계 21:4; 전 1:14)
19장
예수
승리
(19:20)
20장
사단
퇴장
(20:10)
하나님 나라
(새하늘 새땅)
계 21-22장
구원 완성
(계 22:13)
계시록
(하나님 끝)
심판 완성
예정
(엡 1:13-14)
1) 다 이루었다(창 2:1)
2) 보시기 좋았더라(창 1:31)
3) 기쁨, 즐거움, 감사, 창화(사 51:3)
4) 다스림 왕권(창 2:15)
5) 하나님 함께하심
6) 하나님 상담
7) 창조안식(창 2:3)
1) 다 이루었다(계 21:6)
2) 이전 것은 생각나지 않는다(사 65:17)
3) 영원한 기쁨, 감사(사 65:18)
4) 회복된 왕권(눅 4:6; 계 22:5; 벧전 2:9)
5) 하나님 함께하심(계 21:3)
6) 하나님 상담
7) 영원 안식(히 4:9-11)
견인
(롬 8:28-30)
복음
예수 통한 구원과
나라 회복
(마 6:33; 눅 2:10; 행 8:12, 8:31)
오직 믿음
(롬 1:16-17)
오직 성화
(약 2:22)

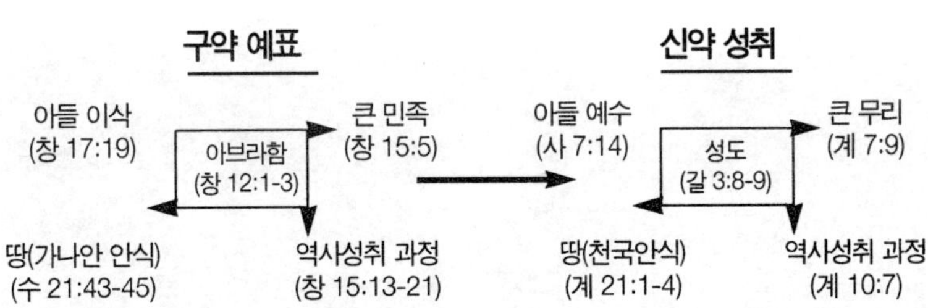
구약 예표
신약 성취
아들 이삭
(창 17:19)
아브라함
(창 12:1-3)
큰 민족
(창 15:5)
땅(가나안 안식)
(수 21:43-45)
역사성취 과정
(창 15:13-21)
아들 예수
(사 7:14)
성도
(갈 3:8-9)
큰 무리
(계 7:9)
땅(천국안식)
(계 21:1-4)
역사성취 과정
(계 10:7)

케이르 성경공부 Keir Bible Study (II)
—국제커넬선교회 성경연구원—

2006년 10월 25일 인쇄
2006년 10월 30일 발행

지은이 | 박태문
발행인 | 이형규
발행처 | 쿰란출판사

주소 | 서울 종로구 이화동 184-3
TEL | 02-745-1007, 745-1301, 747-1212, 743-1300
영업부 | 02-747-1004, FAX / 02-745-8490
본사평생전화번호 | 0502-756-1004
홈페이지 | http://www.qumran.co.kr
E-mail | qumran@hitel.net
qumran@paran.com
한글인터넷주소 | 쿰란, 쿰란출판사

등록 | 제1~670호(1988.2.27)

책임교열 | 김애정 · 김윤이

값 12,000원

ISBN 89-5922-288-7 94230
89-5922-286-0 (세트)

▪ 본 케이르 성경공부 문제의 해답이 필요하시거나 문의 사항이 있을 경우에 언제라도 국제커넬선교회 본부로 연락을 주시기 바랍니다.

Global Kernel Mission Fellowship 1471 North Wales Rd North Wales, PA 19454
Tel) 215-368-3996 / Fax) 215-412-7199
E-mail : onlyjesus012@hotmail.com